Droemer
Knaur®

Eberhard Zangger

Atlantis

Eine Legende wird entziffert

Aus dem Englischen von
Ulrike Wasel und
Klaus Timmermann

Droemer Knaur

Titel der Originalausgabe: *The Flood from Heaven*
Originalverlag: Sidgwick & Jackson

Die Deutsche Bibliothek – CIP-Einheitsaufnahme

Zangger, Eberhard
Atlantis: eine Legende wird entziffert / Eberhard Zangger
Aus dem Englischen übersetzt von Ulrike Wasel und Klaus Timmermann
München: Droemer Knaur, 1992
Einheitssacht.: The Flood from Heaven <dt.>
ISBN 3-426-26591-5

Die Folie des Schutzumschlags sowie die Einschweißfolie
sind PE-Folien und biologisch abbaubar.
Dieses Buch wurde auf chlor- und säurefreiem Papier gedruckt.

Umschlaggestaltung: Agentur ZERO, München
Umschlagabbildung: Archiv für Kunst und Geschichte, Berlin
Satzarbeiten: Compusatz GmbH, München
Druck und Bindearbeiten: Mohndruck, Gütersloh
ISBN 3-426-26591-5

2 4 5 3 1

Inhalt

Vorwort

Dieses Buch wird anregen und herausfordern – allerdings nicht in der Art, wie mancher Leser, manche Leserin es wohl erwartet, weil sie bereits frühere Interpretationen der Atlantis-Geschichte kennen. Die Anregung wird breitgestreut sein und viele betreffen, die Herausforderung aber hauptsächlich zwei Gruppen von Leuten: jene, die davon überzeugt sind, daß es zu Atlantis keine offenen Fragen gibt, weil die Geschichte ohnehin nichts ist als ein frei erfundenes Hirngespinst von Platon, und jene – das sind wesentlich weniger –, die glauben, zu Atlantis gebe es keine offenen Fragen mehr, weil sie das Rätsel selbst schon lange gelöst hätten. Eberhard Zangger gehört keiner der beiden Gruppen an. Was er in diesem Buch vorbringt, führt auf der Grundlage von wissenschaftlichen Beobachtungen zu neuen Hypothesen – ohne daß der Autor Anspruch auf die endgültige Wahrheit erhebt.
Er geht davon aus, daß Platon die Geschichte von Atlantis als einen – wenn auch verzerrten und verdrehten – Bericht über ein historisches Ereignis betrachtete. Gegen eine frei erfundene Geschichte sprechen nun in der Tat die Länge und der Reichtum an Details. In seinem Dialog *Timaios* läßt Platon zudem den Sprecher Kritias zweimal ausdrücklich betonen, er berichte von wirklichen Ereignissen, und er läßt Sokrates die Erzählung von Atlantis in eben diesem Sinne gutheißen. Dies ist gewiß fürs erste Beweis genug, daß Platon an die Geschichte glaubte. Man erinnere sich der Worte von Lewis Carroll: »Was ich euch dreimal sage, stimmt.«
Eberhard Zangger setzt sich sehr schnell von den unzähligen früheren Versuchen und Methoden ab, Atlantis zu identifizieren und zu lokalisieren, indem er darlegt, wie sehr diese vom jeweils gerade vorherrschenden kulturellen und wissenschaftlichen Zeitgeist bestimmt waren. Seine Sicht der Dinge gewinnt er nicht dadurch, daß er naturwissenschaftliche und archäologische Erkenntnisse – oder eine Auswahl davon – in eine schon vorhandene Theorie einfügt, sondern indem er von diesen Erkenntnissen *ausgeht*.
Es handelt sich aber nicht etwa um eine neue Version des Tricks im allzu bekannten Spiel »So verblüfft man Experten«. Dies allein

schon deshalb nicht, weil der Autor selbst ein Experte ist. Sein Gebiet ist die Geoarchäologie, das heißt die Lehre von den historischen Wechselbeziehungen zwischen Mensch und Umwelt. Die Naturwissenschaften spielen für unser Verständnis der Vor- und Frühgeschichte seit einiger Zeit eine zentrale Rolle, und zwar nicht nur durch die Anwendung technischer Hilfsmittel, sondern ebenso als eigene Fachrichtung. Dies gilt auch für Abschnitte der späten Frühgeschichte wie zum Beispiel die Spätbronzezeit der Ägäis. Inzwischen haben wir erkannt, daß jede Rekonstruktion der Ereignisse und Abläufe, die zum Verständnis für die Entstehung und den Untergang der frühen Hochkulturen auf Kreta, in Mykene und in Troia beitragen, ohne diesen Zweig der Wissenschaft (neben Paläoethnobotanik, Dendrochronologie, Seismik, Vulkanologie, Klimatologie und verschiedenen anderen Forschungsrichtungen) nur unvollständig und oberflächlich sein kann.
Eberhard Zangger hat sich darüber hinaus eingehend mit dem Platon-Text beschäftigt, der einzigen Quelle für die Geschichte von Atlantis, und sich dazu auch in die Sekundärliteratur vertieft, in der dieser Text ausgelegt wird. Nun verfügt er als Naturwissenschaftler einerseits über Beweismaterial, das auf festen Füßen steht, für den Gegenstand der Diskussion jedoch von fraglicher Bedeutung ist, mit Platons Text hingegen über eine Quelle von unbestreitbarem Gewicht für den Gegenstand, die aber hinsichtlich der Tatsachen auf schwankendem Grund steht. Eine Annäherung zwischen zwei so verschiedenen Wissensgebieten herbeizuführen ist eine heikle, wenn auch keineswegs unmögliche Aufgabe. Wie man den Einfluß der Menschen auf natürliche Prozesse der Vergangenheit abschätzen kann, so lassen sich auch zutreffende naturwissenschaftliche Erkenntnisse im literarischen Bericht aufspüren.
Dies zu bewerkstelligen schließt allerdings ein, daß man in mehr als einer Disziplin anerkannte Lehrmeinungen in Frage stellt. Und das macht das vorliegende Buch zu einem gewagten Unterfangen. In der Klassischen Philologie wie in den Naturwissenschaften hält man nicht besonders viel von Bilderstürmerei: Einfallsreichtum wird zwar geduldet, aber man ist nicht direkt darauf aus. Hier wird der »konvergente« Intellekt gefordert, und der zeichnet sich dadurch aus, daß er die richtigen Antworten findet auf jene Fragen, auf die es eine richtige Antwort gibt. Im Gegensatz dazu neigt der

»divergente« Intellekt zu der Fähigkeit, mehrere Antworten auf offene Fragen zu finden. Nun zeigt die Geschichte dieser wie auch anderer Richtungen der Wissenschaft, daß hin und wieder gerade durch einen dieser phantasievollen Sprünge nach vorn, die einem divergenten Geist so viel leichter fallen, ein bedeutender Durchbruch erzielt werden konnte. Allein schon, daß man eine althergebrachte Lehrmeinung in Frage stellt, hat eine befreiende Wirkung. Die Pioniere mögen sich auf neuen Wegen zwar verlaufen, aber sie hinterlassen doch einen Pfad, der andere zum Erfolg führen kann. Nun gibt es natürlich eine Grenzlinie, an der das Phantasievolle ins Phantastische umschlägt. Sie ist in der Regel allgemein, wenn auch nur intuitiv, wahrnehmbar. Und hier lauert die Gefahr. Doch ein Phantast würde wohl kaum zwei Definitionen von Phantasterei an den Anfang seines Schlußkapitels stellen. Und ich glaube auch nicht, daß mancher das Risiko in Kauf nähme, Argumente gegen seine eigenen Thesen zusammenzutragen, wie es Eberhard Zangger in seinem abschließenden Kapitel tut. Das sind sicher zwei deutliche Hinweise darauf, daß es sich bei diesem Buch weder um ein weiteres voreingenommenes Plädoyer noch eine weitere Attakke der Hobby-Lobby handelt, sondern um etwas Selteneres und ungleich Interessanteres: das Vorgehen eines divergenten Geistes in einer Welt des konvergenten Denkens.
Ohne eine »richtige« Lösung für das Rätsel Atlantis vorzuschlagen, ohne auch nur dafür einzutreten, daß es eine solche geben müsse, setzt sich dieses Buch vielmehr für die Freiheit ein, in neuen Bahnen denken zu dürfen. Im bronzezeitlichen Troia findet Eberhard Zangger das plausibelste Modell für die Nacherzählung der verschwundenen Pracht von Atlantis, aber man wird im Text keine triumphierenden Ansprüche auf vollständige Übereinstimmung finden. Vielleicht liegt der größte Reiz darin, daß innerhalb der letzten paar Jahre deutlich geworden ist, wie viele noch verborgene Geheimnisse Troia birgt, dies vor allem in der Ebene unterhalb der Burg. Wer Eberhard Zanggers Berichten über seine eigenen Entdeckungen an entsprechenden Orten, wie der Ebene um die Burg um Tiryns, folgt, wird sich der faszinierenden Frage danach, was in Zukunft noch ans Licht kommen könnte, nicht entziehen können.
Dieses Buch enthält eine ganze Reihe von Argumenten, denen manche widersprechen mögen. Ich persönlich muß sagen, daß ich

die im Kapitel über die *Odyssee* vorgetragenen Ideen für zu kühn halte. Doch viel wertvoller als Widerspruch wäre, die vielen neuen hier vorgebrachten Gedanken weiterzuführen, und zwar durchaus auch in Richtungen, die sich von denen des Autors unterscheiden, um zu sehen, ob sie zu ebenso neuartigen und fruchtbaren Einsichten führen. Diese Herausforderung richtet sich an viele: Das Buch ist so fundiert, daß es Experten verschiedenster Fachgebiete beschäftigen wird, und doch so verständlich geschrieben, daß es auch das allgemeine Lesepublikum zu fesseln vermag.

Anthony Snodgrass
Professor für Klassische Archäologie
Cambridge University

Das allgemeine Interesse an einem Thema, gleich welcher Natur es sein mag, verringert sich unvermeidlich immer dann, wenn die Diskussion über dieses Thema sich bereits über einen langen Zeitraum hinzieht, ohne zu einem befriedigenden Ergebnis zu führen.

Auch die Debatte über die genaue Lage Troias hat dieses Schicksal erfahren. Durch eine außergewöhnliche Verkettung von Umständen haben die Versuche, den Ort zu bestimmen, an dem die Stadt lag, dazu geführt, daß viele dessen Existenz überhaupt in Frage stellen. Es liegt auf der Hand, daß ein Autor, der an diesem Punkt der Debatte seine Meinung äußert, viele Nachteile in Kauf nehmen muß. Er muß feststellen, daß eine große Gruppe derer, die seine Meinung eigentlich zur Kenntnis nehmen sollten, keinerlei Neigung zeigt, seinen Erörterungen zu folgen. Er muß mit dem Mißtrauen einer anderen Gruppe fertig werden, die, da sie einmal getäuscht worden ist, in allem, was zum Thema Troia geschrieben wird, einen möglichen Betrug, einen *dolus Danaum* vermutet. Die wenigen, die noch an den Sinn der Troia-Forschung glauben, haben sich meist einer der bereits bestehenden Hypothesen verschrieben und sind daher möglicherweise neuen Gedanken gegenüber weniger aufgeschlossen als eingeschworene Skeptiker. Kurz gesagt, es darf bezweifelt werden, ob eine neue topographische Theorie, wie einleuchtend sie auch sein mag, von denen, die sich mit ganz anderen Dingen beschäftigen, oder von jenen, die sämtlichen Spekulationen über dieses Thema mit Mißtrauen begegnen, freundlicher aufgenommen wird als der Plan einer neuen griechischen Expedition. Angesichts dieser entmutigenden Lage wird sich erst noch erweisen müssen, ob es eine kluge Entscheidung des Autors war, den vorliegenden kleinen Band der Öffentlichkeit vorzulegen.

In seiner Abhandlung *A Dissertation on the Topography of the Plain of Troy* (1822) (Eine Diskussion über die Topographie der Ebene von Troia) argumentierte Charles MacLaren auf 270 Seiten für die Behauptung, daß Troia erstens existiert habe und zweitens auf dem Berg *Hisarlık* gelegen haben müsse, also genau dort, wo Heinrich Schliemann es achtundvierzig Jahre später entdeckte.

Serendip*

Niemand behauptet, man habe uns nicht gewarnt. Der Sommer ist in Griechenland immer heiß, aber im August 1987 bereitete sich das Land auf eine Hitzewelle vor, wie sie noch nie dagewesen war. Bevor der stickige Smog sich auf die Stadt senkte, konnte ich gerade noch den, wie mir schien, letzten Ventilator in ganz Athen kaufen. Zufrieden mit meiner Anschaffung und im Bewußtsein, daß ich einen weiteren Punkt auf meiner Liste streichen konnte, aber auch voller Mitleid mit all den Leuten, die während der Hitzewelle ebenso verzweifelt wie vergeblich versuchen würden, einen Ventilator zu ergattern, stand ich auf der Straße – die Beute in einer Plastiktüte.

Athen verändert sich nie. Es besteht aus Abertausenden von häßlichen, mehrstöckigen Betongebäuden mit keinerlei Grün dazwischen. Die Straßen sind immer vollgestopft mit Autos, und die Luft ist voller Lärm und Schmutz. Ich ging planlos in Richtung Syntagma-Platz im Stadtzentrum. Ein kleiner Auftrag war noch auszuführen, bevor ich von allen Pflichten in der Stadt entbunden war. Einer meiner griechischen Freunde, Besitzer einer Orangenplantage in der Argolis, hatte von Amtes wegen eine Erlaubnis erhalten, ein besonderes landwirtschaftliches Produkt zu exportieren. Auf der Ausfuhrerlaubnis stand jedoch nur der lateinische Name der Pflanze, *Carduus sp.*, und keiner wußte, was er bedeutete. Mein Freund hatte mich gebeten, die Pflanze in Athen zu bestimmen. Aber leider mußte ich feststellen, daß die mir bekannten archäologischen Bibliotheken dabei keine große Hilfe waren.

In der Nähe des Syntagma-Platzes kam ich an einer deutschen Buchhandlung vorbei, die mir noch nie aufgefallen war. Mir kam der Gedanke, daß dort vielleicht einer der zwei oder drei herkömmlichen Pflanzenbestimmungsschlüssel zu finden war, die ich kannte. Da ich damals außerdem in den Vereinigten Staaten wohnte und gewöhnlich in Englisch dachte, mich in Griechenland aber auf Griechisch verständigen mußte, erschien mir der deutsche Buch-

* Im persischen Märchen »Die drei Prinzen von Serendip« besitzen die Hauptfiguren die Gabe, unbeabsichtigt großartige Entdeckungen zu machen.

laden wie ein willkommener Hafen, in dem ich für kurze Zeit in meiner Muttersprache würde reden können.
Leider stellte sich heraus, daß der Laden keines der Bücher führte, an die ich gedacht hatte. Die Besitzerin, eine bezaubernde und außerordentlich hilfsbereite Dame, war jedoch nicht gewillt, die Suche aufzugeben, nachdem ich ihr den Grund dafür erläutert hatte. Da keine anderen Kunden im Laden waren, konnte sie dem Pflanzenbestimmungsproblem ihre ganze Zeit und volle Aufmerksamkeit widmen. Mit Hilfe eines Gartenbuches identifizierten wir die fragliche Pflanze nach ungefähr zwanzig Minuten schließlich als Distel (γαϊδουράγκαθα), eine der häufigsten und unerwünschtesten Pflanzen Griechenlands. Ganz offensichtlich hatte sich jemand mit meinem Freund einen Spaß erlaubt.
Nach all diesen Mühen war klar, daß ich das Geschäft nicht verlassen konnte, ohne ein Buch zu erwerben. Daher fragte ich höflich, ob ich die Regale noch einmal durchsehen könne, um nach ein wenig Freizeitlektüre zu suchen. Ich verbrachte eine peinlich lange Zeit damit, einen drehbaren Bücherständer zu rotieren, während die Dame immer irritierter wurde. Um die Sache zu beenden, schnappte ich mir schließlich ein Buch mit dem Titel *Geschichten von Atlantis* – ein Buch, das mindestens zwanzigmal an meinen Augen vorbeigeglitten war. Zwar wußte ich nichts über Atlantis, was über das allgemein bekannte Wissen hinausging, aber ich war auch so überzeugt, daß es nie existiert habe und daß mehrere ernstzunehmende Menschen einen Narren aus sich gemacht hatten, indem sie behaupteten, es an den unterschiedlichsten Orten in aller Welt entdeckt zu haben. Andererseits bin ich aber Geoarchäologe, und es gehört zu meinem Beruf, verschwundene Landschaften und Siedlungen aufzuspüren. Für den einen oder anderen Mythos hatte ich bereits einleuchtende Erklärungen gefunden, und vielleicht rührte sich im Unterbewußtsein der Wunsch, den Versuch zu wagen und diese größte aller archäologischen Fragen in Angriff zu nehmen. Ein guter Geoarchäologe sollte wohl in der Lage sein, wenn nicht Atlantis selbst, so doch eine Erklärung für die Entstehung der Legende zu finden.

Nauplion: Erste Berührung mit dem Mythos

Wenige Stunden später war ich wieder in Nauplion, allein im Haus des deutschen Ausgrabungsteams bei Tiryns, einer der bedeutendsten Burgen aus der späten Bronzezeit in der Ägäis. Es waren keine dringenden Geländearbeiten zu erledigen, und ich freute mich auf ein paar freie Tage, in denen ich einen Vortrag für das Schwedische Archäologische Institut in Athen vorbereiten konnte. Im Laufe des Jahres hatte ich meine Forschungsarbeit über die landschaftliche Entwicklung der Argolis in der Bronzezeit fertiggestellt und war nur zurückgekehrt, um eine geologische Spezialstudie über das unmittelbare Umfeld von Tiryns durchzuführen.

Ich verbrachte einen weiteren Tag damit, mein Zimmer so einzurichten, daß es meinen Bedürfnissen entsprach. Ich stabilisierte das Bett mit Holzbrettern unter der Matratze, installierte ein System von Adaptern und Netzanschlüssen, um meinen Laptop und den Ventilator mit Strom zu versorgen, und füllte den Kühlschrank. Jetzt konnte die Hitze kommen.

Sie schlug gnadenlos zu. Zwei Wochen lang sank das Thermometer an einem schattigen Platz auf dem Dach tagsüber nicht unter 47 °C und nachts nicht unter 35 °C. Ich verbrachte die Tage in qualvoller Monotonie, schweißgebadet und nach Luft schnappend, zwischen Bett, Schreibtisch, Wasserhahn und Toilette. Die heißeste Zeit des Tages verbrachte ich am Strand im Schatten; von Nauplion aus kann man in weniger als fünfzehn Minuten kilometerlange, menschenleere Sandstrände finden. Während einer dieser Fluchten vor der Hitze nahm ich schließlich die *Geschichten von Atlantis* in die Hand, um mich zum erstenmal mit dem versunkenen Kontinent zu beschäftigen.

Aus der Einleitung erfuhr ich, daß der ganze Atlantis-Mythos auf einer einzigen Quelle basiert, nämlich einem Textausschnitt von Platon. Das Buch lieferte die Übersetzung von Teilen dieses Platontextes, und ich las sie voller Faszination. Ich begriff, warum diese Erzählung so viele Menschen in ihren Bann gezogen hatte. Diese Geschichte von einem Kontinent, der vor 11000 Jahren untergegangen ist, von einer Kultur, die sich durch großen Reichtum, militärische Macht, straffe Organisation und technische Leistungsfähigkeit auszeichnete und die durch eine gewaltige Naturkatastrophe vernichtet wurde – wofür kein Geringerer als Platon den Beweis erbrachte –, ist zweifellos eine herausragende Episode der Weltliteratur. Doch ich war tief enttäuscht von dem Buch selbst, als sich herausstellte, daß es eine Sammlung von schwärmerischen Fragmenten verschiedener Autoren über versunkene Kontinente war. Ich habe es nie zu Ende gelesen.

In der Geoarchäologie kann jedes Detail Bedeutung haben: zwei große Felsblöcke, die an der Wand einer Lehmgrube aneinanderlehnen, können ebenso wichtig sein wie der ungewöhnliche Verlauf einer Höhenschichtlinie auf einer topographischen Karte. Die dunkle Sedimentschicht in einem Bohrkern kann etwas bedeuten oder der helle Fleck auf einem Satellitenbild; die Pflanzen in einer alten Gravierung ebenso wie das mikroskopisch kleine Fossil in einem Flußkiesel, das Fragment eines Dachziegels in einem Straßengraben ebenso wie Schilfrohr als Motiv auf einer alten Vase; ein einziges Adjektiv in einem Hexameter von Homer oder ein rätselhafter Ortsname – all diese Anhaltspunkte können über die Vergangenheit Aufschluß geben. Die Arbeit der Geoarchäologen besteht darin, solche scheinbar zufälligen und zusammenhanglosen Indizien zu sammeln und miteinander zu einer rationalen Synthese zu verbinden. *Bonne fortune* in der Geoarchäologie hat daher unter Umständen mehr mit dem kriminalistischen Gespür eines Hercule Poirot gemein als mit den mathematischen Fähigkeiten, die in den meisten Naturwissenschaften verlangt werden. Trotzdem sollte man bei diesem Bemühen um die bestmögliche Rekonstruktion der Vergangenheit niemals, *niemals*, auf Sekundärquellen zurückgreifen. Wenn man versucht, Neuland zu erschließen, darf man nicht den Gedankengängen anderer Menschen folgen, denn dieser Weg wurde ja bereits (erfolglos) beschritten. Aus Sekundärquellen erfährt man eher etwas über den Charakter und die Ansichten ihrer Urheber, als daß man neue Informationen zu einem Thema erhält. Aus meiner Sicht war das Buch überflüssig.

Als Wissenschaftler war ich (und bin es noch) entschieden dagegen, den Untergang von Zivilisationen auf Naturkatastrophen zurückzuführen. Wie viele historische Beispiele für Kulturen gibt es denn, die durch einen einzigen Schlag von Naturgewalten vernichtet wurden? Um wieviel häufiger wurden Veränderungen durch den Zusammenbruch innerer Systeme, durch politische Umwälzungen und Kriege herbeigeführt? Jedenfalls endete mein erstes Liebäugeln mit dem Atlantis-Mythos ebenso abrupt, wie es begonnen hatte. Die Geschichte war einfach unlogisch. Nirgendwo in der Welt hatte es 9000 Jahre vor dem klassischen Griechenland eine so hoch entwickelte Zivilisation gegeben. Wie also hätte sie in einen Krieg mit den Athenern verwickelt werden können, wie Platon behauptete, wenn die gesamte Bevölkerung Griechenlands zu der damaligen Zeit aus kaum mehr bestand als altsteinzeitlichen Cromagnon-Höhlenbewohnern, die mühsam die Grundbedürfnisse ihrer Existenz auf einem ebenso niedrigen Niveau sicherten wie ihre afrikanischen Vorfahren zwei Millionen Jahre zuvor? – Ich sah keinen Weg, diesen Mythos zu erhellen. Ich kam zum Schluß, daß er in den Bereich der Paradiesvorstellungen gehörte, jener Mythen, die ein lange vergangenes Goldenes Zeitalter besingen, in dem alles besser und schöner war. (Übrigens sind viele Forscher zu demselben Urteil gekommen, und ich hätte mich ihnen möglicherweise angeschlossen – wenn ich Sekundärliteratur lesen würde.)

Das Tiryns-Projekt (1)

Tiryns ist eine der faszinierendsten archäologischen Ausgrabungsstätten, die ich je gesehen habe, und ich war aus verschiedenen Gründen an ihrer sorgfältigen Erforschung interessiert. Zunächst einmal ist Tiryns die einzige Siedlung der späten Bronzezeit in der Argolis, die in einer Ebene an der Küste liegt und nicht auf einem Hügel. Zum zweiten hat bisher noch niemand herausfinden können, wie die Stadt außerhalb der Burg aussah. Drittens gibt es ein paar Kilometer östlich von Tiryns einen bemerkenswerten Damm, der vor über 3000 Jahren erbaut wurde, um einen Fluß von der Stadt wegzuleiten. Während meiner ganzen Arbeit in der Argolis hatte ich keinen Grund für diese technische Glanzleistung finden können. Und schließlich werden die Ausgrabungen in Tiryns vom Deutschen Archäologischen Institut durchgeführt, das mein Argolis-Projekt großzügig unterstützt hatte, ohne dafür eine besondere Untersuchung der eigenen Ausgrabungsstätte zu verlangen.
Die Burg ruht auf einem nur sechsundzwanzig Meter hohen Kalk-

steinhügel, der ungefähr 1,5 Kilometer von der heutigen Küste entfernt liegt. Für einen Geologen bietet diese Lage große Vorteile. Während die auf Hügeln erbauten Orte der Erosion unterliegen, ist Tiryns so plaziert, daß in seiner Umgebung Sedimente abgelagert wurden, deren Schichten sich übereinanderlegen und so die einstige Oberfläche unter sich begraben und bewahren. An einem solchen Ort kann die Entwicklung der Landschaft deshalb mit Hilfe der umgebenden Stratigraphie bestimmt werden, ungefähr so wie die Abfolge der Besiedelung bei archäologischen Ausgrabungen. Während Archäologen Gräben ausheben, um die Stratigraphie freizulegen, bohren Geoarchäologen in der Regel Löcher, um ein größeres Terrain und längere Zeiträume untersuchen zu können.

Noch vor dem Ende der Hitzewelle traf ein Studienkollege aus Stanford ein, um mir bei der Arbeit im Gelände zu helfen. Da ihm die Hitze nichts ausmachte, fingen wir gleich mit der Arbeit an, obwohl sich die Temperaturen immer noch über 40 °C hielten. Am zweiten Tag hatten wir kurz vor ein Uhr mittags zwei einigermaßen tiefe Bohrungen geschafft, und ich schlug etwas widerwillig vor, noch eine weitere vorzunehmen, vorausgesetzt wir fänden einen geeigneten Platz. An einem heißen Sommertag in Griechenland ist ein geeigneter Bohrplatz vor allem ein schattiger Bohrplatz. Ich suchte deshalb nach einem Ort, der noch ein paar Stunden lang vor der Sonne geschützt sein würde, und ich fand ihn unter einem großen Baum, ungefähr 200 Meter östlich der Mauern von Tiryns – einem Baum, der schon auf über sechzig Jahre alten Fotografien die Landschaft beherrschte.

Nichtsahnend zogen wir einen Bohrkern, der unter Umständen eines Tages als der wichtigste der archäologischen Forschung im Mittelmeerraum betrachtet werden könnte. In diesem Kern fand ich erstmals eine bis zu 5 Meter mächtige Sedimentschicht, durchsetzt von Hunderten von Keramikfragmenten. Eine Reihe weiterer Bohrungen erbrachte ähnliche Ergebnisse, und nachfolgende archäologische Überprüfungen zeigten, daß diese Ablagerungen und die darin enthaltene Keramik aus einer sehr kurzen Periode der späten Bronzezeit stammten. Die Sedimente mußten sich während einer verheerenden Flut abgelagert haben, die gegen Ende der späthelladischen IIIB-Stufe (ca. 1300–1200 v. Chr., im folgenden SH IIIB genannt) einen Teil der Unterstadt von Tiryns unter einer mehrere Meter dicken Schlammschicht begrub. Damit war auch das Rätsel des mykenischen Dammes und der Flußumleitung gelöst; beides war offensichtlich angelegt worden, um weitere Katastrophen dieser Art zu verhindern.

Ein Hinweis in Heidelberg

Drei Jahre danach wandte ich mich erneut den Ergebnissen dieser Bohrungen zu, um sie für die Veröffentlichung vorzubereiten. In der Zwischenzeit war ich von Kalifornien nach England gezogen und beschäftigte mich in Cambridge mit Forschungen zu globalen Umweltveränderungen der letzten 10000 Jahre. Obwohl seit August 1987 viel geschehen war, war ich von meiner Entdeckung in Tiryns so fasziniert wie damals. Als ich die Studie an den Instituten in Stanford und Cambridge sowie auf internationalen Konferenzen in Baltimore und Heidelberg vorstellte, erwartete ich irgendwie, daß jemand sich melden und dann, angeregt durch diese Entdekkungen, eine neue Theorie über das Ende der Bronzezeit vorlegen würde. Ich ahnte, daß die geoarchäologische Arbeit bei Tiryns Implikationen haben könnte, die zur Lösung weit wichtigerer Fragen auf diesem Gebiet beitragen konnten. Nun, die Vorträge wurden zwar wohlwollend aufgenommen, aber es geschah nichts dergleichen.

In Heidelberg bot sich zum letzten Mal eine Gelegenheit, die Thesen zu diskutieren, bevor sie veröffentlicht wurden, darum nutzte ich eine Kaffeepause, um ein Gespräch mit mehreren anerkannten Archäologen anzuregen, in dem ich folgende Frage stellte: »Schliemanns Entdeckung von Troia liegt nun hundertzwanzig Jahre zurück, und was ist seither herausgefunden worden? Wir wissen nicht, was den Untergang der mykenischen Kultur herbeigeführt hat. Wir wissen nicht, ob der Troianische Krieg je stattgefunden hat. Können wir Homer überhaupt glauben oder nicht? Wenn Archäologen einmal weitreichende Schlußfolgerungen ziehen, dann doch leider meist außerhalb ihres eigentlichen Fachgebietes. Manche erklären das Ende der mykenischen Periode mit einer langfristigen Klimaveränderung; andere sind der Ansicht, daß eine Erosionsphase – die es nie gegeben hat – sämtliche mediterranen

Landschaften während der letzten 2000 Jahre radikal verändert habe, und alle Welt scheint ihnen zu glauben, zumindest zehn oder zwanzig Jahre lang. Viele Archäologen rekonstruieren bei ihren Ausgrabungen den Verlauf von Küstenlinien ohne den geringsten schlüssigen Beweis, und fast jeder geht davon aus, daß eine schiefe Mauer in einem Graben Beweis für ein vernichtendes Erdbeben ist.«

Bernhard Knapp, ein alter Freund von mir, der sich auf das Studium des bronzezeitlichen Handels im östlichen Mittelmeerraum spezialisiert hat, verlor beinahe die Beherrschung, als er diese Anschuldigungen hörte. Seiner Meinung nach waren in anderen Forschungsbereichen der Archäologie durchaus große Fortschritte erzielt worden, über die ich mir einfach nicht im klaren war. Er sagte, ich hätte eine vielleicht gerechtfertigte Kritik geäußert, die sich aber lediglich auf einen kleinen Teilbereich der Archäologie beziehe, nämlich die ägäische Prähistorie, ein Gebiet, das in der Tat von relativ konservativen Gelehrten beherrscht werde, deren Argumente sich seit geraumer Zeit im Kreis zu drehen schienen.

»Kleines Teilgebiet?« antwortete ich. »Die Bronzezeit im Mittelmeerraum ist zufällig das einzige, wofür ich mich interessiere.«

James Muhly, Professor für Altertumsgeschichte des Nahen Ostens und des östlichen Mittelmeeres an der University of Pennsylvania, lächelte milde über dieses Streitgespräch und fügte, zu mir gewandt, hinzu:

»Es ist vielleicht sogar noch schlimmer, als Sie es eben beschrieben haben. Falls der Troianische Krieg tatsächlich stattgefunden hat, könnten wir noch nicht einmal mit Bestimmtheit sagen, welches Troia durch ihn zerstört wurde: VIh oder VIIa. Das eine soll angeblich während eines Erdbebens, das andere durch ein Feuer untergegangen sein. Wie soll man diese beiden Möglichkeiten von den Auswirkungen eines Krieges unterscheiden? Falls Sie daran interessiert sind, die Naturkatastrophen, die von Archäologen ausgemacht wurden, genauer zu untersuchen, sollten Sie sich auch mit Troia beschäftigen. Es könnte eine sorgfältige wissenschaftliche Untersuchung vertragen.«

Wie bereits erwähnt, glaube ich im allgemeinen nicht daran, daß Naturkatastrophen politische Auswirkungen haben, und es schien, als hätten zwischen 1250 und 1100 v. Chr. im und um den ägäischen

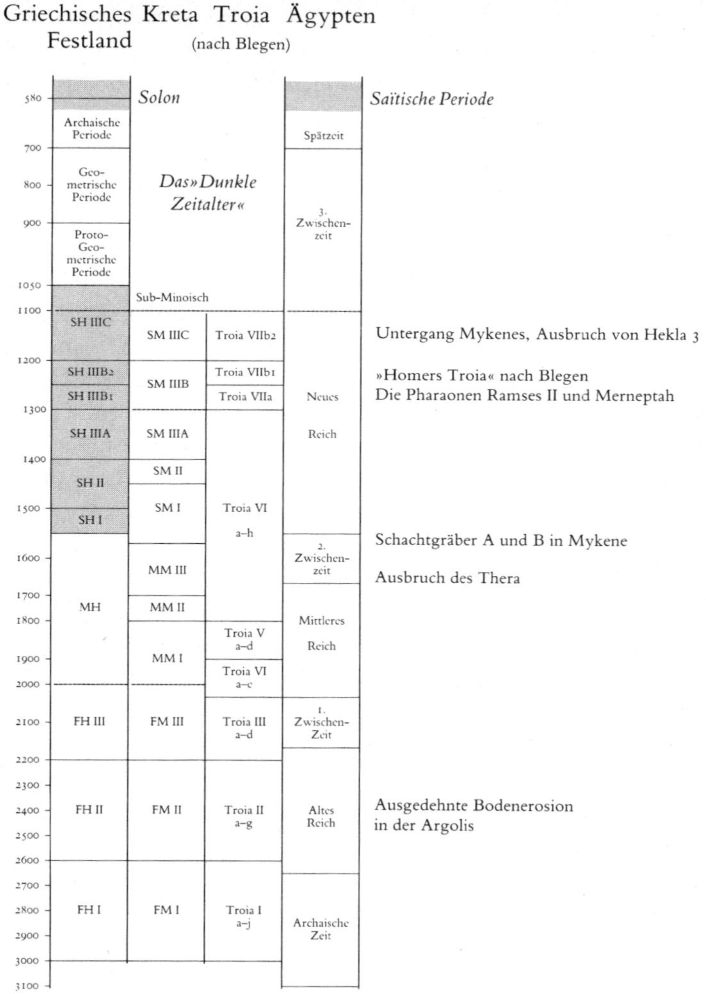

Zeittafel von einigen Kulturen im östlichen Mittelmeerraum während der Bronzezeit (3000–1100 v. Chr.) und nachfolgender Jahrhunderte. Die Abfolge der Phasen ist so dargestellt, wie die Schichten bei einer Ausgrabung erscheinen würden (jüngere Perioden über älteren). Die späte Bronzezeit (»Mykenische Periode« um 1550–1100 v. Chr.) auf dem griechischen Festland ist schraffiert. FM = Frühminoisch; MM = Mittelminoisch, SM = Spätminoisch; FH = Frühhelladisch, MH = Mittelhelladisch; SH = Späthelladisch. Die Chronologie für das griechische Festland, Kreta und Troia stammt von Demakopoulou (Hrsg.) 1990, die für Ägypten von Hobson 1990.

Raum zu viele Ereignisse stattgefunden, die nach dem bisherigen Stand des Wissens nicht miteinander in Zusammenhang standen. Aus so unterschiedlichen Quellen wie zum Beispiel der Archäologie, Geologie, Mythologie und Literatur ließe sich eine Liste von Ereignissen zusammenstellen, die sich alle in einem Zeitraum von nur 100 bis 150 Jahren ereignet haben müssen: 1. Zerstörung von Troia VIh durch Erdbeben; 2. Mobilmachung und Vorbereitung auf den Krieg im mykenischen Griechenland und in Troia; 3. Bau der größten mykenischen Festungen; 4. Der Troianische Krieg; 5. Zerstörung von Troia VIIa durch Feuer; 6. Zerstörung von Mykene und Tiryns durch Erdbeben; 7. Eine gewaltige Flutkatastrophe in Tiryns; 8. Bau des Damms bei Tiryns; 9. Zerstörung und Evakuierung der Siedlungen; 10. Untergang der Achaier; 11. Zusammenbruch des hethitischen Reiches. Auch sonst kam es zu politischen Veränderungen im östlichen Mittelmeerraum: in Ägypten, Kanaan und Zypern. Trotz dieser Umwälzungen waren die nachfolgenden Jahrhunderte dagegen recht ruhig.

Wenn ein Phänomen wie die Revolutionen im östlichen Mittelmeerraum um 1200 v. Chr. von den Naturwissenschaften nur mit Hilfe vieler ungewöhnlicher und größtenteils voneinander unabhängiger Parameter erklärt werden kann, dann ist die daraus entwickelte Theorie mit größter Wahrscheinlichkeit falsch. Wenn die Natur sich zwischen zwei Wegen entscheiden müßte, würde sie immer den einfachsten wählen und nicht eine so komplizierte Abfolge von Ereignissen auslösen, wie sie am Ende der Bronzezeit zu verzeichnen ist. Aufgabe der Forschung ist es, diesen einfachsten Weg nachzuvollziehen. Die intuitive Fähigkeit, unter vielen Lösungen die einfachste zu finden, ist daher vielleicht die wertvollste Eigenschaft, die ein Wissenschaftler haben kann.

Der Durchbruch

Es war Ostern und herrlicher Sonnenschein. Ich fuhr nach Hause, um die Monographie über meine Arbeit in der Argolis zur Veröffentlichung durch das Deutsche Archäologische Institut weiterzuführen. Mit Hilfe einer »Brainstorming«-Technik faßte ich meine Gedanken in eingerückten Absätzen zusammen. Ich schrieb ein paar Stunden, bis ich zu dem Schluß kam, daß Tiryns gleichzeitig von einem Erdbeben und einer Flutkatastrophe betroffen worden sein mußte, die am Übergang vom Späthelladikum IIIB zu IIIC stattfanden, als die mykenische Kultur zu verfallen begann. Vielleicht hatten diese Katastrophen zum Zusammenbruch beigetragen. Und dann, gerade als ich dabei war, diese Idee niederzuschreiben, wurde mir klar, daß ich vielleicht soeben, ohne es zu wollen, begonnen hatte, die Legende um Atlantis zu enträtseln.

In einem überwältigenden Gefühl von Erschöpfung und Begeisterung ließ ich mich im Wohnzimmer in einen Sessel fallen. Viele Dinge schienen zusammenzupassen. Die Überschwemmung von Tiryns, das Bedürfnis, eine rationale Erklärung für die Atlantis-Legende zu finden, das Gefühl, daß am Ende der Bronzezeit einfach zuviel passiert war – all dem konnte mit einem einfachen Modell für den Untergang der mykenischen Kultur Rechnung getragen werden. Nach etwa einer Stunde durchsuchte ich die Bücherregale nach meinem ersten und bis dahin auch einzigen Buch über Atlantis, um Platons Urtext noch einmal zu lesen. Es fiel mir wie Schuppen von den Augen, denn es war durchaus möglich, daß er tatsächlich eine alles in allem wahrheitsgetreue Darstellung der ägäischen Spätbronzezeit gegeben hatte, und zwar aus der Perspektive eines Fremden. Ein paar Probleme im Hinblick auf die zeitliche Einordnung der Ereignisse und die Wahl der Ortsnamen blieben noch offen, doch ich mußte nur knapp zwei Tage lang die einschlägige Fachliteratur durchforsten, um für die meisten Diskrepanzen zwischen dem legendenhaften Bericht über das Ende von Atlantis und den archäologischen Kenntnissen vom Ende der ägäischen Bronzezeit plausible Erklärungen zu finden. Falls meine Schlußfolgerungen richtig sind, dann handelte es sich bei Platons Erzählung von Atlantis in Wahrheit nur um eine verzerrte Wiedergabe der Vorgeschichte zum Troianischen Krieg.

Gefahren der Atlantis-Forschung

Platon berichtet, die Legende sei im sechsten Jahrhundert v. Chr. während eines Gesprächs zwischen dem griechischen Staatsmann Solon und einem Priester in Saïs, der damaligen Hauptstadt Ägyptens, ins Leben gerufen worden. Solon habe vorgehabt, die Erzählung nach seiner Rückkehr aus Ägypten zu einem epischen Gedicht zu verarbeiten, es jedoch nie fertiggestellt. Sein unvollendetes Manuskript wurde über Generationen hinweg weitergereicht, bis Platon, ein Nachfahre Solons, es, wenige Jahre vor seinem Tod, im Jahre 347 v. Chr. veröffentlichte. Obwohl Platon sich darüber im klaren war, daß der Bericht auf Sekundärquellen beruhte, scheint er von dessen Richtigkeit absolut überzeugt gewesen zu sein. Falls die von Platon vorgeschlagene Übertragung zutreffend ist, könnte es sein, daß die über 2500 Jahre alte Verwirrung um Atlantis auf einem einfachen Mißverständnis zwischen zwei sehr alten Männern beruhte, nämlich Solon und dem Priester in Saïs, die über Geschichte plauderten, ohne die Bedeutung ihrer Quellen so recht zu begreifen. Nur des gegenseitigen Mißverständnisses wegen wurde diese Erzählung interessant, und Solon, der sich auf einer Reise befand, machte sich in seinem Tagebuch Notizen von der Unterhaltung.

Warum ist gerade dieser Ausschnitt aus dem monumentalen Lebenswerk Platons so faszinierend? Vermutlich weil Platons Glaubwürdigkeit hoch geschätzt wird und weil ein plausibler historischer Zusammenhang für Atlantis fehlt. Im allgemeinen lassen sich Platons Gedankengänge rekapitulieren und erklären. Nur im Falle des Atlantis-Berichtes hat es den Anschein, daß er entweder phantasierte oder aber ein Wissen besaß, das unserem heutigen weit überlegen war. Nachdem es in Tausenden von Jahren nicht gelungen ist, eine befriedigende Erklärung zu finden, haben die meisten Forscher den Atlantis-Bericht in den Bereich der reinen Fiktion eingeordnet. Aber es gibt viele Hinweise darauf, daß die Geschichte authentisch ist. Erstens ist sie in sich stimmig; zweitens ist sie viel zu detailliert, ja geradezu ermüdend detailliert, um nur ein Gleichnis mit irgendeiner tieferen Moral zu sein; drittens beteuert Platon selbst mehrmals die Glaubwürdigkeit seiner Geschichte. Viele interessierte Laien hatten denn auch das Gefühl, die traditionelle Forschung habe versagt. Und weil sie in einem – möglicherweise bedeutenden – Punkt versagt hat, wurden die Prinzipien wissenschaftlicher Methodik im allgemeinen in Frage gestellt. Dadurch aber war die Bahn frei für Scharen von »Möchtegern-Gelehrten«, »Spinnern« und »Verrückten« – wie sie bald von einer nun noch erbosteren wissenschaftlichen Welt bezeichnet wurden –, die ohne jede Spur von gesundem Menschenverstand über untergegangene Kontinente halluzinierten. Noch heute ist die Diskussion um Atlantis geprägt von der gleichen Zerrissenheit und irrationalen Auseinandersetzungen unversöhnlicher Blöcke, denen sich schon Charles MacLaren vor 170 Jahren in der Debatte um Troia gegenübersah.

Folgerichtig bemerkte der Philosoph Harold Cherniss, daß es »einfacher ist, den Geist aus der Flasche zu lassen, als ihn wieder hinein zu bekommen«.[1] Das vorliegende Buch kann man als den Versuch betrachten, den Dämon Atlantis wieder zurück in die Flasche zu zwingen. Er war ein guter Flaschengeist, bezaubernd und völlig harmlos, obgleich er gelegentlich zu ideologischen Zwecken mißbraucht worden ist. Aber nachdem er mittlerweile seit über 2500 Jahren herumgeistert, ist er etwas ermüdet und hat es verdient, sich endgültig zur Ruhe zu setzen.

Ich bin mir der Tatsache bewußt, daß jede Beschäftigung mit Atlantis gewisse Risiken birgt, oder wie Desmond Lee, einer der Übersetzer der englischen Platon-Ausgabe, meinte:

> Die Auseinandersetzung mit Atlantis führt häufig zu einer gewissen Form von Verrücktheit, und selbst bei offensichtlich ernstzunehmenden wissenschaftlichen Arbeiten muß man davor auf der Hut sein.[2]

Martin Bernal dagegen weiß, wie man solche überflüssigen Theorien von wertvollen unterscheidet:

> Spinner... neigen dazu, Faktoren, von denen man bis dahin nichts wußte und auch nichts wissen konnte, in ihren Theorien einzuführen: untergegangene Kontinente, Außerirdische, Planetenkollisionen etc...[3]

Echte neue Erkenntnisse in der Wissenschaft dagegen eliminieren solche Faktoren eher, als daß sie neue hinzufügen. Hauptanliegen der in diesem Band dargelegten Gedanken ist es, das Unbekannte weitestgehend zu entfernen und dort den gesunden Menschenverstand wieder einzuführen, wo er vor langer Zeit verlorengegangen ist.

Angesichts der möglichen Brisanz, die jede wissenschaftliche Beschäftigung in sich birgt, in deren Mittelpunkt die Atlantis-Legende steht, und angesichts der möglichen Implikationen der in diesem Buch vorgestellten Gedanken scheint es mir unerläßlich, meine Schlußfolgerungen schon zu Beginn zusammenzufassen: Ich gehe davon aus, daß Platon alles, was er in bezug auf Atlantis sagt, tatsächlich meinte. Das heißt, daß der Bericht auf einem von Solon abgefaßten Manuskript beruhte, in dem dieser in Ägypten erhaltene Informationen wiedergibt. Als Platon mit der Arbeit an *Timaios* und *Kritias* begann, den beiden Büchern, in denen er Solons Bericht über Atlantis rekapituliert, glaubte er, die Geschichte einer Auseinandersetzung zwischen einer alten Zivilisation außerhalb der Straße von Gibraltar und Attika 9000 Jahre vor Solons Zeit zu beschreiben. Aber Platon hat den zweiten Band *Kritias* nie vollendet – ein oder zwei Absätze bevor das Buch mitten im Satz abbricht, ist ihm möglicherweise klar geworden, was Solons Manuskript in Wahrheit beschreibt – einen Konflikt, der ihm nur allzu bekannt war: den Troianischen Krieg. An diesem Punkt brach das Konzept seines damaligen Projektes zusammen, und er ließ es fallen.

Nach meiner Erkenntnis ist die Geschichte von Atlantis im wesentlichen die Beschreibung Troias in seiner Blütezeit (was Troia VI entspricht, um 1300 v. Chr.), und zwar aus der Sicht eines Fremden betrachtet. Die griechischen Widersacher der Atlanter waren die Mykener oder Achaier; auch ihre Kultur wird in ihrem Zenit beschrieben. Doch auch ihr Untergang, begleitet von Erdbeben und einer Flutkatastrophe, wird im Atlantis-Bericht erwähnt. Solide geologische und archäologische Beobachtungen, die in diesem Buch vorgestellt werden, liefern den Beweis für solche Naturkatastrophen zu Beginn des Zusammenbruchs des mykenischen Reiches. Allerdings waren diese Ereignisse auf die argivische Ebene begrenzt, das Zentrum der mykenischen Kultur, und sie allein hätten ein gesundes Gemeinwesen nicht zerstören können.

Vor ungefähr fünfundzwanzig Jahren legte Rhys Carpenter, ein renommierter Archäologe, eine Theorie vor, die den Zusammenbruch des mykenischen Reiches mit einer langfristigen klimatischen Veränderung in Verbindung brachte. In Ermangelung wissenschaftlicher Beobachtungen basierte sein Gedankengang auf einer recht dürftigen Argumentation und anekdotenhafter Beweisführung. Carpenter schloß eine kurzfristige Veränderung der klimatischen Bedingungen aus und stellte die These einer Hungersnot auf, die durch eine mehrere Jahrhunderte währende Dürre verursacht worden sei.[4] Doch nachfolgende Forschungen erbrachten keinerlei Hinweise auf eine solch große Klimaveränderung, weder in alten Aufzeichnungen noch in der Vegetationsgeschichte. Es gibt jedoch Hinweise auf eine kurzfristige (zwanzig Jahre dauernde) klimatische Anomalie, die um 1159 v. Chr.[5] auftrat und die durch einen Ausbruch von Hekla 3 ausgelöst wurde, einem Vulkan im Süden Islands. Zu den Auswirkungen, die dieser Eruption zugeschrieben werden, gehört ein hoher Säuregehalt, der bei Bohrungen im grönländischen Eis festgestellt wurde, das praktische Verschwinden von Baumringen in Irland[6], ein Temperaturanstieg und eine Dürre in Mesopotamien[7] und vielleicht sogar ungewöhnliche Wetterverhältnisse und Ascheregen in China[8]. Vor kurzem folgerte der irische Dendrochronologe Michael Baillie:

> Demnach muß das Jahr 1159 v. Chr. mit dem Ausbruch von Hekla 3 in Island zumindest als ein ausschlaggebendes Ereignis für Veränderungen in der Entwicklung der Menschheit betrachtet werden – falls es je ein entscheidendes Jahr gegeben hat, dann dieses.[9]

Jedoch erscheint es gar nicht nötig, kurzfristige kataklystische Ereignisse wie den Ausbruch von Hekla 3 zu bemühen, um das Ende der Bronzezeit zu erklären. Der Kollaps von politischen, ökonomischen und kulturellen Systemen im östlichen Mittelmeerraum um 1200 v. Chr. wird mittlerweile allgemein als der Zusammenbruch von äußerst integrierten und voneinander abhängigen ökonomischen Systemen betrachtet – eine Kettenreaktion, die dem Dominoeffekt ähnlich ist. Die Entdeckung ungewöhnlicher Baumringmuster sowie ein zerstörerisches Erdbeben und eine

Flutkatastrophe in der argivischen Ebene entsprechen dem Modell eher, als daß es dadurch widerlegt wird. Diese Katastrophen wurden zufällig Teil eines regionalen, politischen Niedergangs und haben ihn vermutlich noch beschleunigt und verstärkt; mit anderen Worten, sie waren lediglich ein paar weitere umkippende Dominosteine, fanden jedoch, ihrer besonderen Art wegen, rasch Eingang in altes Sagengut.

Überblick über das vorliegende Buch

Der Ansatz dieses Buches unterscheidet sich wesentlich von den zwei herkömmlichen Annäherungsweisen an die Atlantis-Legende, die entweder darauf abzielen, die Historizität von Atlantis zu beweisen oder sie zu widerlegen.[10] Nach vielen tausend Jahren, in denen die Geschichte unserer menschlichen Vorfahren erforscht wurde, besteht kein Zweifel daran, daß es ein genaues Rahmensystem für die Vergangenheit gibt. Alles, was wir gegenwärtig über die mediterrane Geschichte wissen, spricht ebenso wie die bekannten geologischen Prozesse gegen das plötzliche Verschwinden eines ganzen Kontinentes mit einer extrem hoch entwickelten Kultur. Daher müßte die zu stellende Frage nicht lauten: »Hat es Atlantis wirklich gegeben?« oder »Wo lag Atlantis?«, sondern: »Wie kommt es, daß Platons Darstellung der Vergangenheit von der Wirklichkeit abweicht?« Wie sich herausstellt, ist die Erzählung durch einige wenige, aber folgenreiche Fehler bei der Überlieferung und Übersetzung so sehr entstellt worden, daß ein früheres Erkennen verhindert wurde.
Mir erschien das heutige Entschlüsseln des Platon-Textes wie das Sortieren von durcheinandergeratenen Puzzleteilen. Nur wenige neue Teile sind hinzugekommen, manche waren falsch und wurden entfernt, der Rest ist auf überraschende Weise neu zusammengesetzt worden. Obgleich noch immer Teile des Puzzles unvollständig sind, ergeben die hier vorgelegten Deutungen ein kohärentes Bild, das weiterer sorgfältiger Überprüfungen bedarf.
Da sich meine Argumentation nur in eine Richtung erstreckt, mußte ich die zahllosen anderen plausiblen Deutungen der unter-

suchten Quellen außer acht lassen. Dieses Verfahren ist recht gefährlich, denn es kann den Eindruck erwecken, daß alte Texte oder archäologische Funde auf nur eine Weise interpretiert werden können. Andererseits ist es unmöglich, alle Theorien zu erörtern, die entwickelt worden sind, um die Legende von Atlantis, das Ende der Spätbronzezeit in Griechenland und Homers Troianischen Krieg zu erklären, und es ist nicht mein vorrangiges Ziel, eine Synthese dieser früheren Vorstellungen zu erreichen. Vielmehr möchte ich neue Wege vorstellen, wie man die Vergangenheit betrachten kann. Ich möchte zeigen, daß selbst bei den kompliziertesten Fragestellungen einfache und plausible Antworten möglich sind, obwohl die Menge der zu diesen Themen erschienenen wissenschaftlichen Schriften inzwischen so groß ist, daß kein Mensch sie mehr bewältigen kann.

Der Schwerpunkt dieses Buches liegt auf den Rekonstruktionen der Landschaften und Kulturen der Bronzezeit in Griechenland und um Troia. Die Beweisführung zieht Parallelen zwischen Texten und Dokumenten einerseits und den Erkenntnissen über Umwelt und materielle Kultur andererseits. Die Enträtselung der Atlantis-Erzählung zeigt, wie alte Legenden mit Hilfe archäologischer Kenntnisse gedeutet werden können, doch eine solche Korrelation von Texten und archäologischem Nachweis wird im allgemeinen nur in einer Richtung möglich sein: Legenden und Texte beruhen allzu häufig auf subjektiven und verfälschten Eindrücken und sind nicht verläßlich genug, um als objektive Tatsachen akzeptiert und auf unsere Kenntnisse der Vergangenheit übertragen zu werden – und doch sind sie zu wertvoll, als daß man sie gänzlich übergehen könnte.[11]

Um meiner Leserschaft alle Informationen in die Hand zu geben, die nötig sind, um meiner Interpretation der Atlantis-Legende zu folgen, sind im nächsten Kapitel Platons Beschreibungen von Atlantis in *Timaios* und *Kritias* vollständig wiedergegeben. Der Text ist der bei Artemis erschienenen Platon-Ausgabe entnommen: Sämtliche Werke, Spätdialoge II, in der Übertragung von Rudolf Rufener. Im dritten Kapitel wird die »anatomische« Struktur der beiden Dialoge untersucht, um Platons Quellen aufzudekken: Ist es wahrscheinlicher, daß er, wie er behauptet, eine historische Quelle benutzte, oder hat er die ganze Geschichte erfunden?

Wie auch immer die Antwort auf diese Frage lautet, bei jedem Versuch, die Atlantis-Legende zu begreifen, sollte man zunächst und der Einfachheit halber Platons Worten Glauben schenken. Erst wenn dieses Untersuchungsverfahren erfolglos geblieben ist, sollte man von einem anderem Blickwinkel aus einen neuen Ansatz erproben. Wie sich erweisen wird, kann die Enträtselung der Legende möglicherweise auf Platon als Urheber gänzlich verzichten. Sehr allgemeine Kenntnisse der mediterranen Vorgeschichte, verbunden mit einer guten Portion gesundem Menschenverstand, können ausreichen, um das Rätsel zu lösen. Daher wird im vierten Kapitel ein kurzer Überblick über die griechische Archäologie gegeben, wobei die Wechselbeziehung zwischen Menschen und Landschaft besondere Berücksichtigung erfährt, denn sie stellen die beiden Hauptelemente des Berichts dar. Im Anschluß daran wird jeder einzelne Absatz und Satz des platonischen Atlantis-Textes als Bestandteil des Puzzles genauer untersucht und dann mit dem von der Archäologie entworfenen Bild verglichen. Dabei wird allmählich eine neue Vorstellung von Atlantis Gestalt annehmen, aus der sich möglicherweise ganz neue Gedanken über die Vorgeschichte im östlichen Mittelmeerraum ergeben.
Im sechsten Kapitel werden Homers Beschreibungen von Troia erneut einer genauen Betrachtung unterzogen. Die *Ilias* ist zumindest teilweise durch die Entdeckung Troias bestätigt worden, und die Enträtselung des Atlantis-Mythos könnte ähnliche Auswirkungen für die *Odyssee* haben. Das siebte Kapitel hat eine Rekonstruktion der landschaftlichen Veränderungen um Troia zum Inhalt, die auf historischen Quellen, Untersuchungen im Gelände und Satellitenfotos beruht. Das letzte Kapitel ist eine knappe Untersuchung der Faktoren, die eine Entzifferung der Sage bisher verhindert haben. Außerdem liefert es eine Liste von Gegenargumenten zu den in diesem Buch dargelegten Gedanken.

Anmerkung zu Zitaten und Namen

Platons Dialoge *Timaios* und *Kritias* werden im Text mit der jeweiligen Stephanus-Numerierung zitiert: *Timaios* = 17a–91c, *Kritias* = 106a–121c und in der Übersetzung von Rudolf Rufener wiedergegeben (mit freundlicher Genehmigung des Verlags Artemis & Winkler, München - Zürich).
Ähnlich wird die *Ilias* im Text mit der jeweiligen Buch- und Zeilenzahl in römischen Ziffern zitiert, während diese Angaben für die *Odyssee* in arabischen Ziffern erfolgen. Homer-Zitate sind gewöhnlich der Neuübersetzung von Roland Hampe entnommen (mit freundlicher Genehmigung des Verlags Philipp Reclam jun., Stuttgart).
Die Bewohner Griechenlands in der späten Bronzezeit und deren Zivilisation werden wahlweise als »Mykener«, »mykenisch« oder »Achaier«, »achaiisch« bezeichnet, wobei jedoch letztere Termini vorzugsweise benutzt werden. In diesem Buch umfaßt der Name »Troia« normalerweise die gesamte Stadt, die wahrscheinlich wesentlich größer war als die bislang ausgegrabene Burg, die hier gewöhnlich »Ilion« genannt wird.

Platons Atlantis-Erzählung

Der folgende Text ist eine vollständige wörtliche Übersetzung der beiden Passagen von Platon, in denen Atlantis beschrieben wird. Es sind die *einzigen* Quellen zu diesem sagenumwobenen Ort. Platon vermittelt die Geschichte in Form von Monologen, gehalten von einem Mann namens Kritias. Dieser berichtet von einer Geschichte, die der griechische Staatsmann Solon bei seinem Besuch in Ägypten hörte.

Timaios 21e–25d

»Es gibt in Ägypten«, begann er, »im Delta, um dessen Spitze sich der Lauf des Nils teilt, einen Distrikt, den man den saitischen nennt, und die größte Stadt dieses Distrikts ist Saïs, von wo ja auch der König Amasis stammte. Als Gründerin dieser Stadt gilt den Bewohnern eine Göttin, deren Name auf ägyptisch Neith lautet; das ist auf griechisch, wie sie behaupten, Athena; sie sagen deshalb, sie seien große Freunde der Athener und gewissermaßen mit ihnen verwandt. Solon erzählte nun, er sei bei seiner Ankunft dort mit großen Ehren von ihnen empfangen worden; als er sich aber einmal bei den Priestern, die am besten davon Kenntnis hatten, über die Altertümer erkundigte, da sei es ihm beinahe so vorgekommen, als ob er selbst und auch jeder andere Grieche sozusagen gar nichts von diesen Dingen wüßte. Und eines Tages, als er sie zu einem Bericht über die Urzeit veranlassen wollte, da habe er das so angepackt, daß er ihnen von den frühesten Begebenheiten hier erzählte: von Phoroneus, der für den ältesten Menschen gilt, und von Niobe, und er habe den Mythos von der großen Flut erzählt und wie Deukalion und Pyrrha davongekommen seien und welche Geschlechter von ihnen abstammten, und schließlich habe er versucht, sich daran zu erinnern, wie manches Jahr das einzelne, wovon er berichtete, gedauert habe, und so die Zeit auszurechnen. Da habe ein ganz alter Priester ausgerufen: ›O Solon, Solon, ihr Griechen bleibt doch ewige Kinder; einen alten Griechen gibt es ja überhaupt nicht.‹ – Als er das hörte, fragte er: ›Wie meinst du das?‹ – ›Ihr seid alle jung in eurer Seele‹, habe er erwidert, ›denn ihr habt

in ihr keine urtümliche Meinung, die aus alter Überlieferung stammt, noch irgendein altersgraues Wissen. Und das ist der Grund davon: schon manchesmal und auf viele Arten ist die Menschheit vernichtet worden und wird auch wieder vernichtet werden, am gründlichsten durch Feuer und durch Wasser, und in geringerem Maße auf tausend andere Arten. Denn was auch bei euch berichtet wird, wie einst Phaethon, der Sohn des Helios, den Wagen seines Vaters anschirrte und wie er dann, weil er nicht auf dessen Spur fahren konnte, alles auf der Erde verbrannte und selbst, vom Blitz getroffen, vernichtet wurde, das klingt, so wie ihr es erzählt, ganz nach einem Märchen; doch liegt schon etwas Wahres darin, nämlich die Abweichung der Gestirne, die am Himmel um die Erde kreisen, und, jeweils nach Ablauf langer Zeitläufe, die Vernichtung alles dessen, was es auf der Erde gibt, durch ein großes Feuer. Alle, die auf den Bergen und an den hochgelegenen und trockenen Orten wohnen, werden dann eher vernichtet als die anderen, die nah bei den Flüssen und Meeren wohnen; uns aber bewahrt in diesem Falle der Nil, der auch sonst unser Retter ist, und befreit uns aus dieser Not, indem er über die Ufer tritt. Wenn dagegen die Götter die Erde mit Wasser überschwemmen, um sie zu reinigen, so können sich nur die Rinderhirten und Schafhirten auf den Bergen retten, während jene, die bei euch in den Städten wohnen, von den Fluten ins Meer geschwemmt werden. Hierzulande aber strömt das Wasser weder dann noch sonst je von oben über die Felder, sondern es ist umgekehrt so, daß alles von unten in die Höhe steigt. Daher und aus diesen Gründen erhalten sich hier die Dinge und werden für die ältesten angesehen; in Wahrheit verhält es sich aber so, daß an allen Orten, wo dies nicht übermäßige Kälte oder Hitze verhindert, eine bald größere, bald kleinere Zahl von Menschen lebt. Wenn wir aber gehört haben, daß sich bei euch oder hier oder sonst irgendwo etwas Schönes oder Großes oder irgendwie Bemerkenswertes abgespielt hat, so ist das alles hier von alters her in unseren Tempeln aufgezeichnet worden und damit erhalten geblieben; bei euch und bei anderen Völkern aber ist es so: gerade wenn ihr jeweils mit der Schrift und mit allen anderen Erfordernissen einer Stadt eben versehen seid, so kommt nach dem üblichen Abstand der Jahre wie eine Krankheit

die Flut wieder vom Himmel gestürzt und läßt nur die von euch übrig, die sich weder auf die Schrift noch auf die Musenkunst verstehen, so daß ihr gewissermaßen immer wieder aufs neue jung werdet, ohne jedes Wissen von all den Ereignissen hier bei uns und bei euch, wie sie sich in den früheren Zeiten begeben haben. Jedenfalls was du uns jetzt eben über die alten Geschlechter bei euch zu Hause erzählt hast, bester Solon, das unterscheidet sich nur wenig von Kindermärchen. Denn erstens erinnert ihr euch nur an eine Überschwemmung der Erde, obgleich es früher schon manche gegeben hat. Und dann wißt ihr auch nicht, daß das schönste und beste Geschlecht unter den Menschen eurem Lande entsprossen ist, das, von dem du und eure ganze heutige Stadt herstammt, indem sich einst ein kleiner Same von ihnen erhalten hat; das ist euch im Gegenteil alles verborgen geblieben, weil die Überlebenden während vieler Generationen dahingingen, ohne daß sie sich durch die Schrift vernehmbar machen konnten. Denn es gab einst eine Zeit, Solon, noch vor der größten Vernichtung durch das Wasser, da war die Stadt, die heute die athenische heißt, nicht nur am tüchtigsten zum Kriege, sondern sie besaß auch in jeder Hinsicht die weitaus beste Verfassung; man erzählt von ihr die schönsten Taten und sagt, sie hätte die besten politischen Einrichtungen gehabt von allen unter dem Himmel, über die wir je Kunde erhalten haben.‹
Solon habe nun das, wie er erzählte, mit Verwunderung angehört und dann die Priester mit allem Nachdruck gebeten, sie sollten ihm alles über seine Mitbürger aus der Frühzeit genau und der Reihe nach berichten.
Der Priester habe darauf erwidert: ›Es soll dir nichts vorenthalten werden, Solon, sondern ich will es dir mitteilen, schon deinetwegen und um eurer Stadt willen, vor allem aber der Göttin zu Dank, die sowohl eure als auch unsere Stadt zu eigen erhalten hat und sie groß werden ließ und heranbildete, die eure freilich, deren Samen sie von (der Erdgöttin) Ge und von Hephaistos bekam, um tausend Jahre früher, die unsrige dagegen erst später. Seit diese hier eingerichtet ist, sind achttausend Jahre verflossen; so ist die Zahl in den heiligen Schriften eingetragen. Über die Gesetze deiner Mitbürger also, die vor neuntausend

Jahren gelebt haben, will ich dir in Kürze Auskunft geben und auch von der schönsten ihrer Taten, die sie vollbracht haben. Die genauen Einzelheiten von alledem wollen wir dann ein anderesmal der Reihe nach in aller Ruhe besprechen und dabei die schriftlichen Aufzeichnungen selbst zur Hand nehmen. Betrachte nun ihre Gesetze anhand der unsrigen hier. Denn du wirst hier zahlreiche Beispiele von solchen finden, die damals bei euch gegolten haben: erstens einmal, daß es einen Stand der Priester gibt, der von den anderen abgesondert ist; dann die Handwerker, von denen jeder Stand für sich allein und nicht mit den anderen zusammen sein Gewerbe treibt, sowie den der Hirten und den der Jäger und den der Bauern. Vor allem aber ist dir sicher aufgefallen, daß hier der Stand der Krieger von allen anderen getrennt ist und daß er von Gesetz wegen keinen anderen Auftrag hat als sich um die Kriegführung zu kümmern. Und weiter, daß seine Bewaffnung aus Schild und Speer besteht, mit denen wir als erste in Asien ausgerüstet waren; denn die Göttin hat sie uns gezeigt, so wie sie sie in euren Ländern zuerst euch gezeigt hat. Was ferner den Geist betrifft, so siehst du doch, welch große Sorgfalt das Gesetz bei uns hier gleich von Anfang an für ihn und für seine Ausbildung aufgewendet hat, indem es bis hin zur Wahrsagerei und zur Heilkunst, die zu unserer Gesundheit da ist, von diesen Dingen, die göttlicher Natur sind, alles zum menschlichen Gebrauch aufspürte und sich dann auch in den Besitz aller anderen Wissenschaften setzte, die sich an diese anschließen.

Diese ganze Anordnung und Einrichtung hat nun also die Göttin zuerst bei euch getroffen und damit eure Stadt gegründet, nachdem sie den Ort, wo ihr geboren seid, ausgewählt hatte; dabei nahm sie dort Rücksicht auf die günstige Mischung der Jahreszeiten, die dazu geeignet war, die verständigsten Männer hervorzubringen. Weil nun die Göttin eine Freundin des Krieges und der Weisheit ist, wählte sie einen Ort, der Männer hervorzubringen versprach, wie sie ihr am meisten zusagen, und legte dort ihre erste Siedlung an. Ihr hattet jetzt also euren Wohnsitz, genosset solche Gesetze und waret auch sonst wohl eingerichtet und übertraft in jeder Art von Tüchtigkeit alle anderen Menschen,

wie es sich von denen erwarten läßt, die von Göttern abstammen und von ihnen erzogen worden sind.
Von vielen großen Taten, die ihr und eure Stadt vollbracht habt, liest man hier mit Bewunderung; doch eine ragt unter allen durch ihre Größe und Heldenhaftigkeit hervor. Die Aufzeichnungen berichten nämlich, wie eure Stadt einst einer gewaltigen Macht das Ende bereitet hat, als diese vom Atlantischen Meer aufgebrochen war und in ihrem Übermut gegen ganz Europa und Asien zugleich heranzog. Damals konnte man nämlich das Meer dort noch befahren; denn vor der Mündung, die ihr in eurer Sprache die Säulen des Herakles nennt, lag eine Insel, und diese Insel war größer als Libyen und Kleinasien zusammen. Von ihr gab es für die Reisenden damals einen Zugang zu den anderen Inseln, und von diesen auf das ganze Festland gegenüber rings um jenes Meer, das man wahrhaft so bezeichnen darf. Denn alles, was innerhalb der erwähnten Mündung liegt, erscheint wie eine Hafenbucht mit einer engen Einfahrt; jenes aber kann man wohl wirklich als ein Meer und das darum herum liegende Land in Tat und Wahrheit und in vollem Sinne des Wortes als ein Festland bezeichnen.
Auf dieser Insel Atlantis nun gab es eine große und bewundernswerte Königsherrschaft, die sowohl über die ganze Insel als auch über viele andere Inseln und über Teile des Festlandes ihre Macht ausübte; zudem regierten diese Könige auf der gegen uns liegenden Seite über Libyen, bis gegen Ägypten hin, und über Europa bis nach Tyrrhenien. Diese ganze Macht also versammelte sich einst zu einem Heereszug und machte den Versuch, sich das ganze Gebiet bei euch und bei uns und alles, was diesseits der Mündung liegt, in einem einzigen Ansturm zu unterjochen. Damals nun, Solon, wurde die Kraft eurer Stadt mit ihrer Tüchtigkeit und Stärke vor allen Augen sichtbar; sie tat sich vor allen anderen durch ihren Mut und durch ihre Kriegskunst hervor, und so stand sie zuerst an der Spitze der Griechen; als dann aber die anderen abfielen und sie notgedrungen auf sich allein gestellt war und dadurch in die äußerste Gefahr geriet, da zeigte sie sich den herannahenden Feinden überlegen und konnte ein Siegeszeichen errichten; jene, die noch nicht unterworfen waren, bewahrte sie vor der Unterwerfung, und uns

anderen allen, die wir diesseits der Säulen des Herakles wohnen, schenkte sie großzügig die Freiheit wieder. In der darauffolgenden Zeit aber gab es gewaltige Erdbeben und Überschwemmungen; es kam ein schlimmer Tag und eine schlimme Nacht, da eure ganze Streitmacht mit einem Male in der Erde versank, und ebenso versank auch die Insel Atlantis ins Meer und verschwand darin. Deswegen kann man noch heute das Meer dort weder befahren noch erforschen, weil in ganz geringer Tiefe der Schlamm im Wege liegt, den die Insel, als sie sich senkte, zurückgelassen hat.‹«

Hier endet der erste Teil von Platons Atlantis-Erzählung, so wie sich Kritias nach von Solon stammenden Notizen an sie erinnert. Platon berichtet in seinem folgenden Buch, das er nach dem Sprecher benannte, weiter von Atlantis. Obwohl die erste Hälfte des *Kritias* das alte Attika und nicht Atlantis beschreibt, gebe ich auch sie hier wieder, denn sie wird üblicherweise als Teil der Atlantis-Erzählung betrachtet.

Kritias 108e–121c

»3. Vor allem wollen wir zuerst daran erinnern, daß es im ganzen neuntausend Jahre her sind, seitdem, wie man erzählt hat, der Krieg entstanden ist zwischen den Menschen, die außerhalb der Säulen des Herakles, und allen denen, die innerhalb von ihnen wohnten; diesen Krieg muß ich nun von Anfang bis zu Ende schildern.

Bei den einen hat, wir sagten es schon, unsere Stadt hier die Führung gehabt und hat den ganzen Krieg durchgekämpft; bei den anderen waren es die Könige der Insel Atlantis. Von dieser erzählten wir, daß sie einst größer gewesen sei als Libyen und Kleinasien zusammen, daß sie aber jetzt infolge von Erdbeben untergegangen ist und für die Schiffer, die von hier in das große Meer hinausfahren wollen, eine undurchdringliche Schlammbank bildet, durch die sie nicht hindurchkommen. Die vielen Barbarenvölker und was es damals an griechischen Stämmen gab, die werde ich im Lauf meines Berichtes einen nach dem anderen anführen, wie es dieser jeweils gerade mit sich bringt. Von den damaligen Athenern aber und von ihren Gegnern, mit denen sie Krieg führten, sowohl von der Macht als auch von den Staatseinrichtungen der beiden, muß ich dagegen gleich am Anfang ausführlich berichten. Unter diesen zweien aber soll die Schilderung der Zustände in dieser Stadt hier den Vorrang haben.

Die Götter nämlich haben einst die ganze Erde gebietsweise durch das Los unter sich aufgeteilt, ohne daß es dabei zu Streit kam. Es gäbe ja auch keinen vernünftigen Grund für die Annahme, daß die Götter nicht gewußt haben sollten, was einem jeden von ihnen zukam, oder daß die einen versucht hätten, durch einen Streit das für sich zu erwerben, von dem sie wußten, daß es eher den anderen gebührte; denn durch die Lose der Gerechtigkeit erhielt jeder den Teil, der ihm lieb war, und diese Ländereien besiedelten sie, und als das geschehen war, taten sie wie Hirten mit ihren Herden: sie zogen uns auf als ihren Besitz und als ihre Pfleglinge, freilich mit dem Unterschied, daß sie dabei gegen die Leiber nicht leibliche Gewalt anwendeten, so wie die Hirten ihr Vieh mit Schlägen auf die Weide treiben, sondern so, wie sich ein Lebewesen am besten leiten läßt: ihnen vom Achterschiff aus die Bahn weisend, indem sie, nach ihren eigenen Gedanken, mit gütlichem Zureden wie mit einem Steuerruder die Seele beeinflussen; durch solche Führung lenkten sie das ganze menschliche Geschlecht.

An den einen Orten bekamen also diese Götter ihren Anteil, an den anderen wieder andere, und dort übten sie nun ihre Herrschaft aus; Hephaistos und Athena aber, die beide von gleicher Natur sind, da diese vom selben Vater her verschwistert ist und da sie zudem infolge ihrer Liebe zur Weisheit und zur Kunst dieselben Bestrebungen haben – diese beiden also bekamen deshalb durch das Los unser Land hier zum gemeinsamen Anteil, weil es ihrem Wesen entsprach und seiner Natur nach geeignet war für menschliche Tüchtigkeit und vernünftiges Denken; hier pflanzten sie als Ureinwohner tüchtige Menschen ein und gaben ihnen den Sinn für ein geordnetes Staatswesen. Von diesen haben sich noch die Namen erhalten; ihre Taten dagegen sind in Vergessenheit geraten, weil auch die, denen sie sie weitergaben, untergegangen sind und weil seither so lange Zeit verflossen ist. Denn die Bevölkerungsgruppe, die sich jeweils erhalten hat, die blieb, wie oben gesagt wurde, im Gebirge und war ohne Schrift; so hörten sie nur eben die Namen ihrer Landesfürsten und dazu ein Weniges von ihren Taten. Sie gaben sich damit zufrieden, ihren Nachkommen diese Namen zu überliefern; von den Vorzügen aber und von den Gesetzen ihrer Vorfahren wußten sie nichts, außer einigen dunklen Gerüchten über den einen oder den anderen. Und durch viele Menschenalter lebten sie und ihre Kinder im Mangel an den notwendigen Dingen und richteten ihre Gedanken einzig auf das, was ihnen fehlte. Dies war ihr einziger Gesprächsgegenstand; aber wie ihre Vorfahren gelebt hatten und was sich in der Vorzeit ereignet hatte, darum kümmerten sie sich nicht. Erforschung der Mythen und Altertumskunde stellen sich ja doch erst mit beginnender Muße in den Städten ein, wenn einzelne zur Feststellung kommen, daß die lebensnotwendigen Dinge nun vorhanden seien, vorher aber nicht. Somit haben sich also die Namen der Alten erhalten, jedoch nicht ihre Taten. Für diese Behauptung habe ich folgenden Beweis: all die Namen eines Kekrops und Erechtheus und Erichthonios und Erysichthon und der meisten anderen, die man als Vorgänger des Theseus erwähnt, hätten jene Priester genannt – so sagte Solon –, als sie von dem damaligen Krieg berichteten, und ebenso auch die Namen der Frauen. Und weil damals die Frauen gemeinsam mit den Männern im Krieg mitwirkten und weil die Menschen jener Zeit, entsprechend diesem Brauch, ein Weihbild der Göttin in Waffen aufgestellt haben, so ist denn auch diese Gestalt und Statue der Göttin ein Zeichen dafür, daß überall, wo männliche und weibliche Wesen zusammenleben, einem jeden der beiden Geschlechter von Natur die nötige Tüchtigkeit verliehen ist, die es instand setzt, alle gemeinsamen Aufgaben zu erfüllen.

4. Von den verschiedenen Klassen der Bürger, die damals unser Land bewohnten, beschäftigte sich die eine mit dem Handwerk, die andere zog aus der Erde die Nahrung; abseits von diesen aber wohnte der Stand der Krieger, der von Anfang an durch gottbegnadete Männer ausgesondert wurde. Diese Krieger hatten alles, was sie zu ihrer Ernährung und Bildung brauchten; doch verfügte keiner von ihnen über privates Eigentum, weil sie der Meinung waren, daß alles gemeinsamer Besitz von allen sein soll; über die auskömmliche Nahrung hinaus verlangten sie von

ihren Mitbürgern nichts zu erhalten, und sie übten alle Tätigkeiten aus, die wir gestern im Zusammenhang mit den Wächtern genannt haben, wie diese in unserer Vorstellung leben.
Und auch sonst klingt glaubwürdig und zuverlässig, was über unser Land erzählt wurde: erstens daß sich damals seine Grenzen bis zum Isthmos ausgedehnt hätten und auf der anderen Landseite bis zu den Höhen des Kithairon und des Parnes; von dort hätten sich diese Grenzen hinuntergezogen, wobei sie das Gebiet um Oropos zur Rechten ließen, während sie zur Linken gegen das Meer hin den Asoposfluß ausschlossen. An Fruchtbarkeit aber habe unser Land jedes andere übertroffen; darum sei es damals auch in der Lage gewesen, ein großes Heer von Leuten zu ernähren, die sich nicht mit dem Landbau beschäftigten. Und es ist ein schlagender Beweis für seine Fruchtbarkeit, daß nämlich das, was von ihm heute noch übrig ist, sich mit jedem anderen messen kann, sowohl durch die Mannigfaltigkeit und Schönheit seiner Früchte als auch durch die herrlichen Weiden, die es allen Tieren bietet. Damals aber waren die Früchte, die es trug, nicht nur schön, sondern auch in großer Fülle. Wie sollen wir das nun glauben können, und nach welchen Spuren, die vom damaligen Land noch übrig sind, dürfen wir diese Aussagen als richtig betrachten? Das ganze Land erstreckt sich ja vom übrigen Festlande weg wie ein Vorgebirge weit ins Meer hinaus, und das Meeresbecken ringsum fällt nahe der Küste in große Tiefe ab. In den neuntausend Jahren – so viele sind es nämlich seit jener Zeit bis heute gewesen – ereigneten sich zahlreiche gewaltige Überschwemmungen, und in dieser langen Zeit und unter diesen Ereignissen hat die Erde, die von den Höhen herabgeschwemmt wurde, nicht etwa einen mächtigen Damm gebildet, wie das an anderen Orten geschieht, sondern sie wurde jeweils ringsum getrieben und verschwand in der Tiefe. Wie man das bei den kleinen Inseln sehen kann, ist also, wenn man den heutigen Zustand mit dem damaligen vergleicht, gleichsam noch das Knochengerüst eines Leibes übrig, der von einer Krankheit verzehrt wurde: ringsum ist aller fette und weiche Boden weggeschwemmt worden, und nur das magere Gerippe des Landes ist übriggeblieben. Aber damals war dieses Land noch unversehrt, mit hohen, von Erde bedeck-

ten Bergen, und die Ebenen, die man heute als rauh und steinig bezeichnet, hatten fetten Boden in reichem Maße, und auf den Höhen gab es weite Wälder, von denen heute noch deutliche Spuren sichtbar sind. Einige von diesen Bergen bieten jetzt einzig den Bienen noch Nahrung; es ist aber gar nicht so lange her, da waren von den großen Häusern, für deren Bedachung man dort die Bäume gefällt hatte, die Dächer noch wohlerhalten. Und auch sonst trug das Land hohe Fruchtbäume in großer Zahl, und den Herden bot es unbeschreiblich reiche Weideplätze. Und vor allem bekam es von Zeus jedes Jahr sein Wasser, und dieses ging ihm nicht wie heute verloren, wo es aus dem kärglichen Boden ins Meer fließt, sondern weil das Land reichlich Erde hatte und das Wasser damit auftrank und es in dem lehmhaltigen Boden bewahrte, ließ es das Naß von den Höhen herab in die Talgründe fließen und bot allerorten in Brunnen und Bächen reichliche Bewässerung. An den Orten, wo früher diese Quellen waren, sind auch heute noch Heiligtümer erhalten als Zeichen, daß das wahr ist, was ich jetzt von unserem Lande erzähle.

5. So verhielt es sich also damals mit der natürlichen Beschaffenheit des übrigen Landes; es war in gehöriger Weise bebaut von wirklichen Bauern, die nichts anderes als diese Arbeit verrichteten, die alles Edle liebten, von Natur wohl begabt waren und die den besten Boden mit unerschöpflichem Wasser besaßen und sich für dieses Land einer Mischung der Jahreszeiten erfreuten, die aufs beste abgestimmt war.

Die Stadt aber war zur damaligen Zeit solchermaßen besiedelt: zunächst einmal befand sich das Gebiet der heutigen Akropolis nicht in dem heutigen Zustand. Jetzt hat nämlich eine einzige Nacht mit einem großen Regen die Erde ringsum weggeschwemmt und den Hügel kahl gemacht, indem es verschiedene Erdstöße und zugleich jene schreckliche Wasserflut gab, die vor der Deukalionischen Katastrophe die dritte war. Zu jener früheren Zeit war die Akropolis so groß, daß sie bis zum Eridanos und zum Ilissos hinunterreichte und die Pnyx in sich schloß und auf der der Pnyx entgegengesetzten Seite vom Lykabettoshügel begrenzt wurde; auch war sie ganz mit Erde bedeckt und bildete oben, abgesehen von wenigen Stellen, eine ebene Fläche. Das angrenzende Gebiet, unmittelbar an ihren Abhängen, wurde von den Handwerkern und den Bauern bewohnt, die in der Nähe das Land bestellten. Aber auf der Burg oben hatte der Kriegerstand rings um das Heiligtum der Athena und das des Hephaistos für sich allein seinen Wohnsitz, den sie wie den Garten eines alleinstehenden Hauses mit einer einzigen Ringmauer umgeben hatten. Sie bewohnten nämlich den nördlichen Teil des Hügels, wo sie sich gemeinschaftliche Wohnräume und für den Winter gemeinsame Speisesäle eingerichtet hatten mit allem, was es in einem Gemeinwesen für das Wohnen braucht, sowohl für sich als für die Priester – nur Gold und Silber besaßen sie keines; denn das brauchten sie für gar nichts. Sondern indem sie die Mitte zwischen Überfluß und knechtischer Armut zu halten suchten, bauten sie sich schmucke Wohnhäuser, in denen sie selbst und auch noch ihre Kindeskinder alt wurden und die sie, immer im selben Zustande, den nächsten hinterließen, die ja auch von ähnlicher Art waren wie sie.

Und was die Südseite der Akropolis betrifft, so verwendeten sie diese zum selben Zweck, wobei sie freilich zuweilen, wie das im Sommer geschah, ihre Gärten und Gymnasien und gemeinsamen Speisesäle dort aufgeben mußten. Brunnen aber gab es einen einzigen, an der Stelle, wo heute die Stadtburg steht; aber er ist nun infolge der Erderschütterungen versiegt, und ringsum sind nur noch einige spärliche Rinnsale übriggeblieben; doch den damaligen Bewohnern spendete er allen reichliches Naß und besaß im Winter wie im Sommer gerade die richtige Temperatur.

Auf diese Weise wohnten sie also dort, als Wächter über ihre Mitbürger und zugleich als freiwillig anerkannte Führer der übrigen Hellenen. Und sie achteten darauf, daß nach Möglichkeit die Zahl ihrer Männer und Frauen für alle Zeit stets dieselbe blieb, derjenigen nämlich, die schon zum Kriegsdienst fähig waren, und derjenigen, die es noch waren; diese zählten etwa um zwanzigtausend herum.

6. Solcher Art waren also diese Männer, und auf eine solche Weise stets regierten sie in Gerechtigkeit ihre eigene Stadt und ganz Griechenland. Deshalb waren sie über ganz Europa und Kleinasien hin bekannt für ihre Körperschönheit und für die mannigfachen Vorzüge ihres Geistes und waren hochberühmt unter allen damaligen Menschen.

Wie aber die Zustände bei ihren Kriegsgegnern waren und wie sie sich von Anfang an entwickelt haben, das will ich euch jetzt vor Augen stellen – sofern das, was ich als Knabe gehört habe, meinem Gedächtnis nicht entfallen ist –, damit auch ihr an diesem Wissen teilhabt, meine Freunde. Bevor ich aber beginne, muß ich eine kurze Bemerkung vorausschicken, daß ihr nicht erstaunt seid, wenn ihr des öftern fremdländische Männer mit griechischen Namen genannt hört; den Grund dafür sollt ihr erfahren. Weil Solon diese Geschichten in seinen Dichtungen verwenden wollte, forschte er nach der Bedeutung der Eigennamen; dabei entdeckte er, daß jene Ägypter, welche sie als erste aufgeschrieben haben, dieselben zuerst in ihre eigene Sprache übersetzt hatten; er selbst suchte nun den Sinn eines jeden Namens wieder zu erfassen; dann übersetzte er ihn in unsere Sprache zurück und schrieb ihn so auf. Eben diese Aufzeichnungen befanden sich bei meinem Großvater und sind jetzt noch in meinen Händen, und als Knabe habe ich mich eifrig mit ihnen beschäftigt. Wenn ihr nun also solche Namen hört, wie sie auch hier vorkommen, so soll euch das nicht wunder nehmen; ihr wißt ja jetzt den Grund dafür. Der Anfang der langen Geschichte lautete damals etwa folgendermaßen:

7. Wie im vorigen von der Verlosung unter den Göttern erzählt wurde, daß sie die ganze Erde teils in großen und teils in kleinen Stücken unter sich verteilten und sich Heiligtümer und Opfer stiften ließen, so fiel nun auch Poseidon durch das Los die Insel Atlantis zu. Dort siedelte er seine Nachkommen, die er mit einem sterblichen Weibe gezeugt hatte, an einer bestimmten Stelle der Insel an, die etwa folgendermaßen aussah. Am Meere, etwa in der Mitte der ganzen Insel, lag eine Ebene; man sagt, sie sei die schönste aller Ebenen gewesen und von reichlicher Fruchtbarkeit. Am Rande dieser Ebene, etwa fünfzig Stadien gegen das Innere der Insel zu, erhob sich ein durchweg niedriges Gebirge. Dort oben hatte sich einer der Menschen angesiedelt, die zu Anbeginn in jener Gegend aus der Erde entstanden waren. Er hieß Euenor und wohnte zusammen mit seinem Weibe Leukippe; die beiden hatten eine einzige Tochter namens Kleito. Als das Mädchen eben in das mannbare Alter gekommen war, starben ihr Mutter und Vater; Poseidon aber gewann sie lieb und verei-

nigte sich mit ihr. Und er machte die Anhöhe, wo sie wohnte, zu einem wohlbewehrten Platz, indem er sie rundherum abbrach und Ringe darumzog, abwechselnd von Wasser und von Land, zuerst kleiner und dann immer größere, und zwar zwei aus Land und drei aus Wasser, wobei er sie gewissermaßen von der Mitte dieser Insel aus ringsum abzirkelte, nach allen Seiten mit den gleichen Abständen, so daß der Hügel für die Menschen unzugänglich war; denn Schiffe und Schiffahrt gab es damals noch nicht. Und was für ihn als Gott ja eine Leichtigkeit war: er stattete die Insel, die da in der Mitte lag, aufs schönste aus, indem er zwei Quellwasser aus der Erde aufsprudeln ließ, von denen das eine warm, das andere kalt aus seinem Brunnen floß, und indem er aus dem Boden mannigfache und ausreichende Nahrung hervorgab.

An Nachkommen männlichen Geschlechtes erzeugte er fünf Zwillingspaare und zog sie auf. Und er teilte die ganze Insel Atlantis in zehn Stücke und gab dem älteren des ersten Zwillingspaares das mütterliche Haus mit seinem Umschwung als Anteil; das war das größte und beste Stück. Auch setzte er ihn zum König über die anderen ein; diese machte er zu Statthaltern und gab einem jeden die Herrschaft über viele Menschen und über ein weites Landgebiet. Ihnen allen gab er Namen; dem ältesten und Könige aber jenen, von dem denn auch die ganze Insel und das Meer seine Bezeichnung hat; es wurde nämlich das atlantische genannt, weil der erste, der damals als König regierte, Atlas hieß. Sein Zwillingsbruder, der nach ihm geboren war, erhielt als Anteil die Anhöhen der Insel nach den Säulen des Herakles hin, gegen das heutige Gebiet von Gadeira, das nach dem damaligen Ortsnamen so heißt. Ihn nannte Poseidon auf Griechisch Eumelos, in der Landessprache aber Gadeiros, was denn wohl auch dem Gebiet den Namen gegeben hat. Und vom zweiten Zwillingspaar nannte er den einen Ampheres, den anderen Euaimon, vom dritten den zuerst geborenen Mneseus, den, der nachher kam, Autochthon. Vom vierten Paar nannte er den Älteren Elasippos, den Jüngeren Mestor. Und der Erstgeborene des fünften Paares erhielt den Namen Azaes, der Zweitgeborene den Namen Diaprepes.

Diese alle und auch ihre Nachkommen wohnten also hier viele

Menschenalter lang und regierten auch über zahlreiche andere Inseln des Meeres, und zudem dehnten sie, wie ich schon vorher erwähnt habe, ihre Herrschaft auf die hierwärts innerhalb (der Säulen des Herakles) Wohnenden aus, bis nach Ägypten und Tyrrhenien.
Von Atlas nun stammte auch wieder ein großes und hochgeehrtes Geschlecht; König war stets der älteste, und indem er wiederum dem ältesten seiner Nachkommen die Königsherrschaft übergab, erhielten sie sich diese viele Generationen lang. Und an Reichtum besaßen sie eine solche Fülle, wie es sie früher noch nie in irgendwelchen Königshäusern gegeben hatte und wie es sie auch nicht leicht je wieder geben wird, und es stand ihnen alles zur Verfügung, was in der Stadt und im übrigen Lande beschafft werden mußte. Denn dank ihrer Herrschaft flossen ihnen große Einkünfte von den auswärtigen Gebieten zu; das meiste indes zum Lebensunterhalt lieferte die Insel selbst. Zuerst alles, was im Bergbau an harten und geschmolzenen Metallen geschürft wird, auch das, wovon wir heute nur noch den Namen kennen, das aber damals mehr als nur ein Name war, nämlich das Goldkupfererz, das man an vielen Orten der Insel schürfte und das nächst dem Golde unter den Menschen jener Zeit am höchsten geschätzt wurde. Und ferner, was der Wald den Zimmerleuten für ihre Arbeit liefert, das brachte die Insel in reichlichem Maße hervor, und im weiteren ernährte sie ausreichend zahme und wilde Tiere. Sogar die Elefanten waren hier besonders zahlreich; denn es war genügend Nahrung vorhanden, nicht nur für all die anderen Tiere, die in den Sümpfen und Seen und Flüssen leben, und auch für die, welche auf den Bergen und in den Ebenen weiden, sondern eben auch für den Elefanten, welcher das größte Tier ist und am meisten frißt. Und was im weiteren jetzt die Erde irgendwo an Wohlgerüchen hervorbringt, sei es von Wurzeln oder von Gras oder von Hölzern oder von Säften, die von Blüten oder Früchten herabträufeln – auch das alles brachte die Insel hervor und ließ es wohl gedeihen. Und weiter: die veredelte Frucht und die trockene Frucht, die uns zur Nahrung dient, und was wir dazu noch als Speise verwenden – alle die verschiedenen Arten, die wir als Hülsenfrüchte bezeichnen –, sodann die baumartige Frucht, die uns Getränk und

Speise und Salböl liefert, und jene, die hoch oben auf dem Baume wächst, schwer aufzubewahren ist und uns zum Spiel und zum Vergnügen dient, ferner das, was wir als erwünschtes Linderungsmittel gegen den überfüllten Magen als Nachspeise einem vorsetzen, der vom Essen übersättigt ist – alles das brachte die heilige Insel, die damals noch im Sonnenlichte lag, hervor, schön und zum Staunen und in unerschöpflicher Fülle. Und die Bewohner nahmen das alles von der Erde in Empfang und bauten Heiligtümer und königliche Paläste, Häfen und Schiffswerften und verschönten das ganze übrige Land, wobei sie in folgender Ordnung vorgingen:

8. Zunächst überbrückten sie die Wasserringe um die alte Mutterstadt herum und bahnten damit einen Weg nach außen und zurück zum Königspalast. Das war der Palast, den sie gleich am Anfang in diesem Wohnsitz des Gottes und ihrer Vorfahren errichtet hatten. Jeder Herrscher übernahm ihn von seinem Vorgänger und stattete, was dieser schon ausgestattet hatte, noch weiter aus und suchte dabei den früheren nach Möglichkeit zu übertreffen, bis sie schließlich ihren Wohnsitz so vollendet ausgebaut hatten, daß jeder, der ihn sah, von seiner Größe und Schönheit überwältigt wurde.

Sie gruben vom Meere aus einen Durchstich von drei Plethren in der Breite, hundert Fuß in der Tiefe und fünfzig Stadien in der Länge bis zum äußersten Ring und bahnten auf diesem Wege aus dem Meere zu ihm eine Einfahrt wie zu einem Hafen, wobei sie die Einmündung weit genug öffneten, daß auch die größten Schiffe einlaufen konnten. Darauf durchbrachen sie aber auch die Gürtel aus Erde, welche die Wasserringe voneinander trennten, auf der Höhe der Brücken, und zwar so weit, daß eine einzelne Triere von einem Wasserring in den anderen hindurchfahren konnte, und überdachten den Durchgang, so daß die Durchfahrt unter Dach verlief; die obere Randhöhe der Erdgürtel stand nämlich genügend hoch über dem Meeresspiegel.

Der größte Gürtel war aber der, zu welchem dem Meer ein Zugang geöffnet war; er maß drei Stadien in der Breite, und der anschließende Erdgürtel war ebenso breit; von den beiden nächsten war der Wasserring zwei Stadien breit und der trockene wiederum gleich wie der flüssige davor; ein Stadion schließ-

lich maß der Ring, der in der Mitte unmittelbar um die Insel herumlief. Die Insel, auf der sich der Königspalast befand, hatte einen Durchmesser von fünf Stadien. Diese Insel und die Ringe und die Brücke, deren Breite eine Plethre betrug, umgaben sie von beiden Seiten mit einer steinernen Mauer und errichteten auf den Brücken Türme und Tore, überall dort, wo vom Meer her die Durchgänge waren. Den Stein dazu brachen sie ringsum von den Abhängen der Insel, die in der Mitte lag, und von der äußeren und inneren Seite der Ringgürtel; zum Teil waren diese Steine weiß, zum Teil schwarz und zum Teil auch rot. Und indem sie diese Steine herausbrachen, hoben sie gleichzeitig an der Innenseite zwei tiefe Becken als Docks für die Schiffe aus, die vom Felsen selbst überdacht waren. Ihre Bauten waren zum Teil einfarbig; bei den anderen wechselten sie mit den Steinsorten ab und gestalteten sie in bunten Farben, aus lauter Spielerei, wobei sie ihnen eine natürliche Anmut verliehen. Und die Mauer, die um den äußersten Ring herum lief, umkleideten sie in ihrem ganzen Umkreis mit Erz, wobei sie von diesem gleichsam einen Überzug machten; die innere Mauer übergossen sie mit Zinn und diejenige um die Burg selbst mit Goldkupfererz, das wie Feuer funkelte.
9. Der Königspalast innerhalb der Akropolis war folgendermaßen angelegt: in der Mitte stand dort das der Kleito und dem Poseidon geweihte Heiligtum, ohne Zugang, von einem goldenen Gehege umgeben, und zwar an der Stelle, wo die beiden ganz am Anfang das Geschlecht der zehn Herrscher gezeugt und geboren hatten. Dahin brachten sie auch jedes Jahr aus allen zehn Landesteilen einem jeden der beiden die Früchte der Jahreszeit als Opfergaben. Der Tempel des Poseidon selbst war ein Stadion lang, drei Plethren breit und von einer Höhe, die damit sichtlich übereinstimmte; doch hatte er in seinem Aussehen etwas Barbarisches. Auf der Außenseite umkleideten sie den Tempel mit Silber, außer der Giebelbekrönung; die war vergoldet. In seinem Inneren aber sah man die Decke ganz aus Elfenbein und bunt geschmückt mit Gold und Silber und Goldkupfererz; alles andere aber, die Wände und die Säulen und den Boden überzogen sie mit Goldkupfer. Und sie stellten goldene Bildsäulen darin auf, den Gott als Wagenlenker, wie er auf einem Wagen mit sechs geflügelten Pferden steht, so groß, daß

er mit seinem Scheitel die Decke berührt. Rings um ihn aber waren hundert Nereiden, auf Delphinen reitend – damals glaubte man, daß es so viele gebe; und noch viele andere Bildwerke waren im Tempel, Weihgeschenke von Privatleuten. Und außerhalb standen rings um ihn herum die goldenen Bildwerke aller zehn Könige und ihrer Frauen und sämtlicher Nachkommen und viele andere Weihgeschenke von Königen und von Privatleuten aus der Stadt selbst und aus all den auswärtigen Gebieten, die sie beherrschten. Und der Altar stimmte in seiner Größe und Ausführung mit dieser ganzen Pracht überein, und ebenso war der Königspalast der Größe des Reiches angemessen und angemessen auch der ganzen Tempelanlage.
Die beiden Quellen aber, die mit dem kalten und die mit dem warmen Naß, waren von reicher Fülle und mit ihrem Wohlgeschmack und der Güte des Wassers zum Genusse wunderbar geeignet; die Bewohner nutzten sie, indem sie rings darum ihre Häuser aufstellten und Baumpflanzungen anlegten, die dem Wasser entsprachen. Und ringsum richteten sie Bassins ein, die einen unter freiem Himmel, die anderen unter einem Dach für die warmen Bäder im Winter. Die königlichen Bäder waren von den privaten abgesondert; noch andere gab es für die Frauen und wieder andere für die Pferde und die sonstigen Zugtiere, und alle richteten sie so ein, wie es zur Ausstattung eines jeden dienlich war. Das abfließende Wasser aber leiteten sie zum Hain des Poseidon, der dank seinem trefflichen Boden einen mannigfaltigen Bestand von wunderbar schönen und hohen Bäumen hatte, und führten es durch Kanäle den Brücken entlang zu den äußeren Ringen. Dort waren denn auch viele Tempel für manche Gottheiten, auch viele Gärten und viele Gymnasien angelegt für die Leibesübungen der Männer, während die Übungsplätze für die Pferde abseits auf den beiden Inseln zwischen den Wasserringen lagen. So hatten sie unter anderem mitten auf der größeren dieser Inseln den Platz für eine Rennbahn ausgewählt; sie maß ein Stadion in der Breite, und in ihrer Länge um den ganzen Ring bot sie Raum für den Wettlauf der Pferde. Um sie herum aber lagen auf beiden Seiten die Kasernen für den Großteil der Leibwächter; den zuverlässigeren aber war die Wache auf dem kleineren Erdring anvertraut, welcher näher an

der Akropolis lag, und denjenigen, die sich vor allen anderen durch ihre Treue auszeichneten, waren die Unterkunftsräume im Inneren der Burg, unmittelbar um den Königspalast zugewiesen. Die Werften aber waren angefüllt mit Dreiruderern und mit all den Gerätschaften, die zur Ausstattung dieser Schiffe gehören, und alles das lag in genügender Menge bereit.
So waren also die ganzen Einrichtungen um den Königspalast herum. Wenn man aber die äußeren Häfen, drei an der Zahl, durchquert hatte, so stieß man auf eine Ringmauer, die ihren Ausgangspunkt beim Meer hatte und die überall in ihrem Verlauf fünfzig Stadien vom größten Ring, der den größten Hafen bildete, entfernt war und sich dort, wo der Durchstich zum Meer einmündete, wieder zusammenschloß. Dieser ganze Raum war von vielen dichtgedrängten Häusern besetzt. Die Ausfahrt und der größte Hafen aber waren überfüllt von Schiffen und von Kaufleuten, die aus allen Richtungen herkamen und mit ihrer Menschenmenge Tag und Nacht ein lautes Stimmengewirr und ein vielfältiges Getümmel verursachten.
10. Über die Stadt und wie es um die Residenz herum nach deren Gründung aussah, habe ich nun so ziemlich das berichtet, was man damals überliefert hat. Und nun muß ich zu erzählen versuchen, wie das übrige Land von Natur beschaffen war und welcher Art seine Einrichtungen waren. Zunächst einmal soll das ganze Land sehr hoch gelegen und vom Meer steil aufgestiegen sein; nur um die Stadt herum sei eine große Ebene gewesen und habe diese rings umgeben. Sie war aber ihrerseits wieder rundum von Bergen umkränzt, die sich bis zum Meer erstreckten; es war eine flache und gleichmäßige Ebene, als Ganzes von länglicher Form, die sich in der Länge auf beiden Seiten über dreitausend Stadien, in der Breite, vom Meere aufwärts, über zweitausend Stadien ausdehnte. Dieser Teil der ganzen Insel lag gegen Süden zu, gegen den Nordwind abgeschirmt. Von den Bergen, die ihn umgaben, rühmte man seinerzeit, daß sie an Anzahl und Größe und Schönheit alle heutigen übertroffen hätten, und es habe auf ihnen viele reiche Dörfer der ringsum wohnenden Bevölkerung gegeben, und Flüsse und Seen und Wiesen mit genügender Nahrung für alle Haustiere und alles Wild, und einen Waldbestand, der in seiner Ausdehnung und mit seinen

mannigfachen Holzarten das Material für alle Arbeiten im gesamten und zu allen Zwecken in reichem Maße lieferte.
Diese Ebene nun war von Natur und durch die Arbeit vieler Könige im Verlauf einer langen Zeit auf folgende Weise ausgestaltet worden. Im großen und ganzen bildete sie ein langgestrecktes Rechteck; wo die Seiten nicht gerade verliefen, waren sie durch einen Graben, den man ringsum ausgehoben hatte, gerade gerichtet. Wenn uns einer sagt, wie tief und wie breit und wie lang dieser gewesen sei, so kann man fast nicht glauben, daß dieses von Menschenhand geschaffene Werk, verglichen mit anderen Bauwerken dieser Art, solche Größe gehabt habe; und doch muß ich erzählen, was ich gehört habe. Ein Plethron tief wurde der Graben ausgehoben; seine Breite betrug überall ein Stadion, und da er rings um die ganze Ebene herum gezogen war, ergab sich eine Länge von zehntausend Stadien. Er nahm alle Wasserläufe, die von den Bergen herab kamen, in sich auf, und nachdem er um die Ebene herum geführt und sich der Stadt von beiden Seiten genähert hatte, ließ er sie dort ins Meer fließen. Von seinem oberen Laufe (landeinwärts) her waren aber in gerader Richtung Kanäle von etwa hundert Fuß Breite in die Ebene eingeschnitten, die in der Gegend des Meeres wieder in den (großen) Graben mündeten und voneinander hundert Stadien entfernt waren. Auf diesen führten sie das Holz aus den Bergen in die Stadt, und auch die übrigen Produkte brachten sie auf ihren Schiffen zur Erntezeit heran, weshalb sie Querverbindungen von den einzelnen Kanälen in die anderen und zu der Stadt hin gegraben hatten. Somit konnten sie auf ihrem Land zweimal im Jahr Ernte halten: im Winter dank dem Regenwasser, das Zeus ihnen spendete, und im Sommer dank dem Wasser, das ihnen das Land selbst bot, indem sie es aus den Kanälen zuleiteten.
Was nun die Zahl der Bewohner in der Ebene betrifft, so war festgesetzt, daß jedes Landlos für seine kriegstauglichen Männer einen Anführer zu stellen hatte. Die Größe eines Landloses aber betrug ungefähr zehn auf zehn Stadien, und im ganzen gab es sechzigtausend davon. Die Zahl der Menschen dagegen, die vom Gebirge und vom übrigen Lande kamen, sei unermeßlich

gewesen, und alle waren nach Landschaften und Dörfern je einem dieser Landlose und seinem Anführer zugeteilt.

Es bestand nun die Regelung, daß jeder Gruppenführer den sechsten Teil eines Kampfwagens stellte, bis es im ganzen zehntausend Wagen waren, außerdem zwei Pferde mit ihren Reitern, dazu ein Zweigespann, doch ohne Wagenkorb, auf dem ein Krieger mit einem leichten Schild stand und neben diesem der Wagenlenker der beiden Pferde; ferner zwei Schwerbewaffnete und je zwei Bogenschützen und Schleuderer, an Leichtbewaffneten sodann je drei Steinwerfer und Speerschützen und schließlich vier Seeleute zur Bemannung von zwölfhundert Schiffen. So war das Kriegswesen der Königsstadt geordnet; in den neun anderen Landesteilen aber war es jedesmal wieder anders; doch das aufzuzählen, würde zu lange dauern.

11. Für die Ausübung der Macht und für das Strafwesen aber galten von Anfang an folgende Regelungen. Von den zehn Königen übte ein jeder in dem ihm zubestimmten Gebiet die Macht aus: er regierte über die Männer in seiner Stadt und befand über die meisten Gesetze, wobei er bestrafen und hinrichten ließ, wen immer er wollte. Ihre gegenseitigen Machtverhältnisse aber und ihre gemeinsamen Beziehungen beruhten auf Anordnungen des Poseidon, wie es ihnen der herkömmliche Brauch überliefert hatte und eine Inschrift, die von den ersten Königen auf einer Säule aus Goldkupfererz aufgezeichnet war. Diese stand in der Mitte der Insel im Heiligtum des Poseidon; dort kamen sie abwechselnd jeweils im fünften oder im sechsten Jahr zusammen, womit sie die geraden und die ungeraden Zahlen zum gleichen Recht kommen ließen. An diesen Zusammenkünften berieten sie über ihre gemeinsamen Angelegenheiten; sie prüften, ob sich einer von ihnen eines Übergriffs schuldig machte, und hielten darüber Gericht. Und wenn sie sich zu diesem Gericht anschickten, gingen sie zuerst gegenseitig eine Treueverpflichtung ein, und zwar in folgender Form. Im heiligen Bezirk des Poseidon wurden einige Stiere freigelassen; die zehn Könige blieben für sich allein, und nachdem sie zum Gott gebetet hatten, er solle sie das ihm wohlgefällige Opfer fangen lassen, machten sie auf die Tiere Jagd, und zwar ohne eiserne Waffen, nur mit Knüppeln und Schlingen; den Stier, den sie fingen, führten

sie zur Säule und schlachteten ihn an ihrer Spitze, gerade über jener Inschrift. Auf der Säule aber war außer den Gesetzen auch eine Schwurformel angebracht, mit schweren Verwünschungen gegen die, welche ihnen nicht gehorchten. Wenn sie nun gemäß ihren Bräuchen den Stier geopfert und alle seine Glieder geweiht hatten, füllten sie einen Mischkrug und warfen für jeden ein Klümpchen geronnenes Blut hinein. Alles übrige brachten sie ins Feuer, nachdem sie zuerst ringsum die Säule gereinigt hatten. Dann schöpften sie mit goldenen Schalen aus dem Mischkrug, gossen eine Spende ins Feuer und legten dann einen Eid ab, daß sie gemäß den an der Säule aufgezeichneten Gesetzen Gericht halten und daß sie es bestrafen wollten, wenn sich einer zuvor eines Übergriffs schuldig gemacht hätte, und auch daß sie von jetzt an jene Inschrift in keinem Punkte absichtlich übertreten und nur so regieren und gehorchen wollten, wie es den Vorschriften des Vaters entspreche. Wenn das ein jeder für sich selbst und für sein Geschlecht gelobt hatte, trank er und stellte die Schale als Weihgeschenk im Heiligtum des Gottes auf; dann wandte er sich der Mahlzeit und seinen dringlichen Geschäften zu.

Wenn aber die Nacht kam und das Opferfeuer erkaltet war, zogen sie alle ein wunderschönes dunkelblaues Gewand an und setzten sich dort, wo das Eidopfer gebrannt hatte, auf die Erde nieder; im ganzen Umkreis des Tempels löschten sie alle Feuer aus, und so, im nächtlichen Dunkel, ließen sie sich Recht sprechen und saßen selbst zu Gericht, wenn einer unter ihnen einen anderen eines Übergriffs beschuldigte. Hatten sie dann ihren Spruch gefällt, so schrieben sie, sobald es Tag wurde, das Urteil auf eine goldene Tafel, und als Erinnerung machten sie diese samt ihren Gewändern zur Weihgabe.

Auch sonst gab es manche besondere Gesetze über die Ehrenrechte der einzelnen Könige; die wichtigsten Bestimmungen waren, daß sie niemals die Waffen gegeneinander erheben durften und daß alle zu Hilfe kommen sollten, wenn je einer von ihnen in einer Stadt den Versuch machte, das königliche Geschlecht zu vertreiben. Ferner sollten sie, wie schon ihre Vorfahren, die Beschlüsse über Krieg und andere Maßnahmen gemeinsam beraten und dabei dem Geschlecht der Atlantiden den Vorrang zuerkennen. Ein König aber sollte niemals den Tod eines

Verwandten verfügen können, es sei denn, daß mehr als die Hälfte der Zehn dem zustimmte.

12. Diese Macht nun, in der Größe und Beschaffenheit, wie sie damals in jenen Gegenden bestand, vereinigte der Gott und führte sie gegen unsere Lande, und zwar, wie man sagt, etwa aus folgender Veranlassung: Während vieler Menschenalter, solange nämlich die göttliche Natur in ihnen wirksam war, blieben sie den Gesetzen gehorsam und dem Göttlichen, das ihnen verwandt war, freundlich gesinnt. Denn ihr Denken war aufrichtig und in allen Dingen großzügig, indem sie gegenüber allem, was ihnen das Schicksal brachte, und auch in ihren gegenseitigen Beziehungen eine mit Klugheit verbundene Milde walten ließen; denn neben der menschlichen Tüchtigkeit achteten sie alles andere gering und machten sich wenig aus dem vorhandenen Besitz; mit Gleichmut nahmen sie die Masse ihres Goldes und der übrigen Kostbarkeiten hin, als wären sie eher eine Last; von der üppigen Fülle ließen sie sich nicht berauschen und verloren auch nicht wegen des Reichtums die Herrschaft über sich selbst und kamen so zu Fall, sondern nüchtern und mit klarem Blick sahen sie ein, daß auch dies alles nur in gegenseitiger Freundschaft, verbunden mit menschlicher Tüchtigkeit, gedeihen kann, während durch eifervolles Streben danach und durch Überschätzung es selbst dahinschwindet und damit zugleich auch die Tüchtigkeit vernichtet wird. Infolge dieser Überlegung und solange die göttliche Natur in ihnen gegenwärtig blieb, mehrten sich all die Güter, die wir vorhin aufgezählt haben. Als aber der Anteil am göttlichen Wesen dahinschwand, weil es immer wieder mit vielem Irdischen vermischt wurde und so die menschlichen Wesenszüge die Oberhand bekamen, da vermochten sie ihren vorhandenen Reichtum nicht mehr zu ertragen und entarteten. In den Augen dessen, der einen klaren Blick hat, erschienen sie schändlich, weil sie das schönste unter ihren kostbarsten Gütern verderbten; den anderen aber, die nicht zu sehen vermögen, was wahrhaft zu einem glücklichen Leben beiträgt, kamen sie jetzt erst recht herrlich und glückselig vor, in ihrem Überfluß an ungerechtem Reichtum und an Macht. Zeus aber, der Gott der Götter, der nach Gesetzen regiert und solches durchschauen kann, sah ein, daß ein tüchtiges Ge-

schlecht in eine üble Verfassung geraten war. Er beschloß, sie zu bestrafen, damit sie zur Besinnung kämen und sich besserten. Deshalb rief er alle Götter zu ihrem ehrenvollsten Wohnsitz zusammen, der sich in der Mitte der ganzen Welt erhebt und alles überschaut, was je am Werden teilhatte. Und als sie versammelt waren, sprach er…«

Der Aufbau der Atlantis-Erzählung

Die grundsätzlichen Herausforderungen, die an eine wissenschaftliche Disziplin gestellt werden, kommen häufig von außerhalb. Normalerweise werden Studenten ganz allmählich an ihr Gebiet herangeführt, so wie an Geheimnisse, die sich langsam lüften. Wenn sie dann endlich in der Lage sind, ihren Wissenschaftszweig als Ganzes zu betrachten, sind sie inzwischen so durchdrungen von den herkömmlichen Lehrmeinungen und Vorurteilen, daß es ihnen wohl kaum möglich sein wird, dessen grundlegende Voraussetzungen in Frage zu stellen.[12]

Ich bin mir darüber im klaren, daß meinen Überlegungen zuviel Hypothetisches anhaftet. Es muß eine bessere und sogar einfachere Erklärung geben ...[13]

Die Gläubigen

Es gibt im Prinzip zwei Arten, die Atlantis-Erzählung zu deuten. Entweder handelt es sich in erster Linie um einen historischen Bericht, vermutlich mit einigen Verzerrungen, oder aber um Dichtung, die möglicherweise bis zu einem gewissen Grad auf Tatsachen beruht. Es ist jedoch bisher noch niemandem gelungen überzeugend nachzuweisen, in welche der beiden Kategorien Platons Bericht einzuordnen ist. Für eine einleuchtende Interpretation der Atlantis-Legende gab es zwei wichtige Hinderungsgründe. Zunächst einmal die unglaublich vielseitige Sachkenntnis, die für die Erforschung der Erzählung unerläßlich ist und Wissensgebiete wie Altertumsgeschichte, Philologie, Archäologie und Paläogeographie umfaßt, und zweitens die »herkömmlichen Lehrmeinungen und Vorurteile«, auf die Bernal im oben erwähnten Zitat hinweist. Unsere heutigen Ansichten über Atlantis, selbst die unbewußten Empfindungen von Leuten, die an dieses Thema nie einen Gedanken verschwendet haben (mich selbst eingeschlossen), sind das

Produkt eines leidenschaftlich geführten Meinungsstreites, der unser ganzes Jahrhundert beherrscht hat. Die Menschen, die an dieser Kontroverse teilhaben, können in zwei Gruppen eingeteilt werden: in die, die der Vorstellung anhängen, Atlantis habe es tatsächlich einmal gegeben, wenn es auch möglicherweise falsch dargestellt wird – sie werden gewöhnlich »die Gläubigen« genannt –, und in die, die davon ausgehen, daß Platon die ganze Geschichte erfunden hat; man bezeichnet sie als »die Ungläubigen«. Doch selbst innerhalb dieser beiden Lager ist man noch zu keiner übereinstimmenden Meinung gelangt. Um unsere überwiegend negativ geprägte, spontane Reaktion auf alles, was mit Atlantis zu tun hat, verstehen zu können, ist es notwendig, die langjährige Debatte kurz zusammenzufassen.

Einer der renommiertesten Wissenschaftler, die sich in der Auseinandersetzung um Atlantis engagierten, war Spyridon Marinatos, der Akrotiri auf Santorin (Thera) ausgegraben hat. Bei einem Gespräch mit dem Journalisten Ernst von Khuon hat er einmal bemerkt, die Literatur zu Atlantis stehe nur der zur Bibel im Umfang nach.[14] Die Zahl der Bücher, die sich um Atlantis drehen, wird von einigen auf 100[15], 2000[16] oder 5000[17] geschätzt, andere dagegen gehen von 20000[18], 25000[19] oder gar 50000[20] aus. Über 40 Orte lassen sich aufzählen, wo man den verschwundenen Kontinent vermutet, darunter der Kaukasus, die Niederlande, die Bahamas, die Arktis, die Mongolei, die Krim, Karthago, Malta, Iran, Australien, Spitzbergen, Ceylon, Brasilien, Preußen, Nord- und Südamerika, Bimini, Südafrika, Marokko, Nigeria, Helgoland, Portugal, Spanien und Grönland.[21] Eine Vielzahl von biologischen Phänomenen wurde dem Untergang von Atlantis zugeschrieben, darunter auch das selbstmörderische Verhalten der norwegischen Lemminge[22], die angeblich – ebenso wie die Aale[23] – auf ihren Wanderungen zum verschwundenen Atlantis ziehen. Immanuel Velikowsky behauptete sogar, Atlantis sei durch einen Kometen zerstört worden, aus dem später der Planet Venus entstand.[24] Erich von Däniken schließlich verlegte Atlantis hinaus in den Weltraum.[25]

Die Geschichte der Atlantis-Interpretationen ist ein Paradebeispiel dafür, wie sich die menschliche Wahrnehmung mit der Zeit verändern kann. Im Laufe der letzten fünfhundert Jahre wurden viele wichtige Entdeckungen der Wissenschaften und Entwicklungen

des Zeitgeistes unmittelbar auf die Atlantis-Legende angewandt. Die echte »Atlantis-Forschung«, die über gelegentliche Kommentare hinausging, setzte nach der Entdeckung der Neuen Welt ein. Im Jahre 1553 vertrat Francisco López da Gómara als erster die Meinung, diese Neue Welt müsse Atlantis gewesen sein,[26] während der Jesuit Athanasius Kircher in seinem Buch *Mundus subterranes* (1665) die Azoren als Platons legendäre Insel betrachtete.[27] Diese beiden frühen Vorstellungen sind bis heute wirksam geblieben. Im Jahre 1882 erschien das einflußreichste Buch, das je über Atlantis geschrieben wurde, und noch 1970 war es im Druck: In *Atlantis – The Antediluvian World* (Atlantis – die vorsintflutliche Welt) nutzte Ignatius Donelly die jüngste Entdeckung eines unterseeischen Gebirges in der Mitte des Nordatlantiks, um die Atlantis-Diskussion erneut in Gang zu bringen.
Ein weiterer wissenschaftlicher Durchbruch, der für das Verständnis der Atlantis-Erzählung bedeutsam erschien, war die Entdekkung der Zivilisationen der mittleren und späten Bronzezeit durch Heinrich Schliemanns und Arthur Evans' Ausgrabungen in Griechenland und der Türkei. Im Jahre 1909 erschien in der »Times« ein anonymer Brief mit der Überschrift »The Lost Continent« (Der verschwundene Kontinent), der eine wissenschaftliche Debatte in Gang setzte, die bis heute anhält. Der Autor des Briefes, K. T. Frost[28], gab seine Identität wenige Jahre später in einem Nachfolgeartikel für eine wissenschaftliche Zeitschrift zu erkennen.[29] Seine beiden Berichte stellen vielleicht die vernünftigsten Beiträge dar, die jemals zur Erschließung von Platons Atlantis-Erzählung vorgelegt wurden. Leider ließ sich Frost von Evans' Werbefeldzug für die Ausgrabungen auf Kreta blenden, so daß er Schliemanns Entdekkungen der mykenischen Periode auf dem griechischen Festland (die Arthur Evans herabwertend »spätminoisch III« genannt hatte) unterschätzte und zum Schluß kam:

> ... von allen in den letzten Jahren gemachten Entdeckungen ist die des minoischen Kreta die erstaunlichste und die wichtigste für die Rekonstruktion der Geschichte des Mittelmeerraumes.

Frost war der Meinung, Platons Atlantis-Erzählung beruhe auf einem epischen Gedicht über den Untergang der minoischen Zivilisation auf Kreta. Als in den späten sechziger Jahren zwei weitere Durchbrüche erzielt wurden, griff man seine Ideen wieder auf. Der eine war die Mondlandung von Apollo XI, die den Menschen das Gefühl vermittelte, die Welt sollte in dieser Zeit der technischen Spitzenleistungen doch in der Lage sein, ihr ältestes geschichtliches Rätsel zu lösen. Der zweite war die Entdeckung einer Ascheschicht im Mittelmeerraum, von der man annahm, sie stamme von einem Ausbruch des Vulkans Thera in der Ägäis. Eine ganze Reihe von Büchern, die 1969 veröffentlicht wurden, stellten die Behauptung auf, dieser Vulkanausbruch habe den plötzlichen Untergang der minoischen Kultur verursacht und diese Ereignisse hätten – wie Frost vermutete – in der Atlantis-Erzählung ihren Niederschlag gefunden.[31] Heute, über zwanzig Jahre später, hat die Thera-Hypothese sowohl ihre Überzeugungskraft als auch ihre Anhänger verloren, denn die Radiokarbonbestimmungen haben ergeben, daß der Ausbruch vor dem Höhepunkt der minoischen Kultur stattgefunden hat. Dennoch hängen einige Gelehrte, die ursprünglichen Verfechter dieser Theorie nicht eingeschlossen, noch immer dem Gedanken an, Atlantis sei unter Umständen ein Abbild der minoischen Zivilisation.[32]

Die Ungläubigen

Eine Disziplin erscheint mehr als alle anderen dazu geeignet, eine befriedigende Erklärung für das Rätsel um Atlantis zu finden: die Klassische Philologie. In neuerer Zeit finden sich gerade auf diesem Gebiet die entschiedensten »Ungläubigen«, und ihre Ansichten sind zum großen Teil der Grund für unsere negativen Reaktionen auf alles, was Atlantis betrifft. Ein genauerer Blick auf die philologische Forschung läßt jedoch einen erstaunlichen Mangel an gründlichen wissenschaftlichen Untersuchungen zur Atlantis-Erzählung erkennen. Es hat den Anschein, als verberge sich hinter der deutlichen Reserviertheit und dem fehlenden Interesse Verlegenheit darüber, daß es in der klassischen Literatur einen solchen Blödsinn überhaupt gibt. Eine noch exaktere Überprüfung läßt erkennen, daß die meisten philologischen Autoritäten sich mit ihren Kommentaren zu Atlantis darauf beschränkt haben, überwiegend ablehnende Spontanreaktionen zu verbalisieren.[33]

Vor hundert Jahren, als Atlantis noch nicht einen so schlechten Ruf hatte, waren die Fachleute wesentlich aufgeschlossener. In der ersten englischen Ausgabe des *Timaios* war R. D. Archer Hind der Auffassung, es sei unmöglich mit Bestimmheit zu sagen, ob

> Platon die Geschichte von Anfang bis Ende erfunden hat oder ob sie tatsächlich im großen und ganzen Informationen verarbeitet, die Solon aus Ägypten mitbrachte.[34]

A. E. Taylor, ein weiterer einflußreicher Platon-Experte, räumt gleich im ersten Satz seines *Commentary on Plato's Timaeus*[35] (Kommentar zu Platons *Timaios*) ein, daß seine Interpretationen zwangsläufig viele Irrtümer enthalten müßten. Er habe sich an die Untersuchung des *Timaios* nur herangewagt, weil dieser Dialog nicht die gemeinschaftliche Aufmerksamkeit von seiten der Naturwissenschaft, Paläogeographie und Philologie erhalte, die für eine korrekte Interpretation nötig wäre:

> Entweder der *Timaios* muß unkommentiert bleiben, oder jemand, der kein »Experte« ist, muß sich mit allen ihm zur Verfügung stehenden Kräften darum bemühen, den Text zu erklären, selbst auf die Gefahr hin, aufgrund seines fehlenden Expertentums viele gravierende Fehler zu machen.[36]

Taylors Kommentare sind jedoch eine Kombination aus hervorragender Sachkenntnis und gesundem Menschenverstand. Er zerlegt den ganzen *Timaios* einschließlich des Teils über Atlantis und findet verschiedene Anhaltspunkte dafür, daß einzelne Elemente der Erzählung historisch authentisch sind. Obgleich er zu dem Schluß kommt, daß es »keinen Grund zu der Annahme gibt, die ganze Erzählung sei mehr als eine Erfindung Platons«, scheint er das Fehlen einer anderen einleuchtenden Theorie zu bedauern. Demzufolge ist Taylors Arbeit wohl weniger als Beleg für den fiktiven Ursprung der Erzählung zu betrachten, denn als Kapitulation vor der Suche nach einer anderen umfassenden Erklärung. Ihm wurde später nachgesagt, er habe sein ganzes Leben der Aufgabe gewidmet, den Nachweis dafür zu erbringen, daß *jedes Wort*, das Platon geschrieben habe, historisch fundiert war – mit Ausnahme der Atlantis-Erzählung![37]

Francis Macdonald Cornford (1937), eine weitere Autorität auf dem Gebiet der Platon-Forschung, scheint in seiner ablehnenden Haltung zu Atlantis etwas dezidierter zu sein; dennoch widmet er der Bemerkung, daß »seriöse Forscher mittlerweile darin übereinstimmen, daß Atlantis seine Existenz vermutlich ausschließlich der Phantasie Platons verdankt«, nur eine Fußnote.[38] Er liefert keinerlei Grund dafür, warum diese Forscher zu einer solchen Schlußfolgerung gekommen sind, und er läßt die lebhafte, auf höchstem Niveau geführte Diskussion außer acht, die die geographischen Wissenschaften die letzten zwei Jahrzehnte vor Erscheinen seines Buches beschäftigt hatte.[39] Abgesehen davon, daß er impliziert, alle, die seine Behauptung nicht akzeptierten, seien keine »seriösen Forscher«, baut Cornford durch die Benutzung des Wortes »vermutlich« einen Widerspruch in die Argumentation ein: Entweder beruht die Geschichte *ausschließlich* oder *vermutlich* auf Platons Phantasie, aber nicht beides. Eine solche Ambiguität ist leider charakteristisch für die wissenschaftliche Betrachtung der Atlantis-Erzählung.

Eine Bibliographie der philologischen Beiträge zur Diskussion macht deutlich, daß wenigstens ein Drittel der Autoren in Platons Bericht eine historische Grundlage vermuten. Manche Fachleute sind der Ansicht, Atlantis repräsentiere die Stadt Helike[40], die 373 v. Chr. durch ein Erdbeben zerstört wurde, eine Katastrophe, die in alten Texten häufig Erwähnung findet.[41] Andere wiederum betrachten die Atlantis-Erzählung als eine Darstellung der Perserkriege (500–478 v. Chr.)[42] oder von Platons Eindrücken von Syrakus im allgemeinen und dem Sitz des Dionysos im besonderen.[43] Wieder andere behaupten, daß man sich Atlantis als Teil Athens vorstellen müsse[44] oder daß die Bewohner von Atlantis den verborgenen, tieferen Teil der Volksseele widerspiegelten, während die prähistorischen Athener den Intellekt repräsentierten.[45] Viele Ungläubige betrachten die Erzählung jedoch einfach als ein »großartiges Beispiel literarischer Fiktion«[46], ohne näher auf ihre Beweggründe dafür einzugehen – wobei sie immerhin häufig einräumen, die Leseweise des Textes als eine auf Tatsachen beruhende Darstellung sei die naheliegendste.[47]

Versuch einer unvoreingenommenen Betrachtungsweise

Gelehrten-Diskussionen zu Platons Erzählung konzentrieren sich in der Regel auf die Einleitung zu *Timaios* und den beiden Schlußkapiteln von *Kritias*, die überraschend deutlich mit Platons politischen Überzeugungen übereinstimmen[48], was die Vermutung nährte, die ganze Erzählung dazwischen könnte ein »politisch-philosophischer Mythos«[49] sein. Diese Vorstellung berücksichtigt jedoch nicht, mit welchem Nachdruck Platon, bei verschiedenen Gelegenheiten im Text (20d, 26e), darauf beharrt, daß die Erzählung auf einer echten historischen Überlieferung beruhe. Ebensowenig erklärt sie, warum Platons fiktive Welt mit wissenschaftlichen Beobachtungen einhergeht, zum Beispiel der Bodenerosion im alten Attika und den sich daraus ergebenden Folgen für die Hydrologie und Landwirtschaft. Darüber hinaus hält Platon im *Kritias* explizit – und häufig implizit – fest, daß er ein echtes Interesse an der Vorgeschichte hat. Warum also sollte er im selben Buch sein eigenes Anliegen durch ein so unglaubliches, übertriebenes Märchen ins Lächerliche ziehen?[50] Selbst die Ungläubigen geben zu, daß die Argumente, die gegen ein fiktives Atlantis sprechen, zahlreicher sind als die Argumente dafür.[51] Da ist zunächst die Stellung der Erzählung im Rahmen einer wissenschaftlichen Behandlung der Geschichte des Universums, und da sind die vollkommenen Übereinstimmungen zwischen der von Platon beschriebenen Überlieferung der Erzählung und unseren heutigen Kenntnissen von Solons Reisen sowie den Stammbäumen von Athener Familien. Es gibt aber noch weitere, bislang mißachtete Hinweise auf die Existenz eines nicht-platonischen Manuskriptes. Die Darstellung erscheint auch glaubhaft, weil sie der Bewunderung des Erzählers für die technischen Leistungen in dem legendären Land Ausdruck verleiht, und nicht ethische Grundsätze oder kultische Glaubensformen preist. Sie konzentriert sich darauf, Einzelheiten über die Steinbrucharbeit und den Schiffsbau zu liefern, über Entwurf und Gestaltung von Bauwerken und künstlichen Häfen, und erwähnt nichts Irrationales, wie es normalerweise in der griechischen Mythologie zu finden ist.[52] Die Neigung zur technischen Beschreibung ist für Platon ungewöhnlich. Um überhaupt in diesen Kategorien zu denken, hätte Platon den Geist eines Technikers haben müssen – und erst recht, um eine so große Anzahl von glaubhaften und doch komplexen Elementen zu erfinden sowie deren gelungene Zusammenfügung zu einem funktionierenden Ganzen. Außerdem läßt der ägyptische Priester, der die Geschichte erzählt, obwohl er nicht sehr genau porträtiert wird, eben jene leicht wichtigtuerische Haltung erkennen, die man von einem Ägypter aus dem sechsten Jahrhundert v. Chr. erwarten würde, der mit einem griechischen Mann gleichen Standes spricht.[53] Diese subtile Darstellungsweise geht entweder auf echte Erfahrung[54] oder auf geniale Kunst zurück (allerdings mag Platon selbst während eines möglichen Aufenthaltes in Ägypten solche Eindrücke gesammelt haben.)[55] Des weiteren läßt sich nicht mit Sicherheit sagen, was Platon mit seiner fiktiven Geschichte hätte bezwecken können. Viele Humanisten vermuten, sie diene zur Darstellung von Platons idealem Staat in Funktion, doch Atlantis wird als merkwürdiger, ja »barbarisch« wirkender Ort beschrieben, an dem kultische Rituale ihren Höhepunkt im brutalen Abschlachten von Bullen und im Verbrennen ihrer Extremitäten fanden. Die atlantischen Aristokraten durften morden, wen sie wollten, abgesehen von Gleichgestellten (in diesem Fall mußten sie erst um Erlaubnis bitten). Platon hat von Atlantis wenig zu berichten, was zu der Bezeichnung »idealer Staat» berechtigte, und er zieht nach der Einleitung keinerlei dahingehende Verbindung. Das Atlantis feindlich gegenüberstehende alte Griechenland käme dagegen als idealer Staat noch eher in Frage, aber es ist nicht das Hauptthema der Erzählung. Falls Atlantis wirklich nur in Platons Kopf entstanden ist, wäre er doch in der Lage gewesen, eine passendere Geschichte zu entwerfen.[56]

Schließlich muß darauf hingewiesen werden, daß bislang niemand in der Lage gewesen ist, eine überzeugende Erklärung für das abrupte Ende des *Kritias* vorzulegen. Die vorherrschende Meinung, daß Platon seiner eigenen Erfindung überdrüssig wurde, scheint auf zu schwachen Füßen zu stehen.[57] Wieso hätte Platon sich die Mühe machen sollen, in aller Ausführlichkeit zu beschreiben, wie Atlantis aussah, wobei sogar Details wie die beliebtesten Nachspeisen und die Badetemperaturen Erwähnung finden, ohne je die Philosophie hinter seiner fiktiven Welt genauer darzulegen? Die beiden letzten Abschnitte, bevor die Erzählung abbricht, berichten von einer Art göttlicher Bestrafung der Atlanter, doch diese Passagen sind überraschend oberflächlich und stehen in keinem Verhältnis zur Länge der technischen Beschreibungen. Von einigen wird die Auffassung vertreten, Platon habe sich selbst mit seiner phantastischen Beschreibung einer fiktiven Welt in eine Sackgasse manövriert[58], doch die ausgefeilte Struktur sämtlicher Schriften Platons zeugt davon, daß er jeweils alles bis zum Ende durchdachte, bevor er mit der Niederschrift begann.

Es gibt viele Gründe, die dafür sprechen, Platons Worten Glauben zu schenken und davon auszugehen, daß seine Kommentare zur Atlantis-Erzählung seine eigenen Überzeugungen widerspiegeln. Es gibt jedoch nur ein einziges überzeugendes Argument dafür, daß er das alles einfach erfunden hat, nämlich das Fehlen einer einleuchtenden Interpretation, wo und was Atlantis gewesen sein könnte. Wir sollten uns nicht um die Verantwortung drücken, eine einleuchtende Erklärung dafür zu finden, indem wir Platon in diesem Fall einfach als Schwindler abtun. Aus dem Nichts einen Mythos zu erfinden, und zwar so ausführlich, wie er es mit dieser Erzählung getan hatte, ist wohl wesentlich schwieriger, als es den Anschein hat. Platon hätte überaus geschickt seine Phantasie mit der historischen Genauigkeit des eigentlichen Berichtes verweben müssen, einschließlich der Geschichte um Solon, dessen Reise nach Ägypten, die realistische Charakterisierung des ägyptischen Priesters und die Überlieferung. All diese Elemente sind glaubhaft. Ebenso wahr ist die Beschreibung einer vorhergehenden griechischen Hochkultur, wobei zum Beispiel die Tatsache erwähnt wird, daß es die Schrift schon lange vor Platons Zeit gab. Und trotz dieser sorgfältigen Planung hätte Platon davon abgelassen, das zu Ende zu führen, was man beinahe als das perfekte Verbrechen bezeichnen könnte? Es gibt mehrere Beispiele für Platons Zurückhaltung im Umgang mit mündlichen Überlieferungen, deren Richtigkeit er in Zweifel zog. Warum hätte er seinen Ruf gefährden sollen, indem er wiederholt als richtig darstellte, was in Wirklichkeit nichts anderes als ein Märchen war? Wie viele große Denker hat es gegeben, die ein Stück Romanliteratur wie die Atlantis-Legende schufen, um dann immer und immer wieder zu beteuern, es gehöre in den Bereich der realen Welt – ohne ihren Ruhm zu verlieren?

Grundlegende Durchbrüche in den Wissenschaften waren häufig kaum mehr als die Anerkennung dessen, was wir heute als unumstößliche Wahrheit akzeptieren: Newtons Grundgesetz der Mechanik, Wegeners Kontinentalverschiebungstheorie und Darwins Evolutionstheorie von der Verwandtschaft zwischen Affe und Mensch sind Beispiele dafür. Auch die Auflösung des Atlantis-Mythos könnte dadurch erreicht werden, daß offensichtliche Tatsachen zueinander in Beziehung gesetzt und unbekannte Größen eliminiert werden, statt daß man neue einführt. Im Fall von Atlantis das Offensichtliche zu akzeptieren, hieße sehr wahrscheinlich, Platons Beschreibung seiner Quelle zu akzeptieren. Falls Platons Argumente sonst stets historisch fundiert sind, dürfte die Atlantis-Erzählung keine Ausnahme von dieser Regel darstellen. Darüber hinaus muß das Rätsel ausschließlich mit Hilfe des gegenwärtigen Wissensstandes der Archäologie gelöst werden, ohne daß auf versunkene Landmassen und geheimnisumwitterte Kulturen zurückgegriffen wird. Wissenschaftliche Kenntnisse müssen angewendet werden, um die Atlantis-Erzählung zu erhellen, und nicht umgekehrt! Schliemanns Versuch, die Bronzezeit *mit Hilfe* der *Ilias* und *Odyssee* zu rekonstruieren, ist heute ebenso inakzeptabel wie vor 120 Jahren (trotz einer großen Zahl traditioneller Historiker, die in ähnlicher Weise ganz Griechenland durchkämmt haben, um die Reisen des Pausanias zu rekapitulieren). Mit ein wenig Glück sind wir möglicherweise in der Lage, die Bedingungen und Stimmungen zu ermitteln, die klassische Autoren dazu veranlaßten, ihre Prosa zu schreiben. Ihre Schriften als historische »Tatsachen« oder »Wahrheit« zu betrachten, selbst wenn es sich um prosaische Reiseberichte handelt, wäre jedoch naiv.

Voraussetzung zu dem hier vorgestellten Verfahren, das Atlantis-Rätsel zu lösen, ist, daß wir den heutigen Wissensstand der Geschichtsforschung und der Archäologie akzeptieren sowie die Annahme, daß Platons Behauptung, seine Erzählung beruhe auf Informationen, die jemand anders im Ausland gesammelt hat, richtig ist. Da unser Verständnis der Vorgeschichte und der Geologie für einen hochzivilisierten Kontinent im Atlantik vor 11 000 Jahren keinen Raum läßt, ergibt sich aus den ersten beiden Voraussetzungen zwangsläufig eine dritte: etwas an dieser Geschichte muß falsch sein! Und zumindest ein weiteres Element weist in die gleiche

Richtung: abgesehen von der Erzählung Platons gibt es keine unabhängige Beschreibung von Atlantis.[59] Wenn es eine solch sagenhafte Stadt aber wirklich gegeben hat, dann müßten doch, angesichts der Tatsache, daß sie eine gewaltige Macht darstellte, die versuchte, alle anderen im östlichen Mittelmeerraum zu unterdrükken, zahlreiche Berichte über sie existiert haben.[60]

Die Überlieferung

Eine glaubhafte Erklärung, die allen oben erwähnten Prämissen entspricht, würde lauten, daß Platons Atlantis-Geschichte die »entstellte« Version einer bekannten Legende ist, in der ein Ort beschrieben wird, der tatsächlich sowohl in der Mythologie als auch in der Archäologie eine herausragende Rolle spielt. In einer Überlieferungskette ist diese Geschichte möglicherweise so verzerrt worden, daß ihre wahren Zusammenhänge niemandem mehr offensichtlich waren. Glücklicherweise beschreibt Platon selbst äußerst ausführlich die besonderen Umstände der Überlieferung. Demnach geht sie auf einen Besuch zurück, den Solon, ein griechischer Händler, Staatsmann, Feldherr und Dichter, im sechsten Jahrhundert v. Chr. der Stadt Saïs abstattete, dem ägyptischen Regierungssitz. Während eines Gesprächs mit den religiösen Führern in Saïs erzählte man Solon von den unbekannten Vorfahren der Griechen, deren Ruhm im ganzen östlichen Mittelmeerraum verbreitet war. Den hieroglyphischen Säulen zufolge, nach denen die Priester die Geschichte rekonstruierten, war die bedeutsamste Tat jener alten Griechen die Vernichtung des mächtigen Atlantis. Solon teilte diese mysteriöse ägyptische Erzählung Dropides mit – einem *»Verwandten und engen Freund«* (20e) –, wie in verlorengegangenen Gedichten Solons betont wird. Dropides wiederum erzählte die Geschichte von Atlantis seinem Sohn Kritias dem Älteren. Während eines *Apaturia*-Festes, das im Oktober zu Ehren von Dionysos abgehalten wurde, hörte Kritias der Jüngere, ein Enkel des letzteren und in Platons Buch der Erzähler der Geschichte, zum erstenmal von Atlantis. Zu diesem Zeitpunkt war er zehn und sein Großvater fast neunzig Jahre alt (21b). Später beteuert Kritias, er habe als Kind, da Solons Manuskript im Besitz seines Großvaters war, Solons Erzählung auswendig gelernt; inzwischen besaß er selbst diese Schriften, die er vermutlich geerbt hatte (113b).

Platons Beschreibung von *Kritias'* erster Bekanntschaft mit der Atlantis-Legende während des *Apaturia*-Festes ist erstaunlich genau; sie ist sogar so lebendig, daß sie eine autobiographische Erfahrung wiedergeben könnte – schließlich stammten Kritias und Platon aus der gleichen Familie. Platon selbst könnte also als Kind während einer Familienfeier von der Atlantis-Erzählung erfahren haben. Als bekannter Philosoph und Lehrer hat er später vermutlich Zugang zum Originalmanuskript gehabt – falls seine Beschreibung der Quelle korrekt ist. Gegen Ende seines Lebens könnte er die überlieferte Darstellung in seine eigenen Schriften aufgenommen haben, vielleicht, um diese *»gar merkwürdige, aber durchaus wahre Geschichte«* (20d), die ihn als Kind gefesselt hatte, für die Nachwelt aufzuzeichnen. Es ist tatsächlich eine wahrhaft faszinierende Geschichte, die mit Platons Familie verlorengegangen wäre, wenn er sie nicht aufgezeichnet hätte.

Das Wissen um Solons Gespräche mit den Priestern in Saïs und die Überlieferung seiner Notizen waren ausschließlich auf diese Familie beschränkt – das Originalmanuskript ist verlorengegangen, wie die meisten von Solons Schriften. Eine sorgfältige Analyse der Athener Stammbäume[61] ließ erkennen, daß die angenommene Weitergabe der Erzählung an Platon chronologisch möglich gewesen wäre, falls dieses Gespräch um das Jahr 420 v. Chr.[62] stattgefunden hat. Damals wäre Platon ungefähr sieben Jahre alt gewesen. *Timaios* und *Kritias* entstanden aber erst um 360 v. Chr. Die Übermittlung an Platon bis 420 v. Chr. mag also durchaus glaubhaft sein, doch muß man, um die Zeitspanne von sechzig Jahren bis 360 v. Chr. zu überbrücken, ihn selbst zusätzlich als ein Element der Überlieferung betrachten.

Platon

Trotz der umfangreichen, bis heute erhaltenen Schriften Platons ist über sein Privatleben noch immer relativ wenig bekannt. Die einzigen Quellen, aus denen man persönlichere Informationen über Platon erhält, sind die Berichte von Plutarch, Diogenes Laërtius

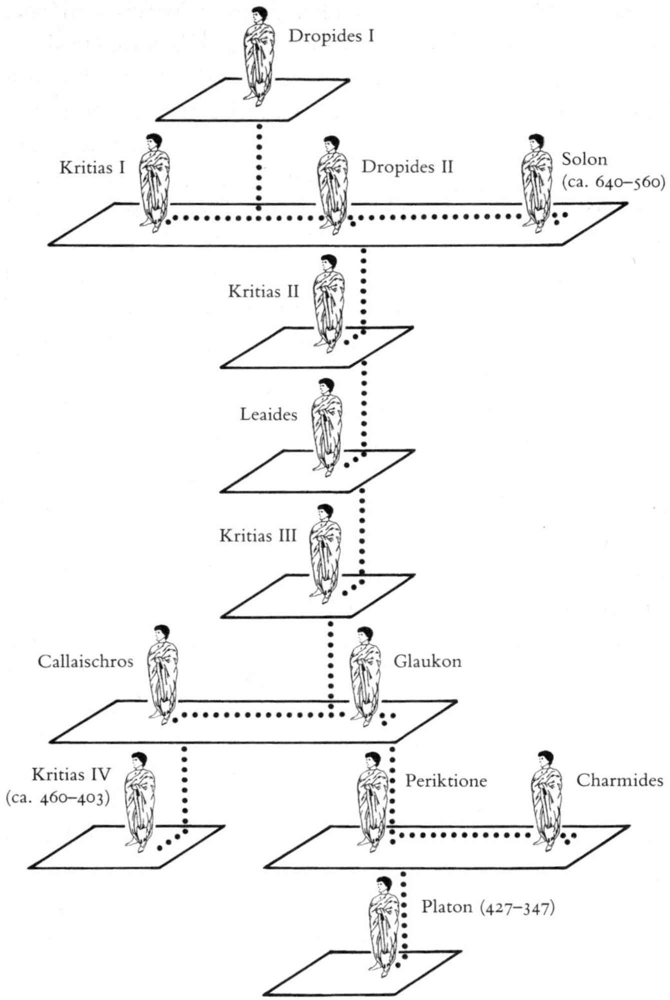

Platons Stammbaum, einer der längsten nachgewiesenen unter den Athener Familien, ermöglicht einen Vergleich zwischen Familiengeschichte und der mutmaßlichen Überlieferung der Atlantis-Erzählung (20e). Solon soll die Geschichte an seinen »Verwandten und engen Freund« Dropides II. weitergegeben haben, der sie wiederum seinem Sohn, Kritias II., erzählte. Der Enkel von Dropides II., Kritias III., ist der Erzähler in Platons Dialogen. Seiner Erinnerung nach hat er die Geschichte als kleiner Junge von seinem Großvater gehört. Kritias III. ist darüber hinaus Platons Urgroßvater; er wurde manchmal mit Kritias IV. verwechselt, einem namhaften Tyrannen (nach Davies 1971 und Luce 1978, 76).

und Diodorus Siculus sowie seine eigenen Briefe, wobei es sich bei manchen davon um Fälschungen handelt.[63] Es ist unbestritten, daß Platon (427–347 v. Chr.) aus einer reichen Athener Aristokratenfamilie stammte. Schon früh begann er, Tragödien zu schreiben und wurde bald Anhänger und Schüler des Philosophen Sokrates, dessen Hinrichtung im Jahre 399 v. Chr. ihn zutiefst erschütterte. Unter dem Eindruck von Sokrates' Tod verließ Platon seine Heimatstadt Athen und ging nach Megara, dann nach Syrakus auf Sizilien, bereiste das italienische Festland und möglicherweise auch Ägypten und Phönizien. Nach seiner Rückkehr gründete er 386 v. Chr. die Akademie, an der er zwanzig Jahre lang lehrte, bis er 367 v. Chr. eingeladen wurde, nach Syrakus zurückzukehren und dem regierenden Dionysios II., der damals dreißig Jahre alt war, als Berater zu dienen. In Syrakus mußte Platon bald feststellen, daß er in Hofintrigen verwickelt wurde, und aus diesem Grund beschloß er, unverzüglich nach Athen zurückzukehren. Er ging noch einmal nach Syrakus, doch auch dieser Besuch in den Jahren 361/360 v. Chr. endete in einem Desaster.

Möglicherweise war Platon wegen der blühenden pythagoreischen Schule in Taras, dem heutigen Tarent, von Unteritalien besonders fasziniert. Bis zu einem gewissen Grad entwickelte er seine philosophischen Prinzipien aus den Lehren dieser Gruppe[64], und seine Erfahrungen in Unteritalien könnten eine wichtige Rolle bei der Abfassung der Dialoge gespielt haben, in denen Atlantis beschrieben wird. Zwei der Hauptredner in *Timaios* und *Kritias* stammen aus Sizilien und Süditalien, dem »Amerika« der damaligen hellenischen Welt.[65] Obwohl Platon bei allen drei Aufenthalten in Magna Graecia in üble Intrigen geriet – Diodorus Siculus berichtet sogar, Platon sei am Ende seines Besuches schließlich als Sklave verkauft worden[66] –, war er stark von der pythagoreischen Schule beeindruckt, und es könnte sein, daß er unmittelbar nach seinem letzten Aufenthalt in Syrakus 360 v. Chr.[67] mit der Niederschrift von *Timaios* und *Kritias* begann. Das genaue Datum der Abfassung ist jedoch nicht bekannt. Nachdem er die Arbeit an *Kritias* abgebrochen hatte, schrieb Platon noch ein umfangreiches Werk, und zwar *Nomoi* (die Gesetze).

In der Antike gehörten Platons Schriften zur Allgemeinbildung, und die meisten klassischen Autoren müssen seinen unvollendeten

Kritias gekannt haben. Einige wenige beiläufige Bemerkungen von späteren Schriftstellern scheinen darauf hinzudeuten, daß die Geschichte keine besondere Aufmerksamkeit erregte. Der erste, der sie kommentierte, Platons bester Schüler Aristoteles (384–322 v. Chr.), brachte Atlantis in Verbindung mit Troia. Leider ist das Wissen um seine Anmerkungen nur aus dritter Hand überliefert; seine eigenen Kommentare sind nicht erhalten. Der griechische Geograph und Historiker Strabo (63 v. Chr. – 26 n. Chr.) schrieb in einer ernstzunehmenden und genauen Abhandlung über die troianische Geographie, daß Aristoteles Platons Atlantis mit den Verteidigungswällen der Griechen bei Troia verglichen habe, wobei »der, der sie baute, sie auch zerstörte«.[68] Der Kommentar impliziert, daß Aristoteles weder an die Existenz von Atlantis noch an die von griechischen Verteidigungswällen bei Troia glaubte (dafür glaubte er aber, daß Frauen weniger Zähne hätten als Männer). Aufgrund der verwickelten Überlieferung wäre es jedoch möglich, daß dieser Satz über Atlantis falsch verstanden oder falsch zitiert worden ist. Theophrast (371–287 v. Chr.), ein Schüler des Aristoteles, ging hingegen davon aus, daß die Atlantis-Geschichte zumindest teilweise auf Tatsachen beruhe.[69] Der syrische Philosoph, Geograph und Historiker Poseidonios (135–51 v. Chr.), ein Freund und Erzieher Ciceros, war gleichfalls der Meinung, es sei »durchaus möglich, daß die Geschichte der Insel Atlantis keine Erfindung ist«.[70] Strabo stimmte dieser Sichtweise zu, wenn er auch Poseidonios im allgemeinen für einen allzu leichtgläubigen Enthusiasten hielt. Es gibt keinerlei Hinweis darauf, daß einer dieser Autoren Atlantis an einem anderen Ort vermutete als außerhalb der Meerenge von Gibraltar. Die Tatsache, daß Platons Beschreibung im allgemeinen akzeptiert wurde, könnte damit erklärt werden, daß es im alten Griechenland ähnlich klingende mündliche Überlieferungen gab. So weist zum Beispiel Homers Beschreibung von Phaeacia ebenso Ähnlichkeiten mit Atlantis auf wie Pindars *Paian*.[71]
Proklos (411–484 n. Chr.), der letzte wichtige Vertreter und Kopf der neuplatonischen Athener Schule, verfaßte sorgfältig ausgearbeitete Kommentare zu *Timaios*.[72] Er berichtet von Crantor, einem hellenischen Griechen, der ungefähr hundert Jahre nachdem Platon *Timaios* und *Kritias* geschrieben hatte, die Stadt Saïs besuchte. Crantor kannte die Atlantis-Erzählung und war ihr erster Heraus-

geber. Er konnte den Tempel der Neith besuchen, wo er eine Säule bemerkte, die aussah wie die in Platons Text erwähnte. Sie war vollständig mit Hieroglyphen bedeckt. Schriftgelehrte übersetzten den Text für ihn, und er stellte fest, daß er mit Platons Darstellung übereinstimmte. Auch hier gilt: Die Interpretation des Textes von Proklos ist schwierig; er selbst hielt Crantors Sichtweise eines historischen Atlantis für naiv, lehnte jedoch auch die genau gegensätzliche Meinung ab, alles sei gänzlich erfunden.[73] Da es keine wirklich verläßlichen Beweise für die Historizität der Atlantis-Erzählung gibt, muß ihre Bewertung aus dem Text selbst entwickelt werden.

Das Gespräch

Wie die meisten Schriften Platons sind *Timaios* und *Kritias* in Dialogform geschrieben, wobei der jeweilige Namensgeber in beiden Fällen die Darstellung der Gedanken dominiert. Unter den bei dem Gespräch Anwesenden sind Sokrates, Timaios, Kritias und Hermokrates. Die drei letzteren streiten sich um den besten Beitrag zu einem traditionellen Fest, an dem bekannte epische Gedichte vorgetragen werden. Das Gespräch zwischen den vier Sprechern kann durchaus ein öffentlicher Wettstreit mit großem Publikum gewesen sein, denn der Schauplatz wird zweimal wie ein Theater mit Zuhörerschaft beschrieben (108b, 108d). Es ist nicht geklärt, um welches Ereignis es sich dabei genau handelt; manche Forscher vermuten, es sei das, laut Proklos[74], *kleinere Panathenaea-Fest*, das Anfang Juni, kurz nach *Bendideia*, stattfand, andere tippen auf *Plynteria*.[75]

Die Teilnehmer an diesem Gespräch sind historisch mehr oder weniger belegt. Sokrates (470–399 v. Chr.), der Leiter der Diskussion, war Platons Vorbild und Lehrer. Er wurde für seine Überzeugungen hingerichtet, als Platon neunundzwanzig Jahre alt war, und hat keine eigenen Schriften hinterlassen. Sokrates war die bestimmende Gestalt in Platons Leben und Philosophie; konsequenterweise nahm er auch in vielen von Platons Büchern die Hauptrolle ein. Von Timaios, nach dem der erste Dialog der Trilogie benannt ist, wird behauptet, er stamme aus Lokri in Unteritalien. Abgesehen von diesem Dialog ist von ihm nichts Zuverlässiges bekannt, und so gibt es keinen Beweis dafür, daß er tatsächlich gelebt hat. Timaios wird als ein hervorragender Wissenschaftler beschrieben, der die *»wichtigsten Ämter und Ehren in seine Hand bekommen«* hat (20a) – er soll zum Zeitpunkt des Gesprächs mindestens siebzig Jahre alt gewesen sein.[76]

Kritias, der zweite Sprecher, wird als der Großvater des Tyrannen gleichen Namens betrachtet. Letzterer lebte von 460 bis 403 v. Chr.[77] Der Kritias, der an dem Gespräch teilnimmt, wäre somit Platons eigener Urgroßvater gewesen.[78] Er wird als alter Mann beschrieben, der sich leichter an die weit zurückliegende Vergangenheit erinnern kann, als an das, was gestern geschah (26b). In den früheren Dialogen *Charmides* und *Protagoras*, in denen er ebenfalls vorkommt, wird von ihm behauptet, er sei »ein Laie unter Philosophen, ein Philosoph unter Laien«.[79] Möglicherweise spielt Sokrates auf diesen Ruf an, als er sagt: *»Von Kritias wissen wir hier wohl alle, daß er auf keinem Gebiet, von dem hier die Rede ist, als Laie dasteht«* (20a).[80] Hermokrates, die vierte Person, wird als vielversprechender junger Mann beschrieben, der noch Bemerkenswertes leisten wird.[81] Es herrscht allgemeines Einvernehmen darüber, daß es sich bei Platons Hermokrates um den Mann handelt, der später ein berühmter Feldherr und prominenter Bürger von Syrakus wurde[82] und der, nach Forsyth, für seine gegen Athen gerichteten Ansichten bekannt war.[83]

Obwohl das Fest und die meisten auftretenden Figuren historisch begründet sind, hat die Diskussion, so wie Platon sie beschreibt, sicherlich nie stattgefunden. Platon hat regelmäßig fiktive Dialoge zwischen wirklichen Menschen für seine pädagogischen Zwecke eingesetzt. Die Technik, historischen Personen imaginäre Reden in den Mund zu legen, war zu seiner Zeit weit verbreitet und wurde auch von Thukydides praktiziert.[84] Dennoch darf man angesichts von Platons Fähigkeiten und in Anbetracht seines Ruhmes annehmen, daß er versuchte, ein vollendetes Beispiel für diese Technik zu geben. Er wählte für die Diskussion einen Zeitpunkt, der chronologisch zu der beschriebenen Überlieferung paßte (20e). Um 420 v. Chr. wären alle agierenden Personen am Leben gewesen;[85] Sokrates wäre damals fünfzig Jahre alt gewesen, Kritias jedoch um die neunzig,[86] und er hätte vielleicht die Rolle seines eigenen Großvaters übernehmen können, der dem jüngeren Kritias zum ersten Mal Solons Bericht übermittelt. Außerdem läßt Platon die Diskussion zu einer Zeit stattfinden, als er selbst sieben Jahre alt war, also genauso alt wie der junge Kritias, als jener zum ersten Mal mit der Geschichte in Berührung kam. Falls die genaue Beschreibung des *Apaturia*-Festes tatsächlich ein autobiographisches Erlebnis von Platon wiedergibt, hat er für den Dialog demnach geschickt einen Zeitpunkt gewählt, an dem er selbst der Junge war, der das erste Mal etwas von Atlantis hört, während Kritias, der Erzähler, die Rolle seines eigenen neunzigjährigen Großvaters gleichen Namens übernimmt.

Platons geplante Trilogie

Platon gibt unmißverständlich zu verstehen, daß Timaios, Kritias und Hermokrates einzeln ihren Beitrag zum Fest leisten sollten. Timaios' Vorstellung ist vollständig, doch Kritias bricht mitten im Satz ab und der dritte Band, *Hermokrates*, wurde nie in Angriff genommen,[87] obwohl er durch frühere Bemerkungen angekündigt wurde.[88] Die geplante Trilogie sollte die Entstehung der Erde und die Geschichte ihrer Bewohner beschreiben. Der Inhalt beruhte größtenteils auf den wissenschaftlichen Erkenntnissen der pythagoreischen Schule, und anscheinend war das ganze Projekt so gedacht, daß es deutlich westlich geprägten Gedanken Ausdruck verleihen sollte. Jedem der Redner, von denen zwei aus dem Westen stammten, wies Platon ein Thema zu, das dessen jeweiligem Sachverstand entsprach:

TIMAIOS:	Geschichte der Erde
KRITIAS:	Das alte Griechenland und dessen Gegner
HERMOKRATES:	Neuzeitliche Geschichte

Der fertiggestellte erste Teil, *Timaios*, umfaßt fünfundsiebzig Seiten in der Stephanus-Ausgabe von 1578. Der zweite Band, *Kritias*, blieb bis auf die fünfzehn Seiten des Stephanus-Textes unvollendet. Falls *Kritias* und der dritte Teil der Trilogie, *Hermokrates*, ebenso umfangreich geplant waren wie der erste, dann hätte Platon gerade zwanzig Prozent des *Kritias* und vierzig Prozent der ganzen Trilogie beendet, als er von dem Projekt abließ.

Timaios: Platon als Naturwissenschaftler

Die Interpretation der Atlantis-Geschichte gestaltet sich sehr viel leichter, wenn man den Aufbau des Textes und seine Plazierung in Platons Gesamtwerk sorgfältig herausarbeitet. Darüber hinaus scheint eine Rekonstruktion der unvollendeten Teile der Trilogie unerläßlich. Platon hatte, kurz bevor er mit der Arbeit an *Timaios* und *Kritias* begann, sein zehnbändiges Werk *Politeia* (Der Staat) fertiggestellt. Manche traditionellen Interpretationen gehen nun davon aus, die Atlantis-Erzählung veranschauliche Platons idealen Staat, so wie er ihn in *Politeia* entworfen hat, doch steht Atlantis keinesfalls im Mittelpunkt von *Timaios*. Die Atlantis-Darstellung umfaßt nämlich nur gerade drei Seiten der Stephanus-Ausgabe; der größte Teil der verbleibenden zweiundsiebzig Seiten sind der Geschichte der Erde gewidmet sowie dem Wissensstand der Naturwissenschaften und der Medizin. Eine Gliederung des in *Timaios* behandelten Inhalts verdeutlicht die untergeordnete Rolle von Atlantis, das nur in der Einleitung des Buches auftaucht[89] und keine Bedeutung für den Hauptteil des Textes hat, außer, daß es eine Verbindung zwischen *Politeia* und *Kritias* herstellt.

I. Einleitung
   a) Zusammenfassung einer von Sokrates gehaltenen Rede über den idealen Staat
   b) Wunsch des Sokrates, über die Existenz eines solchen Staates zu erfahren
   c) *Solons Bericht über Atlantis*
   d) Kritias äußert die Bereitschaft, die ganze Geschichte später zu erzählen

II. Das Entstehen der Erde
   a) Sein und Werden
   b) Leib und Seele der Erde
   c) Die Zeit und die Planeten

d) Die lebenden Organismen
e) Der Mensch

III. Die notwendigen Voraussetzungen
a) Die Aufnehmerin des Werdens
b) Die vier Grundstoffe
c) Sonstige Grundstoffe
d) Die Sinne

IV. Aus Vernunft und Notwendigkeit Erzeugtes
a) Der sterbliche Teil der Seele
b) Die Natur der Pflanzen
c) Stoffwechsel und Atmung
d) Krankheiten des Körpers und der Seele sowie ihre Verhütung
e) Entstehung der Frauen und Entwicklung der Geschlechtsorgane
f) Schlußwort

Der Hauptgegenstand von *Timaios* sind die Naturwissenschaften: Physik, Biologie und Anatomie – ungewöhnliche Themen in Platons Schriften.[90] Das Ziel des Buches ist es, das beste damals verfügbare naturwissenschaftliche Wissen zusammenzufassen, und zwar beginnend mit der Entstehung der Erde und ihrer Bewohner. Platon wollte mit diesem Band eine genaue Übersicht über die bekannten Elemente der Astronomie, den Aufbau der Materie und die menschliche Psychologie und Physiologie geben. Das Buch ist chronologisch geordnet, und der erste Teil beschäftigt sich mit dem Ursprung des Universums. Platon führt die Phantasie der Leserschaft an einen Punkt »vor den Anfang aller Zeit«, als die Erde »wüst und leer« war.[91] Dann beschreibt er, wie sich die Welt allmählich zu einem harmonischen Gefüge entwickelte.
Der Wert der naturwissenschaftlichen Ideen, wie sie von Platon dargestellt werden, ist unter Philosophen und Historikern umstritten; ihre Beurteilung des Werkes reicht von »Katastrophe« bis hin zur »Rechtfertigung«. Nach A. E. Taylor jedoch ist das in *Timaios* wiedergegebene Wissen »bis ins Detail genau das, was man von einem italienischen Pythagoräer im fünften Jahrhundert erwarten würde, der darüber hinaus medizinisch geschult ist«.[92] Man nimmt an, daß Platon diese Lehren von früheren Ärzten wie Empedokles

und Alkmäon abgeleitet hat, ebenso wie von zeitgenössischen Pythagoräern, darunter seinen Freunden Theaitetos und Eudoxos, den Ärzteschulen in Syrakus (Philistion), Kos und Knidos (Diogenes von Apollonia).[93] Demnach kann *Timaios* als eine weitgehend eklektische Zusammenstellung traditionellen und modernen Wissens gelten, das möglicherweise modifiziert wurde, damit es Platons eigener Philosophie entsprach. Nach Ansicht des Cambridge-Professors G. E. R. Lloyd, ist *Timaios* »weder eine vorläufige Hypothese noch ein Mythos im Sinne einer unbegründeten Fiktion«[94], sondern ein »überaus wichtiges Dokument für die Geschichte der griechischen Wissenschaft«[95]. Es könnte geschrieben worden sein, um die Erkenntnisse der wissenschaftlich orientierten Freunde Platons für die Nachwelt festzuhalten[96], und vielleicht fehlt ihm aus diesem Grund Platons eigene originelle Gedankenführung, mit Ausnahme der streng teleologischen Betrachtungsweise, daß alle Erscheinungen der Natur Teil eines großen Ganzen sind.[97]

Während das meiste, wenn nicht sogar alles wissenschaftliche Wissen Platons, das er in *Timaios* vorstellt, auf den Erkenntnissen anderer Gelehrter beruht, könnten viele seiner philosophischen Ideen ursprünglich von Sokrates stammen. Isokrates (436–338 v. Chr.), ein zeitgenössischer Denker, der, wenige Jahre bevor Platon seine Akademie gründete, in Athen eine Rednerschule eröffnet hatte, beschuldigte Platon sogar des Plagiats, indem er behauptete, viele seiner Grundsätze beruhten auf Beschreibungen des sozio-politischen Systems in Ägypten.[98] Proklos berichtet, daß Platon von den Menschen verspottet wurde, weil sie wußten, daß er nicht als der wirkliche Schöpfer der *Politeia* betrachtet werden konnte.[99] Wenn man Crantor, Proklos' Quelle, Glauben schenken darf, nahm Platon die Kritik so ernst, daß er sich auf die Atlantis-Geschichte stürzte, die unbestritten einmalig war.

Die Einleitung faßt zunächst das davor entstandene Werk *Politeia* zusammen. Als nächstes schlägt Kritias, der von Solons Erlebnissen in Saïs erzählt, einen echten Kandidaten vor für Sokrates' idealen Staat, so wie er in *Politeia* beschrieben wird. Er weigert sich jedoch, die ganze Geschichte zu erzählen, bevor er an der Reihe ist, das heißt, bevor Timaios das Entstehen der Erde und den Ursprung des Menschen beschrieben hat. Im Anschluß daran wird Kritias seine Erörterung der legendären Heldentaten der griechischen prähistorischen Ahnen vortragen. Diese Anordnung ist dann sinnvoll, wenn Platon die Atlantis-Erzählung als einen historischen Bericht verstanden hat. Als eine von Platon erdachte, literarische Fiktion jedoch, hätte sie in einer wissenschaftlichen Vergegenwärtigung der Geschichte des Universums kaum deplazierter sein können. Diese Unstimmigkeit ist nur von wenigen Platon-Forschern festgestellt worden:

> Ich bin nicht der Meinung, daß die Eigenartigkeit dieses Verfahrens ausreichend ins Bewußtsein gedrungen ist. Als Antwort auf seine vergleichsweise einfache Frage »Wird mein idealer Staat funktionieren?« bürdet Sokrates sich selbst eine außerordentlich komplexe Darstellung der physischen Welt auf, gefolgt von einer erdachten Geschichte, die wiederum gefolgt wird von einem unbekannten *tertium quid.*«[100]

Abschließend läßt sich feststellen, daß *Timaios* eine Zusammenfassung des damals (5. und 4. Jh. v. Chr.) erreichten naturwissenschaftlichen Wissensstandes bietet, die aus verschiedenen Quellen entwickelt wurde und nicht allein auf den Gedanken und Beobachtungen Platons fußt.[101] Atlantis taucht nur in der Einleitung des Buches auf und hat die untergeordnete Rolle, eine Verbindung zwischen der vorhergehenden *Politeia* und dem nachfolgenden *Kritias* herzustellen.[102]

Kritias und *Hermokrates*

Nachdem die meisten Aspekte der Naturwissenschaften – einschließlich der Entstehung der Erde und des Menschen – abgedeckt waren, sollten die beiden folgenden Bände *Kritias* und *Hermokrates* die Geschichte der Menschheit von ihrem ersten Auftauchen bis zur Zeit Platons wiedergeben.[103] Noch einmal ist darauf hinzuweisen, daß nur ein Bruchteil der letzten beiden Bände fertiggestellt wurde und daß ihr geplanter Inhalt Spekulation bleiben muß. Der überlieferte Inhalt des *Kritias* ist folgendermaßen gegliedert.

I. Einleitung
   a) Bitte um Nachsicht
   b) Zeitliche Einordnung und Katastrophe
II. Das prähistorische Attika
   a) Erste Besiedelung
   b) Politische Grenzen
   c) Bodenbedingungen
   d) Athen
III. Atlantis
   a) *Namensgebung*
   b) *Ursprünge*
   c) *Die Stadt*
   d) *Die Geographie*
   e) *Das Militär*
   f) *Politische Herrschaft und geltendes Recht*
   g) *Entartung und Bestrafung*
IV. Rat der Götter

Möglicherweise ergäbe die einfachste Rekonstruktion von Platons Plänen für die fehlenden Teile zwei synoptische Geschichtsbücher nach dem gleichen Prinzip wie *Timaios*. Vermutlich hätte Platon alle verfügbaren und glaubwürdigen Informationsquellen zur Vergangenheit ausgeschöpft und dann unter Verwendung seiner eigenen philosophischen Perspektive ein eklektisches, wenn auch wenig originelles Bild der Geschichte gemalt.[104] Unter Einhaltung der chronologischen Ordnung berichtet Kritias als nächster Redner alles, was man über das vorgeschichtliche Griechenland wußte, über die berühmten Vorfahren der Athener, deren sagenhafte Feinde aus fernen Landen und vielleicht auch über das dunkle Zeitalter, das dem Entstehen des klassischen Griechenlands vorausging. Hermokrates war zweifellos die Rolle zugewiesen, als Zeitgenosse Platons und als Soldat die jüngsten politischen Entwicklungen zu erörtern.[105] Falls Platon wirklich die Absicht hegte, drei Bücher gleichen Umfanges zu schreiben, dann wäre sehr viel historisches Material unverarbeitet geblieben, als er die Arbeit an der Trilogie abbrach. Einiges von diesem Material scheint jedoch in seinem folgenden und letzten Buch aufzutauchen, den *Nomoi*.[106]

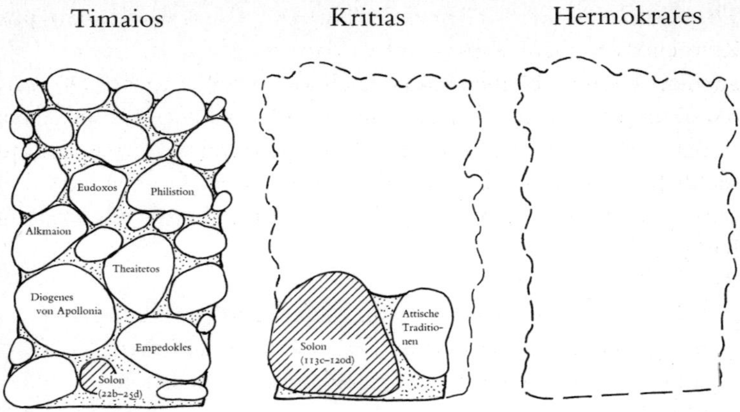

Platons unvollendete Trilogie »Timaios–Kritias–Hermokrates« war als eine »Geschichte des Universums« geplant, in der die Beobachtungen von früheren und zeitgenössischen Gelehrten wie zum Beispiel Eudoxos, Philistion, Alkmäon und Solon dargestellt werden sollten. Daher gleicht sie einem Konglomerat aus vielen einzelnen Kieseln – das sind die Leistungen anderer –, die in eine Grundmasse eingebettet sind; nur diese stammt ursprünglich von Platon. Solons Erzählung über Atlantis ist nur einer von vielen Beiträgen, die auf andere zurückgehen und die Eingang in Platons Werk fanden. Sie spielt in *Timaios* eine untergeordnete Rolle, bildet aber in *Kritias* einen zentralen Bestandteil.

Ebenso wie *Timaios* auf Prinzipien beruht, die von Vorgängern und Zeitgenossen Platons begründet worden waren, so sollten sich auch die noch verbleibenden Darstellungen der Vorgeschichte und der jüngeren Geschichte, also *Kritias* und *Hermokrates*, auf Informationen stützen, die aus fremden Quellen gewonnen wurden, hauptsächlich mündlicher Überlieferung und Darstellungen von Geschichtsschreibern. John Victor Luce meint in diesem Zusammenhang:

> Platons Methode besteht darin, Material zu sammeln, statt es zu produzieren. Er speist seine Darstellungen aus einem wohlgefüllten geistigen Lager und nicht aus einer unsteten Vorstellungskraft.[107]

Manche Informationen, die in Platons Büchern verarbeitet werden sollten, müssen zur damaligen Zeit allgemein bekannt gewesen sein. Dennoch hätte die geplante Trilogie wohl »das ehrgeizigste Projekt, das er je entworfen hatte«[108] umfaßt, denn er begab sich damit auf unbekanntes Terrain. Im Gegensatz zu den meisten Geschichtsschreibern hatte Platon vor, eine zusammenhängende, wissenschaftliche Darstellung der Geschichte zu liefern. Eine solche würde das Überleben wertvoller Gedanken und mündlich überlieferter Berichte sicherstellen, und sie würde ihm Gelegenheit geben, die Vergangenheit im Licht seiner eigenen Lehren darzustellen.

Geologisch ausgedrückt, ähnelt die Trilogie einem Konglomerat aus fremden, nichtplatonischen Theorien, die wie unterschiedlich große Kiesel in Platons eigene Philosophie eingebettet und dauerhaft einzementiert sind. Diese konglomeratartige Struktur des Textes erklärt, warum man Teile der Atlantis-Erzählung als traditionelle und genaue Kenntnis des alten Attikas akzeptiert, während andere Teile eindeutig als platonische Philosophie identifiziert und wieder andere als pure Fiktion bezeichnet werden. Trotz der festen Verschmelzung von Grundmasse und Einschlüssen sind die Grenzen zwischen dem Zement und den einzelnen Kieseln nach wie vor scharf und eindeutig, fremde Quellen und Platons eigene Gedanken sind noch immer voneinander zu unterscheiden. Erfahrene Gelehrte könnten die verschiedenen fremden Teile des Textes mit Farbstiften kenntlich machen – und genau das haben Platon-Experten auch getan: Sie haben die historischen Quellen identifiziert, die in *Timaios* und anderen Büchern Platons verwendet wurden.[109] Im Grund ist die Herkunft der meisten, wenn nicht gar aller dieser Kiesel bestimmt worden – die einzige Ausnahme bildet die Geschichte von Atlantis. Doch gerade in diesem Fall werden die Quelle und die Überlieferung vom Autor selbst angegeben.

Die besondere Rolle von Atlantis

Von dieser Warte aus betrachtet, ist Atlantis und seine Plazierung in der Trilogie alles andere als ungewöhnlich. Die Schilderung stellt innerhalb der Beschreibung der Vergangenheit eines der vielen nichtplatonischen Elemente dar. Platon hat sie im chronologisch geordneten *Kritias* in den passenden Zusammenhang gestellt. Trotzdem hebt sich die Geschichte ab, schon deshalb, weil sie jedes andere nichtplatonische Element der Trilogie an Länge übertrifft. Platon scheint sich bei diesem Teil außergewöhnlich zu engagieren; vielleicht weil er wußte, daß er der Öffentlichkeit eine eigenartige Erzählung vorlegte, deren Glaubwürdigkeit umstritten war. Er gibt sich die allergrößte Mühe, um von ihrer Richtigkeit zu überzeugen, und vermittelt dabei den Eindruck, er selbst könnte der einzige gewesen sein, der an ihren vollen Wahrheitsgehalt glaubte. Möglich, daß die Geschichte Platon wichtiger war als anderen, weil er sie schon aus seiner Kindheit kannte. Der Umstand, daß die Erzählung auf Solon zurückging, einen von Platons frühen Vorfahren, den er zutiefst bewunderte, kann dabei gleichfalls eine Rolle gespielt haben. Am wichtigsten jedoch war, daß Solon von bis dahin unbekannten Heldentaten der alten Athener berichtete, und dies paßte wunderbar zu Platons Lehre, denn es bestätigte seine teleologische Sicht der Welt, derzufolge sorgfältig organisierte und hierarchisch gegliederte Gesellschaften blühten, weil sie einem *»Abbild der ewigen Götter«* (37c) gleichkamen. So gesehen, hätte die Atlantis-Erzählung durchaus als Hauptteil der Trilogie gedacht sein können, was erklären würde, warum Platon das ganze Gespräch chronologisch auf deren Überlieferung abstimmte. Da man

sich Atlantis als eine Hochkultur im fernen Westen vorstellte, entsprach die Geschichte darüber hinaus dem gesamten westlich ausgerichteten Thema der Trilogie.
Es ist denkbar, daß Platon andere Personen mit Solons Bericht bekannt machte, die ihm kritischer gegenüberstanden. Solche möglicherweise enttäuschenden Reaktionen finden ihren Niederschlag im langatmigen Prolog des Kritias, bevor er die ganze Geschichte von Atlantis erzählt. Indem er seine bevorstehende Erzählung mit der Rede des Timaios über die Wissenschaften vergleicht, bemerkt Kritias:

»Denn es fällt doch leichter, lieber Timaios, vor Menschen etwas auf befriedigende Weise über die Götter auszusagen, als wenn man über die Sterblichen vor uns reden soll. Denn Ahnungslosigkeit und völliges Unvermögen der Hörer, sich in diesen Dingen ein Urteil zu bilden, haben zur Folge, daß einer ganz leicht darüber reden kann.« (107b)

Kritias erläutert dann, daß Menschen leicht mit Bildern von Gottheiten zufriedenzustellen sind, solange diese eine entfernte Ähnlichkeit mit ihrer eigenen Vorstellung von den Göttern aufweisen, wenn jedoch ein Maler Sterbliche porträtiert, er rasch für den kleinsten Fehler kritisiert werde.

»Und nun ist doch festzustellen, daß dasselbe auch für unsere Reden gilt: bei den himmlischen und göttlichen Dingen begnügen wir uns, wenn sie auch nur ein bißchen wahrscheinlich dargestellt sind; die irdischen und menschlichen dagegen prüfen wir genau nach.« (107d)

Kritias bittet daher um Nachsicht, denn *»man sollte sich doch überlegen, daß es nicht leicht, sondern daß es schwierig ist, von den irdischen Dingen ein Bild zu geben«* (108a). Er gibt damit vielleicht Platons eigener Unsicherheit Ausdruck im Hinblick darauf, daß sein Bild vom real existierenden Atlantis möglicherweise verzerrt sein könnte. Im fiktiven Dialog erteilt Sokrates Kritias die Erlaubnis, seine Geschichte zu erzählen; in der Wirklichkeit jedoch erntete Platon für seine Verfehlung, dem Urteil anderer Glauben zu

schenken und sich auf ein Gebiet zu wagen, das seine eigene Sachkenntnis überschritt, wenig Verständnis. Menschliches Verhalten und die Tatsache, daß Platons Befürchtungen berechtigt gewesen wären, haben sich in den letzten 2300 Jahren nicht verändert: Heutzutage mögen wir über seinen Versuch staunen, die Entstehung der Frauen mit der Reinkarnation von Männern zu erklären, die in ihrem früheren Leben Feiglinge oder Übeltäter waren, wie er dies in *Timaios* tut (91a). Wir mögen lächeln darüber, daß er die Entstehung von Felsen durch hohen Luftdruck erklärte (60d) und den Gehörsinn als einen Prozeß verstand, der im Kopf beginnt und in der Leber endet (67b). Aber keinesfalls wird man ihm verzeihen, daß er eine alte Kultur auf eine Weise beschrieb, die dem im zwanzigsten Jahrhundert erreichten historischen und archäologischen Kenntnisstand nicht entspricht. Trotz all seiner Genauigkeit wurde das Bild von Atlantis mit einem dicken Pinsel im Stil des sechsten Jahrhunderts v. Chr. gemalt, aber man hat es mit der mikroskopischen Genauigkeit der Neuzeit unter die Lupe genommen. Nun wird niemand die Nützlichkeit der modernen Elektronenmikroskope leugnen, wenn es zum Beispiel darum geht, die Spaltöffnungen eines Blattes zu untersuchen. Aber hindern sie uns nicht möglicherweise manchmal daran, den Wald vor lauter Bäumen zu sehen? Oder, um noch einmal die Analogie zum Konglomerat zu bemühen: Die Grundmasse ist von Platon-Experten immer wieder mit außerordentlicher Sorgfalt untersucht worden, nicht jedoch die einzelnen Kiesel.
In der nun folgenden Erörterung gehe ich davon aus, daß nur *Timaios* 22b–25d und *Kritias* 113c–120d eine echte, unabhängige und nichtplatonische Überlieferung darstellen.

Aufbau der Atlantis-Erzählung

Platons Beschreibung von Atlantis ist in zwei Teile gegliedert, die beide von Kritias vorgetragen werden, dem Mann also, der behauptet, Solons Originalmanuskript zu besitzen. Diese beiden Teile, einer in *Timaios* und einer in *Kritias*, unterscheiden sich stark in Stil, Aufbau und Schwerpunkt.

1. *Timaios* 22b–25d: Der erste, kürzere Teil der Atlantis-Erzählung liefert eine kurze Beschreibung der Begegnung zwischen Solon und den Priestern in Saïs. Ein Priester betont den Mangel an historischem Wissen bei den Griechen und bemerkt, daß Solon noch nicht einmal von seinen ruhmreichen Vorfahren wisse. Danach erfolgt eine umfassende Darstellung der Leistungen, die die griechische Hochkultur hervorgebracht hat, die Geschichte ihrer Kriege und ihres Untergangs. Dieser Teil ist schlecht aufgebaut: Die große Flut vom Himmel wird an verschiedenen Stellen erwähnt, und das gleiche gilt für die selektive Vernichtung der führenden Stände der Gesellschaft. Die mangelnde Strukturierung könnte allenfalls auf den eindeutig mündlichen und beiläufigen Charakter der ersten Unterhaltung zwischen Solon und den Priestern hindeuten.
2. *Kritias* 113c–120d: In *Timaios* läßt der Priester seine Bereitschaft erkennen, Solon die originale Hieroglyphenschrift zu zeigen. Der zweite Teil der Erzählung, der im *Kritias* zu finden ist, könnte eine Abschrift des Hieroglyphentextes darstellen; er ist gut strukturiert und beschreibt Atlantis mit einer einzigartigen Genauigkeit.
3. *Kritias* 110c–112e: Dieser wichtige Teil wird gemeinhin ebenfalls der Atlantis-Legende zugeordnet; er beschreibt die Geographie des alten Attika einschließlich seiner politischen Grenzen sowie die Auswirkungen der Abholzung und der Bodenerosion. Hierbei handelt es sich um den einzigen Teil der Atlantis-Erzählung, der nach Auffassung der meisten Altertumsforscher empirische Beobachtungen von kenntnisreichen Laien oder Intellektuellen enthält, die sich mit einer Art Frühform der Naturwissenschaften beschäftigten. Ich glaube, daß dieses Textsegment nicht ein Teil aus Solons Manuskript ist, sondern vermutlich eher ein weiteres externes Wissenselement, das auf mündlicher Überlieferung beruht. Platon plaziert es vor den Bericht Solons über Atlantis, weil er der Meinung war, daß sowohl der Staat der Athener als auch der ihrer Kriegsgegner vorgestellt werden müsse, wobei er sagt: *»Unter diesen zweien aber soll die Schilderung der Zustände in dieser Stadt den Vorrang haben.«* (109a)

Die Erzählung selbst erscheint wie eine Torte in mehrere Schichten unterteilt. Die unterste Schicht berichtet vom wahren Aussehen von Atlantis. Die zweite Schicht wäre die erste subjektive Verzerrung dieser Wirklichkeit durch den Erzähler, der die Geschichte dem ägyptischen Schriftgelehrten übermittelte. Natürlich konnte dieser Erzähler nicht alles erwähnen, was er gesehen hatte; vielleicht hat er einige wichtige Charakteristika übersehen und andere weggelassen, um seinen Bericht abzukürzen. Andererseits könnte er manche weniger wichtige Details herausgestellt haben, weil sie ihm besonders bemerkenswert erschienen. Die dritte Schicht wäre die Interpretation des Berichtes durch den ägyptischen Schriftgelehrten und seine Übertragung in Hieroglyphen. Möglicherweise gab es aber nicht für alles, was im fremden Land beobachtet worden war, Hieroglyphen, wodurch der Schreiber gezwungen gewesen wäre, ähnliche, aber eben nicht ganz korrekte Zeichen zu verwenden. Viertens hat vielleicht der Priester, der die Hieroglyphen ins Griechische übertrug, wiederum gewisse Teile des Textes stärker betont als andere. Vielleicht hat er auch einige der Zeichen, die nicht ganz zum ursprünglichen Bericht paßten, falsch interpretiert. Dann kommt als fünftes noch Solons Rezeption der ganzen Geschichte hinzu und, möglicherweise, sein Versuch, bei der Übersetzung behilflich zu sein. Als Solon die Erzählung hörte, war er unter Umständen schon achtzig Jahre alt; außerdem war er äußerst aufgeregt und könnte sie daher fehlinterpretiert haben. Zu einem späteren Zeitpunkt hat er, wie Platon ausdrücklich erwähnt, bewußt einige Namen in der Erzählung geändert. Eine weitere, und damit sechste Schicht bilden die möglichen Änderungen, die die Geschichte im Laufe ihrer Überlieferung von Solon bis Platon erfahren hat. Platons Einfluß auf die Erzählung ist äußerst schwer zu bestimmen, aber es könnte auch sein, daß er sie abgeschrieben hat, ohne irgendwelche Änderungen vorzunehmen. Zum Schluß sind noch die Übersetzungen von Platons griechischem Text in die neueren Sprachen zu berücksichtigen. Drücken diese Übersetzungen wirklich aus, was Platon sagen wollte?

Die oberste Schicht aber, vielleicht die am schwersten zu durchdringende, ist der Zeitgeist und die Befangenheit der Moderne. Platons Geschichte von Atlantis stellt unmißverständlich dar, daß eine *griechische* Zivilisation durch gleichzeitig auftretende Erdbeben- und Flutkatastrophen zerstört wurde, doch allgemein hält man beharrlich daran fest, daß *Atlantis* das Opfer dieser Katastrophen war. Allgemein hält man auch daran fest, daß eine Flutwelle die alte Zivilisation zerstört haben könnte, während die Erzählung eindeutig beschreibt, daß die Flut vom Himmel herabkam. Es gibt also mindestens acht Schichten einer möglichen Verzerrung, die die Wahrheit verdecken. Auf den Grund der historischen Wahrheit zu gelangen, erscheint in den meisten Fällen unmöglich. In einigen werde ich versuchen, nachzuvollziehen, wie die einzelnen Elemente durch die Übersetzung möglicherweise verändert wurden, mein Hauptziel ist jedoch, zu belegen, daß der *Kern* der Erzählung die realistische Beschreibung einer Kultur der späten Bronzezeit im Mittelmeerraum darstellen könnte.

Zusammenfassend läßt sich sagen, daß Platon durch private Auseinandersetzungen in Athen, die vielleicht durch Isokrates ausgelöst oder verschärft wurden, dazu veranlaßt worden sein könnte, eine so monumentale und extrem schwierige Trilogie zu schreiben. Daß er sich, um seine Kritiker zum Schweigen zu bringen, an ein ungeheures Thema machte: die Geschichte der Erde und des Universums. In den Mittelpunkt dieser Arbeit stellte er einen verblüffenden Bericht, der nur innerhalb der Familie Platons bekannt war. Damit stellte er sicher, daß die Trilogie mehr Aufsehen erregen würde als sein vorhergehendes Werk, die *Politeia*. Um jeglichen Plagiatsvorwürfen vorzubeugen, nannte Platon eindeutig Solon als Autor des geheimen Familienmanuskripts; darüber hinaus erhielt die, gelinde gesagt, recht dubiose Geschichte durch Solons Glaubwürdigkeit zusätzliche Autorität. Da der Konflikt Athen–Atlantis Platons Grundlehren so gut veranschaulichte, versuchte er alles, um das Publikum davon zu überzeugen, daß die Erzählung historisch korrekt war. Um die Tatsache zu verschleiern, daß er sich mit einem ihm fremden Thema beschäftigte, verwendet Platon in der Einleitung einen langen Abschnitt aus Solons Notizen und schlägt Atlantis als mögliches Beispiel für den idealen sokratischen Staat vor; auf diese Weise konnte er sein neues mit dem vorhergehenden Werk, der *Politeia*, in Zusammenhang bringen. Zusätzlich faßt Sokrates die *Politeia* noch einmal ausführlich zusammen, um diesen Zusammenhang zu verstärken, der aber desungeachtet schwach bleibt.

Platon verwendete eine Geschichte, die gänzlich von jemand anderem stammte, und übernahm die beschriebenen Örtlichkeiten und

Zeitläufe trotz einiger Zweifel im Hinblick auf ihre Glaubwürdigkeit. Ich neige zur Annahme, daß Platon das Manuskript gänzlich unberührt ließ, weil er davon überzeugt war, mündliche Erzählungen dürften im Zuge ihrer Überlieferung nicht verändert werden. Wenn wir dieser Argumentation weiter folgen und davon ausgehen, daß Platon an der Abfassung der ursprünglichen Atlantis-Erzählung nicht beteiligt war, bleiben nur zwei Bestandteile, die einer weiteren Untersuchung bedürfen: die Atlantis-Erzählung selbst und die heutigen Kenntnisse über die mediterrane Archäologie. Falls je eine historische Entsprechung zu Atlantis existierte, dann muß sie innerhalb dieses archäologischen Rahmens angesiedelt sein. Im folgenden Kapitel werden die Grundkenntnisse vermittelt, die erforderlich sind, um Atlantis in einen glaubhaften historischen Zusammenhang zu stellen.

Nauplion (im Vordergrund) liegt am Rand der argivischen Ebene, die sich über 15 Kilometer von Westen (links) nach Osten und über 20 Kilometer von Norden nach Süden erstreckt.

Der Blick auf Argos wird von dem steilen Bergkegel Larisa und den dahinter befindlichen Artemision Bergen beherrscht. Während der Eiszeit waren diese Hänge mit Kieferwäldern bewachsen (Deutsches Archäologisches Institut, Athen, Neg.-Nr. 84/898; Aufnahme im März 1934).

Die Burg von Mykene, Wohnsitz des legendären Heerführers Agamemnon, liegt strategisch günstig auf einer Bergkuppe am nördlichen Ende der argivischen Ebene.

Die spätbronzezeitlichen Palastmauern – wie diese am Eingangstor von Mykene – sind aus besonders großen Felsblöcken zusammengefügt. Die alten Griechen glaubten, nur Riesen hätten diese Blöcke bewegen können; daher der Ausdruck »kyklopisches Mauerwerk«.

Das berühmte Löwentor in Mykene wurde nicht, wie zumeist angenommen, von Heinrich Schliemann entdeckt; es lag schon immer zur Hälfte frei.

Dieses Gräberrund in Mykene wurde von Heinrich Schliemann entdeckt. Das mykenische Gold – einschließlich der berühmten Totenmaske von Agamemnon – wurde größtenteils aus diesen Gräbern geborgen.

Die Burg von Tiryns ist heute von fruchtbarem Ackerland umgeben (Ansicht von Tiryns, von Südosten aus gesehen, Foto aus dem Jahre 1913; Deutsches Archäologisches Institut, Athen, Neg.-Nr. TIR 417).

Heutige Ansicht von Tiryns und der umliegenden Schwemmlandebene.

Dieses Foto von der Westseite der Mauern von Tiryns zeigt, wie die Steinblöcke auf ein Fundament aus freigelegtem Kalkstein gesetzt wurden. Die rechten Winkel und die sauberen Bruchkanten im anstehenden Festgestein belegen, daß die Erbauer der königlichen Residenz ihr Material größtenteils vom Bauplatz selbst gewannen.

So sah der Küstengürtel der argivischen Ebene vor nahezu hundert Jahren aus. Die Aufnahme von Tiryns Richtung Nauplion (Süden) stammt von 1899. Um 2500 v. Chr. verlief die Küste etwa 300 Meter von dieser Stelle entfernt; am Ende der Bronzezeit hatte sie sich bereits um einen Kilometer oder zwei Drittel der Strecke bis zu ihrem heutigen Verlauf verschoben (Deutsches Archäologisches Institut, Athen, Neg.-Nr. TIR. 34).

Im Mittelpunkt dieser Aufnahme aus dem Jahr 1926 ist ein alter Baum abgebildet, der etwa 200 Meter östlich von Tiryns steht. Die erste Bohrung, die eine fast fünf Meter dicke, ungeschichtete Ablagerung erkennen ließ und viele mykenische Keramikfragmente enthielt, wurde unter diesem Baum durchgeführt. (Deutsches Archäologisches Institut, Athen, Neg.-Nr. TIR. 755).

Einige Ablagerungen in der argivischen Ebene sind derart fest, daß sie sich mit einem handbetriebenen Bohrer nicht durchdringen lassen. In solchen Fällen benutzten wir einen Maschinenbohrer. Um ungestörte Proben entnehmen zu können, wurden dann innerhalb des Bohrlochs Sondierungen von Hand durchgeführt.

Die imposante Mauer, die hier zu sehen ist, errichteten die Bewohner von Tiryns, nachdem ihre Stadt überschwemmt worden war. Sie sollte den Fluß umleiten, der die Katastrophe verursacht hatte. Die Mauer war etwa 10 Meter hoch, und ihr Sockel wurde mit großen Felsblöcken verstärkt, wie sie unter dem Baum und neben dem Maßstab zu sehen sind.

Die Krone des künstlichen Damms östlich von Tiryns durchschneidet das ehemalige Flußbett, das rechts und links davon liegt.

Die alte Ägäis

> Eine genauere Untersuchung der von Schliemann freigelegten Ruinen von Tiryns brachte uns zu der Schlußfolgerung, daß der sogenannte prähistorische Palast nicht nur ... nach der makedonischen Periode entstanden ist, sondern daß er in der Tat auf eine byzantinische Neubesiedlung des Ortes zurückgeht ... Selbst Archäologen in Athen unterstützen meine Meinung, daß der »prähistorische Palast« von Tiryns zu den außerordentlichsten Halluzinationen eines unwissenschaftlichen Enthusiasten zu zählen ist, die sich in der einschlägigen Literatur finden lassen.
> »Times«, 29. April 1886

Um fünf Uhr an einem Sommernachmittag herrscht auf den Straßen eines griechischen Dorfes Lärm und geschäftiges Treiben. Die meisten griechischen Männer sind selbständige Bauern und Händler, während die meisten griechischen Frauen – etwas weniger selbständig – einem großen und lebhaften Haushalt vorstehen. Die Dorfbewohner, die nach einer längeren Mittagspause herrlich entspannt sind, strömen auf die Straßen, um ihren täglichen Rundgang anzutreten, und natürlich gesellen sich die Kinder zu ihnen, die vor der Siesta aus der Schule gekommen sind. Jetzt spielen sie in großen Gruppen aller Altersstufen auf den Straßen und Kirchhöfen Fußball oder Basketball. Gegen acht Uhr legt sich der staubige gelbliche Dunst, der die Landschaft fast den ganzen Tag über gefärbt hat, und die Sonne taucht sie in eine Vielzahl herrlicher Farbtöne. Die Luft ist warm und lädt zu einem Abendspaziergang ein. Die Männer versammeln sich im *Kafeníon*, um über Politik zu debattieren, und die Frauen plaudern in kleineren Grüppchen vor ihren Häusern über die Dinge, die wirklich wichtig sind. Gegen elf ist das Dorf zwar noch wach, aber es ist dunkel geworden, und allmählich tritt Stille ein.

Von der Eiszeit bis zur Steinzeit

Vor dreihunderttausend Jahren war das ganz anders, und die heute offensichtlichen unterschiedlichen Tagesphasen waren damals nicht wahrnehmbar. Gleichgültig zu welcher Tageszeit, das Leben spielte sich auf dem gleichen, niedrigen Aktivitätsniveau ab – denn es gab keine von Menschen erzeugte Hektik. Die Stunden verstrichen in aller Stille; nach der Dämmerung wurde es nur dunkler – und kälter. Die Kälte hatte etwas Bedrohliches. Verbunden mit Feuchtigkeit durchdrang sie alles, stets darauf aus, das Leben zu behindern, wo immer sie es fand. Obwohl die Landschaft fast genauso geformt war wie heute, waren ihre Flora und Fauna völlig anders, denn sie wurden bestimmt von Kälte und Trockenheit. Griechenland hatte damals ein Klima, das so kalt und trocken war wie heute im Inneren von Alaska, und die Vegetation war der des heutigen Sibirien ähnlich. Die Argolis, die im Mittelpunkt unseres Interesses steht und wo, viel später, Agamemnon mit seinen Untergebenen lebte, war damals bedeckt mit einer Steppe aus Salbeisträuchern (*Artemisia*), der Pflanze, die ihren von der Göttin Artemis abgeleiteten Namen mit dem Gebirgszug teilt, der den westlichen Teil der Argolis überblickt. Auf seinen Hängen und Ausläufern wuchsen damals Kiefernwälder, vereinzelt mit Eichen durchsetzt.

In Illustrationen, die die Vergangenheit bildlich darzustellen versuchen, wimmelt es im Vordergrund häufig von inzwischen ausgestorbenen, gefräßigen Kreaturen, wie etwa dem Säbelzahntiger, während im Hintergrund ununterbrochen Vulkane ausbrechen – aber die Vergangenheit war in Wirklichkeit einfach nur stumm und unvorstellbar lang. Alle paar tausend Jahre bebte die Erde für wenige Sekunden, doch selbst diese Erdbeben brachten keine dramatischen Veränderungen mit sich, denn es gab nichts, was hätte Schaden nehmen oder untergehen können. Griechenland wurde ein für Erdbeben anfälliges Land, denn der gefestigte afrikanische Kontinent bewegte sich mit Druck in Richtung Europa, und zwar mit einer Geschwindigkeit von 1 bis 10 Zentimeter pro Jahr. Innerhalb von 100000 Jahren wurde möglicherweise ein ganzer Kilometer des Mittelmeerbodens in die Tiefen zwischen den beiden

Landmassen gepreßt. Der dadurch entstandene Druck sorgte dafür, daß sich die Berge der Artemis mit einer Geschwindigkeit von einem halben Meter in tausend Jahren hoben.[110] So wuchsen ihre Gipfel in 100 000 Jahren um etwa fünfzig Meter. Diesen Prozessen wirkte jedoch eine endlose Erosion durch Wind und Regen entgegen, durch die die Erde zwischen ihren inneren bergbildenden und ihren äußeren abbauenden Prozessen ein Gleichgewicht halten konnte. Obwohl also wirklich alles fließt – *panta rhei*, wie Heraklit es ausdrückte –, ist dieses Fließen durch seine extrem niedrige Geschwindigkeit ohne wissenschaftliche Instrumente nicht wahrnehmbar.

Verglichen mit einem bestimmten Tag vor 300 000 Jahren, sind seitdem mehr als hundert Millionen sehr ähnliche Tage vergangen. Geologen, die mit *Milliarden von Jahren* jonglieren, geben oft vor, eine Vorstellung solcher Zeitspannen zu haben. Ich fürchte jedoch, daß uns, wie allen anderen Menschen auch, die Vorstellungskraft für solche Dimensionen fehlt und daß wir uns nur daran gewöhnt haben, darüber zu reden.

Aus geologischer Sicht erlebte die Erde in den letzten paar Millionen Jahren den radikalsten ökologischen Wandel ihrer ganzen Geschichte. Er wurde bestimmt vom Wechsel zwischen Kaltzeiten (Glazialen) und Warmzeiten (Interglazialen). In Zyklen von 100 000 Jahren pendelte die globale Durchschnittstemperatur um mindestens 4 °C, wodurch sich Klima-, Vegetations- und Faunagürtel um Hunderttausende von Kilometern verschoben und der Meeresspegel um 120 Meter anstieg und wieder absank.

Wahrscheinlich lebten vor ein paar hunderttausend Jahren nur sehr wenige Menschen in Griechenland. Abgesehen vom Schädel eines frühen *Homo sapiens*, den man auf die Zeit vor 240 000 bis 160 000 Jahren datiert hat, wurden keine eindeutig menschlichen Spuren gefunden. Die Vorfahren des Neandertalers, die das Land während der letzten Eiszeit bewohnten, waren vor rund 60 000 Jahren[111] während einer etwas wärmeren Phase des letzten Glazials in den Nahen Osten gekommen. In Griechenland bevorzugten die Neandertaler offensichtlich offene Lagerplätze in küstennahen Ebenen, wo es eine Vielfalt von eßbaren Tieren und Pflanzen gab[112]; vor 50 000 bis 32 000 Jahren ließen sie sich im nördlichen Thessalien, in Epirus und in der Argolis nieder.[113] Zu dieser Zeit konnte trotz

des trockenen und kalten Klimas auf den Ebenen eine Steppenvegetation aus Salbeibüschen mit vereinzelten Eichen entstehen, und kleinere Kiefernwäldchen breiteten sich auf den höheren Erhebungen aus. Zu den damals in Griechenland lebenden großen Säugetieren zählten Elefanten, Auerochsen, Rotwild, Wildesel und Saiga-Antilopen, die alle von den Neandertalern gejagt wurden. Vor ungefähr 30000 Jahren wurde die Erde von einem starken Glazial erfaßt, weltweit wurde das Klima kälter und die Vegetation dünnte aus, wodurch der größte Teil des Landes versteppte und die üppigere Vegetation ausschließlich auf niedrig gelegenere Quellgebiete begrenzt wurde. Die Abkühlung führte außerdem zu größeren Polareiskappen und einem globalen Absinken des Meeresspiegels auf etwa 120 Meter unter dem heutigen Niveau, wodurch ausgedehnte Ebenen in Küstengebieten entstanden. Damals erstreckte sich die argivische Ebene zehn Kilometer weiter südlich, und das Adriatische Meer war trockenes Land, was allein 500 Kilometer Küstenlinie ausmachte. Vor zirka 20000 Jahren erreichte die Eiszeit ihren Höhepunkt. Kurz danach setzte eine Erwärmung ein – die Welt wandelte sich erneut, und das recht schnell. Während das Eis schmolz, führten wärmere und insbesondere feuchtere Wetterbedingungen in Griechenland dazu, daß sich Bäume in dem von spärlicher Vegetation bewachsenen Land ausbreiteten. Weite Laubwälder, durchsetzt mit Rot- und Weißbuchen, Steineichen, Nuß- und Mandelbäumen, bestimmten die niedrigeren Erhebungen. Tannen- und Kiefernwälder mit immergrünen Sträuchern und Bäumen gediehen in den höheren Gebieten. Der Meeresspiegel begann vor ungefähr 13 000 Jahren abrupt zu steigen; 5000 Jahre später hatte er nahezu 120 Meter überwunden, und die weitläufigen Küstenebenen waren zum größten Teil überschwemmt.
Zu Beginn des Glazials setzte eine weitere Besiedelungsphase ein. Neue Bewohner, die ganz anders waren als die Neandertaler, siedelten sich in Epirus, Böotien und auf der Argolis an, wo sie sich in Höhlen und an von Felsen geschützten, höher gelegenen Plätzen niederließen. Obwohl das freundlichere Klima anhielt und nun warme und feuchte Bedingungen vorherrschend waren, könnte das griechische Landesinnere zwischen 12 500 und 8000 vor unserer Zeitrechnung erneut verlassen worden sein. Nur die Höhle von Franchthi in der südlichen Argolis blieb zumindest zeitweise be-

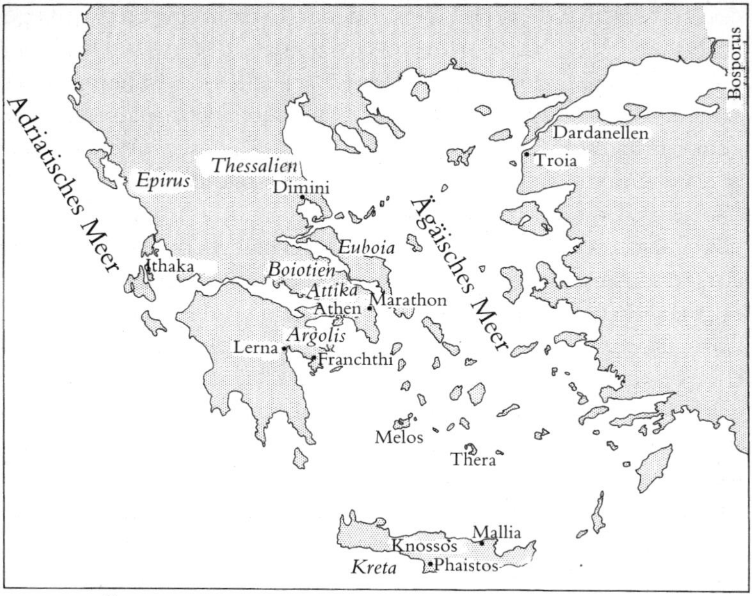

Karte der Ägäis mit alten Ansiedlungen und Ortsnamen, die im Text erwähnt werden.

wohnt, aber es mag durchaus noch mehr unentdeckte Wohnplätze gegeben haben. Die Bevölkerung von Franchthi lebte damals von der Jagd. Ihre Nahrung bestand hauptsächlich aus Rotwild und Wildschweinen, deren reichliches Vorkommen darauf hindeutet, daß sich im Landesinneren ein dichter Waldbestand ausgebreitet hatte. Allmählich sicherten die Menschen von Franchthi ihren Lebensunterhalt auf vielfältigere Weise: In zunehmendem Maße wurden auch Pflanzen und Meereserzeugnisse verwertet. Man sammelte sowohl Landschnecken als auch Seemuscheln[114] und ernährte sich von Wildpflanzen wie Linsen, Platterbsen, Pistazien, Mandeln, wildem Hafer und Gerste.[115] Seit dem Jungpaläolithikum wurde vulkanisches Glas (Obsidian), ein zur Werkzeugherstellung vorzüglich geeigneter Stein, aus Melos weit draußen in der Ägäis importiert.[116] Manche Tierarten, wie der Wildesel und der Steinbock, verschwanden allmählich,[117] während in der späteren Mittelsteinzeit erstmals große Thunfische, fast 2,5 Meter lang und 200 Kilogramm schwer, gefangen wurden.[118]

Die Nutzung des Meeres als Nahrungsquelle, die Belege für den Transport von Obsidian über weite Entfernungen und das Verfügen über Fähigkeiten, die notwendig waren, um große Fische zu fangen, lassen vermuten, daß die Gesellschaft der späten Mittelsteinzeit hauptsächlich zur See hin orientiert war. Entlang der griechischen Küste mag es noch weitere, vielleicht nur zu bestimmten Jahreszeiten bewohnte Behausungen dieser »Seefahrer« gegeben haben, aber sie müssen während der nachfolgenden Transgression untergegangen sein. Es gibt für diesen Zeitraum keinerlei Hinweis darauf, daß Menschen im griechischen Landesinneren die Umwelt verändert haben. Die dortige Landschaft wurde von immergrünem Nadelholzwald beherrscht, der die Trockenheit verkraftete und sich aus dem warmen Klima angepaßten Schwarzkiefern, Wacholder und Steineichen zusammensetzte.[119] Lichtungen und felsigere Gebiete waren mit wilden Olivenbäumen, immergrünem Heidekraut, Myrte, Pistazie, Rhododendron und Knollengewächsen bestanden,[120] während die Fauna im Landesinneren Braunbären, Wölfe, Füchse, Hyänen[121] und vielleicht Löwen und Leoparden umfaßte.

Um das siebte Jahrtausend v. Chr. wurde das griechische Landesinnere erneut besiedelt. Die neue Bevölkerung brachte das notwendige Wissen mit, um Weizen, Gerste und Hülsenfrüchte anzubauen und um Kühe, Schweine, Schafe und Ziegen zu domestizieren.[122] Es überrascht nicht, daß zunächst die fruchtbaren Niederungen Thessaliens bearbeitet wurden, denn der Boden dort war bestellbar und konnte für den Ackerbau ausreichend Feuchtigkeit speichern.[123] Die neuen Siedler brachten Mühlsteine für das Getreide mit und geschliffene Äxte, mit denen sie das mit Wald und Gestrüpp bestandene Land für die Acker- und Viehwirtschaft urbar machten.[124] Die ersten Häuser waren quadratisch oder rechteckig und mit Reisig gedeckt. Kleine Dörfer, die nie mehr als zwanzig Häuser umfaßten und von 50 bis 300 Menschen bewohnt wurden, bildeten in der Regel politisch und ökonomisch unabhängige Einheiten.[125] Es gab Lagergruben und Feuerstellen, man verarbeitete Fische und Muscheln, Hasen und Federvieh, Äpfel und Birnen. Zu Anfang war die Weidewirtschaft ausschließlich auf die gerodeten Talsohlen beschränkt[126]; allmählich jedoch veränderten die Menschen die Umwelt ihren Bedürfnissen entsprechend, indem sie mehr und mehr

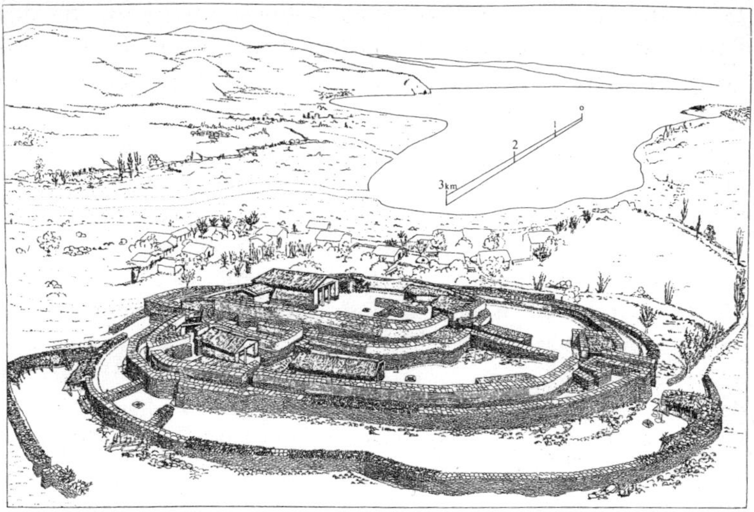

Die neolithische Siedlung Dimini wurde auf einem Hügel direkt an der Küste errichtet. Im Laufe der Zeit füllte sich die flache Bucht vor der Ansiedlung mit Ablagerungen. Es ist denkbar, daß die Ablagerungen auf Abholzung und die daraus resultierende Bodenerosion zurückgingen. Heute verläuft die Küste drei Kilometer weiter meerwärts (aus Zangger 1991b).

die umgebenden Berge urbar machten. Das rasche Bevölkerungswachstum ging einher mit einer durch Menschenhand herbeigeführten Entwaldung, beginnender Überweidung und der darauf folgenden Zunahme und Verbreitung von Krankheiten wie Malaria, Ruhr und Hakenwurmbefall.[127] Tonwaren wurden etwa seit 6500 v. Chr. benutzt. Im vierten Jahrtausend v. Chr. wurden die Siedlungen größer, und zunehmend kristallisierte sich eine Sozialstruktur heraus, die architektonisch in einer hierarchischen Bauweise, mit dem Hauptgebäude im Zentrum der Ansiedlung, ihren Ausdruck fand.

Eine der wichtigsten archäologischen Ausgrabungsstätten der Jungsteinzeit ist Dimini im Südosten von Thessalien. Die Menschen von Dimini wohnten in Küstennähe, wo die postglaziale Transgression ihren Höhepunkt erreicht, die Flußmündungen überflutet und eine Fülle von natürlichen Häfen geschaffen hatte.[128] Um 3000 v. Chr. waren die fruchtbaren Niederungen jedoch vollständig abgeholzt, ochsengezogene Pflüge und Eggen waren gebräuchlich geworden[129], und an den heimischen Nutzhölzern in den Wäldern, die noch immer die Berge bedeckten, wurde immer mehr Raubwirtschaft für den Bau von Schiffen und Häusern, für Werkzeuge und Holzkohle getrieben. Dadurch verlor der Boden seine dichte natürliche Vegetation, wurde locker und erodierte. Die Flüsse trugen das erodierte Material von den Bergen hinunter und lagerten es in seichten Buchten ab; die Küsten verlagerten sich seewärts. Die Ausgrabungsstätte von Dimini, das unmittelbar oberhalb der Küste errichtet worden war, liegt heute drei Kilometer vom Meer entfernt.[130]

Die frühe Bronzezeit und die Entstehung von Troia

Ein neuer archäologischer Zeitabschnitt begann um 3000 v. Chr. mit der ersten Verwendung von Bronze in der Ägäis. Kupferlegierungen, die Arsen enthielten, waren seit mehreren Jahrhunderten in Zentralasien hergestellt worden[131], aber die Entdeckung der Zinn-Bronze, eine Legierung aus Kupfer und bis zu zehn Prozent Zinn, fand offensichtlich außerhalb dieser frühen metallurgischen Zentren statt. Metalle besitzen gegenüber allen anderen natürlichen Rohstoffen einzigartige Vorzüge: sie sind strapazierfähig, formbar und vor allem wiederverwendbar. Die moderne Industriegesellschaft ist in hohem Maße davon abhängig, daß ihr Metalle zur Verfügung stehen. Durch die Verbindung unterschiedlicher Elemente sowie durch die Anwendung verschiedener Schmelzverfahren kann man heute eine schier endlose Vielfalt von Stahlsorten und anderen Legierungen herstellen, jede mit spezifischen Eigenschaften. Schon in prähistorischer Zeit zeugt die menschliche Bereitschaft, mit Legierungen zu experimentieren, und zwar zunächst durch die Verbindung von Kupfer und Arsen, später durch die Verwendung der Zinn-Bronze, vom Verlangen nach hochentwickelten Metallen. Von wenigstens sechs Metallen weiß man, daß sie während der Bronzezeit benutzt wurden: Gold, Silber, Blei, Kupfer, Zinn und Eisen.[132] Zwar tauchten vereinzelt Eisengerätschaften schon im dritten Jahrtausend v. Chr. auf, doch wurden die Mög-

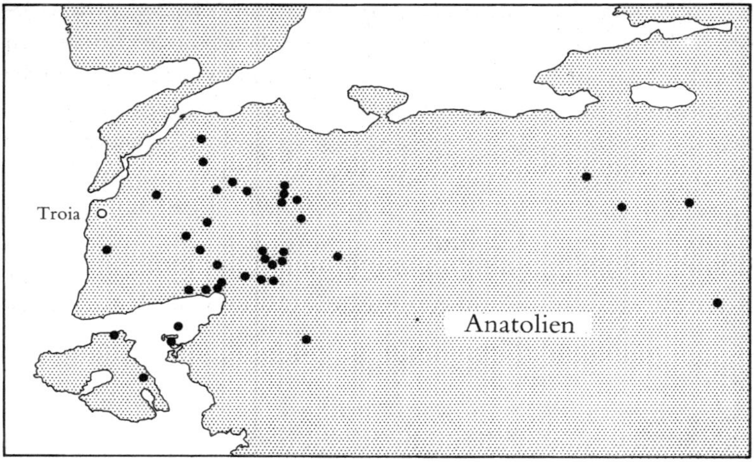

Die Verteilung von Erzlagern im Nordwesten Anatoliens zeigt, daß die Troas besonders reich an metallischen Bodenschätzen ist (nach Wagner u. a. 1985).

lichkeiten dieses Metalls erst nach dem Ende der mykenischen Periode erschlossen, was wahrscheinlich darauf zurückzuführen ist, daß man bis dahin nicht über die erforderlichen Veredelungstechniken verfügte.

Das Schicksal eines Ortes, nämlich Troias, war besonders eng mit dem neuen Zeitabschnitt, der »Bronzezeit«, verknüpft. In der Ägäis tauchte Zinn-Bronze zuerst in der Nähe des Hellespont auf, kurz nachdem dort Troia gegründet worden war.[133] Nicht nur daß Troia und die Bronzezeit etwa gleichzeitig auf den Plan traten, sie sollten auch beide parallel ungefähr zweitausend Jahre später ihr Ende finden. Das Gebiet um Troia, die Landschaft Troas, ist besonders reich an metallischen Rohstoffen, und man hat dort eine Vielzahl an prähistorischen Kupfer-, Blei- und Goldminen gefunden.[134] Dennoch scheinen mehrere troianische Zinn-Bronzen aus fremden Erzen hergestellt worden zu sein; Troia war demnach wohl eher ein Verarbeitungs- und Handelszentrum als eine Produktionsstätte.[135] Zypern gilt als der wichtigste Lieferant für Kupfer[136], doch noch immer sind sich Archäometallurgen unschlüssig, wo das Zinn herkam.[137] Die derzeit bekannten Abbaugebiete für Zinn sind die heutige Tschechoslowakei, Rumänien, Spanien und Cornwall.

Der Beginn des neuen Zeitalters ging auf dem griechischen Festland nicht mit dramatischen Veränderungen einher. Noch immer wurden kleinere Berge in Meeresnähe für die Besiedelung bevorzugt; auf solchen Hügeln standen, durch kiesbedeckte Straßen voneinander getrennt, Häuser mit zwei Räumen und einige zentrale größere Gebäude.[138] Besonders während der mittleren Phase der frühen Bronzezeit (Frühhelladikum II) entwickelte sich eine wohlhabende Gesellschaft aus Bauern und Händlern. Der Wildbestand wurde ausgiebig bejagt, und die Bandbreite der domestizierten Tiere um das Pferd und den Esel erweitert.[139] Gemüsesorten wie Erbsen, Bohnen und Linsen erfreuten sich zunehmender Beliebtheit, und der wirtschaftliche Bereich umfaßte nun auch immer stärker, zusätzlich zu den domestizierten Tieren, Weberei und Handel mit den verschiedensten Waren, zu denen zunehmend Metalle wie Kupfer und Silber zählten. Zu den bemerkenswertesten architektonischen Leistungen aus der frühhelladischen Periode II zählte das sogenannte »Haus der Ziegel«, ein beeindruckendes mehrräumiges Herrenhaus im befestigten Lerna, sowie ein massiver runder Silo auf der anderen Seite der Bucht bei Tiryns.

Unter umweltgeschichtlichen Gesichtspunkten betrachtet, glich das Ende des blühenden Frühhelladikum II den landschaftlichen Veränderungen, die am Ende der Jungsteinzeit im Golf von Volos beobachtet wurden: Eine ständig wachsende Bevölkerung beutete die natürlichen Rohstoffe des Landes zu stark aus; dies gilt ganz besonders für Bauholz. Bis dahin waren die Kalksteinhänge um die argivische Ebene vermutlich mit nur 10 bis 20 Zentimetern fruchtbarer Erde bedeckt gewesen; das war jedoch genug, um zumindest spärlichen Kiefernwäldern Nahrung zu bieten. Durch die Abholzung der Bäume und die gleichzeitige Intensivierung der Weidewirtschaft lockerte sich der Boden rasch und wurde ausgewaschen. In den küstennahen Ebenen lagerten sich mehrere Meter dicke Schichten von angeschwemmter Erde ab und begruben viele prähistorische Stätten tief unter sich.[140]

Griechenland hatte ohnehin nur sehr wenig bestellbares Land und außerdem begrenzte Trinkwasserreserven, doch diese beiden natürlichen Kostbarkeiten wurden durch die prähistorische Ausbeutung schwer geschädigt. Lehmhaltiger Boden kann das Regenwasser lange speichern und es langsam und stetig in Form von ganzjährigen Flüssen wieder abgeben. Kahle Kalksteinberge hingegen, die nicht mehr von Erde bedeckt sind, können kein Wasser speichern; Flüsse trocknen aus, und starke Regengüsse, die bis dahin ein Segen für die Landwirtschaft waren, werden zu einer schrecklichen Gefahr: In Gestalt von plötzlich auftretenden Überschwemmungen verstärken sie die Erosion und begraben das Tiefland unter Schlamm und Wasser. Die Erde kann verlorenen Boden leicht wieder erneuern, doch in einem trockenen Klima bedarf diese Bodenregeneration ein paar tausend Jahre landschaftlicher Stabilität. In kultureller Hinsicht bedeutet demnach die in Griechenland vor 5000 Jahren, zum Ende der Steinzeit und Beginn der Bronzezeit, aufgetretene Erosion wohl die verhängnisvollste Veränderung der Umwelt, die das Land je erlebt hat. Andere Katastrophen folgten. Gegen Ende des dritten Jahrtausends wurden viele blühende Gemeinden durch Menschenhand zerstört, so auch Lerna und Tiryns. Die nachfolgende Bevölkerung dieser Orte war entschieden weniger weit entwickelt als die vorhergehende. Ihre Häuser waren chaotisch angeordnet, unförmig und klein, hatten schiefe Fassaden und dünne Wände.[141]

Die minoische Kultur

Während die Kultur auf dem griechischen Festland noch ein paar Jahrhunderte länger auf einem wenig beeindruckenden Niveau verblieb, wurden an anderen Orten in der Ägäis spektakuläre Leistungen erzielt. Im Laufe des zwanzigsten Jahrhunderts v. Chr. entwickelte sich die seit langem bestehende und blühende bäuerliche Gemeinde auf Kreta zu einer Luxusgesellschaft. Es entstand eine bis dahin unerreichte Architektur mit kunstvollen offenen Palästen, die die weitreichende fürstliche Herrschaft widerspiegelte; der berühmteste Palast, 19000 Quadratmeter groß, entstand in Knossos, aber auch in Phaistos und Mallia gab es Residenzen der Oberschicht, die ebenso oder doch fast so bedeutend waren.[142] An all diesen Orten waren früher wichtige Siedlungen gewesen, was Grund zur Annahme gibt, daß manche alteingesessene Sippen allmählich einen höheren Grad an Ordnung und Wohlstand erreichen konnten. Die Paläste waren vorzüglich geordnete Gefüge, mit einem rechteckigen, zentralen Hof und abgetrennten Bereichen für das offizielle und das familiäre Leben, für handwerkliche und religiöse Verrichtungen und die Vorratshaltung. Meisterliche Künstler schmückten die Paläste mit herrlichen Fresken, die den minoischen Lebensstil darstellten. Darin sind vorherrschend See- und Blumenmotive in prächtigen Farben, Vögel, Affen, Bäume, Rinder und Ziegen zu sehen. Die enormen Fortschritte in der bildenden Kunst gingen einher mit zunehmender politischer Macht und größerem Reichtum. Auch außerhalb der Paläste war der Lebensstandard hoch, was an städtischen Abwassersystemen und kopfsteingepflasterten Straßen abzulesen ist.

Die geschickte Verwertung von agronomischen Reichtümern, mit denen jedoch ausgesprochen sparsam umgegangen wurde, lieferte die Grundlage für eine starke, bäuerliche Gesellschaft. Kreta wurde im Hinblick auf die meisten ackerbaulichen und handwerklichen Güter autark und konnte darüber hinaus ausgedehnte Handelskontakte entwickeln, über die Keramik, Getreide und vermutlich auch Öl und Kleider exportiert wurden. Obgleich die minoische Kultur auf Kreta keinesfalls eintönig oder einheitlich war, scheint sich der Lebensstil im Laufe der Zeit doch wenig verändert zu haben.

Durch den wirtschaftlichen Erfolg entstand ein Bedarf nach schriftlichen Aufzeichnungen. Bildhafte Zeichen, die an ägyptische Hieroglyphen erinnern, wurden auf Keramik, Siegelsteine und vermutlich auf weniger haltbare Materialien wie Wachs oder Papyrus graviert oder gemalt. Der größte Teil bis heute erhaltener Inschriften jedoch wurde in handgroße, blattförmige Tontafeln geritzt. Da diese nach dem Gebrauch nicht gebrannt wurden, wären auch sie heute verloren, hätte sie nicht ein Großbrand, der die Paläste zerstörte, gehärtet. Dies bedeutet, daß alle Tafeln aus dem letzten Jahr der Paläste stammen. Die Schrift, heute Linear-A genannt, gibt die Sprache der Menschen wieder, die die minoische Kultur geschaffen haben. Abgesehen von den Numeralen ist Linear-A leider bis heute noch nicht dechiffriert und die Sprache daher noch nicht bestimmt. Es ist jedoch sicher, daß es sich nicht um Griechisch handelte.[143]

Ein Vulkanausbruch im siebzehnten Jahrhundert v. Chr. zerstörte die großartigen dreigeschossigen Häuser von Thera, einer kleinen Insel nördlich von Kreta, und könnte durchaus auch auf Kreta für einiges Durcheinander gesorgt haben. Dennoch erreichte der minoische Wohlstand erst nach diesem Ausbruch, nämlich gegen Ende des sechzehnten Jahrhunderts, seinen Höhepunkt. Kurz nach 1500 v. Chr. wurden viele minoische Orte zerstört oder verlassen. Zwischen 1450 und 1400 v. Chr. übernahmen schließlich Bewohner des griechischen Festlands, die bis dahin hinter den Leistungen der minoischen Kultur zurückgeblieben waren, die Herrschaft über Knossos und bildeten dort eine kulturelle Enklave. Echte Kriegergräber, die Speerspitzen und einen Bronzehelm enthielten, zeugen von einem ganz anderen Lebensstil, als ihn die Minoer pflegten. Die Symbole von Linear-A wurden in die griechische Schrift Linear-B übertragen, und so der Sprache der Festlandbewohner angepaßt.

Die Achaier

Gleichzeitig mit der letzten Phase der minoischen Zivilisation nahm in Griechenland eine neue Kultur Gestalt an. Innerhalb weniger Jahrhunderte entwickelte sie sich zur ersten Hochkultur auf dem europäischen Festland. Traditionellerweise wurden die ersten Anzeichen dieser mykenischen oder achaiischen Kultur im sechzehnten Jahrhundert angesiedelt, doch die mittlerweile anerkannten, durch die Radiokarbon-Methode bestimmten Daten für den Ausbruch des Vulkans Thera auf Santorin (1650–1600 v. Chr.)[144] könnten dazu führen, daß die auf Keramikfunden basierende Chronologie etwas angeglichen werden muß. Darum wird möglicherweise das Auftauchen der frühen Achaier bald auf das siebzehnte Jahrhundert v. Chr. datiert werden. Das Wissen über die ersten Achaier stützt sich auf zwei kreisförmige Schachtgräber-Friedhöfe von Mykene. Jeder Kreis bestand aus Einzel- und Familiengräbern in tiefen rechteckigen Schächten, die mit Holzbalken oder Steinplatten abgedeckt waren. Das frühere Gräberrund B enthielt noch immer viele Keramikgegenstände, die in der Tradition der mittleren Bronzezeit hergestellt waren, während die Grabbeigaben im Kreis A deutlich einen kretischen Einfluß zeigten. In einige der senkrechten Stelen über den Gräbern waren unter anderem Darstellungen von Pferdewagen graviert. Die Gräber enthielten zahlreiche Luxusgüter, darunter Gold-, Bernstein- und

Elfenbeinschmuck, Silberbecher, große Bronzeschwerter, reich verzierte Dolche und die berühmten Totenmasken aus Elektrum. Jedoch stammen weder die Materialien, die für diese Wertgegenstände verwendet wurden, noch die künstlerischen Stilformen, in denen man sie verarbeitete, ursprünglich aus Griechenland. Dennoch ist die einzigartige Verbindung von schwerem Kriegsgerät, Pferdewagen, Jagdmotiven und hohem handwerklichem Geschick charakteristisch für den Beginn einer wahrhaft neuen Kultur. Auch anhand der achaiischen Architektur läßt sich die Bereitschaft der Griechen ablesen, fremde Erfindungen zu übernehmen: Der erste Palast von Pylos erinnerte noch an das minoische Knossos, die Burg von Gla ähnelte levantinischen Vorbildern[145], und die Verteidigungsgalerie des letzten Palastes von Tiryns paßt ebenso wie das Löwentor von Mykene zu vergleichbaren Sehenswürdigkeiten bei Hattusas im hethitischen Anatolien.[146]

Der politische und ökonomische Erfolg der achaiischen Kultur war eine Folge der Verknüpfung von hochentwickelten künstlerischen Leistungen und technisch hochstehender Metallverarbeitung mit weitreichenden Handelsverbindungen und einer Kriegführung, die so »moderne« Waffen einsetzte wie zum Beispiel von Pferden gezogene Streitwagen. Die Achaier entwickelten eine hervorragende, schöne Keramik, die zwischen 1400 und 1250 v. Chr. (SH IIIA2 bis SH IIIB1) in der ganzen Ägäis zu finden war.[147] Sie trieben eifrig Handel mit Zypern, Syrien, Palästina, Ägypten und der Westküste von Kleinasien; man tauschte möglicherweise Felle, Holz, Wein, Olivenöl und Purpurfarbstoff[148] gegen Leinen, Papyrus, Seile und Steingefäße. Die begehrteste Importware aber waren sicherlich Rohmetalle, denn es gibt in Griechenland weder Kupfer- noch Zinnminen. Fertige Metallobjekte zählten dagegen wahrscheinlich zu den wichtigsten Exportgütern aus Griechenland.

Ein Schiff, daß im vierzehnten Jahrhundert v. Chr. nahe bei Ulu Burun, in der südlichen Türkei, unterging, liefert uns den Nachweis für Handelswaren der späten Bronzezeit, die quer über das östliche Mittelmeer verschifft wurden; es enthielt hundert kanaanitische Amphoren, eine davon mit aromatischem Harz gefüllt, ebenholzartige Stämme aus afrikanischem Schwarzholz, Steinanker, große Krüge zur Lagerhaltung (*pithoi*), von denen einige Granatapfelkerne enthielten, blaue Glasblöcke, mesopotamische

Rollsiegel, eine mykenische Kylix (Trinkschale), einen Becher und eine »Pilgerflasche« aus Zinn, einen goldenen Kelch, silberne Armbänder, ein Rollsiegel aus Quarz, geschnitzte Bernsteinperlen, Skarabäen aus Elfenbein und Gold, Edelmetallreste, Flußpferdzähne, einen Elefantenstoßzahn, Schalen aus Straußeneiern, Stücke von Schildkrötenpanzern und vor allem eine zusammenklappbare Schreibtafel! Die Hauptfracht bestand jedoch aus zweihundert Blöcken Rohkupfer, die insgesamt sechs Tonnen wogen, sowie fertigen Bronzeprodukten wie Schwertern, Dolchen, Pfeilspitzen, Meißeln, Sichelklingen und Breitbeilen.[149]
Die auf dem Festland gefundenen Linear-B-Tafeln lieferten viele aufschlußreiche Informationen zur achaiischen Gesellschaft, Ökonomie und Verwaltung. Über 2000 Tafeln konnten in Pylos geborgen werden; weitere fanden sich in Mykene, Theben und Tiryns.[150] Die Umstände, die in Pylos dafür sorgten, daß die Tafeln erhalten blieben, waren den Ereignissen auf Knossos sehr ähnlich: um 1200 v. Chr. zerstörte ein Feuer den Palast, wodurch die Tontafeln gehärtet wurden. Sie enthalten eher langweilige, verwaltungstechnische Aufstellungen, die offensichtlich nur vorübergehend benutzt werden sollten. Diese Inventurlisten vermitteln jedoch einen quantitativen Einblick in die achaiische Wirtschaft. So erfährt man zum Beispiel, daß die insgesamt 400 Schmiede im Königreich Pylos in Gruppen von bis zu 26 zusammengefaßt worden sind[151] – ein deutlicher Hinweis darauf, daß in Pylos Metallwaren für den Export produziert wurden.
Anhand der Linear-B-Tafeln wird klar, wie straff Organisation und Verwaltung der achaiischen Gesellschaft gewesen sein müssen. An der Spitze der hierarchischen Pyramide stand der König, oder *Wanax*, um den sich die Adligen scharten und der über eine große Zahl ihm untergebener Handwerker gebot. Die architektonische Gestaltung des Palastes sollte die herausragende Rolle der Führerpersönlichkeit betonen. Das Hauptgebäude war eine geräumige Halle, *Megaron* genannt, mit einer großen, von vier Säulen umstandenen Feuerstelle in der Mitte. An einer Längsseite der Mauer stand ein Thron. Abgesehen davon war der Palast in zweckgebundene Bereiche aufgeteilt.
Nachdem die ersten frühachaiischen Niederlassungen auf Küstenstriche von Süd- und Mittelgriechenland verteilt waren, übernah-

1.

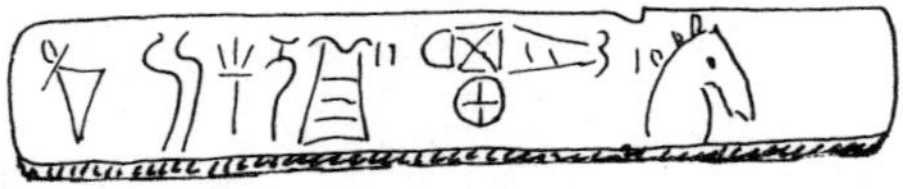

2.

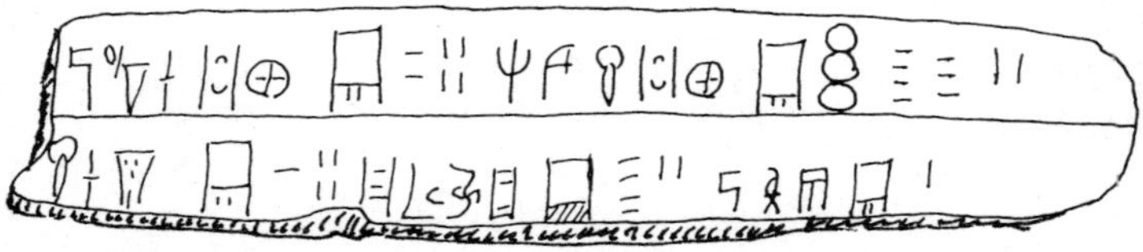

3.

Linear-B-Tafeln: (1.) Ag 88: ein Mann, eine Frau, zwei Mädchen und ein Junge; (2.) Sc 103: Pferd, Streitwagen und Chiton; (3.) Ld 587: verschiedene Kleidungsstücke. (Nach Chadwick 1976, S. 22).

men die Königreiche in der argivischen Ebene allmählich eine Führungsrolle und machten diese Gegend zum Zentrum der achaiischen Welt. Die natürlichen Gegebenheiten der argivischen Ebene boten alles, was man sich hätte wünschen können. Zunächst einmal stellt die Ebene selbst das größte fruchtbare Gebiet im Südosten Griechenlands dar und ist auf die Gegenden ausgerichtet, in die der achaiische Handel, ähnlich dem minoischen Handel, zielte. Darüber hinaus bietet die Ebene allein 250 Quadratkilometer äußerst fruchtbaren, für den Ackerbau geeigneten Boden, der durch weite Bergzüge vom Rest des Peloponnes nahezu vollständig abgeschirmt ist.

Bei der Wahl der Grundstücke für die königlichen Residenzen in der Ebene hatte man praktische und strategische Ziele im Auge. Ganz allgemein läßt sich sagen, daß die Mehrzahl der Bauplätze in Griechenland rund um eine fruchtbare Ebene angelegt wurden, und zwar am Fuße von Südhängen.[152] In Zeiten intensiver Landnut-

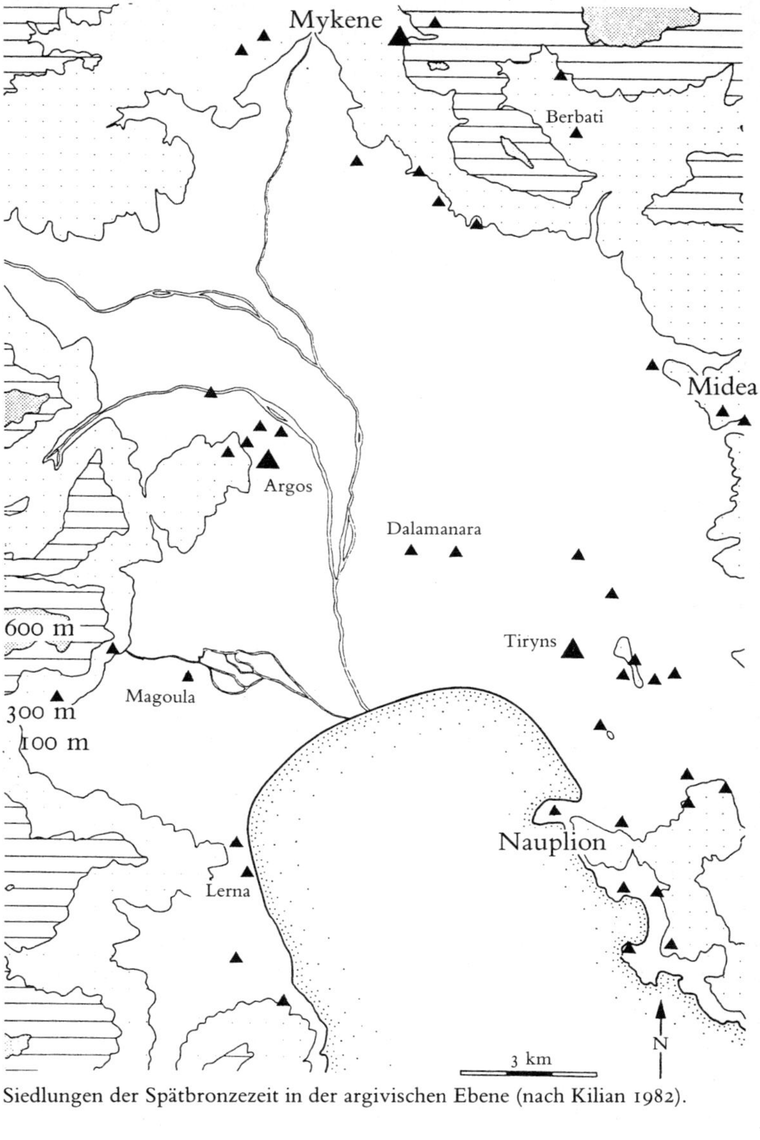

Siedlungen der Spätbronzezeit in der argivischen Ebene (nach Kilian 1982).

zung, zum Beispiel während der klassischen Periode, errichtete man Höfe häufig knapp außerhalb der bestellbaren Landfläche am Fuß der umliegenden Berge, wobei das feste Muttergestein sowohl das Fundament für den Bau als auch das Material für die Bausteine lieferte. Das Haus lag dann leicht erhöht, so daß man einen weiten Blick hatte und vor Überfällen geschützt war. Die Achaier bauten aber schon tausend Jahre vor dem klassischen Griechenland ihre Wohnplätze in der argivischen Ebene auf festem Muttergestein, und zwar hauptsächlich auf der östlichen Seite der Ebene, wo es in der Nähe fruchtbaren Boden gab.

Ein weiterer wichtiger Faktor bei der Wahl des Bauplatzes war die Trinkwasserversorgung. Die Hydrographie der oberen westlichen Ebene wird jedoch dadurch bestimmt, daß es keine Quellen gibt – nur den Inakhos, einen in der Regel trockenen Fluß, der noch immer ungefähr alle zwanzig Jahre die Außenbezirke des modernen Argos überschwemmt. Vor dem jüngsten Raubbau an der Natur jedoch war die gegenüberliegende (östliche) Seite der Ebene, wo die meisten prähistorischen Ansiedlungen gewesen waren, äußerst reich an Trinkwasser, das am Fuße der Schwemmkegel hervorquoll.

Zwar hat es den Anschein, als wären die achaiischen Burgen in der argivischen Ebene die Wohnstätten unabhängiger Herrscher gewesen, doch könnte ihre Verteilung auch bedeuten, daß man sich gemeinsam um den Schutz der gesamten Ebene bemühte. Im Gegensatz zur minoischen Zivilisation auf Kreta scheint die Verteidigung ein grundlegendes Bedürfnis der Achaier gewesen zu sein. Die westliche Flanke der argivischen Ebene wird von bis zu 1700 Meter hohen und mehrere hundert Kilometer breiten Bergzügen gesichert; daher waren dort weniger befestigte Burgen gegen mögliche Eindringlinge erforderlich. Die nördlichen und die nordöstlichen Zugänge zur Ebene hingegen wurden durch Mykene selbst abgeschirmt; Tiryns sicherte die Küste und Asine den südöstlichen Eingang zur argivischen Ebene. Im Laufe der Zeit, als der Reichtum der Achaier immer größer wurde, steigerte sich auch das Bedürfnis nach Schutz. Um 1250 v. Chr. wurden viele achaiische Burgen in einem Ausmaß befestigt, das weit über militärische Erfordernisse hinausging. Tiryns wurde damals mit bis zu sieben Meter dicken Mauern aus gewaltigen Kalksteinfelsen umgeben, und der befestigte Bereich wurde wesentlich vergrößert, vielleicht um mehr als nur den höheren Schichten der Gesellschaft Schutz bieten zu können. Sowohl Tiryns als auch Mykene bekamen abgeschirmte Zugänge zu Trinkwasserquellen, und zumindest Tiryns erhielt ein neuartiges Verteidigungssystem aus Galerien und Palisaden. An verschiedenen Orten weist die Architektur dieser – einen Höhepunkt markierenden – Phase (SH IIIB) große Ähnlichkeit auf: Die großartigen Tholosgräber von Orchomenos und Mykene gleichen sich annähernd in den Ausmaßen und in der Bauweise, das Löwentor von Mykene gleicht dem Haupttor in Tiryns in den Ausmaßen und im verwendeten Material, und die Fresken in Mykene und Tiryns scheinen sogar vom gleichen Künstler geschaffen worden zu sein.[153] Demnach könnte die letzte Palastbauphase als Gemeinschaftsprojekt der einzelnen Herrscher betrachtet werden, die ein Heer von Konstrukteuren, Architekten und möglicherweise sogar fremdländischen Beratern beschäftigten.[154] Nicht lange nach diesen Befestigungsarbeiten brach die achaiische Kultur zusammen, aber es läßt sich nicht mit Sicherheit sagen, ob die Burgen in der argivischen Ebene je tatsächlich zur Verteidigung gegen auswärtige Angreifer benutzt wurden.

Heinrich Schliemann

Viele Schriftsteller des Altertums – unter ihnen ist Homer zweifellos der bekannteste – behaupten, die Achaier seien kurz vor ihrem Untergang in einen Krieg mit der Stadt Troia (oder Ilion) verwikkelt gewesen. Eine lang anhaltende Kontroverse unter Fachleuten, ob dieser Krieg eine mythologische Erfindung sei oder nicht, fand beinahe ihr Ende, als Heinrich Schliemann auf einem Hügel mit Namen Hisarlık in der nordwestlichen Türkei Ilion wiederentdeckte. Das Wort »Entdeckung« erscheint allerdings in diesem Zusammenhang etwas fehl am Platz, denn die Lage Ilions war schon vorher von Leuten wie Charles MacLaren und Frank Calvert analytisch aus Beschreibungen in der klassischen Literatur abgeleitet worden. Schliemann wurde im wahrsten Sinne des Wortes nach Hisarlık geführt und mußte von anderen erst überzeugt werden, daß es sich dabei höchstwahrscheinlich um Troia handelte.[155] Er machte jedoch Geschichte, weil er den Mut und die Mittel hatte, die Ausgrabung in Angriff zu nehmen. Doch auch der Terminus »Ausgrabung« scheint unpassend, denn eigentlich *entfernte* er lediglich, was die bronzezeitliche und die römische Zerstörung übriggelassen hatten.

Heute wird Schliemann landläufig als ein innovativer Amateur betrachtet, der nicht in der Lage war, angemessene wissenschaftliche Forschungen durchzuführen. Dieses Urteil ist jedoch größtenteils falsch. Er war zwar innovativ, doch er nutzte die Ideen und Fähigkeiten anderer Menschen, ohne sie je entsprechend anzuerkennen.[156] Er hat Troia nicht *entdeckt*, denn Troia war bereits von Charles MacLaren in dem Jahr wiederentdeckt worden, als Schliemann geboren wurde. Ebensowenig hat Schliemann Mykene oder Tiryns entdeckt: Diese beiden Stätten warteten sozusagen nur darauf, ausgegraben zu werden – das Löwentor hatte immer schon halb freigelegen. Schliemann war auch kein hundertprozentiger Amateur, denn er besaß einen Doktor in Philologie –, wenn er ihn auch mit der schlechtest möglichen Beurteilung und vielleicht sogar mit ein wenig hilfreicher Einflußnahme von seiten seines Vaters erlangte.[157] Eine von Schliemanns wertvollsten Fähigkeiten war sicherlich sein Geschick, ein Team von Experten aus den unterschiedlichsten Disziplinen zusammenzustellen, und das in einer Zeit, als Teamarbeit alles andere als üblich war.

Schliemann hat sich als ein enorm fleißiger Arbeiter hervorgetan, der bei seinen Publikationen eine beispiellose Geschwindigkeit an den Tag legte. Sein bewundernswert einfacher und doch überzeugender und äußerst erfolgreicher Umgang mit der Wissenschaft hat bedeutend dazu beigetragen, daß eine neue Forschungsrichtung entstand. Vor allem aber besaß er ein ungewöhnliches Gespür für Publicity; er unterschlug Leistungen seiner Vorgänger und wiegte die Menschen, damals wie heute, im Glauben, er habe seit seiner Kindheit den Traum gehegt, Troia zu entdecken. In Wahrheit war er im Grunde nichts als ein reicher Mann, der gewillt war, wie ein Wahnsinniger zu arbeiten, um nur nicht der Vergessenheit anheimzufallen.

Das Ende der Bronzezeit

Die meisten ägäischen Prähistoriker gehen heute davon aus, daß ein Troianischer Krieg stattgefunden hat, nur dessen Datierung und seine Bedeutung bleiben umstritten. Am Ende der Bronzezeit ist Troia zweimal innerhalb weniger Jahrzehnte zerstört worden. Nach Carl Blegen, der Ilion in den Jahren 1932 bis 1938 ausgegraben hat, wurde der Ort zunächst zwischen 1300 und 1275 v. Chr. durch ein Erdbeben vernichtet. Andere gehen davon aus, daß diese Zerstörung ein paar Jahrzehnte später eingetreten sein muß.[158] Eine der gewaltigen Verteidigungsmauern brach bei dem Erdbeben zusammen, Treppen stürzten ein und Fundamente verschoben sich.[159] Dennoch bleibt es einigermaßen zweifelhaft, ob die Zerstörung von Troia VI wirklich oder ausschließlich auf ein Erdbeben zurückzuführen sei[160], denn die meisten Verteidigungsmauern blieben vollständig unversehrt. Blegen hatte auch den Einsturz einiger Gebäude mit dem mutmaßlichen Erdbeben in Verbindung gebracht, obwohl sie deutliche Brandspuren zeigten.

Die Troianer hatten beim Wiederaufbau ihrer Festung einen neuen Plan im Sinn. Der Grundriß innerhalb des neubefestigten Verteidigungssystems wurde dahingehend geändert, daß die auf fürstliche Herrscher zugeschnittene Bauweise mit geräumigen Megara und weiten offenen Plätzen von kleineren Gebäuden abgelöst wurde, zwischen denen kaum Straßen verliefen. Riesige Vorratsgefäße wurden im Boden versenkt – die Ränder ragten nur leicht über die Oberfläche hinaus – und mit Holzbalken oder Felsscheiben abgedeckt. Um die gleiche Zeit versiegten die Importe aus Mykene, die von 1400 bis 1250 v. Chr. reichlich geflossen waren: Es wurde nur eine Tonscherbe aus der Periode der letzten achaischen Palastbauten (SH IIIB2) gefunden.[161] Innerhalb einer Generation nach der Fertigstellung des neuentworfenen Troia VIIa – mit einem Grundriß, den man als Vorbereitung für eine Belagerung gedeutet hat[162] – wurde die Stadt geplündert. Diese zweite Zerstörung durch katastrophale Feuersbrünste wird gemeinhin den Griechen zugeschrieben. Leider ist es den Wissenschaftlern bis heute nicht gelungen, den Untergang Troias mit absoluter Sicherheit zu datieren; daher muß sich die Forschung auf die möglicherweise subjektiv geprägten Ergebnisse hervorragender Wissenschaftler verlassen.[163]

Kurz nach der Vernichtung von Troia VII brachen auch die achaiischen Staatengebilde zusammen. Innerhalb eines Jahrzehnts wurden die großen Burgen auf dem Festland zerstört und viele von ihnen verlassen. Auf einem wesentlich reduzierten Niveau hielt sich die achaiische Kultur immerhin noch rund 150 Jahre, aber bis spätestens 1100 oder 1000 v. Chr. war sie vollständig verschwunden.
Der achaiische Reichtum hatte sich aus einer sorgfältig strukturierten, hochspezialisierten Gesellschaft mit verläßlichen, weitreichenden Handelsverbindungen entwickelt. Sowohl die Rohstoffe als auch die fertigen Produkte müssen über das Meer transportiert worden sein, und politische Umwälzungen in der Heimat ebenso wie Störungen des Seehandels hätten einen Dominoeffekt mit dramatischen Folgen für die ganze achaiische Ökonomie auslösen können. Eine mögliche Interpretation einer Linear-B-Tafel, die aus den letzten paar Monaten stammt, bevor der Palast von Pylos in Flammen aufging, deutet auf eine Metallverknappung hin, was ein Hinweis darauf sein könnte, daß der Seehandel unterbrochen war. Der Tafel ist zu entnehmen, daß man Bronzegegenstände sammelte – möglicherweise weil man sich darauf vorbereitete, einen Angriff abzuwehren.[164]

Das Tiryns-Projekt (2)

Bis heute hat die Forschung zur Vorgeschichte des Mittelmeerraumes noch keine schlüssige Erklärung für das Ende der Bronzezeit vorlegen können. Lange Zeit ging man davon aus, die Invasion nördlicher Stämme habe den Untergang der Achaier herbeigeführt. Als Ausgrabungen diese Vorstellung in Frage zu stellen schienen, zog man Naturkatastrophen, insbesondere plötzliche Klimaveränderungen, als mögliche Ursachen in Betracht.[165] Um diese Vermutungen entweder zu beweisen oder zu widerlegen, führte ich eine Rekonstruktion der Landschaft um die achaiischen Zentren in der Argolis einschließlich Mykene und Tiryns durch. In dieser Studie kam ich zum Schluß, daß die achaiische Umwelt nicht wesentlich anders aussah als heute. Die radikalsten landschaftlichen Veränderungen waren zwischen 4000 und 3000 v. Chr. aufgetreten,

als die dichte Bewaldung durch die von Menschen vorgenommenen Abholzungen rasch zurückging, der Boden von den Berghängen erodiert und die Küste durch die Ablagerung von Schwemmmaterial meerwärts verschoben wurden. Gegen Ende der Bronzezeit hatte die Landschaft ihr Gleichgewicht wiedergewonnen. Es gibt keinerlei geologischen Hinweis darauf, daß der Zusammenbruch der achaiischen Zivilisation auf langfristige ökologische Veränderungen zurückzuführen ist.
Dennoch machte ich, als ich das vierte Jahr in der Argolis arbeitete, eine überraschende Entdeckung. Einige Bohrkerne östlich von Tiryns ließen einen mehrere Meter dicken, ungeschichteten Auenlehm erkennen. Sedimente dieser Art treten bei periodischen Flußüberschwemmungen auf, doch normalerweise sind diese Schichten nur wenige Zentimeter dick. In Tiryns gab es keinerlei Stratifikation, was darauf schließen ließ, daß die Ablagerung auf ein einziges Ereignis zurückzuführen war. Es mußte sich also eine katastrophale Überschwemmung ereignet haben, die wahrscheinlich den östlichen Teil des tiefer gelegenen Stadtbereichs unter einer mehrere Meter dicken Schlammschicht begrub. Bei manchen Bohrungen fanden sich in dieser bis zu fünf Meter dicken Schicht eine Vielzahl gut erhaltener Keramikscherben, darunter auch seltene Stücke. Die meisten davon wurden auf das Ende der Palastperiode datiert, ein Hinweis, daß die Überschwemmung um diese Zeit (SH IIIB2) stattgefunden haben muß.
Die Ausgrabungen von Mykene und Tiryns ergaben überdies Anhaltspunkte, die zusätzlich zur Flutkatastrophe auf Erdbeben in dieser Periode schließen ließen, allerdings ist die Deutung dieser Funde umstritten. Irgendwann im Späthelladikum IIIB sind in manchen Teilen der Siedlungen um Mykene schwere Brände aufgetreten. Zur gleichen Zeit stürzten einige Häuser ein, wobei mindestens ein Bewohner auf der Türschwelle erschlagen wurde.[166] Andere, äußerst anfällige Bauwerke, wie zum Beispiel das frühe Tholosgrab von Aegisthus (ca. 1450 v. Chr.), und auch manche großartigen Maueranlagen blieben dagegen unversehrt. Die Ausgrabungen von Tiryns haben Hinweise auf mehrere Erdbeben erbracht, darunter eines an der Schwelle des Späthelladikum IIIB2 zu IIIC[167], also nach dem mutmaßlichen Erdbeben in Mykene. Nach der Zerstörung lebten die Bewohner von Tiryns in einfachen,

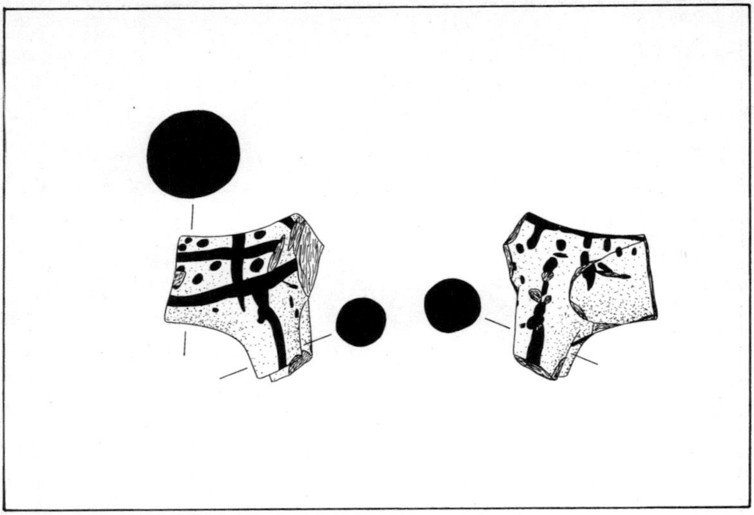

Die erste Bohrung, bei der die fünf Meter dicken Überschwemmungsablagerungen erfaßt wurden, brachte dieses Fragment eines mykenischen Tieridols zutage.

behelfsmäßigen Behausungen, bis ihre Stadt nach einem vollkommen neuartigen Plan wiederaufgebaut war.[168] Die Flutkatastrophe fällt also in einen Zeitraum, da die Argolis möglicherweise besonders erdbebengefährdet war, unmittelbar bevor der Untergang der Achaier einsetzte. Um diese Zeit könnte nicht nur die eigentliche Burg von Tiryns, sondern auch die sie umgebende, tiefer gelegene Stadt schwer unter Naturkatastrophen gelitten haben.

Die Überschwemmung von Tiryns wurde nicht durch eine Flutwelle oder *Tsunami* ausgelöst, wie sie manchmal mit Erd- oder Seebeben einhergehen, denn der Schlamm wurde von einem Bach, der an den Hängen östlich der Burg entsprang, talwärts getragen. Solche sturzbachartigen Überschwemmungen sind häufig die Folge von Erdbeben, denn oft blockieren einstürzende Ufermassen die Flußbetten und lenken die Flüsse aus ihrem gewohnten Lauf. Genau das geschah in Tiryns. Die vorausgegangene letzte Phase der Palastbauten hatte möglicherweise die noch verbliebenen Wälder im Hinterland von Tiryns entscheidend dezimiert; das Abholzen der Bäume hatte den Boden gelockert, und so fehlte nur noch ein

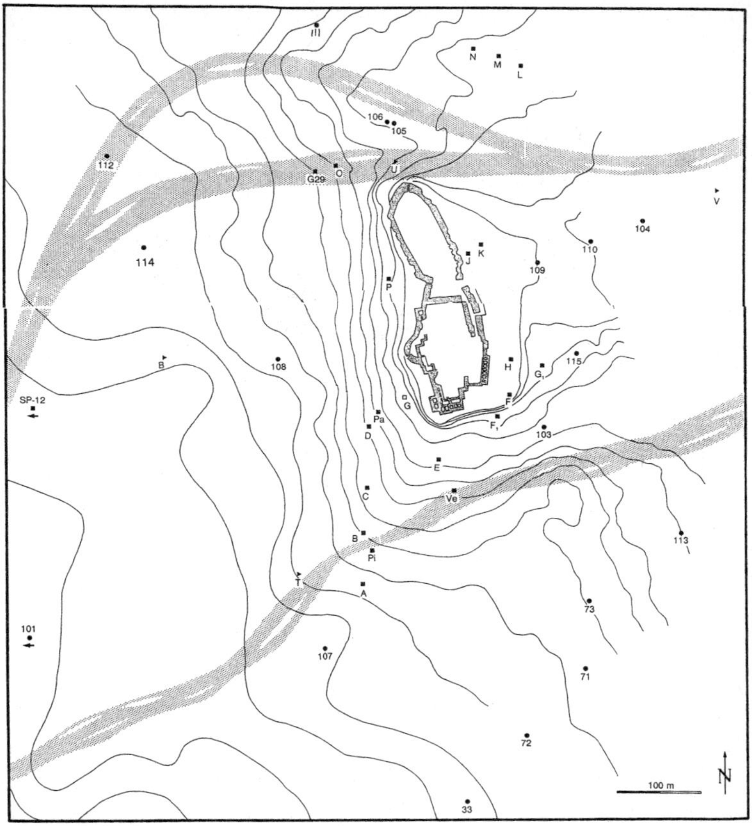

Karte des Gebiets um die Burg von Tiryns. Sie zeigt, an welchen Stellen während der geoarchäologischen Untersuchung Kernbohrungen (Punkte und Dreiecke) sowie Ausgrabungen (Quadrate) durchgeführt wurden. (Nach Zangger 1991a)

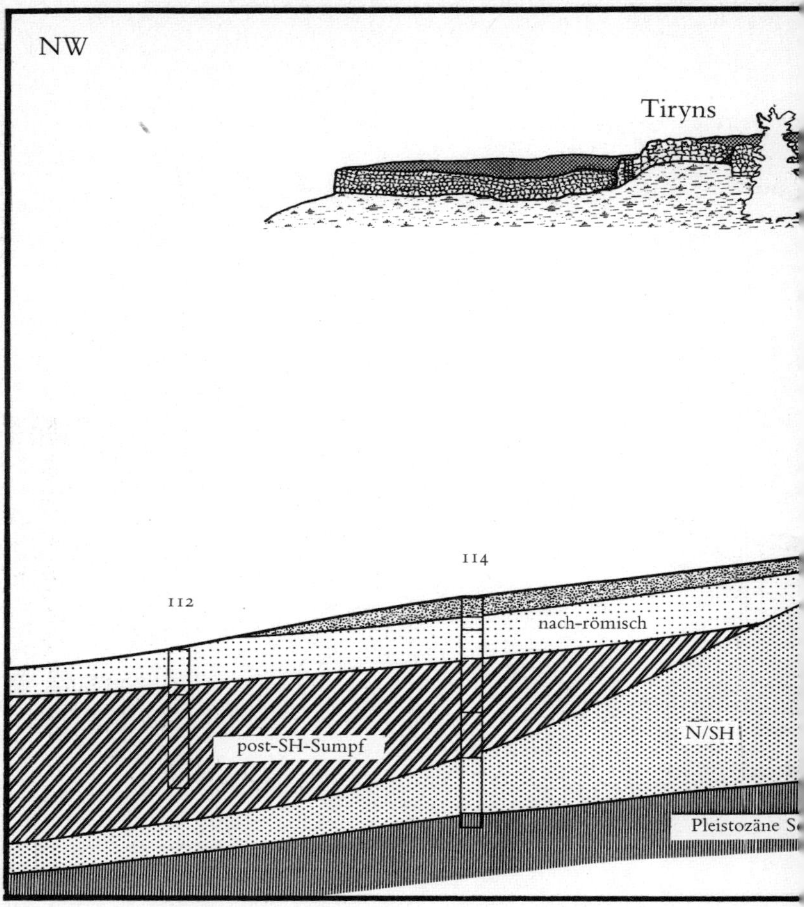

Die Reihenfolge der Schichten, wie sie bei Bohrungen und archäologischen Ausgrabungen gefunden wurden, ergibt folgenden Querschnitt, auf dem die Ablagerungen südwestlich von Tiryns dargestellt sind. Eine Ansiedlung aus der frühen Bronzezeit (FH) wurde bei der Ausgrabung Pa in 5–6 Metern Tiefe entdeckt. Es ist

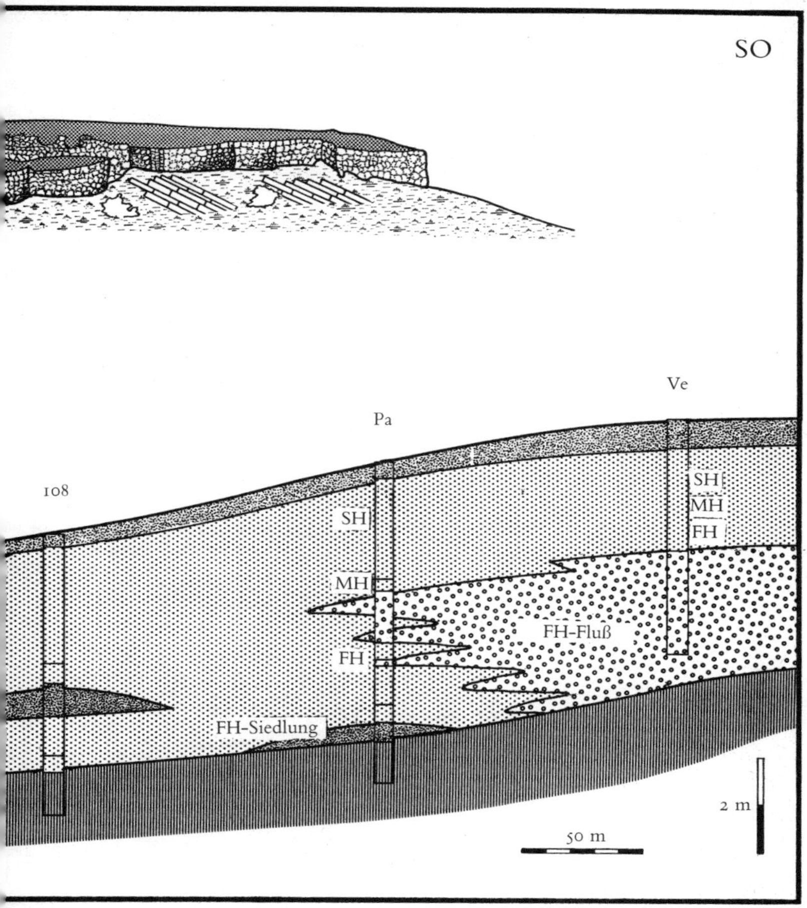

durchaus möglich, daß unter den dicken Schwemmlandablagerungen noch weitere prähistorische Überreste begraben sind. Das Geröll im Südosten stammt aus dem Fluß, der zwischen dem Neolithikum und der späten Bronzezeit südlich von Tiryns floß.

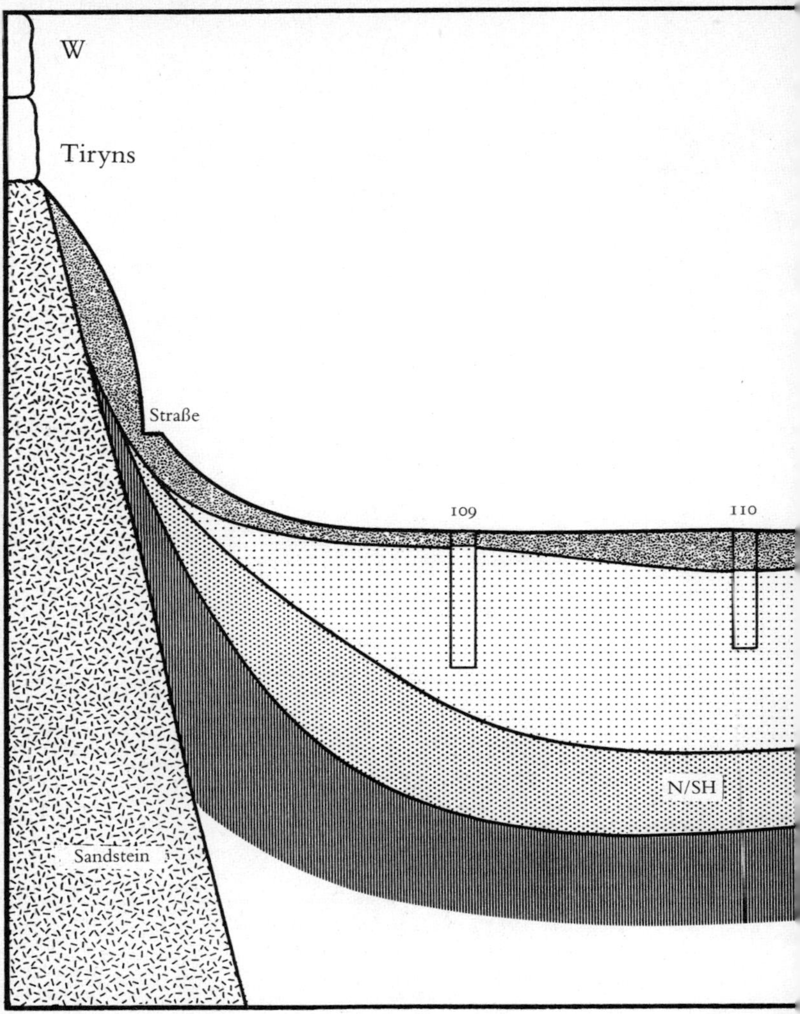

Dieser Querschnitt durch das Gebiet östlich der Burg zeigt den Umfang der durch Überschwemmungen verursachten Ablagerungen (SH IIIB). Bisher kann

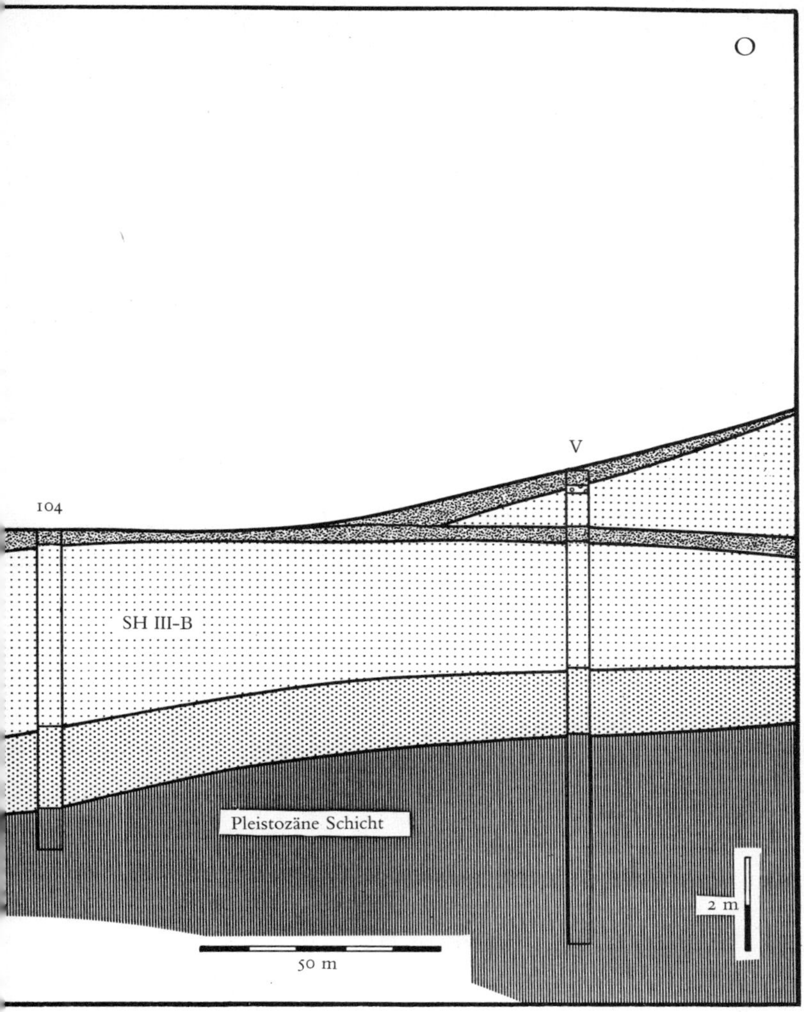

noch niemand sagen, was unter der bis zu fünf Meter dicken Schicht zu finden wäre.

Erdbeben verbunden mit langanhaltendem Regen, um einen Erdrutsch auszulösen. Der Schlamm wurde vom Wasser mitgerissen und beim ersten Hindernis abgeladen. Dieses Hindernis war der Kalksteinhügel von Tiryns.
Nach der verhängnisvollen Überschwemmung beschlossen die Bewohner von Tiryns, den gesamten Flußlauf künstlich umzuleiten, um die Wiederholung einer solchen Katastrophe zu verhindern. Sie errichteten ein paar Kilometer östlich der Burg einen zehn Meter hohen Damm quer durch das Flußbett und schützten den unteren Teil dieser Sperre vorne mit einer zyklopischen Mauer. Vom Damm aus wurde ein 1,5 Kilometer langer Kanal gegraben, um das Wasser in das angrenzende natürliche Flußbett zu leiten. Nach dieser Umleitung war die Unterstadt von Tiryns offenbar vor weiteren Überschwemmungen sicher, denn die Fundamente der nächsten Bebauungsphase (SH IIIC), die auf den angeschwemmten Ablagerungen errichtet wurden, liegen noch immer dicht an der Oberfläche und der achaiische Damm erfüllt noch immer seinen Zweck – 3200 Jahre nachdem er errichtet wurde.[169]
Die Überschwemmungskatastrophe von Tiryns mag in Verbindung mit den Erdbeben auf der Argolis zum Untergang der Achaier in diesem engeren Gebiet beigetragen haben. Für sich allein genommen, reichen solche lokale Geschehnisse aber nicht aus, um eine ganze Region zu überwerfen oder sogar zum Zusammenbruch einer Zivilisation zu führen. Als diese Katastrophen um circa 1200 v. Chr. eintraten, hatte die mykenische Kultur ihren kulturellen und politischen Höhepunkt eindeutig überschritten – und es gibt keinerlei Hinweise auf ähnlich katastrophale Ereignisse gegen Ende der Bronzezeit, abgesehen von der jüngsten Entdeckung eigenartiger Baumringmuster um 1159 v. Chr. Doch wie belanglos die Konsequenzen dieser Geschehnisse in der argivischen Ebene auch für die gesamte Region gewesen sein mögen, vermutlich haben sie ihren Weg in die mündliche Überlieferung gefunden.

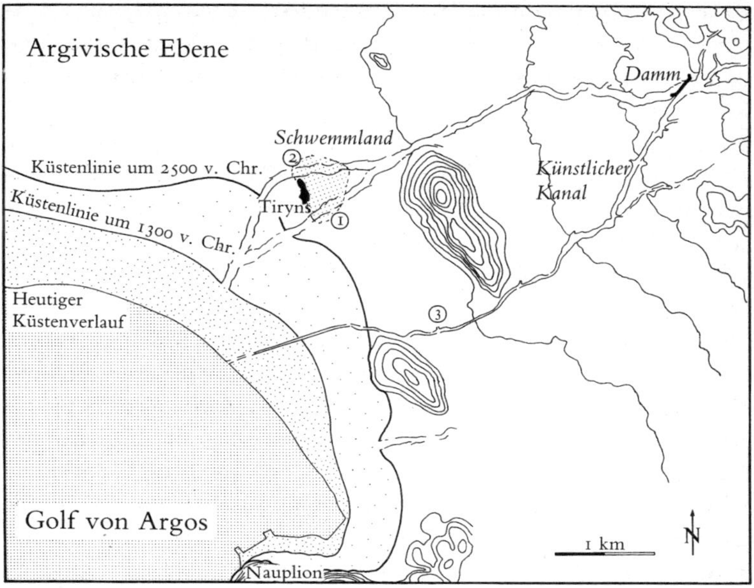

Tiryns war um 2500 v. Chr., als die Küste noch nahe an den Ort heranreichte, eine bedeutende Ansiedlung. Bis zur Spätbronzezeit (13. Jh. v. Chr.) hatten Ablagerungen im flachen Golf von Argos dazu geführt, daß die Küste um fast einen Kilometer Richtung Meer verschoben wurde. Die Karte zeigt den ursprünglichen Verlauf des Flusses (1) südlich der Burg und sein neues Flußbett nach der katastrophalen Überschwemmung (2). Zur Verhinderung weiterer Flutkatastrophen baute die Bevölkerung von Tiryns den Damm (obere rechte Ecke) und den künstlichen Kanal, wodurch der Fluß in ein anderes Bett gelenkt wurde (3).

Die nach-mykenische Ära

Der achaiische Handel ließ gegen Ende der späthelladischen Periode IIIB1, um ca. 1250 v. Chr., allmählich nach, also lange vor den Geschehnissen von Tiryns. Bis dahin hatte das Kräftegleichgewicht zwischen Ägypten, dem hethitischen Anatolien und dem achaiischen Griechenland den wirtschaftlichen Wohlstand und die Stabilität des östlichen Mittelmeerraumes sichergestellt. Mit dem Tod des Pharaos Ramses II. im Jahre 1224 v. Chr. und des letzten mächtigen Hethiterkönigs Tudhaliyas IV. fand dieses Gleichgewicht jedoch ein Ende. Ägypten verlor den Einfluß auf die Levante, das hethitische Reich in Anatolien zerfiel, und auf dem griechischen Festland, in der Levante und auf Zypern sanken überall Städte in Schutt und Asche.[170] Der Untergang der Achaier muß im Zusammenhang mit der allgemeinen Instabilität des östlichen Mittelmeerraums in der späten Bronzezeit betrachtet werden. Diese Instabilität weist auf einen Systemzusammenbruch hin, der tatsächlich mit einer Kettenreaktion verglichen werden kann.

Gleichzeitig mit dem Niedergang zerstreute sich die achaiische Bevölkerung in die Randgebiete. Viele große Zentren, wie zum Beispiel Pylos, Gla, Midea, Prosymna und Berbati, wurden fast vollständig verlassen, während andere Siedlungen, wie Iolkos, anscheinend noch ein paar Generationen länger sicher waren. Solche rasch aufeinanderfolgende Katastrophen könnten auf einen Bürgerkrieg hinweisen, der nach Ansicht mehrerer klassischer Autoren Griechenland nach der Plünderung Troias verwüstete.[171] Als die Bevölkerung in Gefahr geriet, floh sie aus den Festlandstaaten in sicherere Regionen, besonders auf die Inseln und an die Grenzen des achaiischen Einflußgebietes. In der Folge nahm die Bevölkerungsdichte auf dem griechischen Festland dramatisch ab. Auf den Kykladen jedoch lebten die Menschen weiter auf dem gleichen Niveau, und andere Gebiete, wie das östliche Attika, Euböa und Zypern erlebten sogar einen Höhepunkt der spätachaiischen Aktivitäten. Während die mykenische Keramik bis dahin in der ganzen Ägäis erstaunlich einheitlich gewesen war, wurde sie im Späthelladikum IIIC in regional unterschiedlichen Stilrichtungen von schlechterer Qualität hergestellt.

Innerhalb von nur hundert Jahren wurde eine Ära der Stabilität und

des Wohlstandes, von herausragendem handwerklichem Geschick und weitreichenden Handelsverbindungen von einer Ära der Isolation und des Niedergangs abgelöst. Viele kulturelle und technische Leistungen der späten Bronzezeit gingen verloren, die zentrale politische Macht zerfiel, der komplizierte Verwaltungsapparat brach auseinander, und sogar die Kunst des Schreibens ging verloren.[172] Dieser Zusammenbruch wurde begleitet von den Bewegungen der Seevölker, ein Name, der in ägyptischen Berichten bei der Beschreibung der Angriffe im dreizehnten und zwölften Jahrhundert auftaucht. Die Angreifer (nicht alle kamen über das Meer) waren kein geeintes Volk; die ägyptischen Hieroglyphen berichten vielmehr von Gruppen, die sich zu verschiedenen Zeiten zu unterschiedlichen Bündnissen zusammenschlossen. Ihre Überfälle verschlimmerten sicherlich die politische Situation, doch auch für sie gilt, daß sie allein wohl kaum den politischen Niedergang hätten herbeiführen können. Während ganze Staaten zusammenbrachen, verlegten sich manche der Vertriebenen möglicherweise auf die Piraterie, was die Unruhen noch weiter verstärkte.
Als sich um 1000 v. Chr. in Griechenland allmählich der Wirbel gelegt hatte, war von der prachtvollen achaiischen Kultur, bis auf ein paar zyklopische Ruinen, nichts mehr übrig. Ein lebloser, submykenisch genannter Geist hatte sich Griechenlands bemächtigt. Das bauliche Können war von den achaiischen Spitzenleistungen ins Bodenlose gesunken, wie man anhand der wenigen Überreste von jämmerlich gebauten Häusern, die uns erhalten geblieben sind, unschwer erkennen kann. Eine dezimierte Bevölkerung schlug sich noch mehrere Generationen durch, indem sie nur die allernotwendigsten Geräte für den Haushalt und plumpe Keramik herstellte.[173] Diese Kultur, die im allgemeinen als ein dunkles Zeitalter beschrieben wird, hat sich bezeichnenderweise hauptsächlich durch ihre Gräber verewigt.
Und doch kennzeichnet das Ende der Achaier gleichzeitig den Beginn eines neuen Zeitalters. Bereits während des Aufruhrs wurden Schritte zur Gestaltung einer neuen politischen und kulturellen Gesellschaft eingeleitet, die sich langsam, aber stetig weiterentwikkelte, um schließlich im klassischen Attika ihren Höhepunkt zu finden. Wenigstens ein achaiischer Königspalast, nämlich jener auf der Akropolis in Athen, scheint den weitreichenden Zerstörungen

am Ende der Bronzezeit entgangen zu sein. Auf dem Kerameikos-Friedhof in seiner Nähe wurden wertvolle Belege dafür gefunden, daß dieser Ort von der spätmykenischen Epoche bis hin zur klassischen Periode ständig bewohnt war.
Spätere athenische Generationen waren sich dessen bewußt und stolz darauf, daß Athen seit dem Untergang der Achaier ununterbrochen bewohnt gewesen war.[174] Die Funde in Kerameikos und anderswo, besonders aber in der Argolis, dokumentieren eindeutig eine Kontinuität der künstlerischen Stile, die in der achaiischen Periode und in früheren Zeiten wurzeln. Kunst und Handwerk entwickelten sich stetig weiter, bis im achten Jahrhundert v. Chr. eine neue, gefestigte hellenische Kultur auf den Plan trat. Die Schrift wurde wieder eingeführt, Homer verfaßte die *Ilias* und die *Odyssee*, und die ersten olympischen Spiele wurden abgehalten.
Um diese Zeit waren die westlichen und östlichen Küsten der Ägäis sowie die dazwischen liegenden Inseln zu einer kulturellen Einheit verschmolzen, welche die Grundlage für die griechische Expansion in der nachfolgenden klassischen Periode bot. In den hundert Jahren zwischen 750 und 650 v. Chr. entstand in Griechenland ein kompliziertes politisches und ökonomisches System; es verband das Land erneut mit dem östlichen Mittelmeer und öffnete es für Einflüsse aus dem Nahen Osten. Die politische Struktur Griechenlands entwickelte sich allmählich von Königreichen zu Stadtstaaten, die unter adliger Herrschaft immer stärker wurden. Der Handel expandierte mit dramatischer Geschwindigkeit; die Griechen gründeten Kolonien an den Küsten des östlichen Mittelmeers und griffen gleichzeitig nach dem westlichen Mittelmeer und dem Schwarzen Meer.
Gegen Ende des siebten Jahrhunderts brach in Athen, wo sich das ärmere Volk von den reichen Adligen immer stärker ausgebeutet fühlte, ein harter Klassenkampf aus. Viele verarmte Bürger konnten ihre Abgaben an die adligen Gläubiger nicht mehr leisten und wurden versklavt. Um den eskalierenden Konflikt zu lösen, einigten sich die zerstrittenen Parteien 594 v. Chr. darauf, Solon zum Schlichter mit Sondervollmachten zu ernennen. Solon (ca. 640–560 v. Chr.) stammte aus einer reichen Athener Aristokratenfamilie; als erfolgreicher Heerführer hatte er für Athen die Insel

Salamis von Megara erkämpft. Während Solon als Archon tätig war, ordnete er die Aufhebung aller Landschulden und die Freilassung der Schuldsklaven an; er reformierte die Maßeinheiten, Gewichte und verschiedene Gesetze. Darüber hinaus richtete er neue staatliche Institutionen ein, darunter ein Parlament und ein Volksgericht, vor dem alle Bürger gleich behandelt wurden. Seine Verfassung legte den Grundstein nicht nur für das politische System des klassischen Griechenlands, sondern auch für die moderne Form der Demokratie. Herodot berichtet, Solon habe Athen unmittelbar danach für zehn Jahre verlassen, »damit er nicht in die Lage käme, eines seiner Gesetze widerrufen zu müssen«[175]. Mehrere klassische Autoren beschreiben seine Reisen, die mit einer Fahrt nach Ägypten begannen.[176]

Seit der späten Bronzezeit hatte Ägypten enge Verbindungen zu Griechenland unterhalten. Dieses Land überstand die Krisenzeit wesentlich besser als Griechenland und Anatolien und wurde erfolgreich gegen die Raubzüge der Seevölker verteidigt. Nach dem Tod von Ramses III. im Jahre 1153 v. Chr. war jedoch ein politischer und wirtschaftlicher Niedergang unvermeidlich. Randgebiete wie Nubien und Palästina gingen verloren, und Ägypten fiel unter fremde Herrschaft, was zur Aufteilung in Kleinkönigreiche führte. Im siebten Jahrhundert v. Chr. wurde die Fremdherrschaft jedoch schließlich durch innere Aufstände gestürzt. Die neuen theokratischen Führer in Saïs, der im westlichen Nildelta gelegenen damaligen Hauptstadt Ägyptens, entwickelten nach und nach eine zentralisierte nationale Regierungsform, was die letzte lange Periode von Unabhängigkeit und Stabilität in Ägypten einleitete (Saïtische Periode: 624–525 v. Chr.). Der Herrscher Psamtik der Erste (664–610 v. Chr.) wollte der emporstrebenden babylonischen Macht entgegentreten, indem er ein ägyptisch/griechisches Militär- und Wirtschaftsbündnis in die Wege leitete. Er förderte dauerhafte griechische Militärkolonien in Ägypten und konsolidierte seine Herrschaft, indem er ägyptische Truppen mit Söldnern aus Karien und Ionien verband. In der Folge gründeten Griechen aus Milet die Kolonie Naukratis im westlichen Nildelta, eine Stadt, die im Seehandel eine wichtige Rolle spielte und möglicherweise als einziger Einfuhrhafen für ausländische Güter sogar eine Monopolstellung innehatte.[177] Unter Amasis (569–526 v. Chr.), der gar eine

Griechin heiratete, wurden die Bindungen zwischen Griechenland und Ägypten noch enger.

Obwohl Solons Besuch in Ägypten nahezu geschichtlich erwiesen ist, bleibt doch dessen Zeitpunkt umstritten. Der Besuch könnte unmittelbar stattgefunden haben, nachdem er als Archon tätig war (um 593/2 v. Chr.).[178] Herodot jedoch stellt eindeutig fest, daß zur Zeit von Solons Besuch König Amasis regierte, was bedeuten würde, daß der Besuch zwischen 569 und 526 v. Chr. stattgefunden haben müßte. Auch Diogenes Laërtius[179] hat behauptet, Solon sei gegen Ende seines Lebens, als Peisistratos an die Macht kam, in Ägypten gewesen. Daher würde auch das Jahr 560 v. Chr. als möglicher Zeitpunkt glaubhaft erscheinen, besonders wenn man Plutarchs Aussage bedenkt, Solon sei zu alt gewesen, um seine Reisenotizen aus Ägypten zu einer epischen Dichtung zu verarbeiten.[180] So oder so war die politische und ökonomische Situation in Ägypten um 590 ähnlich wie 560 v. Chr.; damals erfreute sich sowohl Griechenland als auch Ägypten einer ungewöhnlichen Blütezeit und einer ausgesprochen engen Freundschaft. Der griechische Kolonialhafen von Naukratis florierte während des ganzen sechsten Jahrhunderts, und, angesichts der Tatsache, daß Solon seinen Lebensunterhalt wohl als Landbesitzer und Kaufmann verdiente, wäre es durchaus normal gewesen, daß er diese griechische Kolonie besuchte, die gleichzeitig ein Handelszentrum war. Tatsächlich beschreibt eines der erhaltenen Fragmente aus Solons Dichtung den kanopischen Mündungsarm des Nils[181], an dem Naukratis lag, nur sechzehn Kilometer von der Hauptstadt Saïs entfernt.[182]

Solons Stellung als mächtigster Mann des engsten Verbündeten Ägyptens muß einen längeren Besuch in der Hauptstadt unumgänglich gemacht haben. Außerdem hatte die wirtschaftliche Blüte in beiden Ländern die Möglichkeiten zur Weiterentwicklung der Naturwissenschaften verbessert. In Anbetracht von Solons universalen Interessen und Fähigkeiten muß er darauf erpicht gewesen sein, die neuesten wissenschaftlichen Erkenntnisse mit Menschen zu erörtern, die einen ebenso hervorragenden Ruf hatten wie er, aber einen ganz anderen Hintergrund. Platon zufolge ist die Atlantis-Erzählung während dieser Gespräche zwischen Solon und den religiösen Führern in Saïs entstanden. Es waren Gespräche über

Geschichte – genauer gesagt, die Geschichte, die wir soeben rekapituliert haben. Falls es einen Rahmen gibt, in den Atlantis sich einordnen ließe, dann wäre das die Welt des östlichen Mittelmeeres vor 560 v. Chr. Wenden wir uns nun noch einmal Kritias zu, der dieses legendäre Gespräch zwischen Solon und den Priestern in Erinnerung ruft.

Eine Legende wird enträtselt

Timaios 21e – 25d: Die Achaier

»Es gibt in Ägypten«, begann er, »im Delta, um dessen Spitze sich der Lauf des Nils teilt, einen Distrikt, den man den saitischen nennt, und die größte Stadt dieses Distrikts ist Saïs, von wo ja auch der König Amasis stammte. Als Gründerin dieser Stadt gilt den Bewohnern eine Göttin, deren Name auf ägyptisch Neith lautet; das ist auf griechisch, wie sie behaupten, Athena; sie sagen deshalb, sie seien große Freunde der Athener und gewissermaßen mit ihnen verwandt. Solon erzählte nun, er sei bei seiner Ankunft dort mit großen Ehren von ihnen empfangen worden; als er sich aber einmal bei den Priestern, die am besten davon Kenntnis hatten, über die Altertümer erkundigte, da sei es ihm beinahe so vorgekommen, als ob er selbst und auch jeder andere Grieche sozusagen gar nichts von diesen Dingen wüßte. Und eines Tages, als er sie zu einem Bericht über die Urzeit veranlassen wollte, da habe er das so angepackt, daß er ihnen von den frühesten Begebenheiten hier erzählte: von Phoroneus, der für den ältesten Menschen gilt, und von Niobe, und er habe den Mythos von der großen Flut erzählt und wie Deukalion und Pyrrha davongekommen seien und welche Geschlechter von ihnen abstammten, und schließlich habe er versucht, sich daran zu erinnern, wie manches Jahr das einzelne, wovon er berichtete, gedauert habe, und so die Zeit auszurechnen.«

Hier, in der Einleitung schildert Kritias anschaulich Solons Besuch in Saïs. Solon wird mit großen Ehren empfangen und führt nun mit den weisesten Priestern Gespräche in freundschaftlicher Atmosphäre. Die Männer, die Ägypten regieren, verbringen ein paar Tage im Meinungsaustausch mit dem griechischen Feldherrn, Politiker und Kaufmann, und sehr wahrscheinlich drehten sich ihre Gespräche in erster Linie um Politik und Handelsfragen. Alle Anwesenden gelten als große Freunde Athens, ein Umstand, der die Unterhaltung zum Teil beeinflußt haben mag. Solon genießt die Zeit, die er mit diesen klugen Männern verbringt, und einmal verwickelt er sie gezielt in ein Gespräch über alte Geschichte. Es erweist sich, daß sich das Geschichtsbild der Griechen nur aus Märchen und unbestimmten Vorstellungen von der Vergangenheit zusammensetzt. Solon muß schon bald einsehen, daß weder er noch irgendein anderer Grieche offenbar die geringste Ahnung von Geschichte hat.

»Da habe ein ganz alter Priester ausgerufen: ›Solon, Solon! ihr Griechen bleibt doch ewige Kinder; einen alten Griechen gibt es ja überhaupt nicht.‹ – Als er das hörte, fragte er: ›Wie meinst du das?‹ ›Ihr seid alle jung in eurer Seele‹, habe er erwidert, ›denn ihr habt in ihr keine urtümliche Meinung, die aus alter Überlieferung stammt, noch irgendein altersgraues Wissen.‹«

Man muß wohl wirklich ein *»ganz alter Priester«* sein, will man es wagen, Solon mit der Wahrheit zu konfrontieren: Verglichen mit den Ägyptern, so sagt der Priester also, seien die Griechen wie Kinder *»jung in eurer Seele«,* und sie besäßen keine alte Überlieferung. Der ehrwürdige Mann bestimmt von nun an das Gespräch, das sich zu einem Dialog zwischen den zwei wohl herausragendsten alten Männern der abendländischen Welt entwickelt: Solon, der *»weiseste der sieben Weisen«* (20e), der »Vater der Demokratie«, und der *»vornehmste von allen Dichtern«* (21c) trifft sich mit einem besonders alten Mitglied der religiösen Führung Ägyptens, einem der Priester, *»die am besten davon Kenntnis hatten«.* Unter anderem weiß dieser Mann von einer sagenhaften, hochstehenden Kultur, die einst auf griechischem Boden bestand, von der Solon dagegen noch nie gehört hat. Natürlich ist der alte Mann gern bereit, Solon von dessen berühmten Vorfahren zu erzählen, doch da seine Geschichte so wundersam ist, und auch, weil er die Neugier seiner Zuhörer steigern möchte, entschließt er sich zu einer längeren Einleitung, in deren Verlauf seine gemischten Gefühle deutlich werden. Die Rede macht seinen Stolz auf die Errungenschaften und Traditionen seines Landes deutlich. Richtigerweise stuft er die Kompetenz der Ägypter in Fragen der Geschichte höher ein als die der Griechen. Der Priester vermeidet es ehrerbietig, Solon zu beleidigen, doch er läßt durchaus erkennen, daß er in gewisser Weise von der Unwissenheit seines Besuchers verblüfft ist.

In der Einleitung vergleicht der alte Mann zunächst die frühe Geschichte Ägyptens und Griechenlands: Ägypten blickt auf einige tausend Jahre stetigen kulturellen Fortschritt zurück; schon bald nach der Verbreitung der Schrift im dritten Jahrtausend hatte man begonnen, die Ereignisse im Mittelmeerraum kontinuierlich aufzuzeichnen. Die Griechen, die gerade erst ein dunkles Zeitalter überstanden haben, sind, gemessen daran, *»jung in der Seele«,* was besagt, daß die historischen Erinnerungen der griechischen Welt nicht weit in die Vergangenheit zurückreichen.[183] Tatsächlich war die Schrift, die in Griechenland erst in den vorausgegangenen zwei Jahrhunderten wieder eingeführt worden war, in Ägypten bereits über 2000 Jahre vor diesem Gespräch bekannt.

»Und das ist der Grund davon: schon manchesmal und auf viele Arten ist die Menschheit vernichtet worden und wird auch wieder vernichtet werden, am gründlichsten durch Feuer und Wasser, und in geringerem Maße auf tausend andere Arten.«

Offenbar verloren die Griechen ihr geschichtliches Wissen während der Zeit, da sie *»auf viele Arten [...] vernichtet«* wurden. Nach Ansicht des alten Priesters werden die größten Katastrophen also durch Feuer und Wasser verursacht, doch es gibt noch viele andere Ursachen für Zerstörungen. Damit ist der Priester dem Kern seiner Erzählung sehr nahegekommen, nämlich der Zerstörung einer sagenhaften griechischen Kultur durch eine verheerende Überschwemmung. Wahrscheinlich hat er nun das Gefühl, er sei zu früh an diesem Punkt angelangt, denn er macht noch einmal einen Schlenker zurück. Indem er einige neuere Entdeckungen in der ägyptischen Astronomie aufzählt, verleiht er den naturwissenschaftlichen Leistungen seines Landes zusätzlichen Nachdruck. Aber gleichzeitig versucht er noch immer zu erklären, warum es in Griechenland wiederholt zu Katastrophen gekommen ist.

»Denn was auch bei euch berichtet wird, wie einst Phaethon, der Sohn des Helios, den Wagen seines Vaters anschirrte und wie er dann, weil er nicht auf dessen Spur fahren konnte, alles auf der Erde verbrannte und selbst, vom Blitz getroffen, vernichtet wurde, das klingt, so wie ihr es erzählt, ganz nach einem Märchen;

doch liegt schon etwas Wahres darin, nämlich die Abweichung der Gestirne, die am Himmel um die Erde kreisen, und, jeweils nach Ablauf langer Zeitläufe, die Vernichtung alles dessen, was es auf der Erde gibt, durch ein großes Feuer. Alle, die auf den Bergen und an den hochgelegenen und trockenen Orten wohnen, werden dann eher vernichtet als die anderen, die nah bei den Flüssen und Meeren wohnen; uns aber bewahrt in diesem Falle der Nil, der auch sonst unser Retter ist, und befreit uns aus dieser Not, indem er über die Ufer tritt.«

Zwar besteht zwischen den Katastrophen auf der Erde und der sich verändernden Bewegung der Himmelskörper keinerlei Zusammenhang, doch beide Phänomene treten in periodischen Intervallen auf, und daß es sie gibt, wurde von den Ägyptern bewiesen. Der Priester glaubt, daß die Sage des Phaëton möglicherweise diese beiden Geschehnisse miteinander zu verknüpfen sucht. Für sich allein betrachtet, scheint die Allegorie in diesem Zusammenhang unpassend und nicht sehr gut gewählt. Auf dieser Grundlage zeichnet der Priester jedoch ein Bild von immer wiederkehrenden Katastrophen und von den ökologischen Unterschieden zwischen Griechenland und Ägypten. Zunächst lenkt er die Aufmerksamkeit auf ein *»großes Feuer«* und stellt fest, daß:

- Menschen, die auf Bergen und in hoch und trocken gelegenen Gebieten wohnen, stärker betroffen sind als diejenigen an Flüssen und am Meer;
- der Nil für Ägypten auf vielfältige Weise ein Retter ist;
- der Nil dadurch, daß er über die Ufer tritt, die Ägypter aus dieser Not befreit.

»Wenn dagegen die Götter die Erde mit Wasser überschwemmen, um sie zu reinigen, so können sich nur die Rinderhirten und Schafhirten auf den Bergen retten, während jene, die bei euch in den Städten wohnen, von den Fluten ins Meer geschwemmt werden.«

Im Gegensatz zum *»großen Feuer«,* das in langen zeitlichen Abständen auftritt, gibt es also auch Katastrophen, die durch zuviel Wasser verursacht werden, dann nämlich wenn:

- die Götter die Erde mit Wasser überschwemmen;
- nur die Rinderhirten und Schafhirten in den Bergen sich retten können;
- die Griechen, die in den Städten wohnen, dagegen von den Fluten ins Meer geschwemmt werden.

In beiden Fällen, bei Feuer und Wasser, bietet Ägypten vorteilhafte Lebensbedingungen, denn der Nil, der jährlich über die Ufer tritt, bringt genügend Wasser, um Dürrekatastrophen zu verhindern. Andererseits sind diese Überschwemmungen so regelmäßig, daß sich die Menschen darauf einstellen können, indem sie beispielsweise ihre Siedlungsplätze entsprechend auswählen. In Griechenland dagegen sind Überschwemmungen etwas Außergewöhnliches; sie treten so selten auf, daß die Menschen sich nicht darauf einstellen und Vorkehrungen treffen können, und deshalb richten sie größten Schaden an.

Um die Erzählung des Priesters kritisch mit den archäologischen Kenntnissen über den östlichen Mittelmeerraum vergleichen zu können, sind Informationen erforderlich, die erst zu einem späteren Zeitpunkt in der Geschichte erwähnt werden; zum Beispiel daß Griechenland ein föderalistisch organisiertes System mit einer vereinten Armee hatte, ferner, daß es damals königliche Burgen, Bronzewaffen, von Pferden gezogene Kampfwagen, große Flotten, Werften und Pferderennbahnen gab. Derlei Informationen können für die Datierung von großem Wert sein. So entsprechen diese Errungenschaften den letzten Jahrhunderten der Bronzezeit (1400– 1150 v. Chr.), also Homers heroischem Zeitalter. Damals befanden sich die wichtigsten Niederlassungen an bis dahin ungewöhnlichen Standorten, nämlich auf Hügeln, während die Küste, Flußufer, Niederungen und Berge in der Regel gemieden wurden. Ein Standort, der für die Errichtung einer Stadt derartig ungewöhnlich und zuvor noch nicht genutzt worden war, hat womöglich bei Fremden Interesse und Neugier geweckt.

Nun lassen die Bohrungen in Tiryns zudem eine Überschwemmung vermuten, die höchstwahrscheinlich von starken Regenfällen verursacht wurde, möglicherweise von katastrophalen Wolkenbrüchen, die Teile der Stadt zerstörten und sie *»ins Meer schwemmten«*. Vielleicht sollte die Geschichte diese beiden unge-

wöhnlichen Phänomene – die eigenartige Wahl von Bauplätzen und die verheerenden, plötzlich auftretenden Überschwemmungen – zu einer Kausalkette verbinden; allerdings ist die Beweisführung nicht gerade überzeugend. Dennoch erscheint die Unterscheidung zwischen katastrophalen Überschwemmungen in Griechenland und nutzbringenden Überschwemmungen in Ägypten aus der Sicht des Priesters sinnvoll, handelt es sich doch bei ersteren um katastrophale Regengüsse, bei letzteren aber um ein jährlich auftretendes langsam ansteigendes Hochwasser.
Das Ende der Bronzezeit ging mit dem Verschwinden bestimmter sozialer Schichten der Bevölkerung einher. Betroffen waren vor allem die oberen Klassen, Adlige und hohe Beamte, während der Großteil der einfacheren Bevölkerung weiterlebte.[184] Der Priester beschreibt ein ähnliches Phänomen, nämlich daß nur *»Rinderhirten und Schafhirten«* die Katastrophen in Griechenland überlebten. Kennzeichnend für die Hochphase der achaiischen Kulturen war die Herrschaft der Adligen, während die post-achaiische Ära eindeutig von Plebeiern beherrscht wurde. Auch Homer hat diesen raschen Wechsel in seiner Dichtung dramatisch beschrieben. Die Protagonisten der *Ilias*, die den Höhepunkt des Troianischen Krieges schildert, waren ausschließlich Adlige; in der *Odyssee* dagegen, die die Nachwirkungen des Troianischen Krieges beschreibt, übernehmen Rinder- und Schafhirten eine führende Rolle. Es gibt also einige entfernte Ähnlichkeiten zwischen dem Ende der Bronzezeit, Homers heroischem Zeitalter und der Atlantis-Erzählung, wenn auch bislang der Nachweis dafür alles andere als überzeugend ist.

»Hierzulande aber strömt das Wasser weder dann noch sonst je von oben über die Felder, sondern es ist umgekehrt so, daß es von unten in die Höhe steigt. Daher und aus diesen Gründen erhalten sich hier die Dinge und werden für die ältesten angesehen; in Wahrheit verhält es sich aber so, daß an allen Orten, wo dies nicht übermäßige Kälte oder Hitze verhindert, eine bald größere, bald kleinere Zahl von Menschen lebt.«

In diesem Absatz erläutert der Priester weiter den Unterschied zwischen den Überschwemmungen in Griechenland und Ägypten: In Griechenland ergießt sich das *»Wasser [...]«* von oben *»über*

die Felder« und verursacht so Katastrophen; in Ägypten dagegen pflegt es *»von unten in die Höhe«* zu steigen. Da der Nil auf ägyptischem Gebiet keine Nebenflüsse hat, sind seine durch die jährliche Schneeschmelze im Süden ausgelösten Überschwemmungen vorhersehbar und für die ägyptischen Bauern ungefährlich; außerdem sind sie nützlich für das Wintergetreide, weil sie in den überfluteten Ebenen fruchtbaren Schlamm ablagern. Aufgrund dieser regelmäßig wiederkehrenden Überschwemmungen konnte sich die ägyptische Kultur über einen langen Zeitraum hinweg stetig entwickeln.[185] Daher wird der Nil als die große einigende Kraft in der ägyptischen Geschichte betrachtet[186], und darum auch nannte Herodot dieses Land: »das Geschenk des Flusses«. Weil der Priester so deutlich betont, daß die Fluten von oben kamen, also als katastrophale Regengüsse, sollte eine durch Seebeben ausgelöste Flutwelle als Erklärung ausgeschlossen sein. Diese Tatsache wurde bei der Diskussion über Santorin als möglichem Ort für Atlantis völlig übersehen.[187]
Der alte Priester hält Ägypten zwar für das Land mit den besten Lebensbedingungen, aber er ist sich auch darüber im klaren, daß Menschen an jedem Ort der Erde leben werden, abgesehen von den extremen Wüsten- und Kälteregionen.

»Wenn wir aber gehört haben, daß sich bei euch oder hier oder sonst irgendwo etwas Schönes oder Großes oder irgendwie Bemerkenswertes abgespielt hat, so ist das alles hier von alters her in unseren Tempeln aufgezeichnet worden und damit erhalten geblieben.«

Solon erfährt nun vom Priester, daß die ägyptischen Gelehrten seit langem ihre jahrtausendealte Kenntnis der Schrift dazu nutzten, um alle bemerkenswerten Ereignisse zu notieren, die sich in Ägyptens Nachbarländern, einschließlich Griechenland, ereignet haben. Ägyptische Inschriften bestehen jedoch im allgemeinen nicht aus detaillierten Beschreibungen fremder Länder; darum wäre es eher unwahrscheinlich, einen so genauen Bericht wie die Atlantis-Erzählung auf einer Hieroglyphensäule zu finden. Es war weder die Absicht noch die Aufgabe der Schreiber, eine objektive Darstellung der Vergangenheit zu liefern.[188] Die hieroglyphischen Schriften zielten vielmehr vor allem darauf ab, die Pharaonen zu rühmen.[189] Allerdings gab es zwei bedeutende Ausnahmen dieser Regel: Unter der Herrschaft der Pharaonen Merenptah (1224–1204 v. Chr.) und Ramses III. (1181–1153 v. Chr.)[190] wurden Ereignisse im Ausland ausführlich aufgezeichnet. Ebenfalls in dieser Zeit, also unmittelbar nach dem Troianischen Krieg, brach der Fernhandel zusammen, und die Seevölker fielen in das östliche Mittelmeer ein. Wie jedes andere Land in diesem Gebiet war Ägypten von diesen Überfällen und Umwälzungen direkt betroffen. Ein Großteil unserer Kenntnisse über das Ende des dreizehnten Jahrhunderts verdanken wir den ägyptischen Aufzeichnungen.[191] Sie geben auch Aufschluß darüber, wie eng die verschiedenen östlichen Mittelmeerländer wirtschaftlich und politisch miteinander verknüpft waren. Falls der Hieroglyphentext, der von dem alten Priester wiedergegeben wird, aus der Zeit kurz nach dem Troianischen Krieg stammte, dann wäre er genau in dem kurzen Zeitraum abgefaßt worden, als Inschriften mit eher technisch-pragmatischem Charakter festgehalten wurden. Natürlich sind die alten Texte, die heute von Historikern untersucht werden, nur zufällig überliefert worden: die meisten ägyptischen Schriften wurden zur Zeit Cäsars oder später durch Brände der Bibliothek von Alexandria vernichtet.[192]

»Bei euch und bei anderen Völkern aber ist es so: gerade wenn ihr jeweils mit der Schrift und mit allen anderen Erfordernissen einer Stadt eben versehen seid, so kommt nach dem üblichen Abstand der Jahre wie eine Krankheit die Flut wieder vom Himmel gestürzt und läßt nur die von euch übrig, die sich weder auf die Schrift noch auf die Musenkunst verstehen, so daß ihr gewissermaßen immer wieder aufs neue jung werdet, ohne jedes Wissen von all den Ereignissen hier bei uns und bei euch, wie sie sich in den früheren Zeiten begeben haben.«

Der Priester wendet sich nun wieder Griechenland und den Katastrophen zu und berichtet im einzelnen, daß:

- durch die Katastrophen die Kunst des Schreibens verlorenging;
- alle anderen Fähigkeiten, die einen zivilisierten Staat ausmachen, ebenfalls verlorengingen;

– die Flut vom Himmel herabstürzte;
– die Katastrophe zu einer selektiven Vernichtung aller gebildeten und kultivierten Menschen führte;
– alles geschichtliche Wissen verlorenging.

Erneut hebt er also hervor, daß die Flut nicht vom Meer sondern vom Himmel herabkam und daß sie selektiv die kultivierteren Schichten der Gesellschaft vernichtete, so daß nur die übrigblieben, »die sich weder auf die Schrift noch auf die Musenkunst verstehen«. Solon wird ganz klar gesagt, daß die Kunst des Schreibens in Griechenland einmal bekannt war, aber daß sie während der Katastrophen verlorenging, ebenso wie alle anderen Fähigkeiten, die für zivilisierte Staaten erforderlich sind. Heute herrscht in der Forschung zumeist Einigkeit über die vier wesentlichen Grundvoraussetzungen für »Zivilisation«: Versorgung der Bevölkerung durch Landwirtschaft, Existenz von Städten, entwickelte Sozialstrukturen und Kenntnis der Schrift.[193] Die Kunst des Schreibens wurde im Altertum ganz besonders hochgeschätzt, und ihr Ursprung oder ihre Erfindung wurden mit Göttern und Heroen in Verbindung gebracht.[194] Die einzigen Schriftdokumente, die aus der ägäischen Kultur erhalten geblieben sind, stammen von minoischen und achaiischen Kulturen des zweiten Jahrtausends: die Linear-A- und die Linear-B-Tontafeln von Kreta, die Linear-B-Tafeln vom griechischen Festland und die »zypro-minoischen« Inschriften aus Zypern.[195] Die Menschen im Griechenland des Altertums und der klassischen Zeit, einschließlich Solon und Platon, wußten nicht, daß ihre Vorfahren einmal die Schrift beherrscht hatten. Der bekannte Archäologe Rhys Carpenter stellte daher fest, daß die zutreffende Aussage über den Verlust der Schreibkunst im alten Griechenland in der Atlantis-Erzählung selbst die skeptischsten Wissenschaftler von der Echtheit des Gesprächs zwischen Solon und den saïtischen Priestern überzeugen müßte, da Platon von der Schriftkundigkeit seiner Vorfahren doch nichts gewußt haben könne.[196] Homer, der seine Epen unmittelbar nach der Wiedereinführung der Schrift verfaßte, rief ein heroisches Zeitalter in Erinnerung, als die Menschen noch lesen und schreiben konnten. Die Beschreibung eines Briefes in Form einer hölzernen, zusammenklappbaren Tafel, die einem Boten anvertraut wurde, erschien dem

Dichter aber dennoch als etwas Fremdes und nahezu Magisches (VI. 169).[197] Die Ausgräber des Schiffswracks von Ulu Burun haben jedoch genau die Art von Klapptafeln zutage gefördert, die Homer beschrieben hat.
Die Schilderung stimmt mit den derzeitigen archäologischen Kenntnissen über die späte Bronzezeit überein. Vor dem sechsten Jahrhundert v. Chr. war die achaiische Ära die einzige, in der des Schreibens kundige Kulturen die Ägäis beherrschten. Viele ihrer Fertigkeiten und Fähigkeiten gingen später verloren (nach Meinung des Priesters aufgrund der von ihm geschilderten Katastrophen). Folglich waren die Griechen im sechsten Jahrhundert v. Chr. über ihre findigen Vorfahren in Unkenntnis. Die destruktiven Vorgänge, die der Priester schildert – Erdbeben, Überschwemmungen und Feuersbrünste – ereigneten sich nahezu gleichzeitig, und zwar um 1200 v. Chr., als die meisten mykenischen Paläste verwüstet wurden: Tiryns wurde von Erdbeben und Überschwemmungen zerstört, Mykene und Midea durch Feuer und vielleicht auch Erdbeben, und Pylos durch einen gewaltigen Brand.

»Jedenfalls was du uns jetzt eben über die alten Geschlechter bei euch zu Hause erzählt hast, bester Solon, das unterscheidet sich nur wenig von Kindermärchen. Denn erstens erinnert ihr euch nur an eine Überschwemmung der Erde, obgleich es früher schon manche gegeben hat. Und dann wißt ihr auch nicht, daß das schönste und beste Geschlecht unter den Menschen eurem Lande entsprossen ist, das, von dem du und eure ganze heutige Stadt herstammt, indem sich einst ein kleiner Same von ihnen erhalten hat; das ist euch im Gegenteil alles verborgen geblieben, weil die Überlebenden während vieler Generationen dahingingen, ohne daß sie sich durch die Schrift vernehmbar machen konnten.«

Kritias hat in seiner Einleitung darauf hingewiesen, daß Solon schon bald einsehen mußte, wie sehr ihm sein Gastgeber an Weisheit überlegen war. Solon hatte erneut die allseits bekannte Sintflut-Geschichte vorgetragen, doch selbst darüber wußte der Priester mehr als er. Man muß sich klarmachen, daß die vom ägyptischen Priester beschriebene Flutkatastrophe nichts mit der legendären

Sintflut gemein hat, die in der Bibel und in mündlichen Überlieferungen vieler früher Zivilisationen vorkommt. Mehr noch, der alte Priester glaubte, Solon sei sich nicht einmal bewußt, *»daß das schönste und beste Geschlecht unter den Menschen eurem Lande entsprossen ist«*. Doch hier irrte er. Zweifellos kannte Solon Homers heroisches Zeitalter, den Troianischen Krieg und die berühmten Taten der achaiischen Helden Odysseus und Agamemnon. Schließlich waren Ruinen ihrer Burgen an verschiedenen Orten zu sehen, nicht zuletzt in Athen. Bei der Unterhaltung in Saïs konzentrierte sich Solon aber auf die sehr weit zurückliegende Vergangenheit und auf uralte mündliche Überlieferungen, ohne das vorausgehende heroische Zeitalter Homers zu erwähnen. Atlantis und die bereits 2500 Jahre währende Suche danach hätte es also vielleicht nie gegeben, wenn Solon begriffen hätte, daß die Geschichte des alten Priesters nicht ganz so originell war, wie es zunächst den Anschein hatte.[198] Seine innere Erregung und das Bemühen der Ägypter, ihren Gast zu beeindrucken, verwirrten Solon schließlich zu sehr, und er vermochte nicht mehr zu erkennen, daß dieses Atlantis in das heroische Zeitalter Homers gehörte. Überzeugt, die Ägypter hätten historisches Wissen für sich gepachtet, entfernte er sich weiter und weiter von der Wirklichkeit.

Dem Priester zufolge waren Solons berühmte Vorfahren dem *»Lande entsprossen«*, in dem Solon zu der Zeit lebte, und von ihnen stammte die *»ganze heutige Stadt«*. Dieser Satz berührt ein zentrales Problem für das Verständnis der Legende: Wo genau lebten denn nun die vielgerühmten Vorfahren? Eine andere Übersetzung verwendet den Begriff »Staat«[199], und zum Beispiel in der englischsprachigen Übersetzung von Desmond Lee steht die syntaktische Umschreibung »Du und deine Mitbürger, die von den wenigen verbliebenen Überlebenden abstammen«.[200] Die hier benutzte deutsche Platon-Übersetzung dagegen spricht in diesem Zusammenhang zuerst von *»Lande«* und dann von der *»heutigen Stadt«*. Der Ausdruck scheint im Original nicht präzise genug zu sein, um sicher und ausschließlich auf ›Athen‹, ›Attika‹ oder ›den athenischen Stadtstaat‹ angewendet werden zu können, wie dies im allgemeinen üblich ist. Er könnte sich auch auf das griechische Gebiet als Ganzes beziehen.

Von Solon und seinen Zeitgenossen wird behauptet, sie verdankten ihre Existenz der Tatsache, daß nach der Katastrophe *»einst ein kleiner Same«* der Bevölkerung erhalten blieb, was für das Ende der Bronzezeit ja zutrifft, als nach dem Zusammenbruch des achaiischen Staates die griechische Bevölkerungsdichte drastisch abnahm. Athen spielte damals tatsächlich eine ungewöhnliche Rolle, war es doch die einzige Stadt, die diesem historischen Bruch entkam. Daher reichten auch nur in Athen Traditionen und Überlieferungen bis zurück in die Bronzezeit.[201]

Der alte Priester führt die geschichtliche Ignoranz der Griechen darauf zurück, daß *»die Überlebenden sich durch die Schrift [nicht] vernehmbar machen konnten«*. Nun ging zwar die Fähigkeit des Schreibens nach dem Untergang der Achaier tatsächlich verloren, aber diese Sichtweise ist dennoch nicht ganz zutreffend, läßt sie doch die Möglichkeit der mündlichen Überlieferung ganz außer acht. Durch die Epen Homers hatten die Griechen zumindest eine vage Vorstellung, wie das *»schönste und beste Geschlecht unter den Menschen«*, das ihnen auf griechischem Boden vorausging, beschaffen war.

»Denn es gab einst eine Zeit, Solon, noch vor der größten Vernichtung durch das Wasser, da war die Stadt, die heute die athenische heißt, nicht nur am tüchtigsten zum Kriege, sondern sie besaß auch in jeder Hinsicht die weitaus beste Verfassung; man erzählt von ihr die schönsten Taten und sagt, sie hätte die besten politischen Einrichtungen gehabt von allen unter dem Himmel, über die wir je Kunde erhalten haben.«

Erneut hebt die Erzählung die *»größte Vernichtung durch das Wasser«* hervor, die zum Zusammenbruch der alten griechischen Zivilisation führte. Jetzt bezeichnet der Priester allerdings ausdrücklich die *»athenische«* Stadt als Nachfolgerin dieser Zivilisation. Vielleicht hat er diesen Begriff gewählt, um eine Wiederholung des zuvor verwendeten Ausdrucks *»Landes... von dem du... herstammst«* zu vermeiden, vielleicht aber auch, um Solon zu schmeicheln, denn, wie zu Anfang erwähnt, waren alle Anwesenden *»große Freunde der Athener«*. Möglich ist sogar, daß der Priester den Ausdruck *»athenische Stadt«* gar nicht verwendet hat und daß erst Solon ihn in die Erzählung einfügte: Zu Solons Zeiten war Griechenland noch immer ein wirres Nebeneinander von Kleinstaaten, und der Gedanke eines vereinten Landes könnte Solons Vorstellungskraft überstiegen haben.[202] Attika gehörte wohl zum achaiischen Reich, aber das Reichszentrum lag in der benachbarten Argolis.

Die anderen in diesem Abschnitt erwähnten Charakteristika passen aber recht gut auf die achaiische Zeit: herausragende militärische Macht, gut organisiertes Staatswesen, großzügige Verfassung und herrliche Kunstwerke. Es besteht kein Zweifel, daß die Achaier kriegerisch gut gerüstet waren. Ihre Bereitschaft zur militärischen Auseinandersetzung geht aus den Linear-B-Tafeln hervor, in denen die Streitmacht sehr ausführlich beschrieben wird. Lord William Taylour hat über die Achaier gesagt: »Es hat fast den Anschein, als liebten sie den Kampf um seiner selbst willen.«[203] Sie hatten sich aus strategischen Gründen an hochgelegenen Standorten niedergelassen, während die Minoer auf Kreta nur schön gelegene Bauplätze wählten, ohne sich Gedanken über deren strategische Bedeutung zu machen.[204] Somit scheint die Beschreibung einer alten griechischen Militärmacht wesentlich besser auf die Achaier zuzutreffen als zum Beispiel auf die Minoer.

Zu Solons Lebzeiten bewegte sich die griechische Zivilisation noch immer – oder vielmehr wieder – auf einem vergleichsweise niedrigen Niveau: Häuser wurden meist aus Holz und Lehmziegeln gebaut; Edelmetalle waren rar und die bildenden Künste noch nicht voll entwickelt.[205] Deshalb hat man diese Zeitspanne »archaisch« genannt. Seit Schliemanns Ausgrabungen von Burgen aus der späten Bronzezeit in Griechenland haben wir aber Kenntnis von einem älteren griechischen Volk, das in den Künsten, im Handwerk, in technischer und kriegerischer Hinsicht meisterhaft war, nämlich den Achaiern. Diese Menschen, und besonders die von ihnen hergestellten Erzeugnisse, erreichten ferne Völker und Städte. Die hervorragende achaiische Keramik war in Ägypten und im ganzen östlichen Mittelmeerraum bekannt und beliebt, und viele Themen, die in der achaiischen Kunst dargestellt wurden, scheinen Eindrücke widerzuspiegeln, die in fernen Landen gesammelt wurden.[206] Wenn also überhaupt eine frühe griechische Hochkultur in entfernten Ländern bekannt gewesen ist, dann muß es die der Achaier gewesen sein.

»Solon habe nun das, wie er erzählte, mit Verwunderung angehört und dann die Priester mit allem Nachdruck gebeten, sie sollten ihm alles über seine Mitbürger aus der Frühzeit genau und der Reihe nach berichten.
Der Priester habe darauf erwidert: ›Es soll dir nichts vorenthalten werden, Solon, sondern ich will es dir mitteilen, schon deinetwegen und um eurer Stadt willen, vor allem aber der Göttin zu Dank, die sowohl eure als auch unsere Stadt zu eigen erhalten hat und sie groß werden ließ und heranbildete, die eure freilich, deren Samen sie von (der Erdgöttin) Ge und von Hephaistos bekam, um tausend Jahre früher, die unsrige dagegen erst später. Seit diese hier eingerichtet ist, sind achttausend Jahre verflossen; so ist die Zahl in den heiligen Schriften eingetragen. Über die Gesetze deiner Mitbürger also, die vor neuntausend Jahren gelebt haben, will ich dir in Kürze Auskunft geben und auch von der schönsten ihrer Taten, die sie vollbracht haben. Die genauen Einzelheiten von alledem wollen wir dann ein anderesmal der Reihe nach in aller Ruhe besprechen und dabei die schriftlichen Aufzeichnungen selbst zur Hand nehmen.‹«

Die lange Einleitung hat ihren Zweck erfüllt, der eingeschüchterte Solon bittet *»mit allem Nachdruck«*, daß man ihm alles über seine Vorfahren erzählen möge! Er erfährt, daß die griechische Hochkultur vor 9000 Jahren bestanden habe, das heißt 9000 Jahre, bevor Solon nach Saïs kam. Wie bereits erwähnt, werden Errungenschaften aufgezählt (einzelne Staaten oder Königreiche in Griechenland, eine vereinigte griechische Armee, Burgen, Bronzewaffen, Streitwagen, eine große Seeflotte, Schiffswerften und Pferderennbahnen), die eine archäologische Datierung ermöglichen: Einen so hohen Leistungsstand um etwa 10000 v. Chr. anzusetzen ist absurd.[207] Er paßt hingegen zu den letzten Jahrhunderten der Bronzezeit (1400–1150 v. Chr.) und in keinen anderen Abschnitt der mediterranen Frühgeschichte.[208]
Eine mögliche Erklärung für die Abweichung der archäologischen Datierung von der in der Legende genannten Jahreszahl lieferte Diodorus Siculus (1. Jh. v. Chr.) mit der Bemerkung daß »... es früher üblich war, das Jahr nach den Mondzyklen zu berechnen«.[209]
Während sowohl in Babylonien als auch in Griechenland Mondka-

lender (oder lunisolare Kalender) in Gebrauch waren, benutzte man in Ägypten seit 2500 v. Chr. drei Kalender gleichzeitig (zwei religiöse Mondkalender und einen staatlichen solaren Kalender).[210] Angenommen, die 8000 Jahre wären Mondjahre, die für die Umrechnung durch 12,37 (die Anzahl der Monde pro Jahr in einem metonischen Zyklus von acht Jahren) dividiert werden müssen, dann läge der tatsächliche Zeitpunkt des Geschehens um 1207 v. Chr.[211] – das heißt falls Solons Ägyptenreise wirklich 560 v. Chr. stattfand. Die Verwechslung von Mond- und Sonnenkalendern würde auch die gewaltigen Zeitspannen (17000 Jahre) erklären, die Herodot von den Ägyptern für das Alter ihrer Gottheiten erhielt.[212] Auch die biblische Langlebigkeit von außerordentlich alten Menschen wie Adam (930), Seth (912), Enosch (905), Methusalem (969), Lamech (777) und Noah (950) wird erklärlich, wenn ihre Lebensdauer in Mondjahren gemessen wird.[213] Umgerechnet auf unseren neuzeitlichen Sonnenkalender wären sie lediglich zwischen zweiundsechzig und achtundsiebzig Jahre alt geworden. Außerdem behaupteten die ägyptischen Geschichtsschreiber Manetho, Syncellus und Eusebius, daß die Zeitspanne zwischen der ersten Dynastie (um 3100 v. Chr.) und dem Ende der dreißigsten (332 v. Chr.) 36525 Jahre betrug[214]; durch 12,37 geteilt, verringert sich diese Zahl auf 2952 Jahre und nähert sich so den rund 2800 Jahren an, die von der (noch umstrittenen) archäologischen Zeitrechnung für Ägypten angegeben werden.
Derartiges Jonglieren mit Zahlen, so verführerisch es auch sein mag, sollte nur mit äußerster Vorsicht betrieben werden. Alte Erzählungen wimmeln von absoluten Zahlen, die aus unserer Sicht überhaupt keinen Sinn ergeben. Die Geschichte von Atlantis ist ein gutes Beispiel dafür, denn die Beschreibung der Stadt enthält mehrere genaue Maßangaben. Einige davon scheinen glaubhaft, zum Beispiel der Durchmesser von einem Kilometer für den Stadtkern, andere hingegen sind völlig widersinnig: so wird die Größe der Ebene um die Stadt herum mit 540 mal 360 Kilometern angegeben, was in keinem Verhältnis zur Größe der Stadt selbst steht. Schon immer waren absolute Größenangaben aus dem Altertum problematisch, und selbst die Zahlen, die sich bei späteren Schriftstellern wie zum Beispiel Pausanias (2. Jh. n. Chr.) finden, sind nicht ohne weiteres in die Neuzeit zu übertragen. Diese

Diskrepanzen sind möglicherweise auf das Fehlen eines allgemeingültigen Standards zurückzuführen. Im klassischen Altertum hatte zum Beispiel das Gewicht »Talent« unterschiedliche Werte[215], was auch noch heute auf das Längenmaß »Meile« und das Hohlmaß »Gallone« zutrifft. Es scheint deshalb angeraten, absolute Maßangaben möglichst außer acht zu lassen.

Dem alten Priester zufolge überschneiden sich die 8000 Jahre zurückliegenden Ereignisse, von denen die Hieroglyphen berichten, mit dem Beginn der saïtischen Zivilisation. Falls diese Zeitspanne wirklich etwa den Jahren um 1200 v. Chr. entspricht, dann wurde Saïs möglicherweise in der Zeit nach dem Troianischen Krieg gegründet. Katherine Folliot hält diese Verbindung für durchaus denkbar, denn viele griechische Schiffe landeten an der ägyptischen Küste, als sie von Troia zurückkehrten. Homer berichtet, daß sich einige der griechischen Helden, darunter Menelaos, mehrere Jahre in Ägypten aufhielten, andere sind vielleicht für immer in dem Land geblieben.[216] Falls Saïs tatsächlich von Griechen besiedelt wurde, so würde dies die Eingangsbemerkung erklären, die Menschen dort fühlten sich als *»große Freunde der Athener«* und seien *»gewissermaßen mit ihnen verwandt«*.

Der letzte Satz des Priesters deutet darauf hin, daß er sich die Inschriften ins Gedächtnis ruft, ohne den eigentlichen Text vor Augen zu haben. Da Solon darum bittet, *»sie sollten ihm alles über seine Mitbürger aus der Frühzeit genau und der Reihe nach berichten«*, erklärt sich der Priester bereit, zunächst *»die Gesetze«* und die *»schönste ihrer Taten«* aus dem Gedächtnis zu beschreiben, um Solon anschließend den vollständigen Bericht zu unterbreiten und *»dabei die schriftlichen Aufzeichnungen selbst zur Hand zu nehmen«*. Dieses doppelte Vorgehen findet offenbar in Platons Wiedergabe der Legende seinen Niederschlag. Platon liefert in *Timaios* zuerst eine allgemeine Beschreibung, bei der er sich auf die griechische Hochkultur konzentriert, und später dann, in *Kritias*, die ganze Erzählung von Atlantis mit sämtlichen Einzelheiten. Vielleicht wurde Solon, nachdem er die allgemeine Einführung vernommen hatte, zur Schriftsäule geführt, damit er die vollständige Übersetzung der ganzen Legende kennenlernen, ja vielleicht sogar abschreiben konnte. Seine Notizen hätten dann über mehrere Generationen hinweg innerhalb der Familie weitergereicht werden können. Da Platon ein Nachfahre Solons war, ist es durchaus möglich, daß Solons Originalmanuskript sich zumindest kurzfristig in Platons Besitz befand. In diesem Fall wäre eine Phase der mündlichen Überlieferung gar nicht nötig gewesen, was die beeindruckende Detailgenauigkeit der Erzählung erklären könnte.

»Betrachte nun ihre Gesetze anhand der unsrigen hier. Denn du wirst hier zahlreiche Beispiele von solchen finden, die damals bei euch gegolten haben: erstens einmal, daß es einen Stand der Priester gibt, der von den anderen abgesondert ist; dann die Handwerker, von denen jeder Stand für sich allein und nicht mit den anderen zusammen sein Gewerbe treibt, sowie den der Hirten und den der Jäger und den der Bauern. Vor allem aber ist dir sicher aufgefallen, daß hier der Stand der Krieger von allen anderen getrennt ist und daß er von Gesetz wegen keinen anderen Auftrag hat als sich um die Kriegführung zu kümmern.«

Der Priester beschreibt die legendäre griechische Kultur als nach Ständen untergliedert: Priester, Jäger, Hirten, Soldaten und Handwerker, die wiederum nach ihren Berufen eingeteilt wurden, bildeten einzelne Gruppen, die sich nicht miteinander vermischten. Eine solche soziale Schichtung ist eines der bemerkenswertesten Charakteristika der achaiischen Gesellschaft.[217] Die Linear-B-Tafeln beschreiben ein hierarchisches System, dem der *Wanax* als König und oberster Führer vorstand, gefolgt vom *Lawagetas*, dem sogenannten Führer des Volkes. Eine Gruppe von *hequetai* oder »Anhängern«, die den Adel repräsentierten, scharte sich um den König.[218] Diese Aristokraten waren vermutlich hohe Beamte – sie besaßen Land und hielten Sklaven, trugen eine bestimmte Kleidung und besaßen ihre eigenen Streitwagen.[219] Der Stand der Handwerker war je nach Art des Handwerks noch weiter unterteilt; unter ihnen hatten die Bronzeschmiede einen Sonderstatus und genossen besondere Vorrechte. Weitere auf den Tafeln erwähnte Berufe waren Steinmetze, Holzfäller, Schiffbauer, Möbeltischler, Schneider, Jäger, Sattler, Bauern, Bäcker, Parfümhersteller, Badewärter und Ärzte[220], ein Berufszweig, den auch der Priester bald einmal erwähnt. Man hat den Linear-B-Tafeln sechsundzwanzig verschiedene Berufe entnehmen können, von denen dreiundzwanzig auch Homer bekannt waren.[221] Von einigen dieser Berufe zeugen auch bei Ausgrabungen entdeckte Werkstätten und Räumlichkeiten, so das »Haus des Ölhändlers«, das »Haus des Töpfers«, das Archiv des Schreibers usw. Der Priester vergleicht die spezialisierten Klassen der alten griechischen Zivilisation mit der ägyptischen Gesellschaft seiner Zeit, die mindestens sechs getrennte Stände umfaßte: Priester, Handwerker, Hirten, Jäger, Bauern und Soldaten. Bei Herodot (5. Jh. v. Chr.) findet sich eine sehr ähnliche Beschreibung der ägyptischen Gesellschaft: »Die Ägypter sind in sieben verschiedene Klassen unterteilt: Priester, Krieger, Rinderhirten, Schweinehirten, Händler, Übersetzer und Lotsen.«[222]

»Und weiter, daß seine Bewaffnung aus Schild und Speer besteht, mit denen wir als erste in Asien ausgerüstet waren; denn die Göttin hat sie uns gezeigt, so wie sie sie in euren Ländern zuerst euch gezeigt hat.«

Schilde und Speere sollen also zuerst von den Ägyptern und Griechen benutzt worden sein. Tatsächlich unterschieden sich die achaiischen Festlandbewohner durch ihren militärischen Charakter deutlich von ihren minoischen Vorgängern – ein Grund dafür, warum der Bericht des Priesters nicht auf die mittlere Bronzezeit der Minoer bezogen werden kann.

»Was ferner den Geist betrifft, so siehst du doch, welche große Sorgfalt das Gesetz bei uns hier gleich von Anfang an für ihn und für seine Ausbildung aufgewendet hat, indem es bis hin zur Wahrsagerei und zur Heilkunst, die zu unserer Gesundheit da ist, von diesen Dingen, die göttlicher Natur sind, alles zum menschlichen Gebrauch aufspürte und sich dann auch in den Besitz aller anderen Wissenschaften setzte, die sich an diese anschließen.«

Da die Linear-B-Tafeln leider nur Aufzeichnungen über Handelsgeschäfte und Steuerangelegenheiten enthalten, fehlen uns Kenntnisse über den Stand der Wissenschaft – der Priester spricht von *»Geist«* –, der in der Spätbronzezeit in Griechenland erreicht wurde. Die technischen Meisterleistungen der Achaier jedoch, ihre beeindruckenden Burgen, die von mehreren Meter dicken Mauern umgeben waren, ihre Straßen und Brücken, der Kanal und der Damm in der Nähe von Tiryns sowie das Drainagesystem am Kopais-See vermitteln uns eine vage Vorstellung vom Niveau der technischen Errungenschaften zur damaligen Zeit.[223]

»Diese ganze Anordnung und Einrichtung hat nun also die Göttin zuerst bei euch getroffen und damit eure Stadt gegründet, nachdem sie den Ort, wo ihr geboren seid, ausgewählt hatte; dabei nahm sie dort Rücksicht auf die günstige Mischung der Jahreszeiten, die dazu geeignet war, die verständigsten Männer hervorzubringen. Weil nun die Göttin eine Freundin des Krieges und der Weisheit ist, wählte sie einen Ort, der Männer hervorzubringen versprach, wie sie ihr am meisten zusagen, und legte dort ihre erste Siedlung an. Ihr hattet jetzt also euren Wohnsitz, genosset solche Gesetze und waret auch sonst wohl eingerichtet und übertraft in jeder Art von Tüchtigkeit alle anderen Menschen, wie es sich von denen erwarten läßt, die von Göttern abstammen und von ihnen erzogen worden sind.
Von vielen großen Taten, die ihr und eure Stadt vollbracht habt, liest man hier mit Bewunderung.«

Die berühmte Hochkultur, die in der ägyptischen Geschichte beschrieben wird, konnte auf griechischem Boden entstehen, weil die Göttin das dortige Klima für geeignet hielt. Der Priester betont die Vollkommenheit und die Bedeutung der Gesetze und behauptet, daß die Griechen *»von Göttern abstammen und von ihnen erzogen worden sind«*. Die Allgegenwart der Götter und ihre enge Verwandtschaft mit den achaiischen Heroen bildeten die Grundlage für die griechische Mythologie und spielten in den homerischen Epen eine bedeutende Rolle.[224] Die Atlantis-Erzählung scheint sich auf die griechische Mythologie ebenso wie auf die zahlreichen Großtaten der legendären achaiischen Helden Jason, Odysseus und Agamemnon zu beziehen, deren Ruhm offenbar über das Mittelmeer bis in ferne Länder gedrungen war. Von den Achaiern kann gesagt werden, daß sie *»in jeder Art von Tüchtigkeit alle anderen Menschen«* übertrafen, zumindest im Hinblick auf ihr handwerkliches und künstlerisches Können. Von achaiischen Künstlern wurde erwartet, daß sie den höchsten Grad an Perfektion anstrebten (XI. 784): »Euer Motto sei *ich führe.* Strebe nach dem Höchsten«, sagt Homer (VI. 207). Diese überragende Leistungsfähigkeit wurde von den höheren Schichten der Gesellschaft zumindest gefördert, wenn nicht gar gefordert, denn da natürliche Rohstoffe in Griechenland fehlten, war die Gesellschaft gezwungen, die Qualität und nicht die Quantität ihrer Produkte zu steigern.

Fassen wir nun die Deutung der bisher besprochenen Atlantis-Legende zusammen: Vergleicht man die hieroglyphischen Inschriften, die sich der Priester in Erinnerung ruft, mit den Informationen aus Ausgrabungen, von Linear-B-Tafeln und aus den homerischen Epen, so scheinen sie einigermaßen mit dem Leben in Griechenland im vierzehnten und dreizehnten Jahrhundert v. Chr. übereinzustimmen. Zu dieser Zeit entwickelte sich eine außerordentlich gut organisierte Gesellschaft, die Kunst des Schreibens war bekannt, und ein sorgfältig durchdachtes Verwaltungssystem ermöglichte ein noch nie dagewesenes Niveau auf technischem und künstlerischem Gebiet. Die Protagonisten dieser Zivilisation wurden als Zöglinge der Götter betrachtet. Ihre Taten erregten »Bewunderung«, wie man den homerischen Gesängen entnehmen kann. Sowohl Homers Helden wie auch die alten Griechen der Atlantis-Legende galten also als Abkömmlinge der Götter. Bis zu diesem Punkt scheinen die Prämissen auszureichen, um weitere Schritte und Schlußfolgerungen zu erlauben. Natürlich muß im Zuge weiterer Erkenntnisse der Versuch unternommen werden, diese Arbeitshypothese zu bestätigen.

»Doch eine ragt unter allen durch ihre Größe und Heldenhaftigkeit hervor. Die Aufzeichnungen berichten nämlich, wie eure Stadt einst einer gewaltigen Macht das Ende bereitet hat, als diese vom Atlantischen Meer aufgebrochen war und in ihrem Übermut gegen ganz Europa und Asien zugleich heranzog. Damals konnte man nämlich das Meer dort noch befahren; denn vor der Mündung, die ihr in eurer Sprache die Säulen des Herakles nennt, lag eine Insel, und die Insel war größer als Libyen und Kleinasien zusammen. Von ihr gab es für die Reisenden damals einen Zugang zu den anderen Inseln, und von diesen auf das ganze Festland gegenüber rings um jenes Meer,

das man wahrhaft so bezeichnen darf. Denn alles, was innerhalb der erwähnten Mündung liegt, erscheint wie eine Hafenbucht mit einer engen Einfahrt; jenes aber kann man wohl wirklich als ein Meer und das darum herum liegende Land in Tat und Wahrheit und in vollem Sinne des Wortes als ein Festland bezeichnen.«

Zusätzlich zu all den legendären Leistungen, die Solons Vorfahren vollbrachten, ragt eine *»unter allen durch ihre Größe und Heldenhaftigkeit hervor«*, sagt der Priester. Es galt, gegen eine *»gewaltige Macht«* zu kämpfen, die, wie der Priester bald erklären wird, von den Griechen entscheidend besiegt werden konnte. Falls die vorher beschriebene griechische Hochkultur tatsächlich in die späte Bronzezeit fällt, würde man natürlich erwarten, daß es sich bei diesem Konflikt um den Troianischen Krieg handelt.[225] Der Priester gibt einige genauere Informationen bezüglich der geographischen Lage des gegnerischen Landes; er sagt, daß es:

- eine Insel war,
- im Atlantischen Ozean lag,
- größer als Libyen und Kleinasien zusammen war,
- innerhalb einer Meeresstraße lag,
- die schwer zu befahren war.

Die ersten drei Charakteristika sind nun auf Troia sicher nicht anwendbar, aber die letzten beiden wären es. Um das Rätsel zu erhellen, muß die geographische Lagebeschreibung des Priesters genauer aus der Perspektive des sechsten Jahrhunderts v. Chr. untersucht werden. Zunächst einmal müssen wir uns klarmachen, daß der Priester, falls unsere Deutung richtig ist, den Bericht von einer 500 Jahre alten Hieroglypheninschrift in eine fremde Sprache, nämlich ins Griechische, übersetzte. Obgleich er diese Sprache vermutlich ausreichend beherrschte, könnte er bei den fremden Ortsnamen in der Hieroglypheninschrift auf Probleme gestoßen sein, die noch heute bestehen, denn:

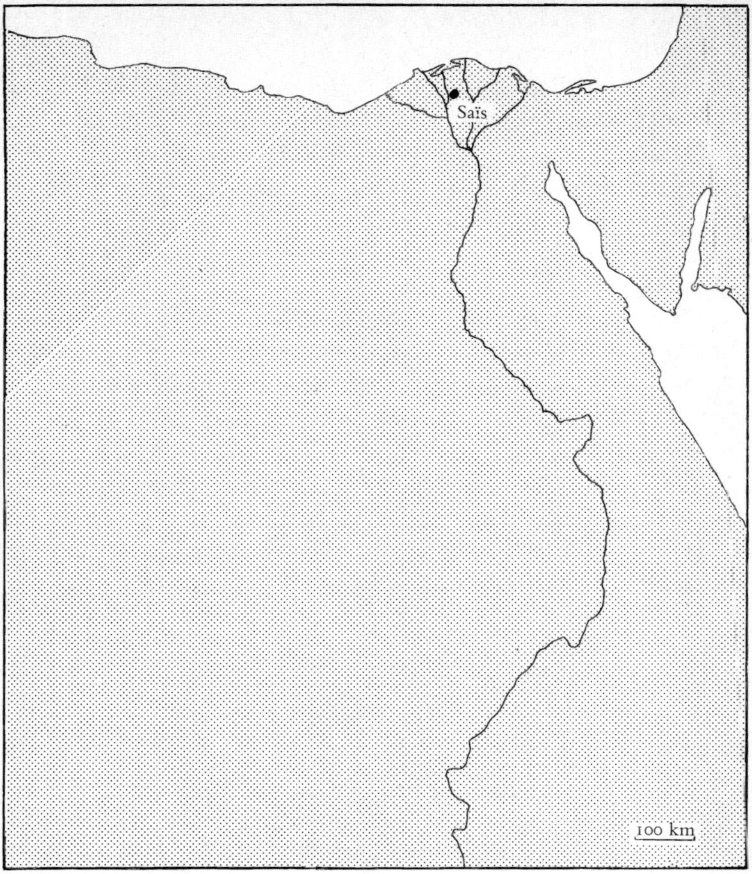

Ägypten

Ein Vergleich der Land/See-Verteilung in Ägypten und der Ägäis zeigt, warum man letztere »die Inseln« nannte.

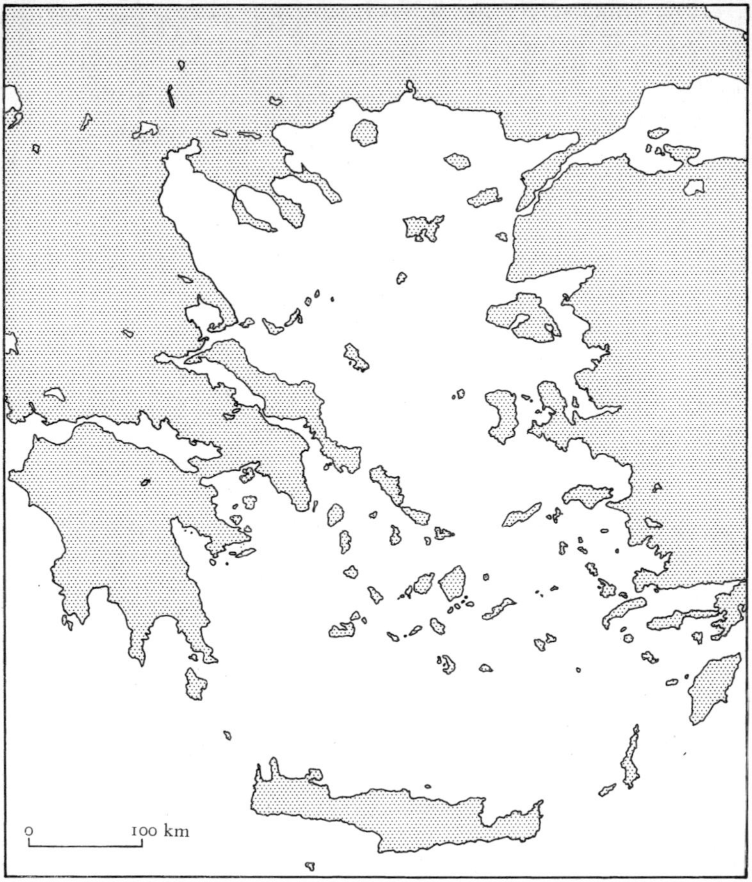

»Die Inseln«

> Ägyptische hieroglyphische Dokumente verlieren an Wert, da das in ihnen verwendete Vokalisierungssystem für die Transkription von fremdländischen Namen unzureichend ist.[226]

Die in der Atlantis-Erzählung verwendeten Ortsnamen sind ein gewichtiger Grund, warum die Entschlüsselung der Legende bislang nicht gelungen ist. So hat zum Beispiel das Wort »Insel« heute eine ganz klar umrissene Bedeutung. In der ausgehenden Bronzezeit hingegen war das ganz anders. Für die Ägypter kamen fast alle Fremden von Inseln: »... und die fremden Länder verschworen sich auf ihren Inseln«[227], oder: »Die nördlichen Länder, auf ihren Inseln, zitterten...«[228]. Rhys Carpenter hat für diese Fehlinterpretation eine einleuchtende Erklärung vorgelegt:

> Da es in Ägypten praktisch keine Inseln gab, besaß das alte Ägyptisch kein besonderes Wort dafür. Das Hieroglyphenzeichen, das in Übersetzungen oft mit »Insel« wiedergegeben wird, bezeichnet eigentlich nur einen Sandstrand oder eine Küste und ist als Bestimmungssymbol für fremde Länder oder Gegenden jenseits des Niltales weit verbreitet.[229]

Heute bezeichnen die Ägypter eine Landschaft im Landesinneren als »Insel Meroë«, und auch die Maghreb wird noch immer »Gizereh el Maghrib« oder »Insel des Westens« genannt.[230] Der Begriff »Insel« scheint also heute wesentlich klarer definiert zu sein als vor dreitausend Jahren. So wurde Agamemnon, der Befehlsführer über die vereinigten griechischen Streitkräfte vor Troia, als Herrscher über »viele Inseln und alle argivischen Länder« (II. 108) betrachtet, obwohl sein eigenes Königreich nur die nördliche argivische Ebene und Korinth umfaßte.[231] »Zu den Inseln« erscheint auch als üblicher Ausdruck in hethitischen Texten aus dem dreizehnten Jahrhundert v. Chr.[232]. Besonders wenn sie sich auf *Ahhiyawa* beziehen, das im allgemeinen mit Achaia oder dem achaiischen Griechenland gleichgesetzt wird. Während der mykenischen Kontrolle der Ägäis wurde in ägyptischen Dokumenten häufig der Ausdruck »die Insel des Großen Grünen«[233] verwendet, und die meisten Historiker sind sich darüber einig, daß mit dieser Wendung die ägäischen Inseln unter archaiischer Herrschaft einschließlich griechischer Küsten des Fest-

landes gemeint sind.[234] Demnach scheinen die Länder in und um die Ägäis in der späten Bronzezeit »die Inseln« genannt worden zu sein, und wenn man Karten von Ägypten und der Ägäis miteinander vergleicht, wird deutlich, warum dies so gewesen ist.
Vielleicht half auch Solon dem Priester bei der Übersetzung, indem er ihm die Ortsnamen nannte, die er für richtig hielt. In *Kritias* (113a–b) erwähnt Platon, daß Solon später sogar einige Namen in die, wie er glaubte, griechischen Entsprechungen umwandelte. Der Text stellt fest, daß das fragliche Land *»vor der Mündung, die ihr in eurer Sprache die Säulen des Herakles nennt«* liege, was bedeutet: vor einer schmalen Meerenge. Durch die Formulierung *»die ihr... nennt«* läßt der Priester einige Unsicherheit erkennen, ob die Inschrift und Solons Interpretation sich wirklich auf die gleiche Meerenge beziehen. Die *»Säulen des Herakles«* werden heute im allgemeinen mit der Straße von Gibraltar gleichgesetzt; diese lag allerdings außerhalb der Reichweite der achaiischen Schiffe. Dennoch ist der Ausdruck zum ersten Mal in der *Odyssee* zu finden (1.53–54). Homer hatte aber mit an Sicherheit grenzender Wahrscheinlichkeit noch nie etwas von der Straße von Gibraltar gehört![235] Noch zu Strabos Zeit (63 v. Chr. – 26 n. Chr.) herrschte Uneinigkeit darüber, was nun eigentlich mit dem Ausdruck »Säulen des Herakles« gemeint war.[236] Der deutsche Geograph Richard Hennig, der nach den Wurzeln des Terminus forschte, kam zum Schluß, daß er sich ursprünglich nicht auf die Straße von Gibraltar, sondern auf eine andere Stelle am äußersten Ende des griechischen Einflußbereiches bezog.[237] Diese Ambivalenz kam auch in der antiken Literatur zum Ausdruck, und Servius (um 400 n. Chr.) hat einen Hinweis geliefert, wo die ursprünglichen Säulen des Herakles gewesen sein könnten:

> *Columnas Herculis legimus et in Ponto et in Hispania.*[238] (Durch die Säulen des Herakles fahren wir im Schwarzen Meer wie auch in Spanien.)

Es gibt im Mittelmeer zwei enge Wasserstraßen, die in andere Meere führen: die Straße von Gibraltar (in den Atlantischen Ozean) und die Dardanellen/Bosporus (ins Schwarze Meer). Servius zufolge wurden beide Meerengen »Säulen des Herakles« genannt, doch

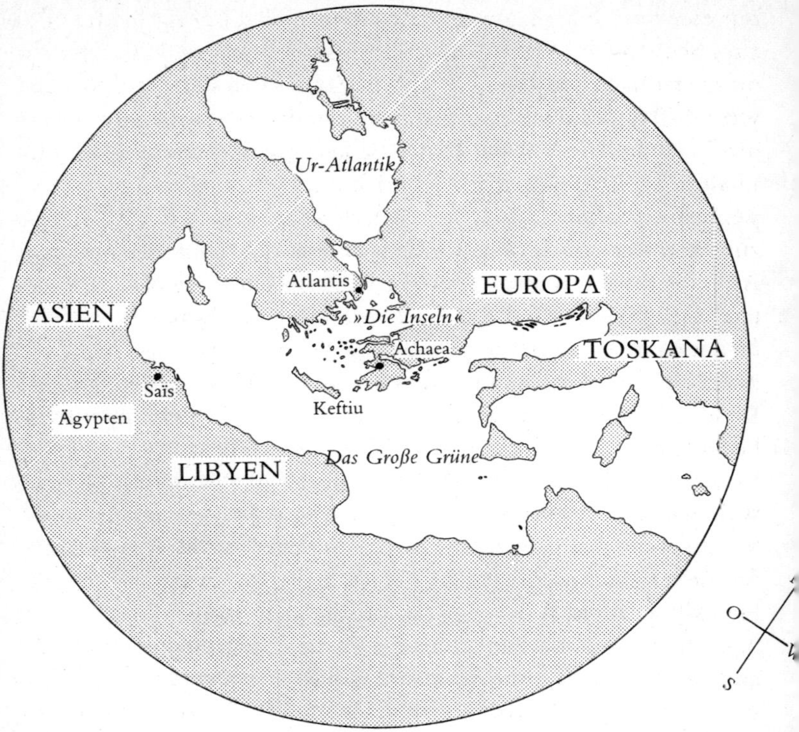

Will man sich die Welt des 13. Jahrhunderts v. Chr. vorstellen, wie sie in der Atlantis-Erzählung beschrieben wird, muß man neuzeitliche Begriffe weitestgehend außer acht lassen. Diese Karte wurde »verfremdet«, so daß man altbekannte Tatsachen einmal mit anderen Augen betrachten kann. Obwohl das Spiegelbild seltsam erscheint, ist es völlig korrekt und liefert dieselben Informationen wie eine herkömmliche Karte. Im dreizehnten Jahrhundert v. Chr. nannten die Ägypter das Mittelmeer »das Große Grüne«; Kreta trug den Namen Keftiu, und die zahlreichen ägäischen Inseln und die Küsten des Festlandes hießen einfach »Die Inseln«. Als »Achaier« bezeichnete Homer die Griechen des heroischen Zeitalters. – Die Insel Atlantis soll »vor der Mündung« gelegen haben, die zu jenem »Meere, das man wahrhaft so bezeichnen darf«, führte, welches wiederum von »Festland« umgeben war. Es gibt nur eine Durchfahrt und ein Meer *Póntus* innerhalb der mykenischen Welt, die nach dieser Beschreibung in Frage kommen: die Dardanellen, die ins Schwarze Meer führen (hier Ur-Atlantik genannt). Platon beschreibt die Lage von Atlantis folgendermaßen: »Denn alles was innerhalb der erwähnten Mündung liegt, erscheint wie eine Hafenbucht mit einer engen Einfahrt; jenes aber kann man wohl wirklich als ein Meer und das darum herum liegende Land in Tat und Wahrheit und in vollem Sinne des Wortes als ein Festland bezeichnen.«

nur eine von ihnen lag in Reichweite der achaiischen Schiffe: jene zum Schwarzen Meer. Hennig kam zum Schluß, daß die Bezeichnung erst nach 500 v. Chr.[239] auf die Straße von Gibraltar bezogen wurde. Das Gespräch zwischen Solon und dem Priester fällt also in die Zeit, da der Ausdruck eine Bedeutungsänderung erfuhr. Im Licht der zeitgenössischen Geschichte könnte eine mögliche Verwechslung Solons der Durchfahrten zum Schwarzen Meer und zum Atlantik verständlich werden. Nur wenige Jahre bevor er nach Ägypten fuhr, war in Südfrankreich die griechische Kolonie Massilia (Marseille) gegründet worden, wodurch die Straße von Gibraltar zum ersten Mal für griechische Schiffe erreichbar wurde.[240] Nach der Überlieferung markierten die »Säulen des Herakles« das Ende der bekannten Welt[241] – sich über sie hinaus zu wagen, bedeutete gleichsam, die menschlichen Grenzen zu überschreiten.[242] In der späten Bronzezeit endete die griechische Welt am Bosporus, während sie sich noch zu Solons Zeiten bis nach Gibraltar erstreckte. Als sich der geographische Raum der Griechen erweiterte, wurde der mythologische Ort mit der Bezeichnung »Säulen des Herakles« offenbar an die entsprechenden neuen Grenzen der bekannten Welt verlegt.[243] Somit dachte Solon, als er von der entlegenen Meerenge hörte, zuerst an die Durchfahrt zum Atlantik. Indem er sich auf die Betrachtungsweise seiner Zeit stützte, beging er den gleichen Fehler, der die Auseinandersetzung mit Atlantis in den nächsten zweieinhalb Jahrtausenden prägen sollte.[244]
Die Bezeichnung »Atlantisches Meer« taucht in Platons Originaltext kurz vor der Erwähnung der »Säulen des Herakles« auf. Ob dieser Ausdruck von Solon oder von Platon eingeführt wurde, läßt sich nicht mit Bestimmtheit sagen. Er tauchte zum ersten Mal in Dokumenten auf, die von Herodot (ca. 490–425 v. Chr.) verfaßt wurden,[245] ungefähr hundert Jahre bevor Platon *Timaios* niederschrieb, doch mehr als hundert Jahre nach Solons Aufenthalt in Saïs. Herodot erwähnt den Namen Atlantik in Zusammenhang mit einem Gebirge namens »Atlas«, aber die Griechen kannten mehrere Gebirgszüge mit diesem Namen, sowohl auf Kreta als auch auf der Peloponnes, in der Türkei, auf Sizilien, in Saudi-Arabien, Äthiopien und in der Sahara.[246] Da all diese Berge ihre Namen aber recht spät erhielten, sicherlich erst nachdem die Atlantis-Erzählung abgefaßt wurde, könnte es auch sein, daß der Begriff Atlantik von

antlos oder *antl-ant* abgeleitet wurde, was »starke, schäumende Strömung« bedeutet.[247]

Es gibt keinen Nachweis dafür, daß der Ozean, den wir heute den Atlantik nennen, im Verlauf der Bronzezeit von den Völkern des östlichen Mittelmeerraumes erreicht wurde. Da er der ägäischen Welt nicht bekannt war, bestand also auch kein Bedarf für einen Namen. Zwischen 1470 v. Chr. und der Mitte des zwölften Jahrhunderts v. Chr. ist in ägyptischen Texten oft die Rede von einem Ozean, der das »Große Grüne« genannt wurde, besonders in Zusammenhang mit den bereits erwähnten »Inseln des Großen Grünen«. Eine Insel mit Namen »Keftiu«, die üblicherweise mit Kreta identifiziert wird, soll »in der Mitte des Großen Grünen« liegen[248], womit also offenbar das Mittelmeer gemeint war. Der Ausdruck »Großes Grün« könnte implizieren, daß es zumindest einen anderen Ozean gab, der kleiner und von anderer Farbe war, und eine Karte der achaiischen Welt zeigt einen Kandidaten, der diese Bedingungen erfüllt: das Schwarze Meer.

Die Menschen des Altertums wußten von einem dunklen und geheimnisvollen Meer, das von Becher als das berüchtigte *mare coagulatum* (geronnenes Meer) beschrieben wurde.[249] Auch Humboldt spricht von der Existenz eines alten schlammigen, seichten, dunklen und nebligen Meeres, das er *mare tenebrosum* nannte, und beide Autoren setzen es mit dem Atlantischen Ozean gleich. Aristoteles[250] beschreibt die Gewässer außerhalb der Säulen des Herakles als »wegen des Schlammes seicht, doch ruhig, denn es liegt in einer Aushöhlung«. Wenn jedoch der Atlantik im Gegensatz zum Schwarzen Meer von den prähistorischen Völkern des östlichen Mittelmeers nicht befahren wurde: wie kommt es dann, daß so häufig von ihm die Rede ist, während das Schwarze Meer nie erwähnt wird? Und warum werden Eigenschaften des Schwarzen Meeres benutzt, um den Atlantik zu beschreiben, auf den sie nicht zutreffen?

Beide Ozeane wurden im Lauf des siebten Jahrhunderts für griechische Schiffe erreichbar – der Atlantik zum ersten, das Schwarze Meer zum zweiten Mal, denn die Durchfahrt durch den Bosporus war ein paar hundert Jahre lang, während des dunklen Zeitalters nämlich, unmöglich gewesen. Anscheinend fand eine vage Erinnerung an ein dunkles und nebliges Meer weiterhin ihren Ausdruck,

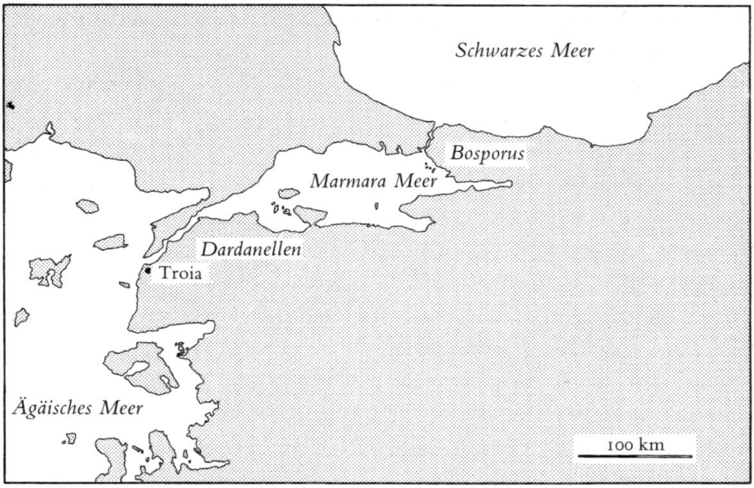

Eine Karte des Nordwestens von Anatolien zeigt die strategische Lage Troias an den Dardanellen (im alten Griechenland Hellespont genannt), der Einfahrt ins Marmarameer (Propontis), dem Bosporus und dem Schwarzen Meer. 2000 Jahre lang konnte Troia von dieser geographischen Position profitieren. Später genoß Byzanz für weitere 1000 Jahre durch seine Lage am Bosporus die gleichen geographischen Vorteile.

etwa in den Dichtungen Homers und in der mündlichen Überlieferung. Als die Schiffahrtsrouten für den Fernhandel sich konstituierten, stellte der Atlantik das fernere und geheimnisvollere Meer von beiden dar, und es könnte sein, daß das alte Wissen von einem gefährlichen »geronnenen« Meer auf das falsche übertragen wurde. Vom fremden Land wird behauptet, daß es *»innerhalb [...] der Mündung«* lag und *wie »eine Hafenbucht mit einer engen Einfahrt«* erschien. Auch diese Beschreibung scheint eher auf die Durchfahrt zum Schwarzen Meer zuzutreffen als auf die Straße von Gibraltar. Der griechische Originaltext betont den Unterschied zwischen Ozean (*pelágos*) diesseits der Meerenge, Durchfahrt (*stóma*) und Meer (*póntos*) auf der anderen Seite. *Póntos* ist natürlich auch die Bezeichnung für das Schwarze Meer. (*Póntos Euxínus*). Daher ist Platons Text in einer Übersetzung folgendermaßen interpretiert worden:

> Von diesem offenen Meer aus kam der Reisende in atlantischer Zeit in das Binnenmeer, den *póntos*, als *Póntus Euxínus*, Schwarzes Meer, bis zur Gegenwart als eigener Begriff für eine besondere Meeresflucht erhalten.[251]

Wie das Schwarze Meer war der *póntos* jenseits der Meerenge von einem Kontinent im wahrsten Sinne des Wortes – nämlich einer Landmasse – umgeben. Im Gegensatz zum Atlantischen Ozean und dem amerikanischen Kontinent lag diese Gegend in Reichweite der achaiischen Schiffe. Der griechischen Mythologie zufolge verließ Jason auf der Suche nach dem Goldenen Vlies den achaiischen Hafen von Iolkos in Richtung Kolchis an der Schwarzmeerküste von Georgien. Mykenische Gebrauchsgegenstände wurden an verschiedenen Orten rings um das Schwarze Meer gefunden; neun Schwerter, einen Dolch, Tonscherben und ein paar andere Gegenstände entdeckte man an vierzehn verschiedenen prähistorischen Ausgrabungsstätten in Rumänien. Im Meeresboden vor der bulgarischen Küste und in der nordhethitischen Stadt Maşat hat man mykenische Keramik gefunden, während man in Georgien eine Anzahl Schwerter entdeckte.[252] Möglicherweise spielt auch Homer an mehreren Stellen auf das Schwarze Meer an, wenn er von schnellen Schiffen spricht, die zum dunklen Meer fahren.[253] Abschließend kann gesagt werden, daß der Eingang zur Durchfahrt ins Schwarze Meer, wo Troia liegt, der geographischen Beschreibung von Atlantis eher zu entsprechen scheint als eine Lokalisierung in der Nähe der Straße von Gibraltar.
Im Hinblick auf die Größe der geheimnisvollen »Insel« sagen viele Übersetzungen, daß sie *»größer als Libyen und Kleinasien zusammen«* war. Der griechische Originaltext bedient sich hier indessen nicht eines Adjektivs, sondern der adverbialen Redewendung ›von größter Bedeutung sein‹.[254] Daher hält ein Kommentar kategorisch fest: »Als verbindlichen Begriff benutzt Platon konsequent ›Machtbereich der Könige der Insel Atlantis‹.«[255] Außerdem wurden Libyen und Kleinasien damals anders definiert: Asien bezeichnete vermutlich den Nahen Osten einschließlich Ägypten, während Libyen den damals bekannten Teil Afrikas meint. Die erste bekannte Erwähnung des Namens Libyen stammt abermals aus der Zeit von Merneptah um 1227 v. Chr.[256]

In der Atlantis-Erzählung heißt es: »*Damals konnte man nämlich das Meer dort noch befahren*«, was deutlich besagt, daß die Navigationskenntnisse zur Durchquerung der Meerenge einst vorhanden waren, aber später verlorengingen, eine Aussage, die uneingeschränkt auf die Dardanellen und den Bosporus zutrifft. Heute werden nur sehr wenige Archäologen bezweifeln, daß die Achaier zumindest gelegentlich bis ins Schwarze Meer vordrangen.[257] (Vor nicht allzu langer Zeit wurde allerdings angenommen, daß die starken Strömungen im Bosporus bis zur Erfindung des ionischen Pentakonters um 680 v. Chr. eine solche Fahrt unmöglich machten.[258]) Es gibt auch keine Anzeichen, daß zwischen dem zehnten und achten Jahrhundert v. Chr. durch den Bosporus Handel getrieben wurde.[259] Somit erscheint die Angabe, die Meerenge sei früher schiffbar gewesen, diese Möglichkeit aber für ein paar hundert Jahre verlorengegangen, durchaus richtig zu sein.

»Auf dieser Insel Atlantis nun gab es eine große und bewundernswerte Königsherrschaft, die sowohl über die ganze Insel als auch über viele andere Inseln und über Teile des Festlandes ihre Macht ausübte; zudem regierten diese Könige auf der gegen uns liegenden Seite über Libyen, bis gegen Ägypten hin, und über Europa bis nach Tyrrhenien.«

Zum ersten Mal wird nun der Name der fremden Macht erwähnt: Atlantis. Die Bezeichnung ist ein Adjektiv, das von »Atlas« abgeleitet ist.[260] Luce nennt es ein *patronymikón*, ein Wort, das eine Vater-Tochter-Beziehung beschreibt; wörtlich übersetzt würde Atlantis bedeuten: »Tochter des Atlas«. Wie der Zufall es will, ist Atlas der Ahnherr des troianischen Königshauses, denn seine Tochter Elektra hatte mehrere Nachkommen von Zeus, und diese waren die Bewohner von Troia. Nach Appolodorus (3.12.1) und Homer (XX.215) lautete der vollständige Stammbaum Troias bis zum Troianischen Krieg folgendermaßen:[261]

1. Atlas
2. Elektra
3. Dardanos
4. Erichthónios

5. Tros
6. Ilos
7. Laomedon
8. Priamos

Priamos führte im Krieg die Gegner der Griechen an, Laomedon, sein Vater, baute die Mauern der Festung. Troianer, Ilier und Dardaner sind die Namen von Völkern, die gegen die Griechen kämpften. Somit sind die Namen von fünf der insgesamt acht Vorfahren von Homer verarbeitet worden. Es würde nicht abwegig erscheinen, wenn es noch ältere Überlieferungen gäbe, die bis zu Atlas oder seiner Tochter Atlantis zurückreichten.
Es gibt in der Tat einige Hinweise darauf, daß der Name Atlantis und seiner Bewohner, der Atlanter, benutzt wurde, um das Volk von Troia zu beschreiben. 1776 veröffentlichte Jacob Bryant eine sechsbändige Enzyklopädie mit dem Titel *Analysis of Ancient Mythology* (mit dem interessanten Untertitel *Wherein an Attempt is made to divest Tradition of Fable; and to reduce the Truth to its Original Purity* (Untersuchung alter Mythologien, worin der Versuch unternommen wird, die Überlieferung von der Fabel zu scheiden und die Wahrheit in ihrer ursprünglichen Reinheit wiederherzustellen). Bryant, ein Experte für das homerische Troia[262], leitete die Troianer von den Meropern ab, die er als Volk von großem Einfallsreichtum und Stolz schildert und die sich als Nachfahren des »erdgeborenen Riesengeschlechts« bezeichneten. Diese Meroper oder Meropiden werden auch »Atlanter... die mutmaßliche Nachkommenschaft des Atlas« genannt.:

> Auch die Troianer stammten aus dieser Familie, und der Dichter, der von der Gründung Troias berichtet, beschreibt es als Stadt der Meroper. Ihre Geschichte ist in der des Dardanos enthalten... des Begründers von Ilion oder Troia. Die vorherrschende Meinung ist, daß die Stadt von Ilos erbaut wurde, dem Sohn des Dardanos, der folglich aus der nämlichen Familie der Meroper-Atlanter stammen muß.[263]

Nach Bryant siedelten diese Meroper-Atlanter sowohl weit im Westen als auch weit im Osten: »Daher stellen wir fest, daß, gleich ob wir in Mauretanien Forschungen anstellen oder am Indus, die gleichen Namen auftauchen.« Solche Überlieferungen über die Atlanter können dazu beigetragen haben, daß in der Atlantis-Geschichte die Himmelsrichtungen verwechselt wurden. Bryant gelangt zum Schluß, daß das Volk von Troia »die Dardaner, Atlanter waren, die angeblichen Kinder der Elektra«. Falls dies tatsächlich ein sehr alter Name für die Troianer war, wäre es nicht verwunderlich, ihn in Ägypten zu finden, dem Entstehungsland der Atlantis-Legende, denn die Ägypter neigten dazu, veraltete Namen auf neue Siedler im gleichen Gebiet anzuwenden.[264] Die nachfolgenden Erörterungen werden zeigen, daß sowohl die Troianer als auch die Atlanter äußerst »geschickt in den Wissenschaften« waren, wie Bryant es ausdrückt, und daß beide Völker von sich behaupteten, »mit den Göttern und den Heroen im Bunde zu sein«.[265]

Atlantis wurde von einer Konföderation von Königen regiert wie das achaiische Reich.[266] Den Königen gehorchte man innerhalb der Meerengen (Bosporus und Dardanellen?) und auf Teilen des Kontinents (Kleinasien?), aber sie herrschten auch über ein noch wesentlich größeres Gebiet: über Europa bis nach Tyrrhenien und über Libyen bis nach Ägypten. Die alte Bedeutung dieser geographischen Namen ist nicht völlig gesichert, und möglicherweise wurden sie auch falsch übersetzt. Hätte Atlantis jedoch in der Nähe der Straße von Gibraltar gelegen, dann wäre sein territorialer Einfluß auf alle Fälle am Tyrrhenischen Meer zu Ende gewesen, sonst hätte sich das Reich mit dem griechischen Machtgebiet überschnitten! Falls es sich bei der betreffenden Auseinandersetzung aber um eine Darstellung des Troianischen Krieges handelt, dann hätte der Territorialanspruch von Atlantis/Troia den ganzen östlichen Mittelmeerraum erfaßt, bis an die Grenzen der achaiischen, hethitischen und ägyptischen Staaten. Erneut muß man zwischen dem relativ kleinen Gebiet unterscheiden, das unmittelbar von Atlantis beherrscht wurde, und der gewaltigen Region, in der es, möglicherweise über seine Handelsbeziehungen, Einfluß ausübte.

Die auf ägyptischen Inschriften verzeichneten Namen des ägäischen Volkes (*Drdny*), das in der Schlacht von Qadesh um 1300 v. Chr. als Verbündeter des hethitischen Reiches gegen Ägypten kämpfte, decken sich mit denen der Bewohner Troias, wie sie in den homerischen Epen benannt sind (*Dardaner*)[267], was möglicherweise auf eine Koalition zwischen den Troianern und den Hethitern während der im dreizehnten Jahrhundert geführten Kriege gegen Ägypten hindeutet.[268] Die Umschreibung »übten Macht aus« könnte auf direkte Angriffe der Atlanter hinweisen, was wiederum auf eine mögliche aktive Teilnahme der Troianer an den frühen Raubzügen der Seevölker schließen läßt. Es ist jedoch wahrscheinlicher, daß Atlantis/Troia eine indirekte Herrschaft über das östliche Mittelmeer ausübte, indem es zum Beispiel die Ein- und Ausfuhrrouten durch die Dardanellen kontrollierte. Manfred Korfmann, der derzeit die Ausgrabungen von Ilion leitet, erklärt: »Es dürfte nicht ganz falsch sein, Troia als eine Piratenburg darzustellen, die die Meerengen beherrschte.«[269]

»Diese ganze Macht also versammelte sich einst zu einem Heereszug und machte den Versuch, sich das ganze Gebiet bei euch und bei uns und alles, was diesseits der Mündung liegt, in einem einzigen Ansturm zu unterjochen. Damals nun, Solon, wurde die Kraft eurer Stadt mit ihrer Tüchtigkeit und Stärke vor allen Augen sichtbar; sie tat sich vor allen anderen durch ihren Mut und durch ihre Kriegskunst hervor, und so stand sie zuerst an der Spitze der Griechen; als dann aber die anderen abfielen und sie notgedrungen auf sich allein gestellt war und dadurch in die äußerste Gefahr geriet, da zeigte sie sich den herannahenden Feinden überlegen und konnte ein Siegeszeichen errichten; jene, die noch nicht unterworfen waren, bewahrte sie vor der Unterwerfung, und uns anderen allen, die wir diesseits der Säulen des Herakles wohnen, schenkte sie großzügig die Freiheit wieder.«

Endlich kommt der Priester auf die herausragendste Tat von Solons Vorfahren zu sprechen: ihren Sieg über den mächtigen Gegner Atlantis durch einen einzigen Angriff, der alle Völker innerhalb der Meerengen befreite.
Leider liefert die Archäologie keine Beweise für die Historizität des Troianischen Krieges.[270] Es gibt eine archäologische Ausgrabungsstätte, die sich als Schauplatz für die Auseinandersetzung anbietet, und es gibt zwei Schichten der Zerstörung, die aus der Zeit stammen, in der der Krieg stattgefunden haben soll; aber das ist

auch schon alles, was wir an wissenschaftlichen Beweisen haben. Alle anderen Informationen beruhen auf alten Texten, hauptsächlich auf Homer. Doch nehmen auch viele andere Autoren auf den Krieg Bezug und erwähnen oft Details, die in der *Ilias* fehlen. Es muß also eine volkstümliche Überlieferung gegeben haben, die einen solchen Konflikt beschrieb, und es wird allgemein angenommen, daß Homer nur einen kleinen Teil dieser Überlieferung als Thema für seine Dichtung verwandte.

In dem oben zitierten Abschnitt gibt der Priester zu erkennen, daß Atlantis der Aggressor war, ein Umstand, der, auf Troia bezogen, im Widerspruch zu herkömmlichen Auffassungen steht. Die Atlantis-Erzählung spricht Troia auch mehr Macht zu als das gegenwärtige archäologische Lehrwissen, doch Troia muß tatsächlich außergewöhnlich stark gewesen sein, wenn wirklich, wie es heißt, 100000 Männer, 1200 Schiffe und zehn Jahre erforderlich waren, um es niederzuwerfen.

Sowohl in der *Ilias* als auch in der Atlantis-Legende bestand die griechische Streitmacht aus einer vereinten Armee, in der offensichtlich Truppen verschiedener Mittelmeerländer kämpften und die die Interessen dieser Länder vertrat; die Griechen jedoch standen an der Spitze des Bündnisses. Die *Ilias* beginnt mit » . . . Ließ im Heer eine Seuche entstehen; es starben die Mannen« (I. 10), während die Atlantis-Erzählung von *»äußerster Gefahr«* im griechischen Lager zu berichten weiß. Doch in beiden Legenden waren die Griechen mit ihrem mächtigen Kriegsheer überlegen, und obwohl sie zeitweilig *»notgedrungen auf sich allein gestellt waren«*, kämpften sie den Gegner nieder und errangen einen großartigen Sieg.

»In der darauffolgenden Zeit aber gab es gewaltige Erdbeben und Überschwemmungen; es kam ein schlimmer Tag und eine schlimme Nacht, da eure ganze Streitmacht mit einem Male in der Erde versank, und ebenso versank auch die Insel Atlantis ins Meer und verschwand darin. Deswegen kann man noch heute das Meer dort weder befahren noch erforschen, weil in ganz geringer Tiefe der Schlamm im Wege liegt, den die Insel, als sie sich senkte, zurückgelassen hat.«

Im allgemeinen glaubt man, Atlantis sei durch eine einzige Katastrophe zerstört worden und danach im Meer versunken. Platons Originaltext dagegen bezieht sich auf die ganze alte griechische Zivilisation, wenn da steht *»eure ganze Streitmacht«*, die *»in der Erde versank«*, und zwar durch *»gewaltige Erdbeben und Überschwemmungen«*. Diese Tragödie ereignete sich, da *»ein schlimmer Tag und eine schlimme Nacht«* kam, nachdem die Krieger von ihrem erfolgreichen Kampf gegen Atlantis zurückgekehrt waren.

Das Erdbeben von Tiryns fällt in die späte SH IIIB-Periode zwischen 1250 und 1200 v. Chr., was bedeutet, daß diese Zerstörung nur wenige Jahre oder Jahrzehnte nach dem Troianischen Krieg (*»in der darauffolgenden Zeit«*) erfolgte. Dieses Erdbeben wurde von einer katastrophalen Überschwemmung begleitet, durch die im wahrsten Sinne des Wortes ein Teil der Unterstadt *»versank«*. All diese Elemente, Erdbeben, Überschwemmungen und die zeitliche Einordnung, decken sich mit dem abrupten Einsetzen des achaiischen Niedergangs. Die Naturkatastrophen werden eindeutig auf Griechenland bezogen[271], wenn auch von Atlantis behauptet wird, daß es *»ebenso versank«*. Auch diese Aussage entspricht den Ereignissen in der Argolis und in der Troas: Teile der Unterstadt von Tiryns wurden sehr schnell, während der plötzlichen Überschwemmung, verschüttet, ebenso wie offenbar viele troianische Gebäude in der Ebene nach dem Krieg unter Schwemmland begraben wurden.

Es gibt jedoch noch eine weitere Folgeerscheinung: *»Deswegen kann man auch heute das Meer dort weder befahren noch erforschen.«* Dies könnte heißen, daß die für die Durchfahrt der Dardanellen und des Bosporus erforderlichen Navigationskenntnisse verlorengingen, nachdem die Troianer keine Lotsendienste mehr leisten konnten. Die Erklärung, daß das Meer nun unpassierbar war, *»weil in ganz geringer Tiefe der Schlamm im Wege liegt, den die Insel, als sie sich senkte, zurückgelassen hat«*, scheint ein weiterer Versuch zu sein, aus zwei voneinander unabhängigen Ereignissen eine Kausalkette zu entwickeln. Auf ähnliche Weise hatte man die Abweichungen der Himmelskörper durch Phaetons Missetat erklärt wie auch einen Zusammenhang zwischen der seltsamen Wahl von mykenischen Siedlungsplätzen und ihrer Zer-

störung durch Überschwemmungen hergestellt. In unserem Fall könnte das Verschwinden von Atlantis als Entschuldigung dafür dienen, daß man die Fähigkeit verloren hatte, die Dardanellen zu befahren. In Mythen finden sich häufig solche ineinander verzahnten Ketten, bei denen A zu B führt, B zwangsläufig C nach sich zieht, und so weiter[272]. Während die Beschreibung statischer Zustände und Phänomene (A, B, C) die Erinnerung an geschichtliche Ereignisse und Orte enthalten kann, beruht ihre kausale Verknüpfung gewöhnlich auf phantasievollen Versuchen, das mythische Sagengut zu rationalisieren.
Hier endet der erste Teil der Atlantis-Legende, eine allgemeine Einführung, die man Solon, wie erwähnt, möglicherweise vortrug, bevor er die eigentlichen Inschriften sah. Kritias, der Sprecher, fährt unter anderem fort:

»Ich bin jetzt bereit zu erzählen, lieber Sokrates, und zwar nicht nur in großen Zügen, sondern mit allen Einzelheiten, wie ich sie gehört habe […] So sieh denn, Sokrates, wie dieses Festmahl angeordnet ist, das wir dir bereitet haben. Weil nämlich Timaios mehr als wir alle von der Astronomie versteht und weil er sich am meisten darum bemüht hat, etwas von der Natur des Alls zu wissen, schien es uns richtig, daß er als erster das Wort ergreifen und bei der Entstehung der Welt beginnen und mit der Erzeugung des Menschen enden soll. Nach ihm müßte ich reden: ich übernehme von ihm die Menschen, wie er sie in seiner Erzählung hat entstehen lassen.«

Der Rest des Buches besteht aus dem Monolog des Timaios über den Ursprung der Erde und die Ausbildung des Lebens. Im zweiten Teil der Trilogie übernimmt Kritias erneut die Gesprächsführung. Zunächst faßt er die Atlantis-Erzählung zusammen, dann fährt er damit fort, das alte Attika recht ausführlich zu beschreiben. Die Informationen über Attika sind eindeutig nicht dem Manuskript von Solon entnommen, was Kritias später auch andeutet. Obgleich sie ganz und gar verständlich ist, hat man seine Beschreibung Attikas wegen ihrer Stellung im Text häufig auf die eigentliche Atlantis-Legende bezogen und sah dadurch ihre Glaubwürdigkeit gemindert. Sie wirkt wie eine 2300 Jahre alte Einführung in die

Grundlagen der Geoarchäologie in Griechenland, und in ihr wird auch die Bodenerosion erwähnt, die für das Schicksal von Tiryns eine bedeutsame Rolle gespielt hat.

Kritias 108e–112e: Attika

»Vor allem wollen wir zuerst daran erinnern, daß es im ganzen neuntausend Jahre her sind, seitdem, wie man erzählt hat, der Krieg entstanden ist zwischen den Menschen, die außerhalb der Säulen des Herakles, und allen denen, die innerhalb von ihnen wohnten; diesen Krieg muß ich nun von Anfang bis zu Ende schildern.

Bei den einen hat, wir sagten es schon, unsere Stadt hier die Führung gehabt und hat den ganzen Krieg durchgekämpft; bei den anderen waren es die Könige der Insel Atlantis. Von dieser erzählten wir, daß sie einst größer gewesen sei als Libyen und Kleinasien zusammen, daß sie aber jetzt infolge von Erdbeben untergegangen ist und für die Schiffer, die von hier in das große Meer hinausfahren wollen, eine undurchdringliche Schlammbank bildet, durch die sie nicht hindurchkommen.«

Platon faßt seine Sicht der in *Timaios* dargestellten Ereignisse zusammen. Ohne einen Spielraum für anderslautende Deutungen zu lassen, rekapituliert er die folgenden Informationen über Atlantis:

- es war eine Insel;
- es lag außerhalb der »Säulen des Herakles«;
- es war größer als Libyen und Kleinasien zusammen;
- es befand sich vor 9000 Jahren in einem Krieg;
- seine Gegner wurden von den »Athenern« angeführt;
- es versank durch Erdbeben;
- dies erzeugte eine Barriere aus undurchdringlichem Schlamm.

Wie bereits aufgezeigt, erlaubt der genauere Bericht in *Timaios* unterschiedliche Schlüsse. Insbesondere wurde bislang nicht explizit gesagt, daß Atlantis durch Erdbeben unterging. Außerdem schrieb Platon im *Timaios* über das *»Land«*, in dem Solon lebt oder sogar von den *»Griechen«*, während hier die gesamte Legende über jene mythologische griechische Kultur auf *»unsere Stadt«* bezogen wird, was gleichbedeutend ist mit *»Athen«*. An früherer Stelle hatte Platon gesagt, die alte griechische Kultur sei vor 9000 Jahren entstanden, nun behauptet er, der Krieg zwischen dieser Kultur und Atlantis habe vor 9000 Jahren stattgefunden. Diese Diskrepanzen lassen erkennen, daß Platon selbst Solons Notizen fehlinterpretierte.

»Die vielen Barbarenvölker und was es damals an griechischen Stämmen gab, die werde ich im Lauf meines Berichtes einen nach dem anderen anführen, wie es dieser jeweils gerade mit sich bringt, von den damaligen Athenern aber und von ihren Gegnern, mit denen sie Krieg führten, sowohl von der Macht als auch von den Staatseinrichtungen der beiden, muß ich dagegen gleich am Anfang ausführlich berichten. Unter diesen zweien aber soll die Schilderung der Zustände in dieser Stadt hier den Vorrang haben.«

Obwohl im vorhergehenden Abschnitt festgestellt wurde, daß Athen an der Spitze einer der beiden Kriegsparteien stand, bemerkt Platon hier, daß es zu der damaligen Zeit zahlreiche griechische Stämme gab. Kritias, Platons Sprecher, entwirft kurz den Aufbau seiner geplanten Rede: Er wird das, was an den einzelnen Orten geschah, darstellen, wobei er mit Attika beginnt und dann mit der Beschreibung der fremdländischen Feinde fortfährt. Da Platon das Buch nach der Beschreibung von Atlantis abbrach, hat er leider nie enthüllt, was an den anderen Orten geschah. Verblieben ist die Darstellung Attikas, die auf örtlichen Überlieferungen beruht, und, zweitens, eine sehr detaillierte Beschreibung von Atlantis, deren Grundlage der Bericht von Solon ist.

»Die Götter nämlich haben einst die ganze Erde gebietsweise durch das Los unter sich aufgeteilt, ohne daß es dabei zu Streit kam. Es gäbe ja auch keinen vernünftigen Grund für die Annahme, daß die Götter nicht gewußt haben sollten, was einem jeden

von ihnen zukam, oder daß die einen versucht hätten, durch einen Streit das für sich zu erwerben, von dem sie wußten, daß es eher den anderen gebührte; denn durch die Lose der Gerechtigkeit erhielt jeder den Teil, der ihm lieb war, und diese Ländereien besiedelten sie, und als das geschehen war, taten sie wie Hirten mit ihren Herden: sie zogen uns auf als ihren Besitz und als ihre Pfleglinge, freilich mit dem Unterschied, daß sie dabei gegen die Leiber nicht leibliche Gewalt anwendeten, so wie die Hirten ihr Vieh mit Schlägen auf die Weide treiben, sondern so, wie sich ein Lebewesen am besten leiten läßt: ihnen vom Achterschiff aus die Bahn weisend, indem sie, nach ihren eigenen Gedanken, mit gütlichem Zureden wie mit einem Steuerruder die Seele beeinflussen; durch solche Führung lenkten sie das ganze menschliche Geschlecht.

An den einen Orten bekamen also die Götter ihren Anteil, an den anderen wieder andere, und dort übten sie nun ihre Herrschaft aus; Hephaistos und Athena aber, die beide von gleicher Natur sind, da diese vom selben Vater her verschwistert ist und da sie zudem infolge ihrer Liebe zur Weisheit und zur Kunst dieselben Bestrebungen haben – diese beiden also bekamen deshalb durch das Los unser Land hier zum gemeinsamen Anteil, weil es ihrem Wesen entsprach und seiner Natur nach geeignet war für menschliche Tüchtigkeit und vernünftiges Denken; hier pflanzten sie als Ureinwohner tüchtige Menschen ein und gaben ihnen den Sinn für ein geordnetes Staatswesen.«

Kritias faßt hier allgemein zusammen, wie sich die Griechen die Besiedelung ihres Landes vorstellten. Erneut ist festzustellen, daß es sich dabei um örtliche griechische Überlieferungen handelt, die in keinerlei Zusammenhang mit Solons Bericht aus Ägypten stehen.

»Von diesen haben sich noch die Namen erhalten: ihre Taten dagegen sind in Vergessenheit geraten, weil auch die, denen sie sie weitergaben, untergegangen sind und weil seither so lange Zeit verflossen ist. Denn die Bevölkerungsgruppe, die sich jeweils erhalten hat, die blieb, wie oben gesagt wurde, im Gebirge und war ohne Schrift; so hörten sie nur eben die Namen ihrer

Landesfürsten und dazu ein Weniges von ihren Taten. Sie gaben sich damit zufrieden, ihren Nachkommen diese Namen zu überliefern; von den Vorzügen aber und von den Gesetzen ihrer Vorfahren wußten sie nichts, außer einigen dunklen Gerüchten über den einen oder den anderen. Und durch viele Menschenalter lebten sie und ihre Kinder im Mangel an den notwendigen Dingen und richteten ihre Gedanken einzig auf das, was ihnen fehlte. Dies war ihr einziger Gesprächsgegenstand; aber wie ihre Vorfahren gelebt hatten und was sich in der Vorzeit ereignet hatte, darum kümmerten sie sich nicht. Erforschung der Mythen und Altertumskunde stellen sich ja doch erst mit beginnender Muße in den Städten ein, wenn einzelne zur Feststellung kommen, daß die lebensnotwendigen Dinge nun vorhanden seien, vorher aber nicht.«

Es ist wichtig, sich klarzumachen, daß es sich hier um Platons Worte handelt und nicht um Worte Solons oder des ägyptischen Priesters. Platon verarbeitet und bewertet mündliche Überlieferungen aus dem alten Griechenland im allgemeinen und aus Attika im besonderen. Dennoch bezog er das von Solon mitgebrachte Wissen auf diese griechischen Überlieferungen und akzeptierte voll und ganz die ägyptische Darstellung, daß *»die Bevölkerung [...] im Gebirge [blieb] und [...] ohne Schrift«* war und in diesen Zeiten nur *»einige dunkle Gerüchte«* von Generation zu Generation weitergetragen wurden. Platon benutzt dies als Entschuldigung dafür, daß nur so wenig über die griechische Vorgeschichte bekannt ist. Er verwechselt jedoch zwei verschiedene Perioden, in denen hauptsächlich ungebildete Bergbewohner in Griechenland lebten, denn beide Perioden waren mit Legenden von großen Überschwemmungen verknüpft. Die erste war die Deukalionische Flut, das griechische Äquivalent zur biblischen Sintflut; im Anschluß daran wurde Griechenland erstmals besiedelt. Bei der anderen Überschwemmung handelt es sich um die Katastrophe in der Argolis, an die sich ein dunkles Zeitalter anschloß. Daß Platon diese beiden Ereignisse und die sich jeweils anschließenden einfachen Kulturen miteinander verwechselte, wird in seinem nachfolgenden und letzten Buch *Nomoi* noch offensichtlicher.[278] Seine Bereitschaft, Solons Atlantis-Erzählung zu akzeptieren, könnte zumindest teilweise damit zusammenhängen, daß er die Parallelen zwischen der Assoziation Flut/dunkles Zeitalter in ägyptischen und griechischen Legenden erkannte – aber nicht, daß beide Überlieferungen von unterschiedlichen Ereignissen zu unterschiedlichen Zeiten berichteten.

Platon gibt eine poetische, aber dennoch getreue Darstellung der prinzipiellen Voraussetzungen für den intellektuellen Fortschritt, wenn er sagt: *»Erforschung der Mythen und Altertumskunde stellen sich ja doch erst mit beginnender Muße in den Städten ein.«* Für ihn waren die *mythologia* und die Erforschung der weit zurückliegenden Vergangenheit ein und dasselbe, was erkennen läßt, daß er die intensive Beschäftigung mit alten Überlieferungen für eine ernstzunehmende und wichtige Aufgabe hielt. Darüber hinaus wertete er Solons Atlantis-Erzählung auf, indem er einen Großteil der alten Legenden als *»dunkle Gerüchte«* bezeichnet. Platon vertritt die Auffassung, daß Staaten erforderlich sind, in denen *»die lebensnotwendigen Dinge [...] vorhanden seien«*, doch viele tausend Jahre lang waren diese Voraussetzungen in Griechenland nicht erfüllt. Daher ist es nicht verwunderlich, daß man in Griechenland so wenig Kenntnis von der Vergangenheit hat, und nur die Namen der Herrschenden und eben jene *»dunklen Gerüchte«* erhalten geblieben sind.

»Somit haben sich also die Namen der Alten erhalten, jedoch nicht ihre Taten. Für diese Behauptung habe ich folgenden Beweis: all die Namen eines Kekrops und Erechtheus und Erichthonios und Erysichthon und der meisten anderen, die man als Vorgänger des Theseus erwähnt, hätten jene Priester genannt – so sagte Solon –, als sei von dem damaligen Krieg berichteten, und ebenso auch die Namen der Frauen. Und weil damals die Frauen gemeinsam mit den Männern im Krieg mitwirkten und weil die Menschen jener Zeit, entsprechend diesem Brauch, ein Weihbild der Göttin in Waffen aufgestellt haben, so ist denn auch diese Gestalt und Statue der Göttin ein Zeichen dafür, daß überall, wo männliche und weibliche Wesen zusammenleben, einem jeden der beiden Geschlechter von Natur die nötige Tüchtigkeit verliehen ist, die es instand setzt, alle gemeinsamen Aufgaben zu erfüllen.«

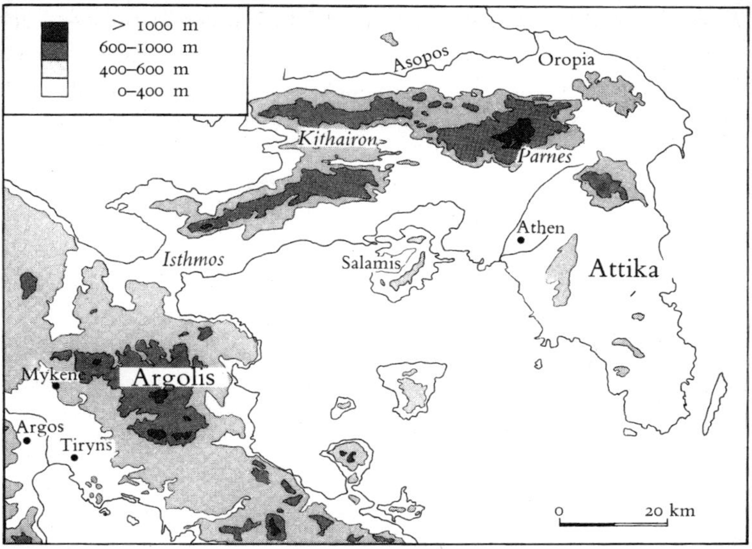

Platon berichtet, daß Attika sich bis an den Isthmus (von Korinth) und die Cithaeron- und Parnes-Berge ausdehnte, wobei der Fluß Asopos die nördliche Grenze bildete. Er bezieht das von dem ägyptischen Priester Gesagte ausschließlich auf das alte Attika, obgleich es wahrscheinlicher ist, daß die Überschwemmung und das Erdbeben in der benachbarten Argolis auftraten, ein Gebiet, das im vorklassischen Griechenland eine wesentlich bedeutsamere Rolle spielte.

Platon betont die Parallelen zwischen der ägyptischen Darstellung und der griechischen mündlichen Überlieferung, die sich in seinen Augen gegenseitig bestätigen.

»Von den verschiedenen Klassen der Bürger, die damals unser Land bewohnten, beschäftigte sich die eine mit dem Handwerk, die andere zog aus der Erde die Nahrung; abseits von diesen aber wohnte der Stand der Krieger, der von Anfang an durch gottbegnadete Männer ausgesondert wurde. Diese Krieger hatten alles, was sie zu ihrer Ernährung und Bildung brauchten; doch verfügte keiner von ihnen über privates Eigentum, weil sie der Meinung waren, daß alles gemeinsamer Besitz von allen sein soll; über die auskömmliche Nahrung hinaus verlangten sie von ihren Mitbürgern nichts zu erhalten, und sie übten alle Tätigkeiten aus, die wir gestern im Zusammenhang mit den Wächtern genannt haben, wie diese in unserer Vorstellung leben.«

Diese Mitteilung über die Klasse der Krieger spiegelt erneut die Parallele zwischen den mündlichen Darstellungen aus Attika und Ägypten wider, in denen die Zustände in der Spätbronzezeit beschrieben werden. Dies bedeutet jedoch nicht, daß alle Einzelheiten, die im folgenden gegeben werden, auf die spätere Bronzezeit zutreffen. Es ist recht offensichtlich, daß Platon keine Vorstellung von Chronologie hatte.

»Und auch sonst klingt glaubwürdig und zuverlässig, was über unser Land erzählt wurde: erstens daß sich damals seine Grenzen bis zum Isthmos ausgedehnt hätten und auf der anderen Landseite bis zu den Höhen des Kithairon und des Parnes; von dort hätten sich diese Grenzen hinuntergezogen, wobei sie das Gebiet um Oropos zur Rechten ließen, während sie zur Linken gegen das Meer hin den Asoposfluß ausschlossen. An Fruchtbarkeit aber habe unser Land jedes andere übertroffen; darum sei es damals auch in der Lage gewesen, ein großes Heer von Leuten zu ernähren, die sich nicht mit dem Landbau beschäftigten. Und es ist ein schlagender Beweis für seine Fruchtbarkeit, daß nämlich das, was von ihm heute noch übrig ist, sich mit jedem anderen messen kann, sowohl durch die Mannigfaltigkeit

und Schönheit seiner Früchte als auch durch die herrlichen Weiden, die es allen Tieren bietet. Damals aber waren die Früchte, die es trug, nicht nur schön, sondern auch in großer Fülle. Wie sollen wir das nun glauben können, und nach welchen Spuren, die vom damaligen Land noch übrig sind, dürfen wir diese Aussagen als richtig betrachten?«

Die oben umrissenen Grenzen stecken ein größeres Gebiet ab als das Territorium des klassischen Attika zur Zeit Platons umfaßte, möglicherweise wollte er auf diese Weise politische Ansprüche betonen.[274] Die derzeitige archäologische Forschung versucht, die Grenzen der bronzezeitlichen Staaten zu rekonstruieren – Platons Aussage deutet darauf hin, daß solche Grenzen existierten. Nach dem politischen Aufbau (Militär, Grenzen) kommt Platon nun zum Thema der landschaftlichen Veränderungen. Möglicherweise handelt es sich bei seiner klaren Darstellung des sich verändernden Bodens um eine weitere mündliche Überlieferung, die in seine geschichtliche Zusammenfassung einfließt. Daß fruchtbarer Boden im prähistorischen Attika vorhanden war, kann heute ebenso als Tatsache betrachtet werden wie die Tatsache, daß in Athen Achaier lebten.

»Das ganze Land erstreckt sich ja vom übrigen Festlande weg wie ein Vorgebirge weit ins Meer hinaus, und das Meeresbecken ringsum fällt nahe der Küste in große Tiefe ab. In den neuntausend Jahren – so viele sind es nämlich seit jener Zeit bis heute gewesen – ereigneten sich zahlreiche gewaltige Überschwemmungen, und in dieser langen Zeit und unter diesen Ereignissen hat die Erde, die von den Höhen herabgeschwemmt wurde, nicht etwa einen mächtigen Damm gebildet, wie das an anderen Orten geschieht, sondern sie wurde jeweils ringsum getrieben und verschwand in der Tiefe.«

Platons Darstellung der Umweltveränderungen im alten Griechenland entspricht den Erkenntnissen der modernen Geoarchäologie. Archäologen sind sich heute durchaus darüber im klaren, daß menschlicher Lebensraum und kultureller Fortschritt nicht von der Entwicklung der Landschaft zu trennen sind[275] und daß daher die

Landschaften der Vergangenheit rekonstruiert und ihre geschichtlichen Veränderungen erfaßt werden müssen, bevor die Nutzung des Landes durch den Menschen interpretiert werden kann. Wie ein heutiger Geoarchäologe beginnt Platon damit, die Topographie des alten Griechenlands zu erläutern und beschreibt dann die Bathymetrie des umliegenden Meeres. Das Land, das sich *»vom übrigen Festlande weg wie ein Vorgebirge weit ins Meer hinaus«* erstreckt, ist oft als die Peloponnes gedeutet worden, das Zentrum der achaiischen Kultur, doch könnte dieses Land, etwas kleiner gefaßt, auch das südliche Attika darstellen. Um die Peloponnes liegen die tiefsten Stellen des Mittelmeers; im Ionischen Becken auf der Westseite erreicht es eine Tiefe von über 5000 Metern.[276] Obgleich es im Altertum keine Mittel gab, solche Tiefen auszuloten, wußte Platon, daß *»das Meeresbecken ringsum [...] nahe der Küste in große Tiefe«* abfällt. Sehr richtig beschrieb Platon den Prozeß der Bodenerosion, bei dem der Oberflächenboden und das verwitterte Muttergestein weggeschwemmt werden und der darunterliegende Felsen freigelegt wird.[277] Der an früherer Stelle geschilderte historische Überblick über die Wechselbeziehungen zwischen den Menschen der Ägäis und ihrer Landschaft hat gezeigt, daß die frühbronzezeitliche Bodenerosion die verhängnisvollste Umweltzerstörung war, die je in Griechenland stattfand. Auch Platon betrachtete sie als den wichtigsten Faktor für die Veränderungen des Lebensraumes im alten Griechenland, und er macht damit deutlich, daß die Menschen der klassischen Periode um ihren Einfluß auf die Umwelt wußten. Die lange Zeit seit Beginn der Besiedlung sowie die *»zahlreichen gewaltigen Überschwemmungen«* seither führten dazu, daß der Boden immer mehr *»verschwand«*.

Die archäologischen Erkenntnisse über das prähistorische Griechenland bestätigen Platons Beschreibung: Nach der ersten Besiedelung durch Neandertaler in der Mittleren Steinzeit wurde Griechenland wieder völlig verlassen. Auch die zweite Phase der Besiedelung, durch Höhlenbewohner der späten Steinzeit, endete mit dem völligen Verlassen des Landes. Am Ende des Frühhelladikum und dann erneut zum Ausgang der mykenischen Ära folgten weitreichende Zerstörungen, die mit einschneidenden Rückgängen in der Bevölkerungszahl einhergingen. Daran anschließend fand

eine Neubesiedelung durch die Verschmelzung von einheimischen und fremden Völkern statt. Die jungen Ablagerungen in der argivischen Ebene zeigen, daß besonders die beiden letzten Umwälzungen von ungewöhnlich starker Bodenerosion begleitet wurden, gerade so wie sie bei Platon beschrieben wird.
Sowohl die Topographie als auch die Bathymetrie haben wichtige Auswirkungen auf die Bodenerosion. Attikas hohes subaerisches und submarines Relief führte dazu, daß *»die Erde, die von den Höhen herabgeschwemmt wurde, nicht etwa einen mächtigen Damm«* bildete, sondern von den Flüssen zum Meer getragen wurde, wo sie *»in der Tiefe verschwand«*. In anderen Gegenden Griechenlands, wo die Topographie weniger markant ist, wurde der abgetragene Boden erneut abgelagert. Im Verlauf der letzten 10000 Jahre sammelte sich in vielen küstennahen Ebenen bis zu zehn Meter Schwemmaterial an, wodurch die jeweiligen Küstenlinien allmählich Richtung Meer verlagert wurden. Platons klarsichtige Beobachtungen sowie seine selbstbewußt-elegante Darstellung bestätigen sein Verständnis dieser Vorgänge. Wir haben es hier mit der ersten Beschreibung von geologischen Prozessen in der klassischen Literatur zu tun, und Platon kommt zu Recht das Verdienst zu, als erster einen der wichtigsten geologischen Grundsätze formuliert zu haben.[278]

»Wie man das bei den kleinen Inseln sehen kann, ist also, wenn man den heutigen Zustand mit dem damaligen vergleicht, gleichsam noch das Knochengerüst eines Leibes übrig, der von einer Krankheit verzehrt wurde: ringsum ist aller fette und weiche Boden weggeschwemmt worden, und nur das magere Gerippe des Landes ist übriggeblieben.«

Kein neuzeitlicher Geoarchäologe hat es je treffender ausdrücken können als Platon, der die Bodenerosion mit dem Skelett eines kranken Menschen verglich. Um eine zweite Meinung dazu einzuholen, habe ich diese Passage einem Kollegen gezeigt, und er meinte dazu: »Es ist doch erstaunlich, wie wenig wir in den letzten 2300 Jahren dazugelernt haben.«
Im Gegensatz zu den meisten Griechenlandurlaubern habe ich nicht viel von den Inseln gesehen. Die meisten sind klein und ihre Hänge

steil, daher erodiert der Boden rasch, ohne Spuren in Form jüngerer Ablagerungen zu hinterlassen, die ich untersuchen könnte. Platon war sich über diese Wechselbeziehungen ebenso im klaren wie Homer, der schreibt: »Keine der Inseln ist wiesenreich und für Wagen befahrbar« (4.608).

»Aber damals war dieses Land noch unversehrt, mit hohen, von Erde bedeckten Bergen, und die Ebenen, die man heute als rauh und steinig bezeichnet, hatten fetten Boden in reichem Maße, [...]«

Die klimatische Verbesserung nach der letzten Eiszeit ging zunächst mit einem raschen Anstieg der Vegetationsdichte einher. Zudem wurden fast sämtliche menschlichen Behausungen verlassen. Daher führten die massiven klimatischen Veränderungen nicht zu einer Destabilisierung des Bodens; im Gegenteil, die Oberfläche war stabil und auf ihr konnte sich nahrhafter, fruchtbarer Boden bilden.[279] Platon nennt diesen Zustand des natürlichen Gleichgewichts *»unversehrt«* und vermerkt den nachfolgenden Wechsel von bestellbarem Hügelland zu unfruchtbaren Ebenen. Eine andere Beobachtung findet sich später bei Aristoteles, der mit folgenden Worten die argivische Ebene beschreibt:

> Zur Zeit des Troischen Krieges nämlich vermochte das argivische Land, sumpfig wie es war, nur wenige Menschen zu ernähren, das von Mykene aber war fruchtbar (und darum auch berühmter).
> Jetzt ist es, aus dem angegebenen Grund umgekehrt: Mykene ist unfruchtbar geworden und völlig trocken, in Argos dagegen sind die damals versumpften und deswegen ertraglosen Gebiete jetzt anbaufähig geworden.

Es ist also offensichtlich, daß die Griechen über Veränderungen der Umwelt und deren Auswirkungen Bescheid wußten; ebenso darüber, daß das Schicksal der Landschaft zum großen Teil davon abhängt, wie man sie nutzt oder eben mißbraucht. Platon fährt fort:

»[...] und auf den Höhen gab es weite Wälder, von denen heute noch deutliche Spuren sichtbar sind. Einige von diesen Bergen bieten jetzt einzig den Bienen noch Nahrung; es ist aber gar nicht so lange her, da waren von den großen Häusern, für deren Bedachung man dort die Bäume gefällt hatte, die Dächer noch wohlerhalten. Und auch sonst trug das Land hohe Fruchtbäume in großer Zahl, und den Herden bot es unbeschreiblich reiche Weideplätze.«

Das Verschwinden des natürlichen mediterranen Waldbestandes, von dem man annimmt, daß er bis zu 95 % der Oberfläche bedeckte[280], wird hauptsächlich der Abholzung zugeschrieben. Platon stellt die Tatsache heraus, daß in seiner Zeit noch einige *»deutliche Spuren«* dieser Wälder sichtbar waren, und tatsächlich hat Broneer Balken von der Größe eines Schiffsmastes gefunden, die in den achaiischen Belagerungsbrunnen unterhalb der Akropolis eingelassen waren.[281] Selbst die Kiefernwälder im nördlichen Attika, an der Grenze nach Böotien, scheinen ein Überbleibsel aus klassischer Zeit zu sein.

»Und vor allem bekam es von Zeus jedes Jahr sein Wasser, und dieses ging ihm nicht wie heute verloren, wo es aus dem kärglichen Boden ins Meer fließt, sondern weil das Land reichlich Erde hatte und das Wasser damit auftrank und es in dem lehmhaltigen Boden bewahrte, ließ es das Naß von den Höhen herab in die Talgründe fließen und bot allerorten in Brunnen und Bächen reichliche Bewässerung. An den Orten, wo früher diese Quellen waren, sind auch heute noch Heiligtümer erhalten als Zeichen, daß das wahr ist, was ich jetzt von unserem Lande erzähle.«

Platons Verständnis für landschaftliche Veränderungen endet aber nicht bei der Wechselbeziehung zwischen Landnutzung durch die Menschen und Waldbestand. Nun beschreibt er den Zusammenhang zwischen ganzjährigen und zwischenzeitlich austrocknenden Flüssen einerseits und Vegetation, Bodenbeschaffenheit und Hydrologie andererseits. Er stellt zutreffend fest, daß kahle Böden das Oberflächenwasser ungehindert ins Meer ablaufen lassen, während *»reichlich Erde«* das Wasser *»auftrinkt«* und es somit für lange Zeit bewahrt. Das gespeicherte Wasser wird nur allmählich freigesetzt und speist Quellen und Flüsse. Zdeněk Kukal, der aus naturwissenschaftlicher Sicht wahrscheinlich kompetenteste Gegner der These, daß es Atlantis tatsächlich gegeben hat, schreibt zu dieser Passage: »Selbst ein professioneller Hydrologe würde sich einer solchen Beschreibung nicht schämen.«[282] Zu Platons Zeit wurden in Attika frühere Quellen und Brunnen noch immer als heilige Orte betrachtet, obwohl die Flüsse selber versiegt waren.

Platon hat eine bemerkenswerte Kausalkette entwickelt, mit der er den Zusammenhang von Entwaldung, Bodenerosion und dadurch Verlust des Oberflächenwassers erläutert. Sie ist, im krassen Gegensatz zu den Kausalketten, mit denen wir bislang konfrontiert worden sind, absolut klar und folgerichtig. Die Diskrepanz deutet darauf hin, daß dieser Teil der Erzählung auf eine andere Quelle und Überlieferung zurückgeht und daß Platon womöglich aus persönlichem Interesse eigene Beobachtungen angestellt hat. Die heutigen Landschaften des klassischen Attika[283] und andere Teile Griechenlands[284] lassen erkennen, wie die alten Griechen ihre Erkenntnisse im Hinblick auf die Erhaltung des Bodens praktisch umsetzten. Überall dort, wo die Oberfläche geneigt war, wurden Terrassen angelegt, selbst an entlegensten Orten. Viele dieser Terrassen werden heute noch genutzt; sie sind eine wichtige Quelle für archäologische Forschungen. So entdeckten wir im Berbati-Tal, kurz hinter Mykene, zwei Terrassen aus unterschiedlichen Epochen: Die eine stammte aus den letzten zweihundert Jahren und wird noch immer genutzt; die andere ist größer und dicht bewachsen; sie stammt mindestens aus der archaischen/klassischen Ära. Damals und besonders in dieser Gegend waren *sämtliche* Oberflächen, die nicht gerade nackter Fels waren, durch Terrassen stabilisiert worden.

»So verhielt es sich also damals mit der natürlichen Beschaffenheit des übrigen Landes; es war in gehöriger Weise bebaut von wirklichen Bauern, die nichts anderes als diese Arbeit verrichteten, die alles Edle liebten, von Natur wohl begabt waren und die den besten Boden mit unerschöpflichem Wasser besaßen und sich für dieses Land einer Mischung der Jahreszeiten erfreuten, die aufs beste abgestimmt war.«

Platons abschließende Bemerkung über die *»natürliche Beschaffenheit«* des prähistorischen Griechenlands faßt zusammen, wie günstig und unverdorben Klima, Boden und Wasser einst waren, als das Land von wesentlich weniger Menschen und von *»wirklichen Bauern«* bewohnt wurde.
Trotz seines tiefreichenden Verständnisses von der Wechselwirkung zwischen Mensch und Landschaft hatte Platon aber keine Vorstellung von der Chronologie der Ereignisse. In den vorhergehenden Abschnitten scheint er folgende Phasen zu verwechseln: einen paradiesischen Zustand mit üppiger Vegetation ohne Eingriffe des Menschen, wie er in der Mittelsteinzeit bis zur frühen Jungsteinzeit geherrscht haben mag, eine Periode ausgedehnter, wenn auch gemäßigter Landnutzung, wie in der späten Jungsteinzeit, sowie eine hochentwickelte Phase, zu deren Gesellschaft ein getrennter Kriegerstand gehörte, was in der Spätbronzezeit der Fall war. Man sollte jedoch nicht zu hart mit ihm ins Gericht gehen, denn die meisten von Pionieren der historischen Wissenschaften entworfenen Chronologien waren, ganz gleich ob es sich dabei um geologische oder archäologische handelte, himmelweit von der Wirklichkeit entfernt.

»Die Stadt aber war zur damaligen Zeit solchermaßen besiedelt: zunächst einmal befand sich das Gebiet der heutigen Akropolis nicht in dem heutigen Zustand. Jetzt hat nämlich eine einzige Nacht mit einem großen Regen die Erde ringsum weggeschwemmt und den Hügel kahl gemacht, indem es verschiedene Erdstöße und zugleich jene schreckliche Wasserflut gab, die vor der Deukalionischen Katastrophe die dritte war.«

Platon versichert hier seinem Publikum, daß es die Akropolis bereits in der Vergangenheit gab, aber daß sie natürlich ganz anders aussah. Er bezieht die von dem saïtischen Priester beschriebenen Ereignisse auf die Akropolis, denn – und hier folgt er Solons auf Athen konzentrierter Sichtweise – für ihn steht das alte Attika im Mittelpunkt der ägyptischen Erzählung. Wie bereits erörtert, hat der ägyptische Priester aber wahrscheinlich eher über das griechische Festland im allgemeinen gesprochen als ausschließlich über Attika. Zwar stand auf der Akropolis eine achaiische Burg, aber die in der Erzählung beschriebene Überschwemmung und die Erdbeben ereigneten sich in der Argolis, die zu der damaligen Zeit eine bedeutendere Rolle spielte als Attika. Da diese Naturkatastrophen, wie behauptet wird, vor 9000 Jahren stattfanden, hat Platon sie noch vor der großen Deukalionischen Flut angesetzt, wodurch erneut deutlich wird, daß ein korrekter chronologischer Rahmen fehlt.

»Zu jener früheren Zeit war die Akropolis so groß, daß sie bis zum Eridanos und zum Ilissos hinunterreichte und die Pnyx in sich schloß und auf der der Pnyx entgegengesetzten Seite vom Lykabettoshügel begrenzt wurde; auch war sie ganz mit Erde bedeckt und bildete oben, abgesehen von wenigen Stellen, eine ebene Fläche. Das angrenzende Gebiet, unmittelbar an ihren Abhängen, wurde von den Handwerkern und den Bauern bewohnt, die in der Nähe das Land bestellten. Aber auf der Burg oben hatte der Kriegerstand rings um das Heiligtum der Athena und das des Hephaistos für sich allein seinen Wohnsitz, den sie wie den Garten eines alleinstehenden Hauses mit einer einzigen Ringmauer umgeben hatten. Sie bewohnten nämlich den nördlichen Teil des Hügels, wo sie sich gemeinschaftliche Wohnräume und für den Winter gemeinsame Speisesäle eingerichtet hatten mit allem, was es in einem Gemeinwesen für das Wohnen braucht, sowohl für sich als für die Priester – nur Gold und Silber besaßen sie keines; denn das brauchten sie für gar nichts. Sondern indem sie die Mitte zwischen Überfluß und knechtischer Armut zu halten suchten, bauten sie sich schmucke Wohnhäuser, in denen sie selbst und auch noch ihre Kindeskinder alt wurden und die sie, immer im selben Zustande, den nächsten hinterließen, die ja auch von ähnlicher Art waren wie sie.
Und was die Südseite der Akropolis betrifft, so verwendeten sie diese zum selben Zweck, wobei sie freilich zuweilen, wie das im Sommer geschah, ihre Gärten und Gymnasien und gemeinsamen Speisesäle dort aufgeben mußten. Brunnen aber gab es einen einzigen, an der Stelle, wo heute die Stadtburg steht; aber er ist nun infolge der Erderschütterungen versiegt, und ringsum sind nur noch einige spärliche Rinnsale übriggeblieben; doch den damaligen Bewohnern spendete er allen reichliches Naß

und besaß im Winter wie im Sommer gerade die richtige Temperatur.
Auf diese Weise wohnten sie also dort, als Wächter über ihre Mitbürger und zugleich als freiwillig anerkannte Führer der übrigen Hellenen. Und sie achteten darauf, daß nach Möglichkeit die Zahl ihrer Männer und Frauen für alle Zeit stets dieselbe blieb, derjenigen nämlich, die schon zum Kriegsdienst fähig waren, und derjenigen, die es noch waren; diese zählten etwa um zwanzigtausend herum.
6. Solcher Art waren also die Männer, und auf eine solche Weise stets regierten sie in Gerechtigkeit ihre eigene Stadt und ganz Griechenland. Deshalb waren sie über ganz Europa und Kleinasien hin bekannt für ihre Körperschönheit und für die mannigfachen Vorzüge ihres Geistes und waren hochberühmt unter allen damaligen Menschen.
Wie aber die Zustände bei ihren Kriegsgegnern waren und wie sie sich von Anfang an entwickelt haben, das will ich euch jetzt vor Augen stellen – sofern das, was ich als Knabe gehört habe, meinem Gedächtnis nicht entfallen ist –, damit auch ihr an diesem Wissen teilhabt, meine Freunde.«

Athen war so ziemlich die einzige achaiische Siedlung, die das elfte Jahrhundert v. Chr. mehr oder weniger unbeschadet überstand. Noch in der Zeit der Klassik waren die Athener sich dieses Erbes bewußt, und es scheint nicht abwegig, daß es eine Tradition mündlicher Überlieferung gab, in der ihre Taten natürlich mehr und mehr überbetont wurden. So nahm Platon an, daß Athen einst ganz Hellas verwaltete, eine Stellung, die aber sicherlich die Macht Attikas in der späten Bronzezeit überstiegen hätte.

Kritias 113a–121c: Atlantis

»Bevor ich aber beginne, muß ich eine kurze Bemerkung vorausschicken, daß ihr nicht erstaunt seid, wenn ihr des öftern fremdländische Männer mit griechischen Namen genannt hört; den Grund dafür sollt ihr erfahren. Weil Solon diese Geschichten in

seinen Dichtungen verwenden wollte, forschte er nach der Bedeutung der Eigennamen; dabei entdeckte er, daß jene Ägypter, welche sie als erste aufgeschrieben haben, dieselben zuerst in ihre eigene Sprache übersetzt hatten; er selbst suchte nun den Sinn eines jeden Namens wieder zu erfassen; dann übersetzte er ihn in unsere Sprache zurück und schrieb ihn so auf. Eben diese Aufzeichnungen befanden sich bei meinem Großvater und sind jetzt noch in meinen Händen, und als Knabe habe ich mich eifrig mit ihnen beschäftigt. Wenn ihr nun also solche Namen hört, wie sie auch hier vorkommen, so soll euch das nicht wunder nehmen; ihr wißt ja jetzt den Grund dafür. Der Anfang der langen Geschichte lautete damals etwa folgendermaßen:«

Nach der Beschreibung des alten Attika aufgrund überlieferter Quellen wendet Platon sich nun erneut der Atlantis-Legende zu. Seine Einleitung dazu ist von großer Bedeutung für die Interpretation. Es ist das vorletzte Mal, daß Platons eigene Stimme aus Kritias spricht; nur noch ein einziges Mal, in der Mitte der Erzählung, wird er anmerken, daß manche Dimensionen unglaubhaft klingen. Ganz offensichtlich behandelt er Solons Text wie eine wertvolle historische Quelle, an der man sich nicht vergreifen sollte. Platons Hochachtung vor der alten Überlieferung wird in Kritias' Bemerkung deutlich, daß ihm zunächst einmal die ganze Geschichte schon seit seiner Kindheit bestens vertraut war, er aber darüber hinaus im Besitz von Solons Manuskripts sei. Einmal mehr spielt Platon auf die Bedeutung des »Geschichtenerzählens« in der Vergangenheit an. Vor allem aber liefert er einen weiteren Hinweis für die Historizität des Berichtes.

Platon fängt nun an, die Legende zu erzählen, wobei er betont, sie sei in ihrer Gesamtheit unverändert geblieben. Da er weiß, daß er, sobald er mit Erzählen begonnen hat, keine Gelegenheit mehr finden wird, seine eigene Meinung einfließen zu lassen, benutzt er die Einleitung *»[...] muß ich eine kurze Bemerkung vorausschikken«*, um das zu erläutern, was er offensichtlich für die einzige Änderung hält, die an der Legende vorgenommen wurde: die Übersetzung der Namen der *»fremdländischen Männer«*. Wie sich herausstellt, wurden die Namen zweimal geändert, und zwar zuerst von den Ägyptern und anschließend von Solon. Vielleicht wäre die wahre Bedeutung der Legende sehr viel früher erkannt worden, wenn Solon die Namen der Einheimischen nicht rückübersetzt hätte. Eine Enträtselung der Erzählung anhand der linguistischen Informationen durch Orts- und Personennamen war auf alle Fälle nach dieser Verzerrung unmöglich geworden. Daß Solon die Ortsnamen interpretierte, war allerdings im alten Griechenland nicht ungewöhnlich. Auch in der *Ilias* tragen die Troianer achaiische Namen, und Alexandros, die Namensalternative für den troianischen Prinzen Paris, wird von manchen Philologen für eine griechische Verfälschung des anatolischen Namens Alaksandus gehalten.[285]

Wie aber konnte Platon von Solons Eingriff wissen? Gab es eine Anmerkung auf dem Manuskript oder eine mündliche Information, die zusammen mit Solons Notizen zu ihm gelangt war? Oder hat Platon die von Solon vorgenommenen Änderungen selbst herausgefunden; in diesem Fall könnte es noch weitere Änderungen gegeben haben, die Platons Aufmerksamkeit entgingen.

»Wie im vorigen von der Verlosung unter den Göttern erzählt wurde, daß sie die ganze Erde teils in großen und teils in kleinen Stücken unter sich verteilten und sich Heiligtümer und Opfer stiften ließen, so fiel nun auch Poseidon durch das Los die Insel Atlantis zu. Dort siedelte er seine Nachkommen, die er mit einem sterblichen Weibe gezeugt hatte, an einer bestimmten Stelle der Insel an, die etwa folgendermaßen aussah.«

Es erscheint höchst angemessen, daß Poseidon als Gott des Meeres, der Erdbeben und Pferde, der göttliche Schöpfer von Atlantis war. Später wird die Erzählung eine genaue Beschreibung des phantastischen Poseidontempels im Zentrum von Atlantis liefern. Der Legende zufolge ließen sich Poseidons *»Nachkommen, die er mit einem sterblichen Weibe gezeugt hatte«*, in Atlantis nieder. In der troianischen Mythologie wurde die Stadt von Nachkommen des Zeus und der sterblichen Elektra gegründet. Elektra war eine Tochter des Atlas. Doch war auch Poseidon Schutzgott Troias und der Erbauer seiner Stadtmauern. Die *Ilias* beschreibt, wie Poseidon den Herakles bei einem Pferdehandel betrügt (V.650) – eine Episode, die man im allgemeinen auf den Handel zwischen den beiden

Ein Panorama der Ebene von Troia aus der Fischaugenperspektive nach William Gell (1804): »Die Topographie von Troia und dessen Umland« (Tafel 19) zeigt Hisarlık, den Berg, auf dem Ilion liegt (mit einem Pfeil markiert) und die Ebene davor. In Platons Erzählung wird die Landschaft um Atlantis folgendermaßen beschrieben:
»Zunächst einmal soll das ganze Land sehr hoch gelegen und vom Meer steil

Städten Troia und Tiryns bezieht.[286] Darüber hinaus wird auch erzählt, wie Poseidon während des Troianischen Krieges von den 1406 Meter hohen Fegaribergen auf Samothrake, das 64 Kilometer vom Hellespont entfernt liegt, eine Schlacht beobachtet (XIII. 10).[287] Diese Parallelen liefern, für sich allein genommen, natürlich noch keinen Beweis für die Identifikation von Troia mit Atlantis. So galt Poseidon zum Beispiel auch in Pylos als der wichtigste Gott.[288] Immerhin bestätigen sie den allgemeinen Eindruck von Übereinstimmung eher, als daß sie ihn widerlegen.

»Am Meere, etwa in der Mitte der ganzen Insel, lag eine Ebene; man sagt, sie sei die schönste aller Ebenen gewesen und von reichlicher Fruchtbarkeit. Am Rande dieser Ebene, etwa fünfzig Stadien gegen das Innere der Insel zu, erhob sich ein durchweg niedriges Gebirge.«

So ähnlich sieht das Umland Troias aus, wenn man es vom Bergkamm an der ägäischen Küste aus betrachtet. Schliemann

aufgestiegen sein; nur um die Stadt herum sei eine große Ebene gewesen und habe diese rings umgeben [...]« (118a)
»Am Meere, etwa in der Mitte der ganzen Insel, lag eine Ebene; sie sei die schönste aller Ebenen gewesen und von reichlicher Fruchtbarkeit. Am Rande dieser Ebene, etwa fünfzig Stadien gegen das Innere der Insel zu, erhob sich ein durchweg niedriges Gebirge.« (113c)

schrieb, *Novum Ilium* (Troia) habe sich auf einem erhabenen Plateau fast im Zentrum dieser Ebene befunden.[289] Im Süden, Westen und Norden wird Troia von einer fruchtbaren Schwemmlandebene umschlossen. Die Ebene liegt fast *»am Meere«,* nur durch einen schmalen Streifen niedriger Berge davon getrennt, die auf der einen Seite steil zum Meer abfallen. Hisarlık selbst, der Berg, auf dem Ilion liegt, befindet sich *»am Rande dieser Ebene [...] gegen das Innere der Insel zu«* und bildet ein *»durchweg niedriges Gebirge«*. Die *»etwa fünfzig Stadien«* beziehen sich auf die Entfernung zwischen Atlantis und dem Meer, wie später näher erläutert wird. Fünfzig Stadien, oder neun Kilometer, beträgt auch die Entfernung zwischen Troia und der Bucht von Beşik, die heute der für Troia nächstliegendste natürliche Hafen ist.

»Dort oben hatte sich einer der Menschen angesiedelt, die zu Anbeginn in jener Gegend aus der Erde entstanden waren. Er hieß Euenor und wohnte zusammen mit seinem Weibe Leukippe; die beiden hatten eine einzige Tochter namens Kleito. Als das

Mädchen eben in das mannbare Alter gekommen war, starben ihr Mutter und Vater; Poseidon aber gewann sie lieb und vereinigte sich mit ihr. Und er machte die Anhöhe, wo sie wohnte, zu einem wohlbewehrten Platz, indem er sie rundherum abbrach und Ringe darumzog, abwechselnd von Wasser und von Land, zuerst kleiner und dann immer größere, und zwar zwei aus Land und drei aus Wasser, wobei er sie gewissermaßen von der Mitte dieser Insel aus ringsum abzirkelte, nach allen Seiten mit den gleichen Abständen, so daß der Hügel für die Menschen unzugänglich war; denn Schiffe und Schiffahrt gab es damals noch nicht.«

Poseidon, der die Ansiedlung begründet hat, legte um den niedrigen Berg drei *»Ringe [...] von Wasser«* an, mit anderen Worten Kanäle. Da ganzjährige Flüsse in fruchtbaren Schwemmlandebenen der größte Segen sind, beginnen deren mythologische Geschichten meist mit einer solchen Parabel über den Fluß und seinen göttlichen Schöpfer.[290] Platons Beschreibung impliziert einen natürlichen Ursprung für die kreisrunden Gürtel in der weit zurückliegenden Vergangenheit vor der Erfindung der Schiffahrt. Ihre Lage, ein paar Kilometer von der Küste entfernt im Landesinneren, könnte auf die Wasserwege eines verzweigten oder mäandrierenden Flusses hindeuten. Da sie natürlichen Ursprungs waren, können diese Wasserwege weder völlig kreisrund noch absolut konzentrisch gewesen sein. In der Ebene von Troia findet sich tatsächlich eine Vielzahl solch gewundener Flüsse und ausgetrockneter Flußbetten.[291]

»Und was für ihn als Gott ja eine Leichtigkeit war: er stattete die Insel, die da in der Mitte lag, aufs schönste aus, indem er zwei Quellwasser aus der Erde aufsprudeln ließ, von denen das eine warm, das andere kalt aus seinem Brunnen floß, und indem er aus dem Boden mannigfache und ausreichende Nahrung hervorgab.«

Zwei Quellen, eine warm und eine kalt, als Segnung für eine wichtige Stadt, werden in nur zwei alten Texten erwähnt, nämlich der Atlantis-Legende und in Homers *Ilias*.[292] In beiden Texten

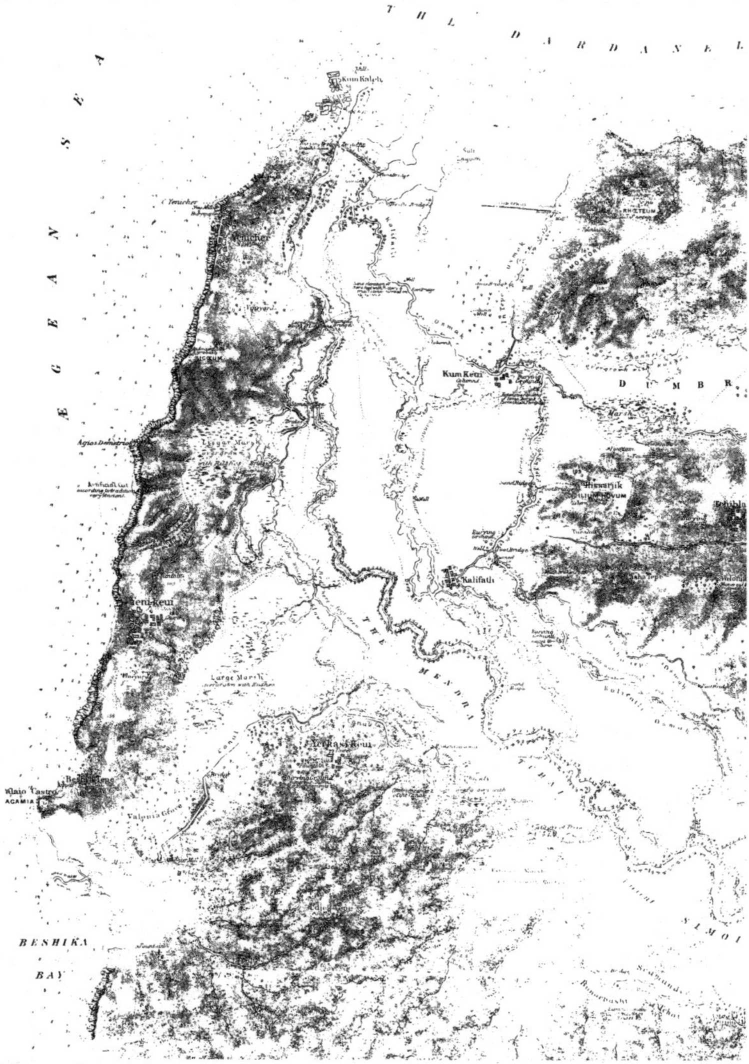

Thomas Spratts Karte der »Ebene von Troia«, hier in einer Ausgabe von 1877, bleibt im Hinblick auf die erfaßten topographischen Details unübertroffen. Sie zeigt in der Ebene von Troia eine Vielzahl ausgetrockneter Flußläufe, geheimnisvoller Sümpfe und unerklärlicher Sandaufschüttungen.

unterstreichen die Autoren deren Einmaligkeit und Bedeutung. Im weiteren Verlauf der Atlantis-Legende kommt Platon noch einmal auf diese Quellen zu sprechen:

»Die beiden Quellen aber, die mit dem kalten und die mit dem warmen Naß, waren von reicher Fülle und mit ihrem Wohlgeschmack und der Güte des Wassers zum Genusse wunderbar geeignet; die Bewohner nutzten sie [...]«

Homers Beschreibung der heißen und kalten Quellen in der *Ilias* klingt sehr ähnlich:

> Und sie [Hektor und Achilles] erreichten die beiden schön hin fließenden Brunnen.
> Wo die Quellen entspringen des wirbelreichen Skamandros.
> Eine nämlich entfließt mit lauwarmen Wasser, und ringsum
> Dampft aus ihr es auf wie Rauch aus loderndem Feuer.
> Aber die andere fließt im Sommer so kalt wie der Hagel
> Oder wie kühler Schnee oder Eis, gefroren aus Wasser.
> (XXII. 147–152)

Trotz unzähliger Versuche waren weder Reisende aus früherer Zeit noch die Archäologen der Neuzeit in der Lage, diese Quellen in Troia ausfindig zu machen. Möglicherweise sind sie bereits in der Antike versiegt, denn die römische Stadt bei Troia, Novum Ilium, mußte von weit her mit Wasser versorgt werden, das durch einen Aquädukt über den Kimar-Su zur Stadt geleitet wurde.[293]

»An Nachkommen männlichen Geschlechtes erzeugte er fünf Zwillingspaare und zog sie auf. Und er teilte die ganze Insel Atlantis in zehn Stücke und gab dem älteren des ersten Zwillingspaares das mütterliche Haus mit seinem Umschwung als Anteil; das war das größte und beste Stück. Auch setzte er ihn zum König über die anderen ein; diese machte er zu Statthaltern und gab einem jeden die Herrschaft über viele Menschen und über ein weites Landgebiet. Ihnen allen gab er Namen; dem ältesten und Könige aber jenen, von dem denn auch die ganze Insel und das Meer seine Bezeichnung hat; es wurde nämlich das atlanti-

sche genannt, weil der erste, der damals als König regierte, Atlas hieß. Sein Zwillingsbruder, der nach ihm geboren war, erhielt als Anteil die Anhöhen der Insel nach den Säulen des Herakles hin, gegen das heutige Gebiet von Gadeira, das nach dem damaligen Ortsnamen so heißt. Ihn nannte Poseidon auf Griechisch Eumelos, in der Landessprache aber Gadeiros, was denn wohl auch dem Gebiet den Namen gegeben hat. Und vom zweiten Zwillingspaar nannte er den einen Ampheres, den anderen Euaimon, vom dritten den zuerst geborenen Mneseus, den, der nachher kam, Autochthon. Vom vierten Paar nannte er den Älteren Elasippós, den Jüngeren Mestor. Und der Erstgeborene des fünften Paares erhielt den Namen Azaes, der Zweitgeborene den Namen Diaprepes.
Diese alle und auch ihre Nachkommen wohnten also hier viele Menschenalter lang und regierten auch über zahlreiche andere Inseln des Meeres, und zudem dehnten sie, wie ich schon vorher erwähnt habe, ihre Herrschaft auf die hierwärts innerhalb (der Säulen des Herakles) Wohnenden aus, bis nach Ägypten und Tyrrhenien.«

Dieser Abschnitt enthält eine Vielzahl von Personennamen, die vermutlich von Solon übersetzt worden sind. Der Bericht stellt jedoch fest, daß es eine vereinte Herrschaft von insgesamt zehn miteinander verwandten Führern gab; einer, der Herrscher von Atlantis, war gleichzeitig auch der König des gesamten Gebietes. Eine solch verzweigte Dynastie deckt sich mit Homers Beschreibung des troianischen Reiches in der *Ilias*, die in der alten[294] und neuen Literatur[295] ausführlich diskutiert worden ist. Die Zahl der Herrscher variierte zwischen acht und zehn, aber im Grunde weiß man praktisch nichts über das politische System von Troia.[296]
In Atlantis erbte der älteste Sohn den Hauptwohnsitz, die anderen waren weniger vom Glück begünstigt: einer seiner Brüder bekam *»die Anhöhen der Insel nach den Säulen des Herakles hin«*. Dem Bericht zufolge wird dieser Landstrich inzwischen *»Gadeira«* genannt. Tatsächlich gibt es eine Landschaft dieses Namens in Südspanien in der Nähe der Straße von Gibraltar, doch der Name ist punischen Ursprungs und stammt daher aus der Zeit nach der phönizischen Kolonisierung im achten Jahrhundert.[297] Gerade die-

ser Name liefert also einen deutlichen Beleg dafür, daß Solon zeitgenössische Namen verwendete, die seiner Interpretation der Erzählung entgegenkamen. Falls die »Säulen des Herakles« falsch gedeutet wurden, kann auch der Name Gadeira fälschlicherweise eingeführt worden sein. In bezug auf die Lage Troias würde die geographische Beschreibung auf die Halbinsel Yenisehir, nur fünf Kilometer von Troia entfernt an den Dardanellen, passen. So gesehen, könnten die Entfernungen zwischen den Wohnsitzen der jeweiligen Herrscher sehr klein gewesen sein, was den Distanzen zwischen den achaiischen Königreichen in der Argolis entspräche. Obwohl das Verzeichnis der troianischen Verbündeten in der *Ilias* das westliche Kleinasien von der Propontis (dem heutigen Marmarameer) bis Lykien und Teile der europäischen Seite des Hellespont umfaßt, standen diese Gebiete vermutlich nicht unter dem direkten Herrschaftseinfluß Troias. Falls es tatsächlich einen Zusammenschluß von mehreren Königen in Troia gab – worauf auch die große Anzahl von Megara in Troia VI hindeutet –, so war ihr Herrschaftsbereich doch vermutlich auf die unmittelbare Umgebung der troianischen Ebene begrenzt.[298]

»Von Atlas nun stammte auch wieder ein großes und hochgeehrtes Geschlecht; König war stets der älteste, und indem er wiederum dem ältesten seiner Nachkommen die Königsherrschaft übergab, erhielten sie sich diese viele Generationen lang. Und an Reichtum besaßen sie eine solche Fülle, wie es sie früher noch nie in irgendwelchen Königshäusern gegeben hatte und wie es sie auch nicht leicht je wieder geben wird.«

Während Atlantis als der wohl bekannteste sagenhafte Ort gilt, kann Ilion als die berühmteste, *reale* archäologische Ausgrabungsstätte betrachtet werden. Troias Ruf beruht zum größten Teil auf Homers Ruhm und auf Schliemanns außergewöhnlichem Werbefeldzug. Darüber hinaus zeichnet sich das spätbronzezeitliche Troia VI durch Reichtümer aus[299], die so groß sind, daß es etwas Vergleichbares tatsächlich *»früher noch nie in irgendwelchen Königshäusern gegeben hatte«*, und wohl in Zukunft nicht leicht bei archäologischen Ausgrabungen gefunden werden dürfte.
Die *Ilias* schildert lediglich einundfünfzig Tage des Troianischen

Krieges, und zwar aus der Sicht der Griechen. Daher werden die Beziehungen zwischen den beiden gegnerischen Parteien zu Friedenszeiten nicht näher erwähnt. Außerdem endet sie vor der Plünderung der Stadt und liefert somit keine Beschreibung der Reichtümer, die im Innern der Stadt auf die Griechen warten. Homer charakterisiert Troia nur als »wohlerrichtet« (XXI.433, 516), »blühend«, »groß« (II.332, 803), hüglig (XXII.411), »mit weiten Straßen« (II.141) und »lieblich« (V.210). Andere klassische Autoren haben versucht, die von der *Ilias* hinterlassenen Lücken zu schließen, indem sie mündliche Überlieferungen wie »Die Plünderung Troias« oder »Die Heimkehr« schriftlich festhielten. So hat zum Beispiel Quintus von Smyrna (3./4. Jh. n. Chr.) den Troianischen Krieg vom Schluß der *Ilias* bis zur Abfahrt der Griechen beschrieben – sein Buch trug den Untertitel »Was Homer nicht verriet«. Er läßt einen Zuschauer die Plünderung vom Meer aus beobachten und sagt: »Die hitzigen Griechen haben eine kaum beschreibliche Tat vollbracht [...] das ganze, vorher so *überaus reiche* Troia, wird nun von den Flammen verzehrt.«[300] Später fügt er hinzu, daß die Griechen eine besondere Freude dabei empfanden, ihre Schiffe mit der troianischen Kriegsbeute zu beladen, »da deren Umfang so unermeßlich war«[301].

»[...] und es stand ihnen alles zur Verfügung, was in der Stadt und im übrigen Lande beschafft werden mußte. Denn dank ihrer Herrschaft flossen ihnen große Einkünfte von den auswärtigen Gebieten zu; das meiste indes zum Lebensunterhalt lieferte die Insel selbst. Zuerst alles, was im Bergbau an harten und geschmolzenen Metallen geschürft wird, auch das, wovon wir heute nur noch den Namen kennen, das aber damals mehr als nur ein Name war, nämlich das Goldkupfererz, das man an vielen Orten der Insel schürfte und das nächst dem Golde unter den Menschen jener Zeit am höchsten geschätzt wurde.«

Die Erde von Atlantis brachte *»genügend Nahrung«* hervor. Diese Aussage wird hier zweimal bekräftigt: *»das meiste [...] zum Lebensunterhalt lieferte die Insel selbst«* und *»es stand ihnen alles zur Verfügung«*. Die Troas hat gutes Ackerland, das schon bei Homer als tiefer fruchtbarer Boden beschrieben wird. Darüber hinaus finden sich in der Propontis reichhaltige Thunfischgründe.[302] Der Wohlstand Troias beruhte zum einen auf diesen hervorragenden Naturreichtümern, besonders für die Landwirtschaft und die Metallherstellung, zum andern auf Handel und Kontrolle von Verkehrswegen. Die Lage der Stadt ist einzigartig, denn sie beherrscht die Nahtstellen zweier Kontinente, Europas und Asiens, sowie zweier Meere, der Ägäis und des Schwarzen Meeres. Zweitausend Jahre lang konnte Troia die Fahrt durch und über die Dardanellen kontrollieren, und es ist höchstwahrscheinlich, daß für die Passage, für Lotsendienste oder Hafenbenutzung Abgaben erhoben wurden.[303] Nach Troias Untergang entstand eine neue Stadt am nahegelegenen Bosporus: Byzanz. Dank der gleichen geographischen Vorteile entwickelte sich Byzanz weitere tausend Jahre lang zum Mittelpunkt eines eurasischen Reiches.[304] Man hat Stärke und Reichtum von Troia VI und VII auf die Kontrolle des Hellesponts und des Bosporus zurückgeführt.[305] Von diesem Brennpunkt aus erstreckten sich die Handelswege zu Wasser und zu Lande in das untere Donaubecken, über die thrakische Küste bis nach Zentralgriechenland, in die südliche Ägäis, nach Zypern, entlang der kleinasiatischen Küste und bis in das hethitische Reich im mittleren Kleinasien.

Aufgrund seiner Stellung als internationaler Markt und Hafen importierte Troia viele Waren aus fremden Kulturen.[306] Seit der frühen Bronzezeit wurden von den Kykladen Obsidian, Götterbilder aus Marmor, Töpfe und Knochenröhrchen geliefert.[307] Vom griechischen Festland gelangte viel achaiische Keramik (SH I bis SH IIIB) nach Troia, während andere Erzeugnisse aus Zypern, Kreta und Zentralanatolien kamen.[308]

Metalle waren besonders begehrt, und daher zählten sie in Atlantis entweder zu den wichtigsten oder zu den am reichlichsten vorhandenen heimischen Rohstoffen für den *»Lebensunterhalt«*. Die Erzählung unterscheidet zwischen *»harten und geschmolzenen Metallen«*, was bisweilen dahingehend interpretiert wird, daß mit ersterem harte Materialien wie Bausteine und Marmor gemeint sind, während das zweite tatsächlich Metalle bezeichnet.[309] Troia, die Troas und die Türkei im allgemeinen sind außergewöhnlich reich an Metallvorkommen.[310] Man kennt mehrere hundert Orte, an denen Blei, Kupfer, Zink, Arsen, Quecksilber, Antimon, Gold und Eisen zu finden sind, und Archäometallurgen konnten an vielen dieser Orte Spuren früher Metallverhüttung finden.[311] In der Ägäis taucht Zinnbronze zum erstenmal in der Troas und auf den Inseln vor der nordwestlichen Küste Anatoliens auf. Obwohl ein Großteil des Kupfers und Zinns für die Bronzeherstellung importiert wurde, kann Troia als eines der wichtigen Zentren für Bronzeproduktion und -handel im östlichen Mittelmeerraum betrachtet werden. H. Frankfort bezeichnete Troia als den »Weltmarkt«, auf dem Rohstoffe und fertige Erzeugnisse verkauft wurden.[312] William Gell beschwört den mythologischen Kontext der Troianer (die von ihm auch Atlanter genannt werden) und die Geschichte ihres Bergbaus:

> Der Sohn der Bateia, Erichthonios, war ein reicher und mächtiger Monarch, und man sagt, daß er die Edelmetallvorkommen entdeckte, die im Land reichlich vorhanden waren und deren Spuren man noch heute in der Nähe von Skepsis entdecken kann.[313]

Im ersten Jahrhundert vor Christus gibt Strabo die Beobachtungen des Demetrios von Skepsis wieder, der in der Troas Goldminen in der Nähe von Astyra, Silber aus Alybe und Kupfer aus Kithene und Tmolos gesehen haben will.[314]

Das rätselhafte und wertvolle ›Orichalkos‹, ein *»wie Feuer funkelndes«* Metall (116c), das in der Übersetzung als *»Goldkupfererz«* bezeichnet wird, hat schon vielen Atlantologen Rätsel aufgegeben. Die Erzählung gibt zu dem Metall folgende Informationen:

– Zu Solons oder Platons Zeiten war es nur dem Namen nach bekannt.
– Es wurde ausgegraben, war also keine künstliche Legierung.
– Es war fast ebenso wertvoll wie Gold.

Später erfahren wir, daß es

– wie Feuer funkelte,
– als Wandverkleidung und
– für Inschriften auf Stelen benutzt wurde.

Das geheimnisvolle Metall hat noch heute seinen Platz im neugriechischen Wortschatz – es ist das Wort für Messing, eine Legierung aus Kupfer und Zink. Zink war jedoch in der Antike unbekannt, obwohl viele der in dem Bericht erwähnten Metalle (Eisen, Gold, Silber, Kupfer und Zinn) in hydrothermalen Gängen aus Blei-Zink-Erzen auftreten, die weltweit die am meisten verbreiteten Erze darstellen und auch unter den mineralischen Rohstoffen in der Troas am häufigsten sind. So stellte man Messing her, obwohl Zink als Metall nicht bekannt war, und zwar indem man Zinkerz verwendete, hauptsächlich Zinkspat.[315]

> Nah bei Andeira gibt es einen Stein, der zu Eisen wird, wenn man ihn brennt, und dann, wenn man ihn mit einer bestimmten Erde in einem Schmelzofen erhitzt, falsches Silber [d. h. Zink] absondert; und dies, unter Zufügung von Kupfer, ergibt die »Mischung«, wie man sagt, die von manchen ορειχαλκον genannt wird.[316]

In diesem Zitat beschreibt Strabo das Verfahren der Messingherstellung unter Verwendung von Kupfer und »einer bestimmten Erde« (Zinkspat) – deren Endprodukt *orichalkos* genannt wird. Der Bericht deutet an, daß sowohl Erz, das Verfahren, das fertige Erzeugnis wie auch der Name dafür ungewöhnlich sind. Obwohl die Bezeichnung *orichalkos* auch an anderer Stelle in den alten Schriften auftaucht[317], scheint dessen Herstellung doch auf eben jene Gegend beschränkt gewesen zu sein, von der Strabo berichtet: die Troas[318] – Andeira lag östlich von Edremit[319], ungefähr achtzig Kilometer südöstlich von Troia. Daß die Troianer bereit waren, mit Metallen zu experimentieren und Legierungen zu finden, belegen ihre frühe Produktion von Zinnbronze sowie die bei den Ausgrabungen gefundenen Gegenstände aus Elektrum, einer Legierung aus vier Teilen Gold und einem Teil Silber.[320] Doch in der Atlantis-Erzählung heißt es, *orichalkos* sei durch Bergbau und nicht durch Verhüttung gewonnen worden; daher liegt die Vermutung nahe, daß es sich dabei, zumindest ursprünglich, um die natürliche Legierung von Kupfer und Zink handelte.[321] Dieses Erz war im Altertum zwar selten, aber nicht völlig unbekannt. Aristoteles hat gesagt, daß man es für Stelen verwendete.[322] Heute nennt man es »Aurichalcit«.

»Und ferner, was der Wald den Zimmerleuten für ihre Arbeit liefert, das brachte die Insel in reichlichem Maße hervor, und im weiteren ernährte sie ausreichend zahme und wilde Tiere. Sogar die Elefanten waren hier besonders zahlreich; denn es war genügend Nahrung vorhanden, nicht nur für all die anderen Tiere, die in den Sümpfen und Seen und Flüssen leben, und auch für die, welche auf den Bergen und in den Ebenen weiden, sondern eben auch für den Elefanten, welcher das größte Tier ist und am meisten frißt.«

Weder die üppige Vegetation noch die Artenvielfalt der wildlebenden Tiere klingt in bezug auf die prähistorische Troas unwahrscheinlich. Ihr Hinterland war meist dünn besiedelt, wodurch sich Fauna und Flora über einen langen Zeitraum ungestört entwickeln konnten. Homer hat den Berg Ida als »die Mutter der wilden Tiere« beschrieben (XIV.283). In seinen dichten Wäldern lebten Bären, Wölfe und Schakale – selbst Löwen waren im sechzehnten Jahrhundert n. Chr. noch in Kleinasien zu finden. Von den domestizierten oder *»zahmen«* Tieren waren Pferde in der Troas am meisten verbreitet, doch auch Esel, Maultiere, Ochsen, Ziegen, Kamele und Schafe waren und sind fast ebenso zahlreich.[323] Die archäologischen Ausgrabungen von Troia haben Knochen von Rindern, Schafen, Ziegen, Wildschweinen, Hirschen und verschiedenen Geflügelarten zutage gefördert.
Zusätzlich zu dieser Fülle an wildlebenden Tieren und Nutztieren soll es in Atlantis aber auch Elefanten gegeben haben, und zwar nicht nur eine kleine Herde, sondern *»besonders zahlreich«*. – Elefanten in Troia? Na ja, wer weiß?

»Und was im weiteren jetzt die Erde irgendwo an Wohlgerüchen hervorbringt, sei es von Wurzeln oder von Gras oder von Hölzern oder von Säften, die von Blüten oder Früchten herabträufeln – auch das alles brachte die Insel hervor und ließ es wohl gedeihen. Und weiter: die veredelte Frucht und die trockene Frucht, die uns zur Nahrung dient, und was wir dazu noch als Speise verwenden – alle die verschiedenen Arten, die wir als Hülsenfrüchte bezeichnen –, sodann die baumartige Frucht, die uns Getränk und Speise und Salböl liefert, und jene, die hoch

oben auf dem Baume wächst, schwer aufzubewahren ist und uns zum Spiel und zum Vergnügen dient, ferner das, was wir als erwünschtes Linderungsmittel gegen den überfüllten Magen als Nachspeise einem vorsetzen, der vom Essen übersättigt ist – alles das brachte die heilige Insel, die damals noch im Sonnenlichte lag, hervor, schön und zum Staunen und in unerschöpflicher Fülle. Und die Bewohner nahmen das alles von der Erde in Empfang und bauten Heiligtümer und königliche Paläste, Häfen und Schiffswerften und verschönten das ganze übrige Land, wobei sie in folgender Ordnung vorgingen:«

Die hier beschriebenen Produkte sind in den Fußnoten der englischen Loeb-Ausgabe als Wein, Mais, Oliven oder Kokospalmen, Granatäpfel oder Äpfel sowie Zitronen übersetzt worden.[324] Alles, was man in Troia in den bisher veröffentlichten Ausgrabungen gefunden hat, ist: Gerste, Roggen, feinkörniger Weizen, verschiedene Hülsenfrüchte (Erbsen, Bohnen) und zwei verschiedene Arten Mais.

»Zunächst überbrückten sie die Wasserringe um die alte Mutterstadt herum und bahnten damit einen Weg nach außen und zurück zum Königspalast. Das war der Palast, den sie gleich am Anfang in diesem Wohnsitz des Gottes und ihrer Vorfahren errichtet hatten. Jeder Herrscher übernahm ihn von seinem Vorgänger und stattete, was dieser schon ausgestattet hatte, noch weiter aus und suchte dabei den früheren nach Möglichkeit zu übertreffen, bis sie schließlich ihren Wohnsitz so vollendet ausgebaut hatten, daß jeder, der ihn sah, von seiner Größe und Schönheit überwältigt wurde.«

Hier konzentriert sich die Erzählung nun auf die Beschreibung der bemerkenswerten Architektur und Landschaftsgestaltung von Atlantis. Zunächst baute man Brücken über die *»Wasserringe«* um die Akropolis, so daß man in alle Teile der Ebene gelangen konnte. Dieser Abschnitt enthält nichts, was für eine Stadt der späten Bronzezeit ungewöhnlich wäre:

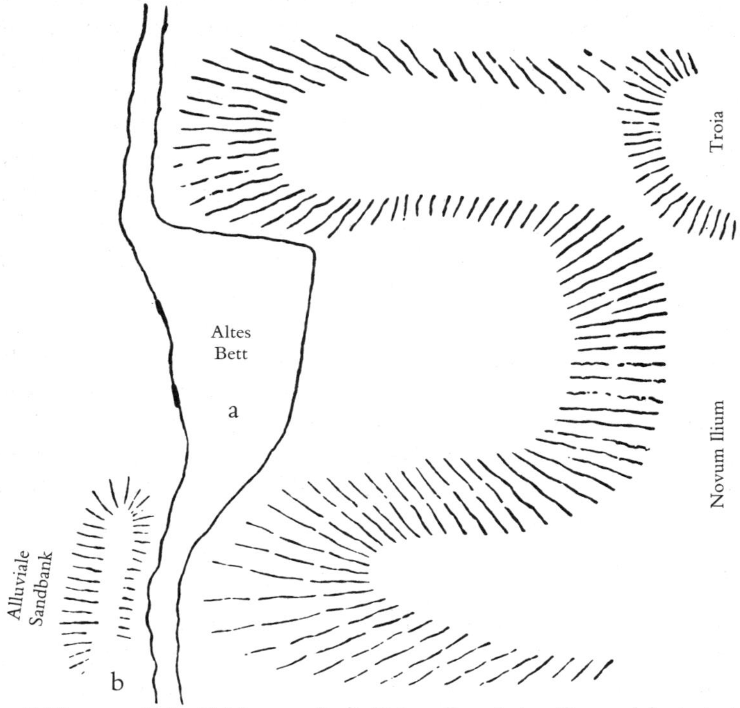

Schliemanns kleine Zeichnung, die die Nahtstelle zwischen Ilion und der troianischen Ebene darstellt, läßt den alten Verlauf des Skamander sowie eine der rätselhaften alluvialen Sandbänke daneben erkennen. Schliemann könnte hier, ohne es zu wissen, ein kleines Hafenbecken für königliche Boote (a) und das Fundament einer Brücke (b) rekonstruiert haben, die zum Haupteingang der Burg führte, dem Skäischen Tor.

- der Palast von Atlantis stand noch immer an der gleichen Stelle, die *»am Anfang«* besiedelt worden war;
- in ferner Vergangenheit hatte sich die gesamte atlantische Niederlassung hier befunden, doch jetzt nur noch der Königspalast;
- diese Niederlassung war zuerst ein *»Wohnsitz des Gottes und ihrer Vorfahren«* – gemeint sind die Vorfahren der Bevölkerung von Atlantis;
- die Herrschaft über die Stadt wurde über viele Generationen weitergereicht;
- in Atlantis lebten viele Generationen im Wohlstand, wobei sie mit Hilfe natürlicher Rohstoffe die Architektur der eigentlichen Stadt nach und nach verschönerten und die Herrschaft über das sie umgebende Land vergrößerten;
- am Ende dieses Prozesses war der Königssitz *»so vollendet ausgebaut«*, daß man *»von seiner Größe und Schönheit überwältigt wurde«*.
- der königliche Palast war von Wasser umgeben;
- die Bewohner von Atlantis bauten eine Brücke über das Wasser *»und bahnten damit einen Weg nach außen und zurück zum Königspalast«*.

Auch in Troia war die gleiche Stelle über mehr als 2000 Jahre hinweg bewohnt, und die Ansiedlung entwickelte sich allmählich und wurde immer wohlhabender.[325] Im Laufe dieses Wachstumsprozesses wurde der innere Kern für die ganze Bevölkerung zu klein, und man benutzte ihn nur noch für die befestigten Wohnsitze der königlichen Familie (Troia VI). Obwohl unserem heutigen Wissen über Ilion durch die vielen Zerstörungen Grenzen gesetzt sind, würde man es wohl noch immer als einen in *»seiner Größe und Schönheit«* überwältigenden *»Wohnsitz«* bezeichnen.
Rekonstruktionen des früheren Flußbettes des Skamander von Forchhammer, Virchow und Schliemann lassen darauf schließen, daß einer seiner Flußarme direkt unterhalb der Akropolis floß.[326] Die Burg, die nach Norden und Westen hin von steilen Abhängen begrenzt war, hatte auf der Südseite einen weniger schroffen Zugang. Der Hauptzufahrtsweg nach Ilion, eine relativ breite Straße, stieg dort hinauf zum Haupteingang der Festung, dem

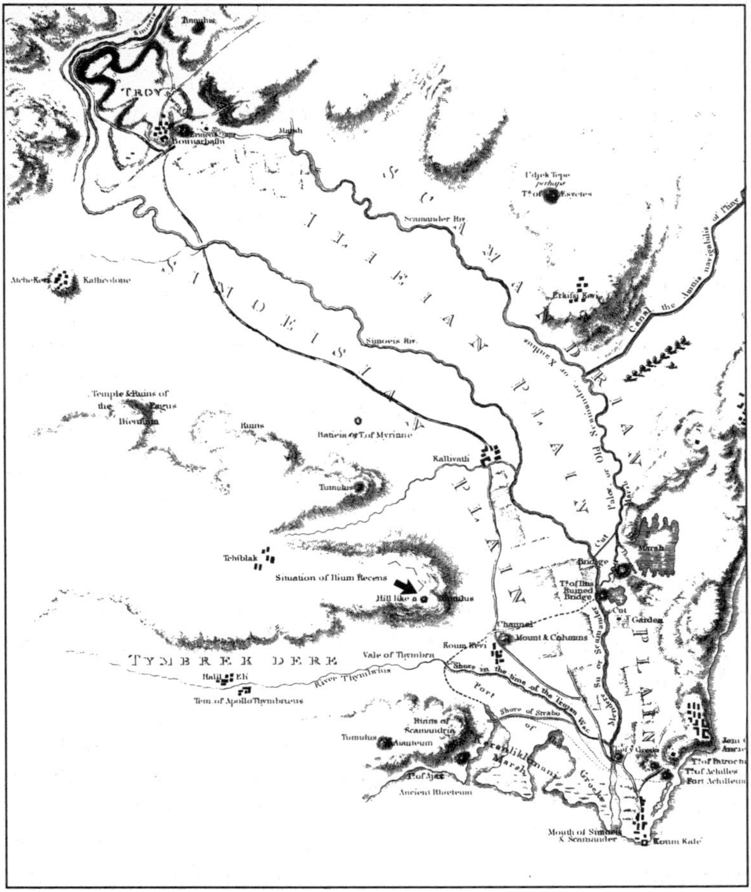

William Gell (1804) hat in dieser Karte [Ausschnitt] (er hat den Norden nach unten verlegt!) die Bedeutung des Kanals an der Beşik-Bucht betont. Seit Chevaliers Veröffentlichung der »Beschreibung der Ebene von Troia« (1791) glaubte man, die alte Stadt habe am Pınarbaşı gelegen, also am oberen Rand dieser Karte. Schliemann lokalisierte sie jedoch auf dem Hisarlık (Pfeil). Der Kanal von der Beşik-Bucht, der bei Plinius (1. Jh. v. Chr.) als schiffbar beschrieben wird, läuft direkt auf Ilion zu.

Skäischen Tor.[327] Somit war eine Brücke am Fuß des Berges unerläßlich, um den Palast mit der Ebene zu verbinden.

»Sie gruben vom Meere aus einen Durchstich von drei Plethren in der Breite, hundert Fuß in der Tiefe und fünfzig Stadien in der Länge bis zum äußersten Ring und bahnten auf diesem Wege aus dem Meere zu ihm eine Einfahrt wie zu einem Hafen, wobei sie die Einmündung weit genug öffneten, daß auch die größten Schiffe einlaufen konnten.«

Die Ebene von Troia ist vielleicht häufiger als irgendein anderer Ort der Welt auf ihre geographischen und geomorphologischen Merkmale untersucht worden; Cook schätzte die Anzahl solcher Arbeiten auf ungefähr zweihundert.[328] Und doch sind die unterschiedlichen Rekonstruktionen der alten Topographie heute so heftig umstritten wie eh und je. Trotz aller Forschungsarbeit, die in Ilion geleistet wurde, konnte der prähistorische Hafen nie entdeckt werden.[329] Und daß ein Hafen fehlt, ist ebenso seltsam wie die Existenz von zahlreichen, noch erkennbaren künstlichen Gräben und anderen Eingriffen in die natürliche Landschaft der Ebene. Auf topographischen Karten der troianischen Ebene wimmelt es von alten Kanälen und unerklärlichen Sandaufschüttungen, doch bis jetzt hat noch niemand den Versuch unternommen, diese einzelnen Phänomene miteinander zu verknüpfen, um das ihnen zugrunde liegende System zu bestimmen.
Das Volk von Atlantis soll vom Meer aus einen *»Durchstich«* zum äußersten natürlichen Wasserring um die Stadt geführt haben. Dieser Durchstich war *»hundert Fuß«* tief (ca. 30 m) und *»fünfzig Stadien«* lang (ca. 9 km). Ein künstlicher Kanal, auf den diese Beschreibung zutrifft, ist in der Ebene von Troia zu finden, und er erscheint auf jeder topographischen Karte dieses Gebietes. Der Eingang dazu an der Bucht von Beşik ist neun Kilometer von der Burg von Ilion entfernt. Dieser Kanal ist nicht einfach nur in die Ebene hineingegraben worden, sondern man hat dicke Schichten von Muttergestein durchstochen[330] – und er verläuft in Richtung Ilion. Es ist nie ernsthaft versucht worden, den Zeitpunkt seines Entstehens zu bestimmen: Schliemann war der Meinung, er müsse sehr alt sein, da das Wasser an seiner Mündung in der Bucht von

Beşik einen Strand von zwei mal zwei Kilometern angeschwemmt hat, was nicht in wenigen Jahrhunderten geschehen sein kann.[331] Schliemann hat auch verschiedene Phasen aufgeführt, in denen der Kanal erneuert und wieder benutzt wurde. Er zitierte Mauduit[332], der behauptete, der Kanal habe, trotz mehrerer Instandsetzungen zu verschiedenen Zeiten[333], schon zur Zeit von Xerxes existiert (5. Jh. v. Chr.) und zur Zeit des Demetrios von Skepsis das gesamte Wasser des Skamander in die Ägäis geleitet.[334] Plinius (1. Jh. n. Chr.) erwähnt einen befahrbaren Skamander[335], und viele Forscher haben diesen Kommentar auf den künstlichen Kanal an der Bucht von Beşik bezogen.[336] Ein Unternehmen wie die Umleitung eines ganzen Flusses in alter Zeit könnte auch Eingang in die Mythologie gefunden haben: Von Herakles wurde erzählt, er habe den Lauf des Skamander gegraben, dessen Name, σκαμμα ανδρος, wörtlich übersetzt »Schaum von Menschenhand« bedeutet.[337] Falls der Kanal von Troia wirklich gebaut wurde, um den ganzen Skamander in die Bucht von Beşik zu leiten, dann hätten sich als unmittelbare Folge davon gewaltige Sedimentmengen abgelagert: Diese Sedimente bilden heute den Sandstrand der Bucht. Sie füllten wohl auch den Kanal aus, doch die Menschen waren fähig und willens, ihn in gutem Zustand zu erhalten oder ihn auf einem minimalen Niveau erneut zu nutzen, und zwar nicht nur zu seinem ursprünglichen Zweck, sondern zum Beispiel, um die Sümpfe trockenzulegen oder um Wassermühlen zu betreiben.

Obwohl diese Argumentation bislang noch nicht wissenschaftlich belegt ist, dient sie sehr gut als Hypothese; sie läßt sich problemlos durch das Ausheben eines Grabens quer durch den Kanal auf die Probe stellen. Durch einen solchen Querschnitt müßte es möglich sein, die Originalgröße der Anlage wie auch die verschiedenen Phasen der Neunutzung zu bestimmen; mit Hilfe von Holz und anderen organischen Stoffen im Kanalbett ließen sich sogar Radiokarbon-Datierungen durchführen.

Künstliche Kanäle waren im Altertum nicht selten. So trug das Bewässerungssystem von Mesopotamien, das zum Beispiel bei Herodot beschrieben wird, zur raschen Entwicklung der dortigen Zivilisation bei. Auch die Ägypter gruben, um den Nil und das Rote Meer miteinander zu verbinden, schon im vierzehnten Jahrhundert v. Chr.[338] einen Kanal, während die Achaier den Kanal bei

Tiryns aushoben, den Kopais-See in Böotien trockenlegten und in verschiedenen Teilen Griechenlands Wasserregulierungen anlegten.[339]

Nur fünf Kilometer weiter nördlich verläuft parallel ein weiterer Kanal. Wie der erste durchschneidet auch dieser den Bergkamm vor der Küste. Schliemann hielt den Bau des zweiten Kanals sogar für noch aufwendiger als den des ersten: da er sehr viel breiter und tiefer ist.[340] Forchhammer lieferte die Abmessungen: Der Kanal war über 100 Fuß (über 30 m) tief und oben an die 100 Fuß breit[341] Wie groß waren die Kanäle in Atlantis? *»Hundert Fuß in der Tiefe.«* Schliemann wiederholte Forchhammers Vermutung, daß der Kanal angelegt worden sei, um die Ebene zu entwässern, doch für diesen Zweck ist er unnötig breit. Solons Bericht implizierte, daß der Kanal als Hafenzufahrt diente, denn er sagt, sie *»bahnten auf diesem Wege aus dem Meere zu ihm eine Einfahrt wie zu einem Hafen [...] daß auch die größten Schiffe einlaufen konnten«*[342]. Der Kanal soll sich bis zu dem äußeren Wasserring erstreckt haben, der als Haupthafen der Stadt diente. Ausgedehnte Sümpfe, die das im Landesinneren gelegene Ende der Kanäle von Troia umgeben, könnten sich tatsächlich als die Reste alter Hafenbecken erweisen.[343]

»Darauf durchbrachen sie aber auch die Gürtel aus Erde, welche die Wasserringe voneinander trennten, auf der Höhe der Brücken, und zwar so weit, daß eine einzelne Triere von einem Wasserring in den anderen hindurchfahren konnte, und überdachten den Durchgang, so daß die Durchfahrt unter Dach verlief; die obere Randhöhe der Erdgürtel stand nämlich genügend hoch über dem Meeresspiegel.«

Atlantis war von drei natürlichen Wasserstraßen umgeben. Um diese Flüsse miteinander zu verbinden, bauten die Menschen einen weiteren künstlichen Kanal, sie machten also »Durchstiche«. Der Bericht spricht von nur einem Graben, der die Wassergürtel miteinander verband, und nicht von mehreren, wie sie oft in alten Darstellungen von Atlantis zu sehen sind. Dieser Kanal, noch immer *»so weit, daß eine einzelne Triere [...] hindurchfahren konnte«*, war die unmittelbare Fortsetzung des ersten, des Durchstichs vom Meer. Er begann auf der landeinwärts gelegenen Seite

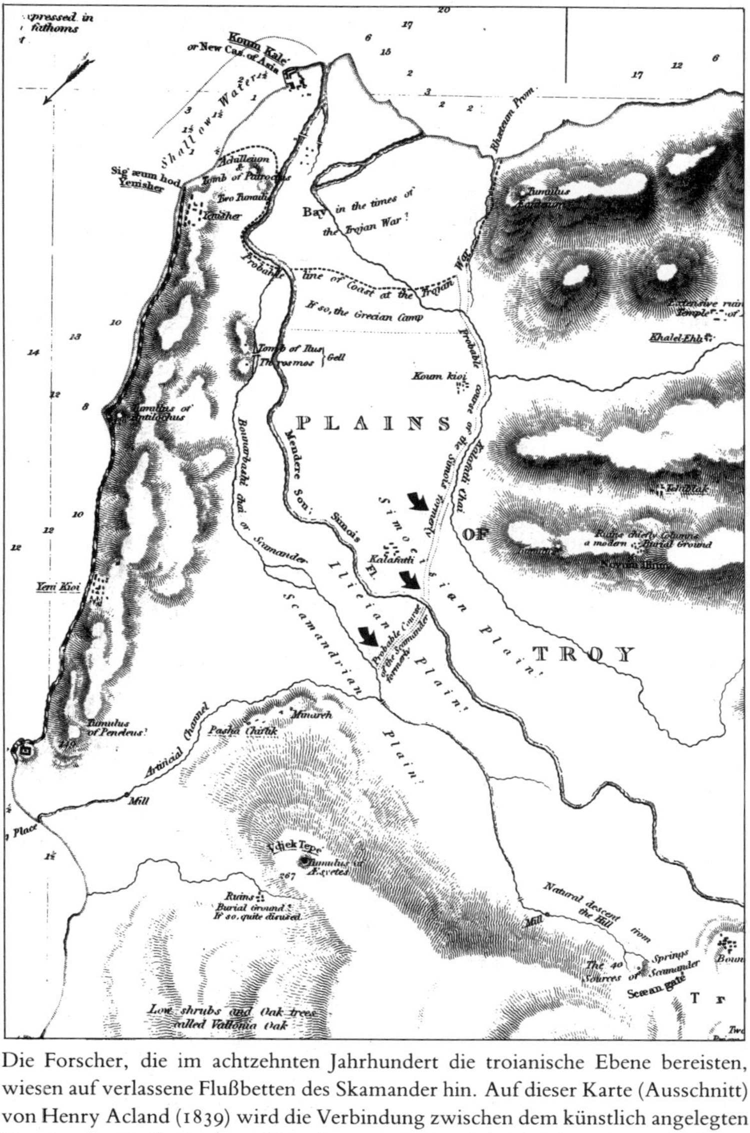

Die Forscher, die im achtzehnten Jahrhundert die troianische Ebene bereisten, wiesen auf verlassene Flußbetten des Skamander hin. Auf dieser Karte (Ausschnitt) von Henry Acland (1839) wird die Verbindung zwischen dem künstlich angelegten Kanal an der Beşik-Bucht und Ilion hervorgehoben (Pfeile). Dieser Wasserlauf hätte durch die Beşik-Bucht die Burg mit der Ägäis verbunden.

»auf der Höhe der Brücken«. Da bisher nur eine Brücke erwähnt wurde, mußte er am königlichen Palast begonnen haben. Und wieder zeigen topographische Karten der Troas den Verlauf eines Kanals; er beginnt unterhalb der Burg auf dem Hisarlık und verläuft auf den künstlichen Einschnitt an der Bucht von Beşik zu. Möglicherweise wurden die Kanäle bis unterhalb des Meeresspiegels angehoben, damit sie sich mit Meerwasser füllten. Dies hätte steile und hohe Dämme erfordert – die mit Holzplanken hätten überbrückt werden können. Zusätzlich wäre der Aushub wohl ganz in der Nähe gelagert worden, um den Transport so einfach wie möglich zu gestalten und um die Uferbefestigungen noch weiter zu erhöhen. Diese erhöhten Deiche hätten zum Beispiel als Fundament für eine Straße dienen können, die parallel zum Kanal verlief und den Palast mit den Häfen und dem Meer verband.

»Der größte Gürtel war aber der, zu welchem dem Meer ein Zugang geöffnet war; er maß drei Stadien in der Breite, und der anschließende Erdgürtel war ebenso breit; von den beiden nächsten war der Wasserring zwei Stadien breit und der trockene wiederum gleich wie der flüssige davor; ein Stadion schließlich maß der Ring, der in der Mitte unmittelbar um die Insel herumlief. Die Insel, auf der sich der Königspalast befand, hatte einen Durchmesser von fünf Stadien.«

Die in der Erzählung angegebenen Maße scheinen auf die Breite der drei Flüsse in der troianischen Ebene zu passen, wenn auch die Landstreifen dazwischen etwas breiter gewesen sein müßten. Der Durchmesser von fünf Stadien für das Zentrum der Stadt einschließlich des königlichen Palastes trifft auf Ilion zu (ein Stadion entspricht etwa 180 m).[344]

Diese Insel und die Ringe und die Brücke, deren Breite eine Plethre betrug, umgaben sie von beiden Seiten mit einer steinernen Mauer und errichteten auf den Brücken Türme und Tore, überall dort, wo vom Meer her die Durchgänge waren. Den Stein dazu brachen sie ringsum von den Abhängen der Insel, die in der Mitte lag, und von der äußeren und inneren Seite der Ringgürtel; zum Teil waren diese Steine weiß, zum Teil schwarz und zum Teil auch rot. Und indem sie diese Steine herausbrachen, hoben sie gleichzeitig an der Innenseite zwei tiefe Becken als Docks für die Schiffe aus, die vom Felsen selbst überdacht waren.«

Die Beschreibung der Steinbrucharbeiten *»ringsum von den Abhängen der Insel, die in der Mitte lag, und von der äußeren und inneren Seite der Ringgürtel«* ist typisch für die im Altertum am weitesten verbreitete Steinbautechnik. Stein wurde gewöhnlich aus der am nächsten liegenden Stelle gewonnen, und da Burgen in der Regel auf freiliegendem gewachsenem Fels errichtet wurden, holte man sich das Baumaterial häufig vom Fuß des Burgberges. Indem man die Basis aus Muttergestein außen rundum entfernte und die gebrochenen Steine oben auf dem Berg auftürmte, wurde der Abhang wesentlich steiler, was die Burg noch wehrhafter machte. Besonders die Nord- und die Nordwestseite des Hügels, auf dem man Ilion errichtete, sind so steil, daß sie möglicherweise künstlich überhöht worden sind.[345] Es heißt, die Bausteine hätten drei Farben aufgewiesen: eine mögliche Erklärung dafür ist, daß es sich bei dem verwendeten Stein um frisch gehauenen (weißen), verwitterten und von Flechten bewachsenen (schwarzen) und eisenoxidhaltigen (roten) Kalkstein handelte, der in der ganzen Ägäis verbreitet ist und auch als Baumaterial für Ilion diente.[346]
Leaf hat hervorgehoben, daß die Ebene von Troia die drei wichtigsten Baumaterialien bot, nämlich Holz, Stein und Lehm.[347] Wie an früherer Stelle in der Erzählung erwähnt wurde, waren die Menschen mit allem versorgt, was sie brauchten. Nach Leaf kann der verfügbare Kalkstein mühelos in der Umgebung der Burg gebrochen werden. Die Atlanter verwandelten den destruktiven Prozeß der Steingewinnung in einen konstruktiven: Indem sie über den Aushöhlungen ein Dach aus natürlich gewachsenem Stein stehen ließen, schufen sie große künstliche Höhlen. Wie Schliemann berichtet, wurden solche Höhlen bei Troia gefunden.

> Ich habe jetzt, in kaum 300 Meter Abstand von meinem Haus, auf der Südseite [...] die Latomie entdeckt, aus der alle diese kolossalen Massen Muschelkalksteine stammen [...] Der Eingang der Latomie, die von den eingeborenen Griechen und

Türken »lagum« (Mine oder Tunnel, vom ins Türkische übergegangenen arabischen Wort [...]) genannt wird, ist verschüttet, aber, wie man hier allgemein versichert, ist er noch vor 20 Jahren offen gewesen, und, wie meine Untersuchungen erwiesen haben, war er sehr groß.[348]

Der Atlantis-Bericht spricht davon, daß der Steinbruch in eine Schiffswerft umgewandelt wurde. Die dem Steinbruch nächstgelegene Stadt, die fünf Kilometer von der Küste entfernt liegt, heißt heute Kalifatli; dies ist das türkische Wort für Schiffswerft.

»Ihre Bauten waren zum Teil einfarbig; bei den anderen wechselten sie mit den Steinsorten ab und gestalteten sie in bunten Farben, aus lauter Spielerei, wobei sie ihnen eine natürliche Anmut verliehen.«

Von den meisten Häusern in Ilion fand man nur noch die Fundamente, so daß eventuelle Ornamente an Hauswänden nicht festgestellt werden konnten. Die erhaltenen Steinmetzarbeiten der Burgmauern sind jedoch von höchster Güte. Die Basis des großen viereckigen Turms auf der Ostseite besteht aus »wunderbar zusammengefügten Kalksteinblöcken«.[349] Auch Homer beschrieb die Bauwerke als »wohlgefügt«, »schön gebaut« und als aus »fein bearbeiteten Blöcken« bestehend[350], während Blegen meint, die Mauern seien »in kunstvoller Weise aus sauber, um nicht zu sagen elegant behauenen Blöcken gearbeitet [...] die mit großer Sorgfalt zusammengefügt wurden«.[351] Eine besondere Wirkung wurde dadurch erzielt, daß man vertikale Absätze einfügte, die die Befestigungsmauer in Felder unterteilte.

»Und die Mauer, die um den äußersten Ring herum lief, umkleideten sie in ihrem ganzen Umkreis mit Erz, wobei sie von diesem gleichsam einen Überzug machten; die innere Mauer übergossen sie mit Zinn und diejenige um die Burg selbst mit Goldkupfererz, das wie Feuer funkelte.«

Mit Metall verschalte Mauern erscheinen uns heute seltsam, doch in der antiken Literatur werden sie nicht selten erwähnt. Hesiod

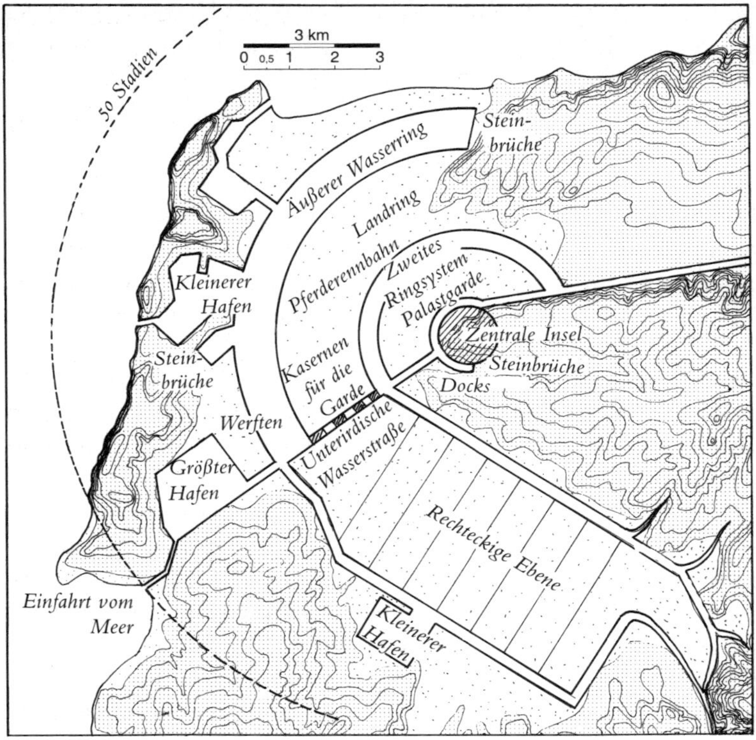

Auf der Grundlage der durch Platons Erzählung gelieferten geographischen Details sind viele graphische Rekonstruktionen von Atlantis angefertigt worden. Bei der vorliegenden handelt es jedoch nicht um eine Rekonstruktion, sondern um den Versuch, festzustellen, wie weit die rein geometrischen Informationen von Platons Text in die troianische Landschaft passen würden. Atlantis bestand aus zwei Hauptteilen. Die Stadt selbst war von Land- und Wasserringen umgeben, während sich nach Süden hin eine Ebene »von länglicher Form« erstreckte. Diese Ebene »lag gegen Süden zu, gegen den Nordwind abgeschirmt«. Ursprünglich war sie ein überwiegend »langgestrecktes Rechteck« mit »geraden« Seiten; »wo die Seiten nicht gerade verliefen, waren sie durch einen Graben, den man ringsum ausgehoben hatte, gerade gerichtet.« Der Eingang zu dem System aus künstlich angelegten Wasserwegen und Häfen lag fünfzig Stadien (9 km) vom Zentrum der Insel entfernt. Ein enger Kanal, ein »Durchstich« durch das Muttergestein, führte zum größten Hafen. Von dort aus verlief ein weiterer Kanal, der überdacht gewesen sein soll, zum königlichen Palast. Bis auf zwei Ausnahmen wurden die Maße für diese Graphik der Erzählung entnommen: die Landringe sind fünfzig Prozent breiter als bei Platon, und die Schwemmlandebene umfaßt nur rund 20 Quadratkilometer statt rund 200000.

erzählt von einer Bronzemauer, die den Tartarus umgab[352], und von Poseidon, der davor »Bronzetüren errichtete, und drumherum verläuft die Mauer«.[353] In den *Erga* beschreibt Hesiod »Häuser aus Bronze« in einer Zeit, als »schwarzes Eisen noch nicht bekannt war«.[354] Odysseus berichtet von einer »Mauer, ehern und nicht zu durchbrechen« (10.3), die die Äolos-Insel umgab, während Herodot vom alten Ekbatana im Westen Irans erzählt, das auf einem niedrigen Hügel gebaut und von sieben konzentrischen Mauergürteln umgeben war; von denen habe jeder eine andere Farbe und die beiden inneren seien mit Silber und Gold belegt.[355] Er weiß auch von Babylon und dessen Bronzetoren mit den bronzenen Pfosten und Türstürzen zu berichten.[356] Der Koloß von Rhodos (3. Jh. v. Chr.) war ebenfalls mit Bronze ummantelt.
Der Gedanke liegt nahe, daß diese Bronzefurniere, wenn es sie denn wirklich gegeben hat, aufgrund von Plünderungen oder späterer Neuverwertung verschwunden sind. Nur im Falle eines Großbrandes wären solche Edelmetalle den Flammen zum Opfer gefallen, ohne daß man sie hätte retten können. Schliemann hat das mögliche Ergebnis einer solchen Zerstörung beschrieben:

> Ein weiteres Zeugnis von der furchtbaren Katastrophe gibt eine ½ bis 3 Zentimeter dicke Schlackenschicht von geschmolzenem Blei- und Kupfererz, die sich in 8½ bis 9 Meter Tiefe fast durch den ganzen Berg ausdehnt.[357]

Diese Schicht aus geschmolzenem Metall wurde mit den Überbleibseln von Troia II in Verbindung gebracht, aber dies konnte durch spätere Ausgrabungen nicht bestätigt werden.

»Der Königspalast innerhalb der Akropolis war folgendermaßen angelegt: in der Mitte stand dort das der Kleito und dem Poseidon geweihte Heiligtum, ohne Zugang, von einem goldenen Gehege umgeben, und zwar an der Stelle, wo die beiden ganz am Anfang das Geschlecht der zehn Herrscher gezeugt und geboren hatten. Dahin brachten sie auch jedes Jahr aus allen zehn Landesteilen einem jeden der beiden die Früchte der Jahreszeit als Opfergaben. Der Tempel des Poseidon selbst war ein Stadion lang, drei Plethren breit und von einer Höhe, die damit

sichtlich übereinstimmte; doch hatte er in seinem Aussehen etwas Barbarisches. Auf der Außenseite umkleideten sie den Tempel mit Silber, außer der Giebelbekrönung; die war vergoldet. In seinem Inneren aber sah man die Decke ganz aus Elfenbein und bunt geschmückt mit Gold und Silber und Goldkupfererz; alles andere aber, die Wände und die Säulen und den Boden überzogen sie mit Goldkupfer. Und sie stellten goldene Bildsäulen darin auf, den Gott als Wagenlenker, wie er auf einem Wagen mit sechs geflügelten Pferden steht, so groß, daß er mit seinem Scheitel die Decke berührt. Rings um ihn aber waren hundert Nereiden, auf Delphinen reitend – damals glaubte man, daß es so viele gebe; und noch viele andere Bildwerke waren im Tempel, Weihgeschenke von Privatleuten. Und außerhalb standen rings um ihn herum die goldenen Bildwerke aller zehn Könige und ihrer Frauen und sämtlicher Nachkommen und viele andere Weihgeschenke von Königen und von Privatleuten aus der Stadt selbst und aus all den auswärtigen Gebieten, die sie beherrschten. Und der Altar stimmte in seiner Größe und Ausführung mit dieser ganzen Pracht überein, und ebenso war der Königspalast der Größe des Reiches angemessen und angemessen auch der ganzen Tempelanlage.«

Unglücklicherweise ist der zentrale Bereich der Akropolis von Troia VI durch Planierung in römischer Zeit völlig zerstört worden.[358] Auch Homer spricht nur gelegentlich vom Innern Ilions. So beschreibt er zum Beispiel den Apollon-Tempel (V.446) und den Palast des Priamos am höchsten Punkt der Burg, die Pergamos genannt wurde (XXIV.700). Diese Gebäude waren von den großen Wohnsitzen des Hektor und des Paris umgeben (VI.317), wobei letzterer die besten Handwerker des Landes mit dem Bau seines Hauses betraut hatte (VI.314).
Erneut ist in der Erzählung die Rede von *»Weihgeschenken [...] aus all den auswärtigen Gebieten, die sie beherrschten«*. Solche freiwilligen oder unfreiwilligen Abgaben passen zur geographischen Lage Troias und zu seinem kulturellen Charakter ebenso gut wie *»die goldenen Bildwerke aller zehn Könige und ihrer Frauen und sämtlicher Nachkommen«*, denn man hat in Ilion zahlreiche Sockel gefunden, von denen jedoch leider keiner mehr eine Statue trägt.

Der Troia-Ausgräber Carl Blegen hat einmal eine Zusammenfassung seines Eindrucks von Troia vorgelegt, die stark an das Bild erinnert, das in der Atlantis-Erzählung vermittelt wird:

> Offensichtlich war Troia im gesamten Verlauf seines langen Bestehens eine königliche Festung, auf der der Herrscher über das umliegende Gebiet seinen Sitz hatte. Auf der Spitze des Hügels, innerhalb des befestigten Ringes, der anscheinend zweimal umgebaut wurde, stand, so können wir annehmen, ein stattlicher Palast und um ihn herum, auf den abfallenden Terrassen möglicherweise zwanzig oder noch mehr Häuser, in denen die Mitglieder der Herrscherfamilie und ihre unmittelbaren Untergebenen lebten. Der Zugang zur Burg war durch wenigstens vier Tore möglich, und von diesen Toren aus führten Straßen hinauf in den zentralen Bereich. Das ganze Gebilde ist geprägt von Kraft und Macht, und das ehrgeizige Bauvorhaben, das hier durchgeführt wurde, läßt auf wirtschaftlichen Wohlstand schließen. Zweifellos basierte dieser Wohlstand zum größten Teil auf der Landwirtschaft, und der überwiegende Teil der Bevölkerung lebte vermutlich in kleinen Gemeinden, die über das Gebiet verstreut waren. Die Kontrolle der Durchfahrt durch die Dardanellen sowie des Landweges, der von den westlichen Küstengebieten Kleinasiens zu einer Überquerung der Meerengen führte, könnte jedoch eine andere Einkommensquelle dargestellt haben.[359]

Der Tempel des Poseidons, so wie er in der Atlantis-Erzählung beschrieben wird (180 mal 90 Meter groß), würde die Hälfte der Festung Ilions (ca. 180 mal 160 Meter) in Anspruch nehmen, daher treffen diese Dimensionen ganz sicher nicht auf die Akropolis von Ilion zu. Aber sie können ohnehin nicht realistisch sein. Selbst der rund tausend Jahre später erbaute Parthenon auf der Akropolis in Athen umfaßt nur 67 mal 23,5 Meter. Andererseits erinnert die Beschreibung der *»goldenen Bildsäulen«*, darunter der *»Gott als Wagenlenker«*, der so groß ist, daß er *»mit seinem Scheitel die Decke berührt«*, die *»ganz aus Elfenbein«* war, an eine ähnliche Statue des Zeus aus Gold und Elfenbein, die im Tempel des klassischen Olympia fast bis zur Decke reichte.[360] Im Parthenon auf der Athener Akropolis stand eine Skulptur der Athene aus Gold und Elfenbein; beide Kunstwerke wurden von Pheidias geschaffen, dem gefeierten Bildhauer des klassischen Griechenlands. Eine ähnliche Gruppe wie die im Text beschriebene, mit Poseidon, umgeben von Nereiden, wurde auch von Scopas geschaffen, einem Zeitgenossen Platons.[361]

»Die beiden Quellen aber, die mit dem kalten und die mit dem warmen Naß, waren von reicher Fülle und mit ihrem Wohlgeschmack und der Güte des Wassers zum Genusse wunderbar geeignet; die Bewohner nutzten sie, indem sie rings darum ihre Häuser aufstellten und Baumpflanzungen anlegten, die dem Wasser entsprachen. Und ringsum richteten sie Bassins ein, die einen unter freiem Himmel, die anderen unter einem Dach für die warmen Bäder im Winter. Die königlichen Bäder waren von den privaten abgesondert; noch andere gab es für die Frauen und wieder andere für die Pferde und die sonstigen Zugtiere, und alle richteten sie so ein, wie es zur Ausstattung eines jeden dienlich war. Das abfließende Wasser aber leiteten sie zum Hain des Poseidon, der dank seinem trefflichen Boden einen mannigfaltigen Bestand von wunderbar schönen und hohen Bäumen hatte, und führten es durch Kanäle den Brücken entlang zu den äußeren Ringen.«

Die Erzählung beschreibt warme und kalte Quellen aus dem Bereich außerhalb der Burgmauern. Um diese Quellen herum liegen *»Bassins«*. Wie bereits erörtert, wurden eine heiße und eine kalte Quelle in der *Ilias* als eine der bemerkenswertesten Segnungen von Troia erwähnt. Homer beschreibt die Umgebung der Quellen weiter:

> Dort bei ihnen sind auch die breiten Becken zum Waschen
> Nahe, die schönen, steinernen, wo ihre schimmernden Kleider
> Pflegten zu waschen die Frauen der Troer und lieblichen Töchter.
> (XXII. 153)

In Atlantis legte man die teils *»für die warmen Bäder im Winter«* überdeckten Bassins an. Darüber hinaus besaß die Stadt ein System von Wasserleitungen, die von den Quellen und Bädern zu einem heiligen Hain wie auch zu den schiffbaren Kanälen führten. Überbleibsel eines solchen Systems sind auch in Troia gefunden worden, und zwar in Form einer unterirdischen Entwässerung, die mit schweren Steinfliesen bedeckt war.[362] Solche komplizierten Entwässerungssysteme waren aber in den Palästen der späten Bronzezeit durchaus üblich.

»Dort waren denn auch viele Tempel für manche Gottheiten, auch viele Gärten und viele Gymnasien angelegt für die Leibesübungen der Männer, während die Übungsplätze für die Pferde abseits auf den beiden Inseln zwischen den Wasserringen lagen. So hatten sie unter anderem mitten auf der größeren dieser Inseln den Platz für eine Rennbahn ausgewählt; sie maß ein Stadion in der Breite, und in ihrer Länge um den ganzen Ring bot sie Raum für den Wettlauf der Pferde. Um sie herum aber lagen auf beiden Seiten die Kasernen für den Großteil der Leibwächter; den zuverlässigeren aber war die Wache auf dem kleineren Erdring anvertraut, welcher näher an der Akropolis lag, und denjenigen, die sich vor allen anderen durch ihre Treue auszeichneten, waren die Unterkunftsräume im Inneren der Burg, unmittelbar um den Königspalast zugewiesen.«

Die äußere Stadt von Atlantis wurde von Gärten, Exerzierplätzen und Behausungen für die Wachen beherrscht. Obwohl auch Troia sich bis weit jenseits der Burgmauern ausgedehnt haben muß, haben weder die *Ilias* noch die archäologischen Ausgrabungen viel Aufschluß über die Unterstadt erbracht. Die Burg selbst war nur der Sitz des Herrschers und seines Gefolges[363], doch nach früheren Schätzungen könnte die gesamte Festung einmal bis zu 50 000[364] oder sogar 100 000[365] Menschen umfaßt haben, die vermutlich in kleineren Häusern in der Unterstadt außerhalb der Mauern sowie in Dörfern und Weilern auf dem Land gewohnt haben. Da sich jedoch die von Homer beschriebenen Geschehnisse nach einem neunjährigen Krieg ereignen, in dessen Verlauf möglicherweise alles zerstört wurde, was sich außerhalb der troianischen Stadtmauern befand, sind die fehlenden Hinweise auf eine tiefer gelegene Stadt nicht weiter verwunderlich.

Die mythologische Geschichte von Troia beschreibt, wie die Stadt sich im Laufe der Zeit ausbreitete:

> Entweder lag die Stadt Troia unter der Regierung von Erichthonios woanders, oder sie umfaßte nur den oberen Teil des Hügels [...] als jedoch sein Sohn Tros den Thron bestieg, vermehrte sich das Volk so stark, daß sie allmählich den Abhang besiedelten, und zu Ehren dieses Fürsten wurde diese neue Stadt Troia genannt.[366]

Es scheint hier, als hätte die ursprüngliche Siedlung auf der Akropolis Ilion geheißen, während der Name Troia später als Bezeichnung für die gesamte Siedlung einschließlich ihrer umfangreichen Unterstadt eingeführt wurde. Da diese Stadt bisher nicht entdeckt worden ist, sollte die ausgegrabene Burg vielleicht konsequent Ilion genannt werden. Die sie freilegten, gingen im allgemeinen davon aus, daß die Unterstadt auf dem flacheren Teil des Hisarlık, südlich der Burg, gelegen habe, doch bislang wurden hauptsächlich nach-bronzezeitliche Gebäudereste in diesem Bereich gefunden. Genausogut könnte der größere Teil der Stadt in der Schwemmlandebene gelegen haben. Tatsächlich bergen leichte Erhebungen in der Ebene häufig prähistorische Überreste[367], die Relikte von äußeren Stadtbereichen sein könnten, da die topographisch tiefer gelegenen Gebiete – ebenso wie die Unterstadt von Tiryns – möglicherweise tief unter Schwemmland begraben sind. Bis heute sind in der Ebene noch keine umfassenden Ausgrabungsarbeiten durchgeführt worden. Obwohl man viele geoarchäologische Untersuchungen angestellt hat, wurde die Stratigraphie entweder nur in sehr kleinem Rahmen (ca. 1 m)[368] oder in sehr großem Rahmen (ca. 100 m)[369] untersucht. Die Ebene von Troia weist jedoch viele Gemeinsamkeiten mit den Küstenebenen in Griechenland[370] auf, in denen sich in der Regel nach der Bronzezeit zwischen 5 und 10 Meter mächtige Ablagerungen gebildet haben.[371] In dieser Tiefe könnte daher eine Suche nach den Resten der alten Stadt Troia am erfolgversprechendsten sein.

In der Atlantis-Legende finden sich fast keine Informationen über das einfache Volk und seine Wohnhäuser, was in gewisser Weise dem archäologischen Kenntnisstand der späten Bronzezeit entspricht. Heute kennen ägäische Prähistoriker mehr mykenische Königssitze als Bauernhöfe. Auch die Protagonisten in Homers *Ilias* sind ausschließlich Adlige, es wird in dem Epos lediglich festgehalten, daß ungefähr 100000 griechische Krieger vor Troia gekämpft hätten. Ganz ähnlich werden die Wohnräume für Adlige und Krieger in Atlantis erwähnt, nicht aber die Unterkünfte und Wohnstätten der Arbeiter und Bauern.

Die Erzählung berichtet, daß die atlantischen Leibwächter eingeteilt waren in einen *»Großteil«*, einen *»zuverlässigeren«* Teil und in die Gruppe der Treuesten. Ihre jeweilige Position bestimmte die Lage ihrer Wachhäuser und Wohnungen. Eine in etwa ähnliche Regelung läßt sich bei Quintus von Smyrnas Beschreibung des Troianischen Krieges[372] feststellen. Quintus setzt seine Erzählung da fort, wo die *Ilias* endet; als Paris weitere Truppen von Eurypylos erhält, schlagen diese Soldaten ihr Lager vor der Stadt auf, »wo die mannhaften Wachen von Troia waren«.

Die körperliche Ertüchtigung spielte sowohl in der Stadt Atlantis als auch in der legendären Geschichte von Troia eine wichtige Rolle.[373] Die Erzählung spricht von Übungsplätzen selbst für Pferde und einer sehr großen Pferderennbahn. Der Stellenwert dieser Tiere in Atlantis wurde schon an früherer Stelle deutlich, als besondere Schwemmen nur für Pferde erwähnt sind. In der *Ilias* sind die mit am häufigsten benutzten Attribute für Troia oder die Troianer: »rossetummelnd«, »rossebezwingend«, »rossenährend« sowie »fohlengesegnet« (V. 551), und, in der *Odyssee*, das »Rosseland« (2.18; 14.71). Der Besitz von guten Pferden und das Geschick, sie zu zähmen und zu trainieren, müssen zu den bekanntesten Eigenschaften der Troianer gezählt haben.[374] In Anatolien waren Pferde hochgeschätzt; so stammen denn auch die frühesten Schriften, in denen die Dressur von Pferden beschrieben wird, aus dieser Gegend (16. Jh. v. Chr.).[375] Auch in Quintus von Smyrnas Darstellung des Troianischen Krieges wird eine Pferderennbahn erwähnt.[376] Bei archäologischen Ausgrabungen wurden in Troia VI und VIIa zahlreiche Pferdeknochen zutage gefördert (also in den Schichten, die zeitlich mit dem Troianischen Krieg zusammenfallen).[377]

»Die Werften aber waren angefüllt mit Dreiruderern und mit all den Gerätschaften, die zur Ausstattung dieser Schiffe gehören, und alles das lag in genügender Menge bereit.
So waren also die ganzen Einrichtungen um den Königspalast herum. Wenn man aber die äußeren Häfen, drei an der Zahl, durchquert hatte, so stieß man auf eine Ringmauer, die ihren Ausgangspunkt beim Meer hatte und die überall in ihrem Verlauf fünfzig Stadien vom größten Ring, der den größten Hafen bildete, entfernt war und sich dort, wo der Durchstich zum Meer einmündete, wieder zusammenschloß. Dieser ganze Raum war von vielen dichtgedrängten Häusern besetzt. Die Ausfahrt und der größte Hafen aber waren überfüllt von Schiffen und von Kaufleuten, die aus allen Richtungen herkamen und mit ihrer Menschenmenge Tag und Nacht ein lautes Stimmengewirr und ein vielfältiges Getümmel verursachten.«

Es war äußerst schwierig, primitive Schiffe durch den Hellespont zu navigieren.[378] Gegen die Strömung mit einer Geschwindigkeit von zweieinhalb Knoten und bei vorherrschendem Nordwind bei der Durchfahrt durch die Meerengen Fahrt aufzunehmen, muß mühsam gewesen sein, wenn auch nicht unmöglich.[379] Um durch die Dardanellen hindurch das Marmarameer zu erreichen, mußten die Schiffe meist ankern und günstigeren Südwind abwarten, was für die Seefahrer der Bronzezeit aber nicht ungewöhnlich war. Vielleicht läßt sich der Reichtum Troias tatsächlich darauf zurückführen, daß es geschützte Häfen, Verpflegung und Lotsendienste für die Handelsschiffe zur Verfügung stellen konnte.[380] Im *Black Sea Pilot* (1908) wird beschrieben, wie es im Tenedoskanal, nahe der früheren Einfahrt in den troianischen Hafen, vor nur hundert Jahren zuging: »[...] es geschieht nicht selten, daß 200 oder 300 Schiffe im Tenedoskanal oder an anderen Ankerplätzen auf eine günstige und anhaltende Brise warten.«[381] Darüber hinaus besaß Troia möglicherweise eine eigene große Flotte, die für Lotsendienste, Handel und zur Verteidigung eingesetzt wurde.

»Über die Stadt und wie es um die Residenz herum nach deren Gründung aussah, habe ich nun so ziemlich das berichtet, was man damals überliefert hat. Und nun muß ich zu erzählen versu-

chen, wie das übrige Land von Natur beschaffen war und welcher Art seine Einrichtungen waren. Zunächst einmal soll das ganze Land sehr hoch gelegen und vom Meer steil aufgestiegen sein; nur um die Stadt herum sei eine große Ebene gewesen und habe diese rings umgeben. Sie war aber ihrerseits wieder rundum von Bergen umkränzt, die sich bis zum Meer erstreckten; es war eine flache und gleichmäßige Ebene, als Ganzes von länglicher Form, die sich in der Länge auf beiden Seiten über dreitausend Stadien, in der Breite, vom Meere aufwärts, über zweitausend Stadien ausdehnte.«

Damit ist die Darstellung der Stadt Atlantis zu Ende. Die Erzählung wendet sich nun *»dem übrigen Land«* zu und stellt fest, daß *»das ganze Land sehr hoch gelegen und vom Meer steil aufgestiegen«* war. Auch diese Beschreibung paßt auf die Küste bei Troia, die als »steil und zerklüftet« mit »sehr steilen Vorsprüngen« geschildert wurde.[382] Atlantis lag, ebenso wie Troia, mitten in einer Ebene, umgeben von der Küste vorgelagerten Bergen. Die Ebene wird *»als Ganzes von länglicher Form«* beschrieben, was gleichfalls auf die Ebene von Troia zutreffen würde – doch die Ebene von Atlantis soll 540 mal 360 Kilometer groß gewesen sein, während die troianische an ihrer breitesten Stelle nur zwölf Kilometer aufweist! Hierbei scheint es sich um den deutlichsten Widerspruch zwischen der Beschreibung von Atlantis und den Merkmalen von Troia zu handeln.
Der Fehler im Hinblick auf die Ausmaße der Ebene ist selbst Platons Aufmerksamkeit nicht entgangen. Nur wenige Sätze später, als in der Geschichte behauptet wird, die Ebene sei von künstlichen Kanälen umgeben gewesen, unterbricht er das erste und einzige Mal, um festzuhalten, daß die Vorstellung, man habe eine so große Fläche in ihrem vollen Umfang mit einem künstlichen Graben umgeben, unglaublich klinge:

»Wenn uns einer sagt, wie tief und wie breit und wie lang dieser gewesen sei, so kann man fast nicht glauben, daß dieses von Menschenhand geschaffene Werk, verglichen mit anderen Bauwerken dieser Art, solche Größe gehabt habe; und doch muß ich erzählen, was ich gehört habe.«

Platon hatte bemerkt, daß hier ein Übersetzungsfehler vorliegen mußte, doch sein Bestreben, bei der Vermittlung alter Überlieferungen keine Änderungen vorzunehmen, war stärker als seine persönliche Meinung.

»Dieser Teil der ganzen Insel lag gegen Süden zu, gegen den Nordwind abgeschirmt.«

Eine 500 Kilometer lange Ebene kann wohl kaum windgeschützt sein; diese Aussage liefert deshalb einen weiteren Hinweis darauf, daß die angegebenen Dimensionen der Ebene falsch sind. Noch wichtiger ist jedoch der Umstand, daß es im Mittelmeerraum nur einen Ort gibt, an dem der *»Nordwind«* so extrem und andauernd bläst, daß er in der alten Literatur Erwähnung findet. Von allen Plätzen, die Homer in der *Ilias* beschreibt, ist vor allem einer »windig«: Troia. Immer wieder verwendet Homer Adjektive wie »luftig« (VIII.499), »windumweht« (XII.115) oder »windig« (XIII.724; XVIII.174; XXIII.64), wenn er von Troia spricht. Selbst in der Neuzeit ist der Nordwind noch immer ein für Troia typisches Charakteristikum.
Schliemann berichtete von seinen Ausgrabungen bei Troia: »[...] mein größtes Leiden hier ist der fortwährende Sturm [...]«[383] und »[...] außerdem ist auch der beständige Nordsturm, der uns den Staub fortwährend in die Augen treibt und uns blendet, bei den Arbeiten äußerst hinderlich.«[384] Die starken und nahezu ständigen Winde bei Troia wehen hauptsächlich aus nördlicher und nordöstlicher Richtung. Im Frühling kommt es jedoch relativ häufig vor, daß Südwestwind herrscht, und die Anzahl der Stürme ist im Durchschnitt niedriger als im Sommer oder Herbst.[385] Demnach wäre der Frühling für die bronzezeitlichen Schiffe die beste Jahreszeit gewesen, um die Meerengen zu durchfahren.

»Von den Bergen, die ihn umgaben, rühmte man seinerzeit, daß sie an Anzahl und Größe und Schönheit alle heutigen übertroffen hätten, und es habe auf ihnen viele reiche Dörfer der ringsum wohnenden Bevölkerung gegeben, und Flüsse und Seen und Wiesen mit genügender Nahrung für alle Haustiere und alles Wild, und einen Waldbestand, der in seiner Ausdehnung und mit

seinen mannigfachen Holzarten das Material für alle Arbeiten im gesamten und zu allen Zwecken und in reichem Maße lieferte.«

Die Erzählung liefert hier eine Schilderung der ländlichen Umgebung von Atlantis: eine gesegnete Landschaft, deren natürliche Reichtümer genutzt, aber nicht ausgebeutet wurden. Die Bedeutung des Waldes, der *»das Material für alle Arbeiten [...] in reichem Maße lieferte«*, wird betont, was darauf hindeutet, daß Holz zu der Zeit, als der Bericht abgefaßt wurde, bereits ein wertvoller und zur Neige gehender Rohstoff war. Es wurde bereits gesagt, daß die atlantische Erde alles in reicher Fülle hervorbrachte und das Lebensnotwendige lieferte. Die fruchtbare und größtenteils unberührte Natur von Atlantis sicherte also den reibungslosen Fortschritt dieser Kultur. Ganz ähnlich konnte sich die troianische Kultur von Generation zu Generation stetig weiterentwickeln, ohne daß es irgendwelche Anzeichen für einen Bruch gibt.[386]

»Diese Ebene nun war von Natur und durch die Arbeit vieler Könige im Verlauf einer langen Zeit auf folgende Weise ausgestaltet worden. Im großen und ganzen bildete sie ein langgestrecktes Rechteck; wo die Seiten nicht gerade verliefen, waren sie durch einen Graben, den man ringsum ausgehoben hatte, gerade gerichtet. Wenn uns einer sagt, wie tief und wie breit und wie lang dieser gewesen sei, so kann man fast nicht glauben, daß dieses von Menschenhand geschaffene Werk, verglichen mit anderen Bauwerken dieser Art, solche Größe gehabt habe; und doch muß ich erzählen, was ich gehört habe. Ein Plethron tief wurde der Graben ausgehoben; seine Breite betrug überall ein Stadion, und da er rings um die ganze Ebene herum gezogen war, ergab sich eine Länge von zehntausend Stadien. Er nahm alle Wasserläufe, die von den Bergen herab kamen, in sich auf, und nachdem er um die Ebene herum geführt und sich der Stadt von beiden Seiten genähert hatte, ließ er sie dort ins Meer fließen. Von seinem oberen Laufe (landeinwärts) her waren aber in gerader Richtung Kanäle von etwa hundert Fuß Breite in die Ebene eingeschnitten, die in der Gegend des Meeres wieder in den (großen) Graben mündeten und voneinander hundert Stadien entfernt waren. Auf diesen führten sie das Holz aus den

Bergen in die Stadt, und auch die übrigen Produkte brachten sie auf ihren Schiffen zur Erntezeit heran, weshalb sie Querverbindungen von den einzelnen Kanälen in die anderen und zu der Stadt hin gegraben hatten. Somit konnten sie auf ihrem Land zweimal im Jahr Ernte halten: im Winter dank dem Regenwasser, das Zeus ihnen spendete, und im Sommer dank dem Wasser, das ihnen das Land selbst bot, indem sie es aus den Kanälen zuleiteten.«

Der vorangehende Abschnitt bietet eine Fülle von präzisen Informationen über die Ebene von Atlantis:

- ihre Form erinnerte an ein Rechteck, wenn sie auch nicht ganz geometrisch war;
- ihre endgültige Form war das Ergebnis natürlicher Kräfte und menschlicher Veränderungen;
- die Atlanter hatten einen Graben um die Ebene angelegt, der ihre gleichmäßige Form betonte;
- der Kanal war 180 Meter breit und 30 Meter tief;
- Platon stellt die Rechnung auf, daß die Gesamtlänge des Kanals 1800 Kilometer ausgemacht haben müßte, falls die Ausmaße der Ebene korrekt angegeben waren (er hatte aber das Gefühl, daß diese Angaben falsch waren);
- der künstliche Kanal wurde durch natürliche Flüsse aus den Bergen bewässert;
- dann wurde das Wasser von beiden Seiten der Stadt zugeleitet und von dort aus ins Meer abgelassen;
- man legte quer verlaufende Kanäle an, 30 Meter breit und jeweils 18 Kilometer voneinander entfernt; ihr Wasser floß auf der zum Meer hin gelegenen Seite in den Graben;
- auf Flüssen und Kanälen wurden Holz und andere natürliche Erzeugnisse von den Bergen in die Stadt transportiert;
- dank des gut funktionierenden Bewässerungssystems konnte das Land zweimal im Jahr abgeerntet werden.

Auch diese Dimensionen erscheinen unangemessen: Eine Tiefe von 30 Metern und eine Breite von 180 Metern sind für einen Entwässerungs- und Schiffahrtskanal in einer Küstenebene unrealistisch, und der Abstand von 18 Kilometern zwischen den Gräben wäre zu groß, da das dazwischen liegende Land weiterhin auf natürlichem Wege entwässert werden müßte. Abgesehen von diesen Einwänden scheint jedoch die gesamte Beschreibung der Landschaftsgestaltung der Stadt durchaus plausibel, wenn man bedenkt, daß der Ort mit einer Vielfalt von Naturerzeugnissen und einer jahrhundertelangen Periode ungestörter Entwicklung bedacht war.

Auch in Troia gibt es viele Hinweise auf einen massiven Eingriff des Menschen in die natürliche Umgebung. Der Fluß der troianischen Ebene hat zwei Namen; sein erster Name, von den Göttern gegeben (vgl. XX.74), war »Xanthos« (gelber Fluß). Später jedoch soll das Flußbett von den Menschen verändert worden sein, und man nannte ihn »Skamma andros« (Schaum von Menschenhand).[387] Alle Geographen, die die Ebene von Troia untersucht haben, stimmen darin überein, daß das jetzige Bett des Skamander nicht mit seinem alten Verlauf identisch ist und daß die ganze Ebene von ausgetrockneten Flußläufen und künstlichen Kanälen durchzogen ist.[388]

Einige der scharfsinnigsten Beobachtungen im Hinblick auf diese ausgetrockneten Kanäle stammen aus dem letzten Jahrhundert.[389] 1839 führte Peter Wilhelm Forchhammer, Geographieprofessor an der Universität Kiel, eine Vermessung der troianischen Ebene durch, in Begleitung von Thomas Spratt, damals Maat in der Royal Navy, später Vizeadmiral. Ihre Erkundungen hatten zum Ziel, die erste topographische Karte der Gegend zu erstellen. Forchhammer konzentrierte sich auf die geographischen Beobachtungen, während Spratt für die Vermessungen und die Karteneinträge verantwortlich war. Bis heute stellen Forchhammers Anmerkungen und die Karte von Spratt für viele die klarsichtigste Zusammenfassung von Beobachtungen dar, die je zur Ebene von Troia gemacht wurde. Forchhammer fand mehr archäologische Monumente als irgend jemand vor oder nach ihm. Darüber hinaus beschäftigte er sich in einem wesentlichen Teil seiner Publikationen mit der Diskussion um die ausgetrockneten Flußläufe und künstlichen Kanäle. Nach Forchhammer verliefen auf beiden Seiten der Ebene, wo heute nur unzusammenhängende Feuchtgebiete liegen, recht große Flüsse.[390] Er vermutete, daß der ursprüngliche Lauf des Skamander auf der westlichen Seite der Ebene lag[391], denn der jetzt dort verlaufende Bach (Pınarbaşı Su) fließt in einem unverhältnismäßig breiten und tiefen Bett, das ein wesentlich größerer Fluß geschaffen haben muß. Nur vierzig Jahre bevor Forchhammer seine Untersuchung durchführte, wurden in diesem Gebiet noch künstliche Wasserläufe festgestellt.[392] Ebenso wie der Kalifatli Osmak, der ausgetrocknete Fluß auf der anderen Seite der Ebene, verläuft der Pınarbaşı Su fast völlig gerade, wohingegen der Skamander ungehindert über die ganze Ebene mäandrierte, bis in den Jahren 1956 bis 1965 im Rahmen eines Kanalisationsprojektes Dämme gebaut wurden. Zusätzlich zu den alten Flußläufen zeigte die Karte von Forchhammer und Spratt mehrere unregelmäßige Sandhügel, die sie in Zusammenhang mit den alten Flußläufen brachten. Für Schliemann waren diese Sandhügel eines der auffälligsten Merkmale der Ebene:

> Das alte Bett des Skamander, der heutige Kalifatli Asmak, unterscheidet sich durch seine zerstörten Uferränder, das Fehlen ebenen Bodens und durch kleine angeschwemmte Sandwälle wesentlich von dem neuen Bett mit seinen steilen Ufern, auf denen sich, außer bei Kum Kaleh in der Nähe der Mündung, nirgends angeschwemmte Sandhügel vorfinden.[393]

> An vielen Stellen, namentlich des linken Ufers, ziehen sich Sandhügel hin, welche einmal angeschwemmt sein müssen [...][394]

Abgesehen von Dünenbildung gibt es keine geologischen Prozesse, die solche Sandhaufen hervorbringen würden. Auelehm wird in einzelnen ausgedehnten, aber dünnen Schichten im Verlauf von periodischen Überschwemmungen abgelagert, aber diese Schichten können keine Hügel bilden. Flüsse bauen häufig natürliche Dämme entlang ihrer Ufer auf, aber die sind langgestreckt und nicht auf kurze Distanzen begrenzt. Deshalb sind die Sandhaufen in der Nähe der Altarme am ehesten als Überbleibsel künstlicher Ausgrabungen einzustufen. Das gleiche gilt für die trockenen Wasserläufe auf beiden Seiten der Ebene. Falls ein Gebiet nicht durch tektonische Kräfte verschoben worden ist, würde ein natürlicher Fluß aufgrund der erhöhten Topographie kaum am Rande

einer Schwemmlandebene verlaufen; ebensowenig würde er sich ein vollkommen geradliniges Bett graben. Daher ist die Kombination von engen, vertikal eingeschnittenen und heute ausgetrockneten Wasserläufen in erhöhter Lage mit Sandhaufen (von Grabungsarbeiten) ein starker Hinweis auf von Menschenhand angelegte Kanäle. Forchhammer entdeckte weitere Wasserläufe: Sie waren kleiner und verliefen im rechten Winkel zum früheren Hauptfluß;[395] er kam zum Schluß, daß diese Traversen künstlich angelegt worden waren und sehr alt sein mußten.[396] Überreste dieser Traversen durch die Ebene wurden ebenfalls auf der topographischen Karte verzeichnet.
Aus dem Vorhandensein solch umfangreicher Eingriffe in die natürliche Landschaft können zwei Schlußfolgerungen gezogen werden: Die Troianer müssen einen wichtigen Grund dafür gehabt haben, die Flüsse umzuleiten, und die troianische Gesellschaft muß äußerst gut organisiert gewesen sein und über ungewöhnliche bautechnische Fähigkeiten verfügt haben sowie über eine große Zahl von Arbeitskräften.[398]

»Was nun die Zahl der Bewohner in der Ebene betrifft, so war festgesetzt, daß jedes Landlos für seine kriegstauglichen Männer einen Anführer zu stellen hatte. Die Größe eines Landloses aber betrug ungefähr zehn auf zehn Stadien, und im ganzen gab es sechzigtausend davon. Die Zahl der Menschen dagegen, die vom Gebirge und vom übrigen Lande kamen, sei unermeßlich gewesen, und alle waren nach Landschaften und Dörfern je einem dieser Landlose und seinem Anführer zugeteilt.
Es bestand nun die Regelung, daß jeder Gruppenführer den sechsten Teil eines Kampfwagens stellte, bis es im ganzen zehntausend Wagen waren, außerdem zwei Pferde mit ihren Reitern, dazu ein Zweigespann, doch ohne Wagenkorb, auf dem ein Krieger mit einem leichten Schild stand und neben diesem der Wagenlenker der beiden Pferde; ferner zwei Schwerbewaffnete und je zwei Bogenschützen und Schleuderer, an Leichtbewaffneten sodann je drei Steinwerfer und Speerschützen und schließlich vier Seeleute zur Bemannung von zwölfhundert Schiffen. So war das Kriegswesen der Königsstadt geordnet; in den neun anderen Landesteilen aber war es jedesmal wieder anders; doch das aufzuzählen würde zu lange dauern.«

Die hier beschriebenen Streitkräfte sind von der gleichen Art wie jene in der *Ilias*. Streitwagen, von denen Atlantis 10000 gehabt haben soll, zählten zur Grundausrüstung der Troianer. Die *Ilias* hebt außerdem die Bogenschützen (II.827; II.848) sowie Lanzen- und Speerkämpfer (II.818; II.840) im troianischen Heer hervor. Selbst Gegner der Vorstellung, daß Homers *Ilias* die Historizität des Troianischen Krieges bestätige, gehen zumeist davon aus, daß sein Schiffskatalog derjenigen, die zum Kampf nach Troia gesandt wurden, eine recht genaue Schilderung der spätbronzezeitlichen Geographie und politischen Organisation darstellt.[399] Darin führt Homer die Anzahl der Schiffe auf, die von jedem Königreich zur Verfügung gestellt werden. Insgesamt sind es 1185, während Atlantis über 1200 Schiffe geherrscht haben soll.

»Für die Ausübung der Macht und für das Strafwesen aber galten von Anfang an folgende Regelungen. Von den zehn Königen übte ein jeder in dem ihm zubestimmten Gebiet die Macht aus: er regierte über die Männer in seiner Stadt und befand über die meisten Gesetze, wobei er bestrafen und hinrichten ließ, wen immer er wollte. Ihre gegenseitigen Machtverhältnisse aber und ihre gemeinsamen Beziehungen beruhten auf Anordnungen des Poseidon, wie es ihnen der herkömmliche Brauch überliefert hatte und eine Inschrift, die von den ersten Königen auf einer Säule aus Goldkupfererz aufgezeichnet war. Diese stand in der Mitte der Insel im Heiligtum des Poseidon;«

Das politische System von Atlantis war einfach und effektiv:

- Atlantis hatte eine Klassengesellschaft, in der *»die Ausübung der Macht und das Strafwesen«* von einer bestimmten Klasse kontrolliert wurde;
- zehn Könige herrschten in ihren einzelnen Reichen über Menschen und Gesetze;
- diese Könige durften nach ihrem Gutdünken jeden bestrafen und hinrichten, mit Ausnahme ihrer Mitkönige;
- diese Regelungen gingen zurück auf die Anfänge; die Beziehungen zwischen den Königen wurden durch die Gebote Poseidons geregelt;

– die Urahnen der atlantischen Herrscher hatten die Gesetze auf einer Säule aus *»Goldkupfererz«* aufgezeichnet, die *»in der Mitte [...] im Heiligtum«* stand.

Der Bericht betont, daß föderalistische Strukturen vorhanden waren, und macht deutlich, daß die Herrscher eine praktisch unbegrenzte totalitäre Macht ausübten. Nur die Beziehungen zwischen den Adligen untereinander mußten geregelt werden. Zum ersten Mal hält die Erzählung fest, daß man in Atlantis die Kunst des Schreibens beherrschte, wobei impliziert wird, daß dies schon seit langer Zeit der Fall war. Der Nachweis für Schrift ist jedoch in Troia auf mit Buchstaben versehene Vasen und Spinnwirteln[400] beschränkt, da bei den Ausgrabungen keine Dokumente gefunden werden konnten.[401] Eine Tonscheibe aus Phaestos auf Kreta, die aus minoischer Zeit stammt, zeigt jedoch eine nicht entzifferte Schrift, die auch nicht mit Linear-A verwandt ist; nach Hammond könnte sie auf eine kriegerische seefahrende Nation auf den ägäischen Inseln oder an der Küste Anatoliens hindeuten[402], denn unter ihren Zeichen finden sich ein Schiff, ein asiatischer Bogen, ein Helmbusch und ein runder Schild. Die Sitte, Gesetze in Säulen zu meißeln, wie sie im oben zitierten Abschnitt erwähnt wird, war bei den Völkern, die im späten zweiten Jahrtausend die fruchtbaren Gegenden Anatoliens bewohnten, allgemein verbreitet.[403] Man hat im Nahen Osten viele solche mit Inschriften versehene Stelen gefunden, darunter die berühmte Gesetzessammlung Hammurabis von Babylon.

»Dort kamen sie abwechselnd jeweils im fünften oder im sechsten Jahr zusammen, womit sie die geraden und die ungeraden Zahlen zum gleichen Recht kommen ließen. An diesen Zusammenkünften berieten sie über ihre gemeinsamen Angelegenheiten; sie prüften, ob sich einer von ihnen eines Übergriffs schuldig machte, und hielten darüber Gericht. Und wenn sie sich zu diesem Gericht anschickten, gingen sie zuerst gegenseitig eine Treueverpflichtung ein, und zwar in folgender Form. Im heiligen Bezirk des Poseidon wurden einige Stiere freigelassen; die zehn Könige blieben für sich allein, und nachdem sie zum Gott gebetet hatten, er solle sie das ihm wohlgefällige Opfer fangen lassen,

Großer Opferaltar, von Schliemann in Ilion gefunden (1875, Abbildung 188).

machten sie auf die Tiere Jagd, und zwar ohne eiserne Waffen, nur mit Knüppeln und Schlingen; den Stier, den sie fingen, führten sie zur Säule und schlachteten ihn an ihrer Spitze, gerade über jener Inschrift. Auf der Säule aber war außer den Gesetzen auch eine Schwurformel angebracht, mit schweren Verwünschungen gegen die, welche ihnen nicht gehorchten.«

Die Stieropferungen stehen in Zusammenhang mit einem uralten Stierkult in Anatolien.[404] Die gelegentliche Erwähnung von Eisen erinnert an die *Ilias*; in beiden Texten liegt der Schwerpunkt auf Bronze, aber das Vorhandensein von Eisen wird jeweils vermerkt. Einzelne Eisengegenstände tauchten in der Ägäis bereits in der frühen Bronzezeit auf, doch die Herstellungstechnik reifte erst in Anatolien um 1500 v. Chr. und wurde allem Anschein nach einige Jahrhunderte lang wenig genutzt.[405]

»Wenn sie nun gemäß ihren Bräuchen den Stier geopfert und alle

seine Glieder geweiht hatten, füllten sie einen Mischkrug und warfen für jeden ein Klümpchen geronnenes Blut hinein. Alles übrige brachten sie ins Feuer, nachdem sie zuerst ringsum die Säule gereinigt hatten. Dann schöpften sie mit goldenen Schalen aus dem Mischkrug, gossen eine Spende ins Feuer und legten dann einen Eid ab, daß sie gemäß den an der Säule aufgezeichneten Gesetzen Gericht halten und daß sie es bestrafen wollten, wenn sich einer zuvor eines Übergriffs schuldig gemacht hätte, und auch daß sie von jetzt an jene Inschrift in keinem Punkte absichtlich übertreten und nur so regieren und gehorchen wollten, wie es den Vorschriften des Vaters entspreche.«

Der zentrale Teil von Troia VI wurde während der römischen Umbauarbeiten zerstört, so daß die Überbleibsel der Stadt wie ein Kranzkuchen mit einem großen Loch in der Mitte aussehen. Dennoch decken sich die oben beschriebenen kultischen Rituale mit den archäologischen Beobachtungen, die in dem erhaltenen Teil von Troia VI gemacht werden konnten. Während der Ausgrabungsarbeiten 1933 entdeckte Carl Blegen ein unverhältnismäßig langes und schmales Gebäude (ca. 5 m mal 16,5 m), genannt Anta-Haus (G-H 9), unmittelbar vor dem Zugang zum Südtor.[406] Der größte Teil des Bodens im Innern des Hauses bestand aus einer verbrannten Schicht, ein Hinweis darauf, daß an diesem Ort immer wieder Feuer entfacht wurden. Man grub einen Graben durch mehrere Schichten des verbrannten Schutts, die sich bis zu 1,4 Metern auftürmten, was darauf hindeutet, daß es über eine lange Zeit hinweg Sitte war, dort Feuer zu entzünden. Die Feuerstelle war für einen herkömmlichen Herd viel zu groß; darüber hinaus war der untere Teil des verbrannten Schutts älter als das Haus selber. Die verbrannten Schichten enthielten mehrere nicht klassifizierbare Bronzefragmente und einen Bleiklumpen, ein paar wenige Keramikscherben und viele Tierknochen. Blegen kam zum Schluß, daß es sich bei dem Gebäude um eine religiöse Kultstätte handelte, an der Brandopfer dargebracht wurden. Er deutete den Bereich unmittelbar vor dem Tor als heiligen Bezirk und betrachtete in diesem Zusammenhang das Vorhandensein von vier oder mehr Steinsäulen, die an der Südseite des Turmes VII errichtet worden waren, als »die sichtbaren Symbole eines Kultes«[407].

In diesem Punkt sind die Parallelen zwischen der Legende und den archäologischen Belegen vielleicht auffälliger als irgendwo sonst. Die Erzählung berichtet, daß die Könige *»im heiligen Bezirk des Poseidon«* außerhalb der Burg Stiere jagten. Den gefangenen Stier mußten sie zur Säule führen, auf der die Gesetze verzeichnet waren. Das heißt also, daß die Säule in einiger Entfernung vom Garten lag. In Troia VI standen die Säulen unmittelbar neben dem Eingang zur Stadt, eine Lage, die für die in der Stadt herrschenden Gesetze besonders angemessen gewesen wäre.[408] Dem Eingang gegenüber lag die rituelle Feuerstelle.

Die Geschichte von Atlantis nähert sich ihrem Ende; archäologische Quellen können wenig oder gar keine weiteren Informationen zu den Sitten und Gebräuchen liefern, die im folgenden Teil der Erzählung geschildert werden, aber er könnte als eine wertvolle Quelle für das aristokratische Leben gegen Ende der Bronzezeit betrachtet werden.

»Wenn das ein jeder für sich selbst und für sein Geschlecht gelobt hatte, trank er und stellte die Schale als Weihgeschenk im Heiligtum des Gottes auf; dann wandte er sich der Mahlzeit und seinen dringlichen Geschäften zu.

Wenn aber die Nacht kam und das Opferfeuer erkaltet war, zogen sie alle ein wunderschönes dunkelblaues Gewand an und setzten sich dort, wo das Eidopfer gebrannt hatte, auf die Erde nieder; im ganzen Umkreis des Tempels löschten sie alle Feuer aus, und so, im nächtlichen Dunkel, ließen sie sich Recht sprechen und saßen selbst zu Gericht, wenn einer unter ihnen einen anderen eines Übergriffs beschuldigte. Hatten sie dann ihren Spruch gefällt, so schrieben sie, sobald es Tag wurde, das Urteil auf eine goldene Tafel, und als Erinnerung machten sie diese samt ihren Gewändern zur Weihgabe.

Auch sonst gab es manche besondere Gesetze über die Ehrenrechte der einzelnen Könige; die wichtigsten Bestimmungen waren, daß sie niemals die Waffen gegeneinander erheben durften und daß alle zu Hilfe kommen sollten, wenn je einer von ihnen in einer Stadt den Versuch machte, das königliche Geschlecht zu vertreiben. Ferner sollten sie, wie schon ihre Vorfahren, die Beschlüsse über Krieg und andere Maßnahmen gemein-

sam beraten und dabei dem Geschlecht der Atlantiden den Vorrang zuerkennen. Ein König aber sollte niemals den Tod eines Verwandten verfügen können, es sei denn, daß mehr als die Hälfte der Zehn dem zustimmte.
Diese Macht nun, in der Größe und Beschaffenheit, wie sie damals in jenen Gegenden bestand, vereinigte der Gott und führte sie gegen unsere Lande, und zwar, wie man sagt, etwa aus folgender Veranlassung: Während vieler Menschenalter, solange nämlich die göttliche Natur in ihnen wirksam war, blieben sie den Gesetzen gehorsam und dem Göttlichen, das ihnen verwandt war, freundlich gesinnt. Denn ihr Denken war aufrichtig und in allen Dingen großzügig, indem sie gegenüber allem, was ihnen das Schicksal brachte, und auch in ihren gegenseitigen Beziehungen eine mit Klugheit verbundene Milde walten ließen; denn neben der menschlichen Tüchtigkeit achteten sie alles andere gering und machten sich wenig aus dem vorhandenen Besitz; mit Gleichmut nahmen sie die Masse ihres Goldes und der übrigen Kostbarkeiten hin, als wären sie eher eine Last; von der üppigen Fülle ließen sie sich nicht berauschen und verloren auch nicht wegen des Reichtums die Herrschaft über sich selbst und kamen so zu Fall, sondern nüchtern und mit klarem Blick sahen sie ein, daß auch dies alles nur in gegenseitiger Freundschaft, verbunden mit menschlicher Tüchtigkeit, gedeihen kann, während durch eifervolles Streben danach und durch Überschätzung es selbst dahinschwindet und damit zugleich auch die Tüchtigkeit vernichtet wird. Infolge dieser Überlegung und solange die göttliche Natur in ihnen gegenwärtig blieb, mehrten sich all die Güter, die wir vorhin aufgezählt haben.«

Nun verbleiben nur noch drei Sätze, bis die Erzählung abbricht, und noch immer werden die Atlanter äußerst ausführlich gepriesen, ihre *»göttliche Natur«* und ihrer *»mit Klugheit verbundenen Milde wegen«*. Wo bleibt denn nun der moralische Zeigefinger, um dessentwillen Platon das Ganze angeblich erdacht haben soll. Nur ein einziger Satz (siehe unten) beschäftigt sich mit dem Untergang der Atlanter, und zweifellos wirkt die Art, in der Platon eine moralische Dimension in die Geschichte einbringt, etwas überhastet, was auch schon Christopher Gill bemerkt hat.[409] Darüber hinaus ist der folgende Schluß, der den moralischen Verfall der Atlanter beschreibt, im Vergleich zu dem bisherigen Bericht, der äußerst präzise und eindeutig war, ziemlich verworren.

»Als aber der Anteil am göttlichen Wesen dahinschwand, weil es immer wieder mit vielem Irdischen vermischt wurde und so die menschlichen Wesenszüge die Oberhand bekamen, da vermochten sie ihren vorhandenen Reichtum nicht mehr zu ertragen und entarteten. In den Augen dessen, der einen klaren Blick hat, erschienen sie schändlich, weil sie das schönste unter ihren kostbarsten Gütern verderbten; den anderen aber, die nicht zu sehen vermögen, was wahrhaft zu einem glücklichen Leben beiträgt, kamen sie jetzt erst recht herrlich und glückselig vor, in ihrem Überfluß an ungerechtem Reichtum und an Macht. Zeus aber, der Gott der Götter, der nach Gesetzen regiert und solches durchschauen kann, sah ein, daß ein tüchtiges Geschlecht in eine üble Verfassung geraten war. Er beschloß, sie zu bestrafen, damit sie zur Besinnung kämen und sich besserten. Deshalb rief er alle Götter zu ihrem ehrenvollsten Wohnsitz zusammen, der sich in der Mitte der ganzen Welt erhebt und alles überschaut, was je am Werden teilhatte. Und als sie versammelt waren, sprach er…«

Plötzlich, mitten im Satz, bricht die Erzählung ab. Platon hatte gewußt, daß er unsicheren Boden betrat, als er sich auf die Atlantis-Geschichte einließ. Daher begann ja sein Redner Kritias mit einer wohlformulierten Bitte um Nachsicht, wobei er die unglaubliche Größe seiner Aufgabe beschrieb. Kritias hat nicht übertrieben; seine Geschichte war wie ein Tanz auf dem Hochseil und, womit niemand gerechnet hatte: Er stürzte ab.

Warum blieb die Geschichte unvollendet? Ich glaube, daß sich Platon schließlich über die Parallelen zwischen Solons Bericht und dem Troianischen Krieg klar wurde. Sein *Kritias* endet abrupt genau dort, wo die *Ilias* beginnt, nämlich als Zeus die Versammlung aller Götter einberuft, um über das Schicksal der Troianer und Griechen zu beraten. Die Notizen, die Platon zur Verfügung standen, sind möglicherweise noch etwas weiter gegangen und haben die Übereinstimmung noch deutlicher gemacht.

Die meisten Fachleute stimmen überein, daß Platon vorhatte, weiterzuschreiben, daß sich aber das Projekt als »zu ehrgeizig« erwies.[410] Vielleicht sollten wir an dieser Stelle kurz die Zielsetzungen und Beiträge der einzelnen Menschen zusammenfassen, die an den Überlieferungen beteiligt waren, um abschätzen zu können, ob auch die Erzählung des Priesters und Solons an dieser Stelle abbrach. Der ägyptische Priester hatte Solon einen Bericht versprochen, der die legendären Taten von dessen Vorfahren hervorheben sollte. Wir haben die Erzählung verfolgt, und es stellt sich heraus, daß der Priester sein Versprechen nicht gehalten hat. Die Darstellung, so wie sie in *Kritias* wiedergegeben ist, enthält ja gar keine Informationen über die Griechen! Obwohl die Menschen von Saïs die Athener bewunderten und sich sogar mit ihnen verwandt fühlten, wußten sie erstaunlich wenig von ihnen, und alles was sie wußten, wurde bereits zuvor in *Timaios* dargelegt. Andererseits wußten sie viel über den Gegner der Griechen, über Atlantis, zu berichten. Erwähnte der Priester die legendäre griechische Kultur, nur um Solons Interesse zu wecken? Wie sich herausstellt, besaßen die Ägypter gar keine genaue hieroglyphische Beschreibung der griechischen Hochkultur; das einzige, was sie hatten, waren allgemein bekannte überlieferte Informationen, ähnlich der homerischen Beschreibung des heroischen Zeitalters. Dagegen besaßen sie eine äußerst genaue Beschreibung von Atlantis/Troia. Nachdem diese bemerkenswerte Stadt durch eine kriegerische Aktion von bislang noch nie dagewesenen Ausmaßen vernichtet worden war, wäre es nur verständlich gewesen, in allen Einzelheiten niederzuschreiben, wie Troia einmal ausgesehen hatte und wie es organisiert gewesen war; schließlich rühmten sich die Ägypter, alle wichtigen Ereignisse in ihrem Einflußbereich aufgezeichnet zu haben. Die Beschreibung Troias hatte den gleichen Zweck wie alle anderen Inschriften auch: wichtige Geschehnisse dauerhaft für zukünftige Generationen festzuhalten. Eine solche Beschreibung mußte natürlich darauf abzielen, technische Einzelheiten so genau wie möglich aufzuführen. Subjektive Folgerungen, wie sie in *Timaios* zu finden sind, tauchen in *Kritias* nicht auf, zumindest nicht bis zu *Kritias* 120,d drei Abschnitte bevor Platons Erzählung abbricht. Ich gehe daher davon aus, daß es sich bei *Kritias* 113c–120d um die ägyptische Beschreibung Troias handelt, deren Niederschrift erfolgte, nachdem die Stadt zerstört worden war, während *Timaios* 21e–25d das allgemeine saïtische Wissen widerspiegelt, so wie es mündlich weitergegeben wurde. Der Priester erwähnt mehrere Einzelheiten aus der Zeit nach der Plünderung Troias. Er weiß von der Überschwemmung, die sich in Griechenland ereignete, vom Untergang der Achaier und von den Schwierigkeiten, die Meerengen bei Atlantis zu befahren (was meiner Meinung nach darauf zurückzuführen war, daß Troia nach seiner Zerstörung keine Lotsendienste mehr anbieten konnte). In *Kritias* fehlen solche Hinweise auf die Zeit nach dem Troianischen Krieg; demnach könnte die Hieroglypheninschrift, auf die sich das Buch stützt, auch vor dem Troianischen Krieg verfaßt worden sein. Während seines Aufenthaltes in Saïs war Solon offenbar in der Lage, die Atlantis-Erzählung Wort für Wort abzuschreiben. Er hatte vor, dieses Material für seine eigenen Epen zu verwenden, und er hat vielleicht auch den dritten Abschnitt kurz vor dem abrupten Ende verfaßt, in dem die Haltung der Atlanter dargestellt wird (*Kritias* 120d–121a). Doch Solon ließ das Projekt ebenso fallen wie später Platon. Solon mag zu alt gewesen sein – das behauptet Plutarch – oder zu beschäftigt – das glaubte Platon. Es könnte aber genausogut sein, daß auch ihm die Parallelen zu Troia aufgefallen sind und daß er den Text deshalb nicht weiter bearbeitete.

Es scheint, als hätte Platon Solons Manuskript verwendet, ohne groß darüber nachzudenken. Daher hat *Kritias* (113c–120d), obwohl unvollendet, eine endgültige, ausgefeilte Form, weist also nicht jene Mängel auf, die eine unfertige Arbeit kennzeichnen. Falls der Text ursprünglich von jemand anderem abgefaßt wurde, sollte man in der Lage sein, stilistische Unterschiede zwischen *Kritias* und anderen Manuskripten Platons zu erkennen. Tatsächlich haben Computeranalysen von Platons Stil erwiesen, daß *Timaios* und *Kritias* sich, was ihr Kompositionsprinzip betrifft, sehr ähnlich sind; andererseits unterscheiden sie sich von allen anderen Platon-Texten so sehr, daß man ihre Entstehungszeit – falls man Platon als Autor akzeptiert – ganz an das Ende seines Lebens rücken müßte[411] – eine Position, die bereits vom Werk *Nomoi* gehalten wird, von dem gesagt wird, es sei »im Wachs« gewesen, als Platon starb.[412]

Am Ende von Solons Text angekommen, war Platon gezwungen,

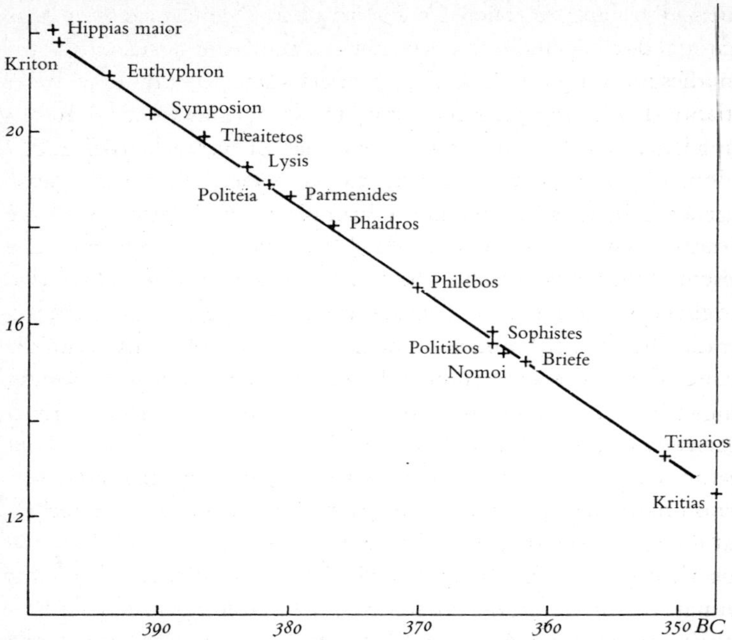

Multivariate Computeranalysen von Platons Stil haben ergeben, daß *Timaios* und *Kritias* einander ähnlich sind, sich aber gleichzeitig sehr von sämtlichen übrigen Werken des Autors unterscheiden. In diesem Diagramm werden aufgrund statistischer Erhebungen Platons Schriften relative Daten zugeordnet. Die Höchst- (400 v. Chr.) und Niedrigstwerte (347 v. Chr.) markieren Platons Hauptschaffensphase. In dieser besonderen Darstellung der Computeranalyse werden sowohl *Timaios* als auch *Kritias* aufgrund ihres Stils ganz ans Ende von Platons Leben gerückt, so daß sich zu früheren Werken eine Unterbrechung von zwanzig Jahren ergibt. Nach Diogenes Laertius (3.37) war aber Platons Werk *Nomoi* zum Zeitpunkt seines Todes noch unvollendet. Daher könnten die stilistischen Unterschiede als weiterer Beleg dafür angeführt werden, daß *Timaios* und *Kritias* weitgehend aus Solons und nicht aus Platons Feder stammen. (Nach Ledger 1989, Abb. 9.1)

einen Übergang zur nächsten historischen Quelle zu finden. Das Material dazu befand sich entweder vor ihm oder in seinem Kopf. An diesem Punkt wurde ihm jedoch klar, worum es bei der Atlantis-Erzählung wirklich ging. Diese überraschende Entdekkung hatte mehrere Konsequenzen: Zunächst einmal begriff er, daß Solons Notizen nicht so korrekt waren, wie er, Platon, die ganze Zeit über beteuert hatte. Die Chronologie war falsch, und die Ortsangaben und -namen waren gelinde gesagt verwirrend. Die Beschreibung von Atlantis bestätigte zudem Homers *Ilias* und möglicherweise sogar die *Odyssee*. Folglich stieg Platons Achtung für die Dichtkunst Homers beträchtlich, während er zuvor auf die dichterische *Imitatio*[413] herabgesehen hatte; seine Kritik an Homer ging so weit, daß er ihn als für die Erziehung der Jugend ungeeignet bezeichnete[414], was Heraklit zu der Forderung veranlaßte: »Laßt Platon, den Störer, den Verleumder Homers, verbannen.«[415]
Platon hatte bereits viel Zeit und Arbeit in die Trilogie gesteckt – fast die Hälfte des gesamten Projektes war ja fertig –, und er war sicherlich nicht sofort bereit, es gänzlich fallenzulassen. Zunächst einmal versuchte er die Geschichte zu retten, indem er etwas unklare moralische Aspekte (*Kritias* 121a–121b) einbaute. Dann versuchte er mit Homer, den er ja nun bestätigt gefunden hatte, aus dem Atlantis-Wirrwarr herauszukommen, und brachte Zeus, der einen Götterrat zusammenruft, auf den Plan wie Homer zu Beginn der *Ilias* und der *Odyssee*. Doch Platons Versuch, die Trilogie zu retten, machte die Geschichte nur noch paradoxer: Während der ägyptische Priester für seine Beschreibung des Unterganges von Atlantis und Griechenland eine fast wissenschaftliche Genauigkeit und solide Fakten wie den Krieg, das Erdbeben und die Überschwemmung verwendet hatte, mußte Platon göttliche Kräfte bemühen, um die Geschichte zu Ende zu bringen. Schließlich wurde ihm klar, daß die westliche Ausrichtung seiner Trilogie nicht mehr haltbar war und daß die Atlantis-Geschichte keine nützlichen Erkenntnisse für Attika enthielt. Ausgerechnet Troia wäre in nahezu himmlische Höhen gehoben worden: Das schien Platon so kurz nach den Perserkriegen nicht gerade wünschenswert.

Nomoi 3.676–682:
Die frühe Eisenzeit

Platon ließ den Gedanken an die Trilogie fallen und machte sich an ein neues Buch, für das er zumindest einige der ursprünglich für den Rest von *Kritias* und *Hermokrates* vorgesehene Quellen verwenden konnte. Offensichtlich war ihm seine Unbedachtheit im Umgang mit den Notizen Solons eine Lehre gewesen, und daher wählte er für dieses Buch eine andere, vorsichtigere Methode.[416] Im folgenden werden fünf Passagen aus den *Nomoi* zitiert, die Platons Verständnis der Hauptursachen für den Untergang der Achaier deutlich machen: 1. Troia; 2. Überschwemmung; 3. Bürgerkrieg; 4. Metallknappheit und 5. Homers Darstellung dieser Ereignisse.

1. Troia. Platon mag begriffen haben, daß Atlantis und Troia ein und dasselbe waren; auf alle Fälle ist es nicht verwunderlich, daß seine Beschreibung Ilions recht vertraut klingt:

> Von der Höhe aus, sagen wir also, ist Ilion in der großen und schönen Ebene gegründet worden, auf einem nicht gar hohen Hügel, bewässert von vielen Flüssen, die oben auf dem Ida entsprungen sind.[417]

2. Die Überschwemmung. Obgleich auch die Flutkatastrophe von Tiryns Eingang in die griechische Mythologie gefunden haben mag – indem Poseidon die Argolis überschwemmt –, scheinen die Griechen sie zu keiner Zeit mit dem Untergang der Achaier in Verbindung gebracht zu haben, möglicherweise weil ihnen klar war, daß die Naturkatastrophen rein zufällig mit dem Zusammenbruch eines politischen Systems einhergingen. Daher war Platon nicht in der Lage, die ägyptischen Berichte von einer Überschwemmung mit den Ereignissen am Ende der achaiischen Ära in Verbindung zu bringen. Er verwechselte sie weiter mit der Sintflut, denn auf beide Ereignisse folgten Perioden mit einer niedrigen Bevölkerungsdichte und niedrigem kulturellem Niveau (Neolithikum und frühe Eisenzeit).

> Daß die Menschheit mehrfach durch Überschwemmungen und Seuchen und manche andere Katastrophen vernichtet worden

sei, bei welchen nur noch ein kleiner Rest von ihr übriggeblieben ist [...] Daß die, welche damals der Vernichtung entronnen sind, nur etwa Hirten auf den Bergen sein dürften, keine lebende Funken, die sich vom Geschlecht der Menschen auf den Berggipfeln gerettet haben [...] Und werden wir nicht auch behaupten, daß alle Werkzeuge vernichtet worden sind? Und wenn es etwas mit Ernst und Eifer Erfundenes gegeben hat, sei es bezüglich der Staatsführung oder sonst eines Fachgebiets, daß alles das eben zu jener Zeit zugrunde gegangen ist?[418]

Offensichtlich nahm Platon die Vorstellung ernst, daß Zivilisationen in regelmäßigen Abständen durch Naturkatastrophen Rückschläge erleiden.[419] Obwohl die Atlantis-Erzählung und *Nomoi* hier die gleichen Vorgänge mit fast den gleichen Worten beschreiben, wurde Atlantis bisher als Mythos und *Nomoi* als ein historischer Bericht betrachtet.[420]

3. Bürgerkrieg. Während die Ägypter glaubten, daß die achaiische Gesellschaft durch spektakuläre Erdbeben und Flutkatastrophen hinweggerafft wurde, wußten die Griechen, einschließlich Platon, sehr genau, was ihren Untergang verursacht hatte. Die griechischen Städte zogen schließlich gegen Ilion zu Felde.

Und während dieser zehn Jahre, als Ilion belagert wurde, geschah doch bei allen, die an der Belagerung teilnahmen, zu Hause viel Unheil durch die Erhebungen der Jungen, diese empfingen auch die Krieger, die in ihre Städte und Wohnungen zurückkamen, so schlecht und allem Recht zuwider, daß es zu Mord und Totschlag und zahlreichen Verbannungen kam.[421]

Platons Beschreibung eines Bürgerkrieges am Ende der Bronzezeit deckt sich mit den archäologischen Erkenntnissen über die entsprechende Periode (SHIII C): Ausrottung der Adligen, Niedergang der Künste und des Handwerks, Dezimierung der Bevölkerung und umfangreiche Auswanderung.

4. Metallknappheit. Wir haben gesehen, daß die achaiische Wirtschaft zum großen Teil von den übers Meer importierten Rohmetallen und vom Export fertiger Metallerzeugnisse, hauptsächlich Bronze, abhängig war. Zinnbronze tauchte in der Ägäis zum ersten Mal in Troia auf, und es ist deutlich geworden, daß Troia eine wichtige Metropole für Metallherstellung, -veredelung und -handel war. Was geschah, nachdem Troia zerstört war?

> Denn Eisen und Erz und alle Metalle waren verschüttet und verschwunden, so daß man die größten Schwierigkeiten hatte, solche wieder zu fördern [...] Denn wenn auch irgendwo in den Bergen sich noch Werkzeuge erhalten hatten, so waren diese bald durch Abnutzung nicht mehr vorhanden, und neue konnten nicht hergestellt werden, bevor die Kunst der Bergleute wieder unter die Menschen gelangt war.[422]

Es gab jemanden, der mehr über Troia und den Troianischen Krieg wußte als jeder andere: der es sogar manchmal mit den gleichen Worten beschrieb, die der ägyptische Priester benutzte. Einer, der vom Bürgerkrieg wußte und dem dunklen Zeitalter, das auf die Plünderung Troias folgte, und der all dies Wissen in eines der schönsten Werke der Dichtkunst verwandelte, das es je gegeben hat:

5. Homer. Als Platon begriff, daß Atlantis mit Troia identisch war, wurde ihm auch klar, wie exakt Homers Beschreibung der Stadt war. Die Folge davon war, daß Platons Hochachtung vor Homer keine Grenzen mehr kannte:

> Diese Verse also [...] hat er doch irgendwie nach göttlicher Eingebung, aber auch der Natur gemäß gesprochen; denn göttlich ist doch auch die Gilde der Dichter, da sie von einem Gott begeistert ist, wenn sie ihre Hymnen singt; mit der Hilfe von Chariten und Musen rühren sie immer wieder an das, was in der Wirklichkeit geschieht.[423]

Damit sei der Vergleich zwischen Atlantis und Troia beendet. Er hat, so ist zu hoffen, gezeigt, daß Atlantis kein mythologischer Kontinent sein muß, der seine Existenz allein der Phantasie Platons verdankt. Im Gegenteil, Atlantis weist viele Charakteristika einer wohlhabenden Burg der späten Bronzezeit auf; darunter sind manche auffällige Parallelen zu Troia. Doch selbst wenn man die Analogie zwischen Troia und Atlantis nicht akzeptieren will, mag dieser Gedankengang als ein Katalysator wirken, durch den neue, von der Gleichung Atlantis–Troia völlig unabhängige Ideen entstehen können.

Im weiteren wird Atlantis in den Hintergrund treten, denn seine Legende scheint nur eine weitere Version der alten Geschichte um Troia und den Troianischen Krieg zu sein. Dadurch aber wird der Gedanke untermauert, daß Troia in vorgeschichtlicher Zeit wesentlich wichtiger war als ursprünglich angenommen, daß es ein sehr bedeutsames Zentrum der bronzezeitlichen Wirtschaft, der militärischen Macht, der Poesie und Literatur gewesen sein dürfte.

Der letzte Teil des Buches beschäftigt sich mit Themen, auf die sich die Neuinterpretation von Platons *Timaios* und *Kritias* anregend auswirken könnte: mit Homers *Odyssee*, dem Zusammenbruch der achaiischen Gesellschaft und der Topographie der troianischen Ebene.

Eine Luftaufnahme des Gebiets östlich von Tiryns (1) zeigt den ursprünglichen Verlauf des Flusses (2), den mykenischen Damm (3) und den künstlichen Kanal (4).

In manchen entlegenen Gebieten der mittleren Peloponnes sind dicke kalkhaltige Böden erhalten geblieben, auf denen eine dichte Mischvegetation gedeihen kann. In den stark besiedelten Gebieten Griechenlands ist eine solche Koexistenz von fruchtbaren Böden und dichten Waldbeständen in bergigen Gegenden nicht mehr zu finden.

Nach Entwaldung und Bodenerosion wachsen auf den kahlen Berghängen nur noch dünne Kiefernwälder und Macchia. Das Regenwasser kann ungehindert an der Oberfläche abfließen.

So könnte die griechische Landschaft in der Jungsteinzeit ausgesehen haben, als Landwirtschaft vorwiegend auf die fruchtbaren Ebenen beschränkt war, während der Boden und die Vegetation auf den Hängen unberührt blieben. Das Foto zeigt die Skourta-Ebene, eine dünnbesiedelte Gegend nördlich der Parnes-Berge. Unmittelbar südlich dieser Berge befindet sich Athen.

Den Griechen wurde recht früh die verheerende Wirkung des Ackerbaus auf ungeschützten Hängen klar. Selbst auf verlassenen Feldern finden sich alte Terrassenmauern, die durch parallele Buschbänder markiert sind, wie diese hier in der Nähe von Mykene, die vor oder in der klassischen Periode errichtet wurden; das bedeutet, daß es sie schon gab, als Platon seinen Kommentar zur Bodenerosion schrieb.

Eine Nahaufnahme der auf dem Foto Nr. 19 abgebildeten alten Terassen zeigt, daß die Steine zu groß sind, als daß sie von einzelnen Menschen hätten bewegt werden können. Man findet solche Terrassen mit großen Felsbrocken an vielen Stellen im südlichen Griechenland, was möglicherweise auf eine Phase hindeutet, in der zentral organisierte Anstrengungen gegen die Bodenerosion unternommen wurden.

Viele neue Terrassenmauern, wie diese im Berbati-Tal schützen heute den spärlichen bestellbaren Boden, der nach der Erosion in der frühen Bronzezeit übrig geblieben ist.

Der Parthenon auf der Akropolis in Athen wurde in der zweiten Hälfte des fünften Jahrhunderts v. Chr. (447–406 v. Chr.) gebaut, also um die Zeit, als Platon geboren wurde (427 v. Chr.). In *Kritias* weist Platon darauf hin, daß die Akropolis in der Vergangenheit ganz anders aussah. Archäologen haben dort die zyklopischen Mauern einer Burg aus der späten Bronzezeit entdeckt.

Die Atlantis-Erzählung besagt, daß die Stadt auf einem »durchweg niedrigen Gebirg« erbaut wurde. Diese Aufnahme zeigt den Berg Hisarlık, auf dem Ilion liegt, von Norden her: Ilion liegt am Ende des Kammes, etwas rechts von der Mitte.

Der künstliche Wasserweg durch den Küstenkamm bei Sigeum ist nie genauer untersucht worden. Cook (1973) war der Meinung, er sei nicht fertiggestellt, weil der Grund recht hoch über dem Meeresspiegel liegt. Das ganze Füllmaterial könnte aber auch aus der Zeit stammen, nachdem der Bau verlassen wurde.

Diese Aufnahme zeigt, wie breit der Kanal bei Sigeum war. Die Straße, die diagonal durch das Bild verläuft, folgt dem Verlauf des Einschnitts.

Die großartigen Mauern von Troia VI bezeugen den Reichtum der Stadt, der zum Teil vom Handel mit Rohstoffen, insbesondere Metall, stammte.

Ein Blick auf die noch erhaltenen Mauern von Troia VI und den Turm VIh belegt die meisterhafte Baukunst der Troianer.

An vielen Stellen in der troianischen Ebene finden sich rätselhafte Sandberge, besonders in der Nähe von verlassenen Flußbetten. Sie bestehen aus demselben Flußsand wie der Rest der Ebene, aber es gibt keine natürlichen Prozesse, die ihr Entstehen erklären könnten. Heute wird der Sand von der einheimischen Bevölkerung genutzt.

Der Berg Ida ist noch immer ein bedeutender Holzlieferant.

Einer der Sockel direkt links neben dem Haupteingang zu Troia VI. Die Archäologen Dörpfeld und Blegen, die dort Ausgrabungen vornahmen, gelangten zu der Ansicht, daß diese Sockel im Kult der Troianer eine Rolle spielten.

Eine weitere Aufnahme des Sockels am Süd- oder Skäischen Tor.

Deutung der *Odyssee*

Je mehr Aufschluß uns die Archäologie über die mykenische Kultur Griechenlands gibt, desto mehr Hochachtung entwikkeln wir vor den genauen Beschreibungen Homers.[424]

Denn gar schön nach der Ordnung besingst du das Los der Achäer,
Was sie taten und litten und wie die Achäer sich mühten.
So wie selber Erlebtes oder von Zeugen Gehörtes.
(8.488)

Folgendes ereignete sich im Winter des Jahres 1829 in Ankershagen in Deutschland. Es war Weihnachten. Der Dorfpfarrer feierte das Fest mit seinem noch nicht ganz achtjährigen Sohn. Vater und Sohn interessierten sich beide sehr für Geschichte und führten lange Gespräche über den tragischen Untergang von Pompeji, Herkulaneum und Troia. Und so hatte sich der liebevolle Vater ein äußerst passendes Weihnachtsgeschenk ausgedacht: die »Weltgeschichte für Kinder« von Dr. Georg Ludwig Jerrer. Als der Junge sein neues Buch durchblätterte, entdeckte er eine Abbildung von Troia, die riesigen Mauern und das Skäische Tor stehen in Flammen.
»Vater, Jerrer muß Troia gesehen haben«, sagte der Sohn, »sonst hätte er es doch nicht zeichnen können.«
»Mein Sohn«, erwiderte der Vater, »diese Abbildung ist eine reine Phantasievorstellung des Künstlers.«
»Aber hatte Troia wirklich so dicke Mauern?« fragte der Junge.
»Ja, mein Sohn.«
»Vater, wenn es so dicke hohe Mauern je gegeben hat, dann können sie nicht ganz verschwunden sein. Sie sind bestimmt noch unter dem Schutt begraben und unter der Erde, die sich im Laufe der Jahrhunderte aufgehäuft hat. – Ich glaube, ich werde nach diesen Mauern suchen, und wenn ich sie gefunden habe, habe ich auch Troia gefunden!«
Einundvierzig Jahre später hatte Heinrich Schliemann, der »arme, kleine Junge«, wie er sich bezeichnete[425], seinen Kindheitstraum erfüllt. Weitere zehn Jahre später, man schrieb das Jahr 1880, setzte er sich gegen den ausdrücklichen Rat seines Verlegers Brockhaus, seines Mitarbeiters Virchow und schließlich auch seiner Übersetze-

rin Egger durch und veröffentlichte diese süßliche Geschichte in seinem monumentalen Band »Ilios«[426], was unter anderem dazu führte, daß seitdem alle, die in Deutschland zur Schule gingen, die Geschichte irgendwann zu hören bekamen.

Schliemann war von Mythen geradezu besessen; er liebte sie so sehr, daß er bei dem Versuch, die Historizität eines alten Mythos zu belegen, einen eigenen erfand. Da er um die Wirkung von Mythen und Legenden auf sein Publikum wußte, widmete er ganze zehn Prozent seines monumentalen Ilios-Bandes der Beschreibung seines eigenen legendären Lebens. Ein Teil dieser Autobiographie, darunter höchstwahrscheinlich auch die oben geschilderte Anekdote, war allerdings erfunden[427], denn seine 60 000 Briefe enthalten keinerlei Hinweis darauf, daß er sich je für die Geschichte des Altertums interessierte, bevor er seine Laufbahn als Kaufmann beendete. Er hatte sich diese Geschichten also wohl nur ausgedacht, um die Aufmerksamkeit seiner Leser zu wecken. Homers *Ilias* aber betrachtete er unerschütterlich als eine Art Baedeker für das antike Griechenland. Er war uneingeschränkt überzeugt, daß darin die exakte Wahrheit stand, ohne auch nur einmal die Möglichkeit in Erwägung zu ziehen, Homer könnte von ähnlichen Beweggründen getrieben worden sein wie er, Schliemann, selbst.

Was wissen wir heute über Homer, vier Generationen nachdem Schliemann die *Ilias* angeblich belegt hat? Kurz gesagt: nichts. Die Wissenschaft ist sich noch immer nicht darüber einig, ob es Homer als Einzelperson gegeben hat, ob er sowohl die *Ilias* als auch die *Odyssee* verfaßt hat oder nur eins von beiden, ob er blind war oder sehen konnte und ob er bereits im zehnten Jahrhundert v. Chr.[428] oder erst im siebten[429] gelebt hat. Sogar Homers Geschlecht ist in Frage gestellt worden.[430] Wir können auch nicht mit Sicherheit sagen, ob er sich die Epen ausgedacht hat, oder ob er wahre alte Überlieferungen nacherzählte. Doch dank der ungeheuer umfangreichen Homer-Forschung hat sich mittlerweile immerhin ein recht anschauliches Szenario davon ergeben, wie Homers Leben und sein künstlerisches Schaffen höchstwahrscheinlich ausgesehen haben.[432] Danach wurde Homer um 770 v. Chr. geboren und entstammte einer recht wohlhabenden Familie, die irgendwo an der Küste von Ionien (heute im Westen der Türkei) ansässig war. Vermutlich hatte er zahlreiche Reisen unternommen, bevor er die

Ilias – in den mittleren Lebensjahren – und die *Odyssee* – kurz vor seinem Tod – verfaßte. Homer wurde durch seine Epen sozusagen über Nacht berühmt. Sein Werk inspirierte viele griechische und römische Schriftsteller der Antike. Im Mittelalter geriet es vorübergehend in Vergessenheit, und erst vor rund zweihundert Jahren erwachte das Interesse an Homer zu neuem Leben. Im letzten Jahrhundert galt die *Ilias*, nach den damals üblichen Interpretationsweisen, als Sonnenmythos, in dem die Griechen die Sonne und die Troianer die Wolken verkörpern, während der Zorn des Achilles als Sonnenfinsternis verstanden wurde.[432] Diese Interpretationsrichtung fand abrupt ein Ende, nachdem Schliemann mit der Ausgrabung von Ilion begonnen hatte. Viele Forscher sahen sich daraufhin veranlaßt, einen neuen, ebenso extremen Ansatz zu übernehmen: Homer wurde zum »Kriegsberichterstatter«, und seine Worte wurden als objektive historische Wahrheit aufgefaßt. Im Laufe der letzten paar Jahrzehnte hat die Homer-Forschung noch weitere Interpretationsansätze erlebt, die sich mitunter gegenseitig ausschlossen[433]; so hat man beispielsweise seine Werke als Gemeinschaftswerk von mehreren anonymen Autoren betrachtet, die in loser Folge mündliche Überlieferungen aus dem alten Griechenland aufgezeichnet hatten. Heute ist man zumeist gemäßigter und geht überwiegend davon aus, daß Homers Epen aus der Feder eines einzigen Autors stammen, der zunächst viel Erfahrung als Barde sammelte und sich dann die wieder entdeckte Kunst des Schreibens zunutze machte, um die erfolgreichsten Stücke seines Repertoires aufzuzeichnen.

Homers Werke gründen sich auf sehr viel umfangreichere, mündlich überlieferte Erzählungen, die zu der damaligen Zeit in der gesamten griechischen Welt allgemein bekannt waren. Es gab mindestens drei solche epischen Zyklen: die *Argonautica*, die *Herakleis* und der *Troische Zyklus*. Was immer davon erhalten blieb, wurde in griechisches Sagengut umgewandelt und umgekehrt. Der *Troische Zyklus*, dem Homer seine Motive entnahm, enthielt mindestens ein halbes Dutzend weitere mündlich überlieferte Erzählungen, darunter *Die Plünderung von Ilion* und *Heimkehr*.[434] Diese mündlichen Überlieferungen bestanden auch nach der Dichtung der *Ilias* und der *Odyssee* weiter fort. Sie inspirierten andere klassische Schriftsteller zu epischen und dramatischen Werken mit den gleichen Themen, allerdings aus einer anderen Perspektive und mitunter mit mehr Anspruch auf historische Genauigkeit und Vollständigkeit, als Homer sie erreicht hatte. In den letzten Jahrhunderten hingegen hat Homers hervorragendes dichterisches Werk sämtliche anderen troianischen Epen und Nachahmungsversuche in den Schatten gestellt; zu bedauern ist dabei nur, daß dadurch der Eindruck entstand, seine Texte seien die einzigen Troia-Überlieferungen aus dem alten Griechenland, die es verdienen, genauer erforscht zu werden.

Die *Ilias* ist eine Tragödie, in der einundfünfzig Tage des Troianischen Krieges aus griechischer Sicht beschrieben werden. Seit neun Jahren lagern die achaiischen Streitkräfte an der Küste vor Troia. Viele Male haben sie bereits gegen die Troianer gekämpft oder aber troianische Verbündete in der Nähe überfallen, ohne einen entscheidenden Sieg erringen zu können. Als Preis für seine erfolgreiche Führung bei einem Angriff auf einen troianischen Verbündeten hat Agamemnon, der Oberbefehlshaber der vereinigten griechischen Heeresmacht, die junge Chryseis erhalten. Ihr Vater, ein Priester des Gottes Apollon, tritt mit einem beträchtlichen Lösegeld an Agamemnon heran, doch weigert sich dieser, das Mädchen freizugeben. In seinem Zorn auf Agamemnon betet der Priester zu Apollon, der daraufhin das griechische Lager mit einer schrecklichen Pest bestraft. Um den Ärger des Gottes zu besänftigen, zwingen die griechischen Truppen Agamemnon, Chryseis freizulassen – ohne ein Lösegeld zu verlangen. Im Gegenzug jedoch bringt Agamemnon Briseis, eine andere junge Frau, in seine Gewalt, die jedoch bereits Achilles zugesprochen worden war. Über diese – es ist nicht die erste – Beleidigung durch seinen Erzrivalen ist Achilles außer sich vor Zorn. Er zieht seine Truppen aus der Schlacht zurück und weigert sich, für die Griechen weiterzukämpfen. Danach versucht man den Krieg durch ein Duell zwischen Paris, dem Entführer der Helena, und Menelaos, ihrem Ehemann, zu entscheiden, da sie die Hauptwidersacher in diesem Konflikt sind. Paris verschwindet jedoch vom Schauplatz des Geschehens, und der allgemeine Kampf wird wieder aufgenommen. Ohne Achilles und seine Truppen sind die Griechen nicht mehr länger überlegen. Schließlich sind sie gezwungen, rund um ihre Hütten und die Schiffe eine Mauer und einen Graben zu ziehen;

dem troianischen Oberbefehlshaber Hektor gelingt jedoch der Durchbruch durch dieses Verteidigungssystem, und er setzt eines der griechischen Schiffe in Flammen. Achilles, nun doch über die drohende Niederlage seiner Kameraden besorgt, geht schließlich auf ihre Bitten um Unterstützung ein, erlaubt aber lediglich seinem besten Freund Patroklos, seine Truppen wieder in den Kampf zu werfen. Patroklos prescht beim Angriff zu weit nach vorn und wird schließlich von Hektor getötet. Achilles, über den Tod seines Freundes außer sich, versöhnt sich mit Agamemnon, stürzt sich wieder in die Schlacht, tötet Hektor und – da ihm dies als Rache noch nicht genügt – schändet seine Leiche, indem er sie vor den Mauern Troias hinter seinem Streitwagen herschleift. Am Ende des Buches erscheint Priamos, der Herrscher über Troia und Hektors Vater, im Zelt des Achilles und bittet um den Leichnam seines Sohnes. Achilles gibt nach, und die *Ilias* endet in einer Atmosphäre von gespannter Ruhe, damit Hektor bestattet werden kann.[435]

Troia und der Troianische Krieg sind untrennbar mit Homer und der *Ilias* verknüpft; viele Jahrhunderte lang hielt man sie sogar für miteinander identisch. Daher wird jeder Autor, der eine neue topographische Theorie über Troia vorlegt (wie MacLaren sagte), unvermeidlich auch einen Blick auf Homer werfen. Ich werde es ebenfalls tun, aber anstatt auf die topographischen Anhaltspunkte in der *Ilias* einzugehen, meine Aufmerksamkeit der *Odyssee* zuwenden, denn die neue Deutung von Platons *Kritias* könnte erhebliche Konsequenzen für unser Verständnis der *Odyssee* haben.

Entmystifizierung der *Odyssee*

Als Schliemann durch seine Ausgrabung von Ilion die *Ilias* plötzlich zum »Kriegsbericht« stempelte, begann man auch in der *Odyssee* nach historischem Wahrheitsgehalt zu suchen, wobei oft versucht wurde, die Reisen des Odysseus zu rekonstruieren.[436] Da nicht einer dieser Versuche zu nennenswerten Einsichten führte, fehlt uns noch immer ein wirkliches Verständnis der Geographie in der *Odyssee*. Es steht jedoch außer Zweifel, daß das Buch einem sorgfältig entworfenen Plan folgt.[437] Eine Fülle von beeindruckenden und faszinierenden Studien untersucht diesen Plan und seinen poetischen Gehalt. Die Identifizierung von Atlantis mit Troia ermöglicht jetzt eine weitere, völlig neuartige Interpretation der *Odyssee*.

Die in der *Odyssee* erwähnten Orte lassen sich wie folgt einteilen: zum einen in die tatsächlich während der späten Bronzezeit besiedelten wie Mykene, Pylos, Sparta, Troia und Ithaka, zum anderen in die Phantasieländer (das Land der Lotos-Esser, der Kyklopen usw.). Ein Ort jedoch gehört sowohl der einen als auch der anderen Kategorie an: Scheria, das Land der Phäaken, das Odysseus kurz vor seiner Rückkehr nach Ithaka besucht. Es wirkt wie ein real existierendes Land, das übergenau beschrieben wird – und nur vielleicht etwas zu wohlhabend ist, um ganz echt zu sein. Die meisten Wissenschaftler gehen heute davon aus, daß ein historischer Ort als Modell für Homers Scheria diente, doch dessen Lage ist umstritten (vor allem Korfu,[438] Sizilien,[439] Zypern,[440] Kreta[441] und Kalabrien[442] werden genannt). Andere sind sehr unsicher[443] oder betrachten das Land der Phäaken als einen idealisierten ionischen Staat.[444] In jedem Fall finden sich der Name und das Volk nicht nur bei Homer, sondern auch in der *Argonautica*, einem mündlich überlieferten Epos, das aus der Zeit vor Homer stammt, aber erst viel später (3. Jh. v. Chr.) schriftlich aufgezeichnet wurde.[445]

Scheria und Atlantis

Scheria weist mit Platons Beschreibung von Atlantis viele Gemeinsamkeiten auf.[446] Wie auffällig diese Parallelen sind, erkannte schon der schwedische Wissenschaftler Olof von Rudbeck (1630 bis 1702)[447], und viele spätere Autoren schlossen sich ihm an.[448] Heute gelten die Parallelen zwischen Atlantis und Scheria bei Kennern des klassischen Zeitalters als unwiderlegbar.[449] Platon wurde gar des Plagiats verdächtigt, und man warf ihm vor, er habe mit Atlantis sein eigenes imaginäres Scheria geschaffen, um Homer auszustechen.[450] Solche Übereinstimmungen zwischen einzelnen Teilen der griechischen Mythologie sind jedoch nicht ungewöhnlich, da klassische Autoren (ganz wie moderne) für ihre literarische Arbeit gern bekannte und beliebte Themen verwendeten. So greifen die Erzählungen des Odysseus über seine Irrfahrten in den Gesängen 9 bis 12 zum Beispiel einige Themen aus der *Argonautica* sowie aus dem orientalischen Gilgamesch-Epos auf.[451]

Ähnlich wie Homer Überlieferungen aus dem Nahen Osten in seiner *Odyssee* verarbeitete, so wurde von Platon angenommen, er habe einige Merkmale von Scheria übernommen und in seine Beschreibung von Atlantis eingearbeitet. Falls sich Platon allerdings die Geschichte von Atlantis nicht ausgedacht hat, muß nach neuen Erklärungen für die Parallelen zu Scheria gesucht werden. Zumindest theoretisch besteht die Möglichkeit, daß die Übereinstimmungen aus voneinander unabhängigen, mündlich wiedergegebenen Beschreibungen desselben Ortes herrühren – nämlich Troia. Bevor wir die Konsequenzen dieser These überdenken, wollen wir zunächst ein paar Parallelen zwischen Scheria und Atlantis darlegen.

Sowohl die Phäaken von Scheria als auch die Atlanter sahen sich als Nachkommen Poseidons (13.130; 114; 120), und somit als mit den Göttern verwandt. Sie lebten »am Ende« der Welt (7.23). Ihre Könige waren keine absoluten Monarchen, sondern berieten sich mit dem Adel (6.54; 7.189; 8.11; 119c), der bei den Phäaken aus zwölf (8.390) und in Atlantis aus zehn Fürsten (114a) bestand. In beiden Erzählungen werden die Menschen als kundige Seeleute beschrieben (8.558; 7.320; 117d; 119b); beide Völker leben in einer reichen fruchtbaren Ebene (6.258; 13.322; 118b), die aber von steil ins Meer abfallenden Klippen gesäumt ist (5.400; 118a). Stadt, Palast und Tempel liegen von der Küste aus ein Stück landeinwärts (6.317; 113c) und werden von hohen Mauern und einem breiten Hafen umschlossen (6.262; 7.44; 11d). Beide Reiche haben ausgezeichnete Häfen mit einem schmalen Zugang (6.264; 115d), einen Tempel des Poseidon neben dem Königssitz (6.266; 7.85f; 7.135; 115c; 116b), und ähnliches Schmuckwerk (6.303; 116b). Sie haben prächtige Gärten (6.295; 6.321; 7.112; 117b) mit zwei Quellen (7.129; 117b) sowie Versammlungsorte und Sportarenen (6.266; 117c). Eine vergleichende Gegenüberstellung der entsprechenden Passagen aus der *Odyssee* und der Atlantis-Erzählung, in denen einige dieser Charakteristika beschrieben werden, soll die verblüffenden Ähnlichkeiten verdeutlichen:

Scheria	*Atlantis*
»Aber sobald wir die Stadt betreten, um die eine hohe Mauer getürmt – auf jeder Seite ein trefflicher Hafen, schmaler Zugang [...]« (6.262) »Und es bestaunte Odysseus die Häfen und schwebenden Schiffe und die Märkte der Edlen selbst und die Mauern, die langen, hochgebauten, mit Pfählen gefügten, ein Wunder zu schauen.« (7.44)	»Sie gruben vom Meere aus einen Durchstich [...], bis zum äußersten Ring und bahnten auf diesem Wege aus dem Meere zu ihm eine Einfahrt wie zu einem Hafen, wobei sie die Einmündung weit genug öffneten, daß auch die größten Schiffe einlaufen konnten[...] (115d) Die Werften aber waren angefüllt mit Dreiruderern und mit all den Gerätschaften, die zur Ausstattung dieser Schiffe gehören [...] (117d) Wenn man aber die äußeren Häfen, drei an der Zahl, durchquert hatte [...] (117d) [...] errichteten auf den Brücken Türme und Tore [...] (116a) [...] und ebenso war der Königspalast der Größe des Reiches angemessen und angemessen auch der der ganzen Tempelanlage.« (117a)
»Nah am Wege findest du einen Hain der Athene, schimmernd von Pappeln, ein Quell inmitten und ringsherum Wiese. Dort ist die Flur meines Vaters, dort auch sein sprossender Garten [...]« (6.291) »Große Bäume stehen darin in üppigem Wachstum, Apfelbäume mit glänzenden Früchten,	»Und was im weiteren jetzt die Erde irgendwo an Wohlgerüchen hervorbringt, sei es von Wurzel oder von Gras oder von Hölzern oder von Säften, die von Blüten oder Früchten herabträufeln – auch das alles brachte die Insel hervor und ließ es wohl gedeihen. Und weiter: die veredelte Frucht,

Scheria	*Atlantis*
Granaten und Birnen und auch süße Feigen und frische, grüne Oliven.« (7.114f)	*die uns zur Nahrung dient, und was wir dazu noch an Speise verwenden – alle die verschiedenen Arten, die wir als Hülsenfrüchte bezeichnen [...]« (115a)*
»Drin sind auch zwei Quellen; die eine verteilt sich im ganzen Garten; die andere läuft jedoch unter der Schwelle des Hofes hin zum hohen Haus; dort holen die Bürger das Wasser.« (7.129f)	*»[...] indem er [Poseidon] zwei Quellwasser aus der Erde aufsprudeln ließ [...] (113e) Das abfließende Wasser aber leiteten sie zum Hain des Poseidon [...] und führten es durch Kanäle den Brücken entlang zu den äußeren Ringen [...]« (117b)*
»Als sie [Nausikaa und Begleiterinnen] zum Flußlauf dann, dem überaus schönen gelangten, wo übers ganze Jahr die Tröge sich füllten – viel schönes Wasser quoll da hervor [...]« (6.85f)	*»Die beiden Quellen aber [...] waren von reicher Fülle und mit ihrem Wohlgeschmack und der Güte des Wassers zum Genusse wunderbar geeignet; die Bewohner nutzten sie [...]« (117a)*
»Dort ist ihnen der Markt um den schönen Bezirk des Poseidon mit tief eingelassenen Findlingsblöcken gepflastert.« (6.266)	*»In der Mitte stand dort das der Kleito und dem Poseidon geweihte Heiligtum, ohne Zugang, von einem goldenen Gehege umgeben [...]« (116c) »Den Stein dazu brachen sie ringsum von den Abhängen der Insel [...]« (116a)*
»Denn da war ein Glanz wie von Sonnenlicht oder von	*»[...] bis sie schließlich ihren Wohnsitz so vollendet ausge-*

Scheria	*Atlantis*
Mondschein in des stolzen Alkinoos Haus, dem hochüberdachten. Erzverkleidete Wände erstreckten sich hierhin und dorthin, von der Schwelle bis drinnen; ringsum ein Gesimse aus Glasfluß. Goldene Türen verschlossen das Innere des festen Gebäudes. Silbern waren die Pfosten und standen auf ehernem Sockel, silbern der Türsturz oben darüber und golden der Türring. Goldene und silberne Hunde waren zur Rechten und zur Linken.« (7.84f)	*baut hatten, daß jeder [...] von seiner Größe und Schönheit überwältigt wurde [...] (115d) Auf der Außenseite umkleideten sie den Tempel mit Silber, außer der Giebelkrönung; die war vergoldet. In seinem Innern aber sah man die Decke ganz aus Elfenbein und bunt geschmückt mit Gold und Silber und Goldkupfer; alles andere aber, die Wände und die Säulen und den Boden überzogen sie mit Goldkupfer.« (116d)*

Vor 2700 Jahren schon »Zurück in die Zukunft«

Vorausgesetzt, man versteht diese Ähnlichkeiten als Hinweise für voneinander unabhängige Beschreibungen ein und desselben Ortes, was würde dies für die Interpretation der *Odyssee* bedeuten? Scheria ist die erste »Polis«, die Odysseus besucht, nachdem er Troia verlassen hat; es wäre daher nicht allzu verwunderlich, wenn er dahin zurückkehrte, wo er zuletzt war. Doch Odysseus und seine achaiischen Kumpanen hatten diese Stadt zuvor dem Erdboden gleichgemacht; hätte Homer also wirklich gewollt, daß Odysseus Troia wiedersieht, so hätte er ihn auf eine Reise in die Vergangenheit schicken müssen, zurück in eine Zeit, die lange vor dem Troianischen Krieg lag, in die Blütezeit sowohl der achaiischen Staaten als auch Troias. Ob man nun daran glaubt, daß es im archaischen Griechenland schon eine Form surrealistischer Literatur gegeben hat oder nicht, nur zum Spaß und aus Experimentierfreude, könnte man die *Odyssee* auch folgendermaßen betrachten: Sie beginnt mit einer Versammlung der Götter im Olymp zehn

Jahre nach dem Fall Troias. Alle Überlebenden aus dem Krieg sind heimgekehrt, nur Odysseus wird noch auf einer entlegenen Insel als halbherziger Liebhaber der Nymphe Kalypso, einer Tochter des Atlas (1.54), zurückgehalten. Die Götter haben Mitleid mit ihm, nicht aber Poseidon, der »dem göttergleichen Odysseus ohne Unterlaß zürnte« (1.20). Dennoch beschließt Zeus, der König der Götter, daß auch für Odysseus die Zeit der Heimkehr gekommen sei. Sobald Zeus den Beschluß gefaßt hat, verlegt Homer die Handlung weg von den Göttern nach Ithaka, in die Heimat des Odysseus. Nachdem Odysseus bereits zwanzig Jahre weggeblieben ist, wird seine Frau Penelope ständig von einer Horde niederträchtiger Freier bedrängt, die sich ungebeten am Königshof einquartiert haben. Odysseus' zwanzig Jahre alter Sohn Telemachos ist außerstande, die unverschämte Bande zu vertreiben. Götterbote Hermes besucht Telemachos und schlägt ihm vor, auf das Festland zu den Palästen von Sparta und Pylos zu reisen, um von den dortigen Königen Menelaos und Nestor, Waffengefährten des Odysseus vor Troia, vielleicht Neues über das Schicksal seines Vaters zu erfahren. Viele Gesänge später kehrt Telemachos von seiner Reise zurück; zwar hat er nicht viel über seinen Vater in Erfahrung bringen können, doch er ist deutlich gereift und erwachsener geworden.[452]

Nach vier Gesängen, die Telemachos' Reisen gewidmet werden, kehrt Zeus zurück und verkündet sein Urteil über Odysseus' Schicksal. Zwar soll der Held am Ende heimkehren dürfen, doch auf göttlichen Wunsch erst nach einem Umweg voller Strapazen. Zeus verlangt, daß Odysseus Scheria, das Land der Phäaken, besucht, bevor er seine Familie in Ithaka wiedersehen darf.

Man nimmt meist an, in der *Odyssee* gehe es in erster Linie um endloses und zielloses Reisen eines verirrten Seefahrers nach der Plünderung Troias. In Wirklichkeit wird aber gar nicht viel gereist. Telemachos' Fahrt nach Pylos und Sparta und wieder zurück sowie Odysseus' Reise von Kalypsos Insel nach Hause, mit dem kurzen Zwischenhalt in Scheria, sind die einzigen echten Reisen; zwei zielgerichtete Fahrten, die jeweils durch einen kurzen Aufenthalt unterbrochen werden. Alles andere – der Besuch in der Unterwelt, die Begegnung mit den Sirenen und den menschenfressenden Kyklopen – all diese Abenteuer tauchen in Geschichten auf, die er während seines Besuchs in Scheria erzählt. Wie unglaubhaft diese Geschichten sind, bringt die Göttin Athene bei Odysseus' Ankunft auf Ithaka nachdrücklich zum Ausdruck:

> Solltest du [Odysseus] nicht im eigenen Land Schluß machen mit Täuschung und mit Lug und Trug, die dir von Grund auf vertraut sind? (13.294)

Die eigentlichen Reisen in der *Odyssee* sind überladen mit metaphorischen Inhalten. Odysseus' erste Reise (von Kalypsos Insel nach Scheria) ist überlang: Siebzehn Tage muß er segeln, eine Reise also, die sich kaum mit dem achaiischen Seefahrtsgebiet in Einklang bringen läßt. Und obwohl er allein ist und auch die Nächte durchsegelt – was von Seefahrern damals unbedingt vermieden wurde –, verläuft seine Reise ruhig und ohne die geringsten Komplikationen, solange er sich auf der Rückkehr von mythischen Sphären befindet. Durch diese lange Reisedauer macht Homer den Abstieg seines Helden von einer imaginären Welt in eine andere, halb-imaginäre Welt anschaulich.[453] Ähnlich läßt Homer Odysseus, auf seiner zweiten und letzten Reise vom halb-imaginären Scheria zurück in die reale Welt, in einen tiefen Schlaf fallen, »dem Tode am nächsten vergleichbar« (13.80).

Warum muß Odysseus nach Scheria fahren? Bis heute haben wir weder den Grund für diesen Umweg gefunden, noch die Bedeutung der Geschehnisse am Hof der Phäaken wirklich verstanden. Welche moralische Dimension verbirgt Homer hinter den metaphorischen Reisen? Vielleicht ergeben sich aus der Begründung, die Zeus für den Besuch von Odysseus in Scheria anführt, einige Hinweise:

> [...] möge am zwanzigsten Tag er hin nach Scheria kommen ins breitschollige Land der götternahen Phäaken. Diese werden von Herzen, gleich einem Gotte, ihn ehren, werden ihn dann zu Schiff ins liebe Vaterland senden, werden ihm Erz und Gold mitgeben und viele Gewänder, wie sie Odysseus nie davongetragen aus Troia, käme er unversehrt mit dem Losanteil seiner Beute. (5.34)

Die Erwähnung Troias in einer Beschreibung der Phäaken kommt überraschend und zusammenhanglos; etwas harmonischer könnte der Abschnitt vielleicht lauten: Möge er hin nach Scheria kommen ins breitschollige Land der Phäaken. Sie werden ihn dann zu Schiff ins liebe Vaterland senden, werden ihm viele [Geschenke] geben, wie er sie nie hätte gewinnen können von IHNEN!

Poseidon wiederholt in einer Unterhaltung mit Zeus dieselben Worte an einer späteren Stelle im Buch (13.136).
Obwohl das Land Scheria und seine Menschen, die Phäaken, namentlich erwähnt werden, vermeidet Homer es, den Namen ihrer bemerkenswerten Hauptstadt zu nennen. *Schera* ist das alte phönikische Wort für Markt[454], und »Scheria« könnte als Marktstadt oder als Handelsplatz gedeutet werden[455], was natürlich gut auf Troia gepaßt hätte. Laut einer zusammenfassenden Beschreibung von Howard Clarke lebten die Phäaken

> fernab von anderen Völkern »umringt vom rauschenden Meere« (6.204). Alkinoos sagt, sie lebten in einem Gebiet, wo Osten und Westen sich berühren (8.29), doch die Phäaken sind wie die meisten Menschen, die Odysseus besucht, in sich widersprüchlich: Ihr Name bedeutet »Finsternis«, ihre Insel war vielleicht einst eine sagenhafte Toteninsel und ihre Schiffe transportieren nachts Seelen.[456]

Hätte sich Homer eine passendere Metapher als diese finsteren Gestalten ausdenken können, wenn er die Seelen der Troianer nach ihrer Niederlage hätte beschreiben wollen? Sie leben an einem legendären Ort der Toten – in einer Stadt nahe der Küste, wo »rauschende Meere« branden und wo sich Osten und Westen berühren? In Homers Welt gab es nicht viele Orte, auf die eine solche Beschreibung so gut gepaßt hätte wie auf Troia an den Dardanellen, wo sich das Schwarze Meer und die mediterrane Welt berühren.
Nur ein einziges Mal in der gesamten *Odyssee* gibt Homer einigermaßen präzise Auskunft über die Richtung, in die Odysseus segelt. Um nach Scheria zu gelangen, sollte Odysseus darauf achten, daß der Große Bär stets zu seiner Linken lag – was bedeutet, daß er in

Richtung Ost-Nordost segelte.[457] Ein ähnlicher Hinweis darauf, daß Scheria an einer Ostküste des Mittelmeeres lag, läßt sich der folgenden Textstelle entnehmen: »Athene, über das wogende Meer, das liebliche Scheria lassend, kam nach Marathon hin.« (7.79) Marathon ist eine Ebene im Osten Griechenlands nicht weit von Athen. Etwas später versichert Alkinoos, der König von Scheria, seine Leute würden Odysseus an jeden Ort seiner Wahl bringen, sogar wenn sein Haus

> [...] auch viel weiter als selbst Euböa gelegen [wäre], das am entferntesten liegt, wie unsere Leute behaupten, die es sahen [...] Und sie kamen dorthin und vollendeten ohne Ermüdung selbigen Tages die Fahrt und kamen auch wieder nach Hause. (7.321)

Die Welt kann zur damaligen Zeit nicht sehr groß gewesen sein, wenn die Seeleute an einem Tag bis an ihr Ende (nach Euböa) und wieder zurück fahren konnten. Euböa liegt auf der westlichen Seite der Ägäis, also den Dardanellen und Troia genau gegenüber. Die einzige Gegend, von der aus man Euböa geradewegs erreicht, nachdem man ein Meer überquert hat, wäre somit die anatolische Seite der Ägäis. Wenn diese Folgerung stimmt, galt Euböa, von Anatolien aus betrachtet, als das Ende der Welt, ebenso wie die Meerenge bei Troia aus griechischer Sicht.
Als Odysseus sich der Küste des mythischen Scheria nähert, zerschellt sein Boot in einem Sturm, den Poseidon geschickt hat. »Das hätten wir!« sagte der Gott:

> Irre du nun, viel Schlimmes erduldend, über das Meer hin, bis du mit Menschen, mit gottgenährten, wieder vereint bist. So nur wirst du dein Elend, hoffe ich, hoch genug achten. (5.377)

Erst nach zwei Tagen wird unser tapferer Held ans Ufer gespült – von einem starken von Norden her wehenden Wind (5.385). Übrigens spielt dieser Nordwind in Scheria die gleiche wichtige Rolle sowohl in Atlantis als auch in Troia. Auch die Topographie der Küstenlinie klingt vertraut:

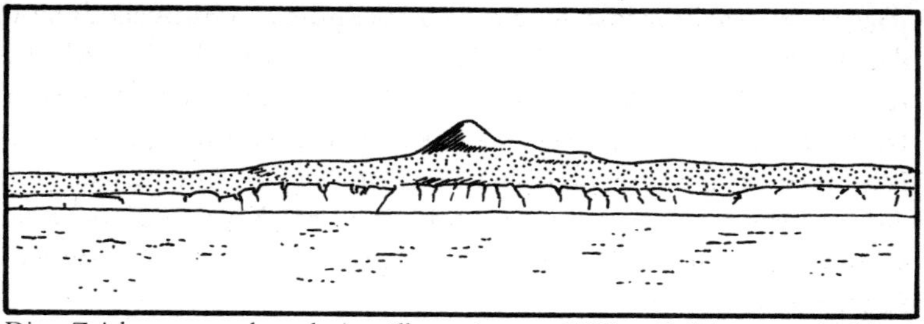

Diese Zeichnung wurde nach einer Illustration von William Gell (1806, 32, Tafel 13) angefertigt. Sie zeigt die Küste bei Troia, die an Homers Beschreibung von Scheria erinnert: »Gleich einem Schilde schien es im dunstigen Meere zu liegen.«

> Gleich einem Schilde schien es [das Phäakenland] im dunstigen Meere zu liegen [...] (5.281). Denn nicht Landeplätze für Schiffe, schützende Buchten fanden sich da, sondern Felsvorsprünge und Klippen und Schroffen [...] (5.404)

Steile Klippen sind eine typische Erscheinung an vielen Küsten der Ägäis, doch die reichsten Städte, auch die der Phäaken, befanden sich in der Nähe von ausgedehnten Küstenebenen, wo es fruchtbaren Boden und natürliche Häfen gab. Nur in Troia finden sich in ein und demselben Gebiet sowohl eine Küstenebene als auch »Klippen und Schroffen«. Außerdem gleicht die Küstenlinie buchstäblich »einem Schilde [...] im dunstigen Meere«, was auch auf einer Skizze zu sehen ist, die William Gell 1806 gezeichnet hat.
Als Odysseus die phäakische Küste erreicht, ist er völlig unterkühlt und erschöpft. Darüber hinaus ist er seiner einzigen Habe beraubt: seiner Kleidung. Odysseus begreift, daß er nur dann überleben und sich von seiner Erschöpfung erholen kann, wenn er sich ein Lager aus Blättern bereitet. Tief und fest schläft er unter den Blättern, und als er aufwacht, ist er in einen jungen Mann verwandelt worden. Homer benutzt die zwanzig Tage der Seereise fort von Kalypso und des Schiffbruchs sowie den Schlaf, um eine Reise durch die Zeit zu beschreiben, die Odysseus in die Vergangenheit bringt, da er noch ein junger Mann war. Dieser verjüngte Odysseus wird nun von der schönen, heiratsfähigen Prinzessin Nausikaa am Strand gefunden und gerettet. Die Szene zwischen Nausikaa und Odys-

seus gehört zu den faszinierendsten der Weltliteratur. An keiner anderen Stelle des Epos kommen die Hauptthemen der *Odyssee*, nämlich Wiedergeburt und Verjüngung, deutlicher zum Ausdruck als hier. Stephen Tracy schreibt dazu:

> Homer verstärkt den Gedanken, daß Odysseus' Aufenthalt bei Kalypso eine Art Tod bei lebendigem Leib gewesen ist, indem er die Reise, die von ihrer Insel fortführt, in Worte faßt, die unwillkürlich an Wiedergeburt denken lassen. Die Begegnung mit Nausikaa ist hierbei geradezu unumgänglich. Durch seine Erzählweise setzt Homer die symbolische Wiedergeburt seines Helden im fünften Gesang fort, und läßt ihn in den Gesängen sechs bis acht die Abenteuer eines jungen Mannes erleben. Die Parallelen zwischen seiner kurzen Reise [von der Küste zum Palast des Alkinoos] und Telemachos' Reise nach Pylos und Sparta sind bedeutsam, und auch wenn sie nicht unbedingt augenfällig gestaltet sind, so verstärken sie doch den Eindruck, daß Odysseus hier im Land der Phäaken die Erfahrungen eines jungen Mannes macht, jede dieser Reisen ist voller Symbole des Todes und der Wiedergeburt.[458]

Falls Scheria und Troia identisch sind, hätte Odysseus eine Reise in die Vergangenheit unternommen, um eine Episode in einem goldenen Zeitalter zu erleben, in einer Epoche, die es nur wenige Jahrzehnte vor dem legendären Krieg wirklich gegeben hat, als Troia VI und die Achaier politisch und wirtschaftlich in Blüte standen. Indem Homer seinen Helden in das Troia aus der Zeit vor der großen Zerstörung zurückversetzt, bringt er *eine* Lehre der *Odyssee* besonders klar zum Ausdruck: daß der Krieg sinnlos ist. Er will zeigen, daß die herrliche Stadt Troia und ihre Bevölkerung es nicht verdient hatten, vernichtet zu werden, und daß die Achaier in Wirklichkeit keinen Triumph errungen haben. Viele Adlige wurden im Krieg getötet, andere bei ihrer Heimkehr. So betrachtet, verwundert es nicht, daß Odysseus seinen Aufenthalt in Scheria nicht genießen kann. »[Auch wenn] du mit den Menschen, den gottgenährten, wieder vereint bist«, sagte Poseidon, so bist du mit ihnen nicht wirklich körperlich vereint, weil es sie nicht mehr gibt, und [dann] »wirst du dein Elend, hoffe ich, hoch genug achten«, denn mit deinen eigenen Händen hast du diese Menschen für immer vernichtet.

Odysseus wird zum Palast gebracht, wo er König Alkinoos um ein Schiff bittet. Dieser gewährt ihm die Bitte, noch bevor der Besucher seine Identität enthüllt hat; die Phäaken sind dafür bekannt, jeden fremden »Menschen zu Schiff zu geleiten, wer gerade zu ihnen daherkommt« (16.227). Sie sind äußerst erfahrene Seeleute, und

> [...] ihren schnellen Schiffen vertrauend, den raschen, durchqueren sie den großen Schlund; denn das gab ihnen Poseidon. Ihre Schiffe sind schnell wie Flügel oder Gedanken. (7.34)

Die »ruderfrohen« Phäaken, »Männer, berühmt in der Seefahrt« (8.190) tragen ungewöhnliche, maritime Namen: Steuermann, Schnelle See, Meeresküste, Barkasse, Reichschiff, Lotse, Seemann, Bootmeister usw.[459] Sie benutzen Schiffe, die keine Segel, sondern zweiundfünfzig Ruderer haben (8.36)[460], während Telemachos in Ithaka nur um ein Schiff mit zwanzig Ruderern bittet.[461] Die einzige Stelle im Mittelmeer, wo hervorragende Navigationskenntnisse von allergrößter Bedeutung sind, ist die Durchquerung des »Schlunds« ins Schwarze Meer. Wie bereits erwähnt, haben die Troianer vermutlich ihre Dienste als Lotsen zur Verfügung gestellt und, ebenso wie die Phäaken, Fremde sicher durch die Dardanellen und den Bosporus geleitet. Tim Severin hat unlängst gezeigt, wie Galeeren aus der späten Bronzezeit sogar mit nur zwanzig Ruderern gegen den Strom durch den Bosporus gefahren werden können.[462] Genaue Kenntnisse der Meeresstraße sind heute wie damals notwendig, um sich die Gegenströmungen entlang der Küste zunutze zu machen. Erfahrene, ortskundige Lotsen und schnelle Schiffe gehörten möglicherweise zu den wertvollsten Gütern von Troia oder Scheria oder Atlantis.

Alkinoos erkennt zwar, daß sein Besucher eine weite Seereise hinter sich hat, er kann jedoch nicht sagen, ob er von Westen oder von Osten gekommen ist. Scheria muß also nach beiden Seiten Seeverbindungen unterhalten haben – ebenso wie Troia. Gleichzeitig heißt es, die Phäaken lebten »den mühsam lebenden Menschen fern« (6.8) und hätten selbst keine Nachbarn (6.279): auch die

Troianer hielten sich kulturell ausgesprochen abseits und unterhielten keinen Kontakt zu den in der Nähe lebenden Hethitern.[463] Außerdem waren die Phäaken Fremden gegenüber feindlich gesinnt, strategisch und wirtschaftlich zum Meer hin orientiert und stammten von Poseidon und den Riesen ab[464] – ganz wie die Troianer[465]. Wie ihren Männern nachgesagt wird, sie seien geschickte Ruderer, »so sind ihre Frauen Meisterinnen im Weben« (7.106) – eine weitere Parallele zu den Troianern, deren außergewöhnlich produktive Webarbeit durch Abertausende von bei Ausgrabungen gefundenen Spindelwirteln belegt wird.

Die Phäaken bereiten Odysseus einen beeindruckenden Empfang: ihm zu Ehren halten sie endlose Bankette ab, veranstalten sportliche Wettkämpfe und führen akrobatische Tänze auf. Diese Feierlichkeiten eröffnet der blinde Barde Demodokos mit einem Lied über einen Streit zwischen Odysseus und Achilles. Die ersten Zeilen klingen wie eine Anspielung auf die Anfangszeilen der *Ilias*: Vom Zorn des Achilles möcht' ich singen.[466]

Da die *Ilias* und der Troianische Krieg noch bevorstehen, sind die Lieder für die phäakischen Fürsten unverständlich. Daher gefällt ihnen Demodokos' Lied, und sie ermutigen ihn, fortzufahren. Es ist für sie unvorstellbar, daß jemand mit feindlichen Absichten ihr Land betritt:

> Noch ward nicht geboren der Mann und möge auch niemals leben, welcher hierher ins Land der phäakischen Männer kommt und Feindschaft bringt; denn sehr lieb sind wir den Göttern. (6.201)

Odysseus jedoch bricht in Tränen aus. Man hatte ihm versichert, er werde in Scheria »außerordentliche Seelenqualen« erleiden. Während die Phäaken von der Tragödie keine Ahnung haben, muß Odysseus erkennen, was für eine herrliche Stadt und was für gastfreundliche Menschen er vernichtet hat. Er kann seine Tränen vor allen außer vor König Alkinoos verbergen. Als dieser die Qual seines Gastes bemerkt, schlägt er vor, zu anderen Aktivitäten überzugehen: zu sportlichen Wettkämpfen. Nachdem die sportbegeisterten Phäaken sich ein paar Runden im Laufen, Ringen, Weitsprung, Weitwurf und Faustkampf geübt haben, fordert einer der

Söhne des Königs Odysseus schließlich zum Mitmachen auf; Odysseus aber lehnt ab, denn ihm liegt seine »Sorge näher am Herzen als Wettkampf« (8.154). Euryalos, ein anderer junger Phäake, beginnt plötzlich, Odysseus zu beschimpfen, weil er ein solches Angebot ausschlägt; er nennt ihn einen Schwächling oder, noch schlimmer, einen »Händler und Krämer«! (8.162) Odysseus verliert die Fassung und ruft: »[...doch] bist du hohl an Verstande« (8.177). Dann ergreift er schnell einen unglaublich schweren Diskus und wirft ihn erheblich weiter als alle anderen. Anschließend fordert er seine Gastgeber in jeder Sportart heraus. Doch Alkinoos schreitet erneut ein und schlägt vor, wieder zu friedlicher Musik und Tanz zurückzukehren. Die Moral des Intermezzos auf dem Sportplatz ist klar: Odysseus ist heftig und unnötig provoziert worden. Zwar ist es aus einem nichtigen Anlaß dazu gekommen, doch sie war schwerwiegend genug, um einen heftigen Gegenangriff auszulösen. Ein ähnlich nichtiger Vorfall hat vielleicht die Streitigkeiten ausgelöst, die zum Troianischen Krieg führten. Homer zeigt nun, wie derartige Streitigkeiten auf kultiviertere und für beide Seiten zuträgliche Weise beigelegt werden können.[467] Demodokos, dem eine ausgezeichnete Tanzgruppe zur Seite steht, präsentiert eine Komödie über die Liebe zwischen Ares und Aphrodite, die mit dem Gott Hephaistos verheiratet war (mit Ares aber drei Kinder zeugte). Als Hephaistos herausfand, daß er betrogen wurde, fing er die beiden auf frischer Tat in einem Netz, das er über dem Bett angebracht hatte. Noch im Netz gefangen, führte er sie all seinen Götterkollegen vor (die Göttinnen blieben aus Verlegenheit fern). Poseidon überredete Hephaistos, die Ehebrecher freizulassen, allerdings mit der Auflage, daß Ares eine Buße entrichtete. Die Moral, die diese Komödie vermittelt, ist die Notwendigkeit der Vergebung – besonders in Verbindung mit Ehebruch.[468] Auch in dieser Episode könnte man eine Anspielung auf den unbedeutenden Anlaß sehen, der angeblich zum Troianischen Krieg geführt hat: die Entführung der Helena durch Paris. Homer zeigt, wie ein solcher Konflikt ohne Blutvergießen hätte gelöst werden können.[469]

Nach dem Liedervortrag erhebt Odysseus zum erstenmal seit der Unstimmigkeit während der Wettkämpfe die Stimme und rühmt die erstaunlichen Fähigkeiten der phäakischen Tanzgruppe. Alkinoos ist über diese Anerkennung so sehr entzückt, daß er alle Anwesenden um ein großzügiges Geschenk für den Gast bittet. Euryalos, der junge Mann, der Odysseus beleidigt hatte, reicht ihm sein prächtiges Schwert als Versöhnungsgeschenk. Odysseus sagt daraufhin:

> [...] die Götter mögen dich segnen. Mögest du späterhin nie nach diesem Schwerte dich sehnen, das du mir eben hier mit versöhnenden Worten gegeben. (8.413)

Homer hat all diese Ereignisse und Dialoge am phäakischen Hof mit Symbolik überhäuft: diese findet vielleicht in Odysseus' Lob auf Demodokos Lieder vom Troianischen Krieg ihren Höhepunkt:

> Denn gar schön nach der Ordnung besingst du das Los der Achäer, was sie taten und litten und wie die Achäer sich mühten, so wie selber Erlebtes oder von Zeugen Gehörtes. (8.489)

Schließlich bittet Odysseus Demodokos, das hölzerne Pferd zu besingen, das er sich selbst als List ausgedacht hatte und das schließlich den Sieg der Griechen über die Troianer herbeiführte. Der Sänger erfüllt die Bitte des noblen Gastes bereitwillig und

> [...] sang, wie die Stadt der Achäer Söhne zerstörten, als sie, das hohle Versteck verlassend, dem Pferde entströmten, sang, wie sie hier und dort die steile Feste verheerten, und wie Odysseus dann, dem Ares gleich, zu den Häusern schritt des Deïphobos mit dem göttlichen Herrn Menelaos, und wie dann den schlimmsten Kampf er auf sich genommen [...] Dies sang der berühmte Sänger [...] (8.514)

Merkwürdigerweise erwähnt Demodokos in seinem Lied nicht Odysseus' schlaue List; statt dessen konzentriert er sich ganz auf die dramatische Zerstörung, die dieser Einfall nach sich zog. Während Demodokos von dem furchtbaren Gemetzel singt, das sich an derselben Stelle ereignete, wo Odysseus gerade verwöhnt wird, weint letzterer

> wie eine Frau sich weinend hinwirft über den Gatten, welcher vor seiner Stadt und den Männern des Volkes gefallen, um den Verhängnistag von der Stadt und den Kindern zu wehren; sie aber sieht den Sterbenden noch sich regen und stürzt sich über ihn hin und heult hell auf; die aber von hinten schlagen sie mit den Speeren auf den Rücken und Schultern und schleppen sie in die Knechtschaft fort, um Mühe und Jammer zu tragen; und die Wangen fallen ihr ein vor erbärmlichem Kummer... (8.523)

Der Sieger, Odysseus, muß die Schmerzen des jämmerlichsten Verlierers durchleiden, muß erkennen, daß seine großartige Heldentat nichts als Elend verursacht hat. Die *Odyssee* erscheint in diesem Licht vor allem als ein Buch über die Sinnlosigkeit des Krieges und über die unbestreitbare Bedeutung eines glücklichen Familienlebens.

Erneut unterbricht Alkinoos den Vortrag, als er Odysseus' Kummer bemerkt. Er möchte nämlich, daß alle, Gastgeber und Gast, sich freuen, denn: »Gilt doch dem Bruder gleich der Fremde und der, der um Schutz fleht, für den Mann, der mit dem Verstande ein wenig nur hinreicht.« (8.546) Die Phäaken haben den Liedern über die Tragödien entspannt gelauscht – denn sie sind überzeugt, daß sie nichts zu verlieren haben. Es stellt sich allerdings heraus, daß sie nicht nur reiche, abgeschieden lebende, gastfreundliche, geheimnisvolle Seeleute, Athleten und Weberinnen sind wie die Troianer, sondern auch ebenso dem Untergang geweiht wie diese. Alkinoos versichert Odysseus noch einmal, daß man ihn sicher heimgeleiten wird, und bittet seinen Besucher dann ungeduldig, doch endlich seinen Namen preiszugeben. Noch bevor Odysseus der Bitte entsprechen kann, schneidet Alkinoos ein neues Thema an:

> Einstmals hörte ich meinen Vater Nausithoos reden, der da sagte, Poseidon werde uns böse gesinnt sein, weil wir stets alle Menschen so ungefährdet geleiten. Und er werde ein wohlgebautes Schiff der Phäaken, das von solchem Geleit heimkehre im dunstigen Meere, einst zerschmettern und rings um die Stadt ein hohes Gebirg ziehn. (8.564)

Die Bitte, Odysseus möge seinen Namen nennen, geht der Prophezeiung vom Untergang der Phäaken unmittelbar voraus. Und mit Recht, denn eben jenes Schiff, das Schiffbruch erleidet und die Katastrophe auslöst, wird Odysseus nach Ithaka bringen. Derartige Prophezeiungen entstehen in der Regel erst dann, wenn das vorausgesagte Ereignis bereits geschehen ist.[470] Demzufolge muß der Untergang im Fall von Scheria der Abfassung des Gedichts zeitlich vorausgegangen sein.
Schließlich gibt Odysseus seine Identität preis:

> Ich bin Odysseus, Laertes' Sohn, durch all seine Listen bei den Menschen geschätzt; mein Ruhm reicht bis in den Himmel. Im weit sichtbaren Ithaka wohn' ich; (9.19)

Verblüffenderweise macht diese Offenbarung keinen besonderen Eindruck auf die Phäaken. Da haben sie den ganzen Abend lang Geschichten über Odysseus und seine Heldentaten gelauscht, und nun entlockt ihnen die Identität ihres Gastes keine einzige Bemerkung. Statt dessen wiederholt Alkinoos erneut Poseidons Drohung. »[...] daß sie nun innehalten und Menschen nie mehr geleiten« (13.151). Inzwischen beginnt Odysseus ausgiebig von seinen Irrfahrten nach der Plünderung Troias zu erzählen: Geschichten, die die *Odyssee* so berühmt gemacht haben.
Am folgenden Tag müssen er und seine Schiffsbesatzung bis zum Einbruch der Dunkelheit warten, bevor sie sich auf den Weg nach Ithaka machen können. Die Seefahrt in der Bronzezeit war jedoch strikt auf die hellen Stunden des Tages beschränkt. Die mysteriöse Reise durch die Nacht bestätigt erneut den Eindruck, daß wir es mit einer Reise durch die Zeit zu tun haben, zumal Odysseus in einen sehr tiefen Schlaf fällt, der nur mit dem Tod vergleichbar ist. Die phäakischen Seeleute müssen ihn ans Ufer tragen, und selbst dort schläft er noch weiter. Die ganze Atmosphäre, die Homer für Odysseus' letzte Reise nach Ithaka gewählt hat, läßt die Phäaken wie Geister erscheinen, Besucher aus einer anderen Welt, die nachts ankommen, lautlos und ohne irgendwelche Spuren zu hinterlassen.[471]
Als Poseidon schließlich begreift, daß die Phäaken sogar seinen Widersacher Odysseus zurück in die Heimat geleitet haben, be-

Dachte Homer an eine dieser kleinen Inseln vor der Küste Troias, als er schilderte, wie das Schiff der Phäaken von Poseidon in einen Felsen verwandelt wurde? (Nach einem Stich von Henry W. Acland 1849).

schließt er, aus Rache das Schiff kurz vor der Landung an der Küste von Scheria in einen Felsen zu verwandeln. Zeus ermuntert Poseidon sogar dazu:

> Wenn alle Bewohner der Stadt das Schiff bereits sehen, wie es sich naht, dann mach es zu Stein in der Nähe des Landes gleich einem schnellen Schiff, damit alle Leute sich wundern [...] (13.155)

Vor der Küste von Troia gibt es zwar ein paar kleine Inseln, doch es erfordert schon viel Phantasie, in ihnen auch nur annähernd die Form eines Schiffes aus der Bronzezeit zu erkennen.
Alkinoos, der mit ansehen muß, wie das Schiff zu Stein wird, ruft:

> Weh! [So erreichen mich nun uralte Sprüche der Götter meines Vaters, der sagte,] Poseidon werde uns zürnen, weil wir stets alle Menschen ungefährdet geleiten [...] und er werde [...] rings um die Stadt ein hohes Gebirg ziehn [...] Aber wohlan, laßt alle uns folgen, wie ich es sage: Gebt nun auf das Geleit von Sterblichen, wenn einer herkommt (13.172)

Um der schrecklichen Prophezeiung zu entgehen, verlangt Alkinoos, daß sein Volk nicht mehr, wie es Brauch ist, fremde Reisende empfängt und über das Meer geleitet. Diese Anweisung könnte als Hinweis auf den eigentlichen Auslöser für die Unstimmigkeiten gedeutet werden, die letztlich zum Troianischen Krieg führten: die Schließung der Zufahrt ins Schwarze Meer für Handelsschiffe, wodurch die Ägäis von den Märkten im und den Lieferungen aus dem Osten abgeschnitten wurde.

In der obigen Wiedergabe des ersten Teils der Odyssee habe ich den Hauptteil, in dem der Held seine unglaublichen Abenteuer nach der Plünderung Troias erzählt, bewußt ausgespart. Ich halte diese Geschichten für Seemannsgarn; sie mögen zu Homers Zeiten durchaus geläufig gewesen sein, gehen jedoch im wesentlichen auf ältere Überlieferungen wie die *Argonautica* und das *Gilgamesch-Epos* zurück. Mehrmals behauptet Odysseus, er stamme aus Kreta (13.256; 14.199; 19.172), wodurch er sich Menschen zuordnet, die als die besten Lügner der Welt galten.[472] Seine Erzählungen sind zum Verständnis der Hauptthemen des Epos keineswegs erforderlich. Allerdings erfährt Odysseus bei der Begegnung mit den Toten im elften Gesang vom Schicksal seines früheren Oberbefehlshabers Agamemnon. Dieser erzählt, wie er kurz nach dem Untergang Troias nach Mykene zurückkehrte und dort von seiner Gattin Klytämnestra und ihrem Geliebten Ägisthos wie Vieh abgeschlachtet wurde (11.405). Aufgrund des todbringenden Empfangs, den man ihm bereitet hatte, warnt Agamemnon Odysseus davor, bei seiner Rückkehr nach Ithaka offen in den Hafen einzufahren (11.455). Odysseus hatte jedoch vom Seher Teiresias bereits eine ähnliche Warnung gehört, laut derer ihn bei seiner Ankunft zu Hause Unheil erwarte (11.115).

Das Ende der Achaier: Späthelladikum III C

Als Odysseus schließlich in Ithaka ankommt, kehrt er nicht nur aus fernen Welten zurück, sondern auch aus fernen Zeiten, von einer Reise gar, auf der er Toten begegnet ist. Kurz nachdem er aus seinem todesähnlichen Schlaf erwacht ist, begegnet er Athene, die ihm mehr über die Lage in seinem Palast berichtet. Sie erzählt vom furchtbaren Chaos im königlichen Hause wie im übrigen Griechenland. Daß der Sieg der Achaier bei Troia nichts als Unheil gebracht hat (13.317), das Land völlig zugrunde gerichtet ist, und nur wenige achtenswerte Aristokraten noch an der Macht sind. Einzig die, die bei Troia gekämpft haben (Nestor und Menelaos) werden in positivem Licht dargestellt. Viele Fürsten sind vor Troia gefallen oder haben nicht mehr nach Hause zurückgefunden. Fünfzehn der insgesamt vierundzwanzig Gesänge schildern den kläglichen Zustand Griechenlands nach dem Troianischen Krieg und betonen erneut die Sinnlosigkeit des Krieges.[473] An den Krieg selbst, der in vielen Dialogen der *Odyssee* erwähnt wird, erinnert man sich nur mit Verbitterung, zum Beispiel wenn Menelaos sagt:

> Gerne wohnte ich hier in den Häusern mit nur einem Drittel [der Schätze], wären die Männer am Leben, die einst im Gefilde von Troia fielen [...] (4.97)

Auch Odysseus gegenüber Agamemnon bringt seinen Groll über den Streit mit Troia zum Ausdruck und über die Rolle der Königinnen, die dazu beitrugen:

> Gingen doch viele von uns der Helena wegen zugrunde, dir erschuf Klytämnestra den Hinterhalt, während du fern warst. (11.438)

Selbst der Schweinehirt Eumaios bereut den Troianischen Krieg; er spricht von Odysseus und klagt:

> Aber er ging zugrund. O ginge doch Helenas Sippschaft ganz in die Kniee, da sie so vielen die Kniee gelöst hat. (14.68)

Homer läßt erkennen, daß viele Achaier nur sehr widerwillig in den Krieg zogen und dessen Notwendigkeit nicht ganz eingesehen haben. Agamemnon räumt ein, daß er und Menelaos einen ganzen Monat auf Odysseus einreden mußten, bis dieser bereit war, mit seinen Streitkräften am Feldzug teilzunehmen. Odysseus erinnert sich nur ungern an diese Zeit:

Als der weithin donnernde Zeus jedoch den verhaßten Zug ersann, der vielen Männern löste die Kniee, da befahlen sie mir und Idomeneus, dem berühmten, Führer zu sein in den Schiffen gen Ilion; das zu verweigern, gab es kein Mittel; es drückte uns schwer das Gerede im Volke. (14.235)

Wenn er bedenkt, was der Krieg gebracht hat, kommt Homer zum Schluß, daß er sinnlos war – ja mehr als das, verheerend –, und zwar nicht bloß für die Verlierer, sondern auch für die Sieger. Während die achaiischen Fürsten jenseits des Meeres kämpften, hatten weniger kompetente Stellvertreter die Macht übernommen. Sobald die eigentlichen Führer in den Krieg gezogen waren, machten sich viele Adlige das Machtvakuum zunutze, um zu mehr Einfluß zu gelangen. Nachdem Odysseus Ithaka verlassen hatte, erhöhte sich die Zahl männlicher Adliger im Palast von ehemals einem (Odysseus) auf 108 (die Freier), was dem Rest des Landes Chaos und Anarchie einbrachte, den neuen selbsternannten Herrschern dagegen ein herrliches, sorgloses und ausgesprochen dekadentes Leben.
Ein deutlicher Hinweis auf die fehlende politische Führung ist die Tatsache, daß nicht eine einzige Adelsversammlung mehr einberufen wurde, nachdem Odysseus fort war (2.27).[474] Die Freier fühlten sich mächtig, weil sie so zahlreich waren (2.244), und sie machten unmißverständlich klar, daß sie nicht gewillt waren, ihre neuen Privilegien aufzugeben, nur weil der König zurückkehrte. Im Fall von Agamemnon wurde kurzer Prozeß gemacht. Während er nach zehn Jahren des Kampfes heimkehrte und sich auf einen jubelnden Empfang freute (11.430), wurde er für seine erfolgreich ausgeführte Mission mit seinen Kriegern (11.411) von dem Mann, der seine Stelle auf dem Thron und im Ehebett eingenommen hatte, und seiner eigenen Gattin meuchlings umgebracht. Später rächte sich der rechtmäßige Thronerbe Orestes an Ägisthos und Klytämnestra für diesen brutalen Mord; er tötete nicht nur seine leibliche Mutter und seinen Stiefvater, sondern auch deren Diener und Anhänger. Gesetzlosigkeit herrschte in Griechenland, und das Land fiel in die Hände von Schurken und Verbrechern (24.279). Athene ermuntert Telemachos unverblümt, die Freier zu töten (1.295) und nach Ruhm zu streben, wie Orestes sich ihn erwarb, indem er die Mörder seines Vaters tötete (1.298).

Ruhm oder griechisch *kleos* war im heroischen Zeitalter das angestrebte Ziel schlechthin.[475]

All diese Ereignisse werden in dem Teil der *Odyssee* geschildert, der in der realen Welt spielt. Nichts Übernatürliches fließt in Homers Darstellung der Zustände in Griechenland nach dem Krieg ein. Selbst das Wirken der Götter reduziert sich auf ein Minimum, nur Athene taucht gelegentlich auf. Die Schauplätze und Protagonisten kennt man schon aus der *Ilias*, und von vielen der in der *Odyssee* genannten Städte weiß man, daß sie in der späten Bronzezeit bewohnt gewesen sind. Aus diesen Gründen dürften sich die archäologischen Erkenntnisse zu Homers Beschreibung von Griechenland wenige Jahre nach der Plünderung Troias in Beziehung setzen lassen.

Nur wenige Archäologen haben erkannt, daß die Abwesenheit der achaiischen Fürsten während des Troianischen Krieges dazu beigetragen haben könnte, daß das politische System in Griechenland zusammenbrach.[476] Diese Überlegung wird unter anderem dadurch gestützt, daß der Troianische Krieg und der Untergang der Achaier fast gleichzeitig stattfanden. Falls es zwischen den beiden Phänomenen einen Zusammenhang gibt, dann würde die in der *Odyssee* beschriebene Zeitspanne in die letzte Phase der Bronzezeit fallen: das Späthelladikum III C.

Als Odysseus in Ithaka eintrifft, sind bereits ein paar achaiische Paläste den Schurken und Verbrechern in die Hände gefallen, während andere, wie Pylos und Sparta, nach wie vor von ihren angestammten Monarchen regiert werden. Archäologische Funde belegen einen solchen stufenweisen Verfall der Paläste in der späten Bronzezeit, wobei aber bisher angenommen wurde, daß gerade Pylos zuerst untergegangen sei. Die späte mykenische Architektur scheint sogar die Verhältnisse zur Zeit von Ägisthos in Mykene und der 108 Freier der Penelope in Ithaka widerzuspiegeln, denn der Niedergang ging mit einer Zunahme an Adelssitzen einher. Während der Palast in Tiryns fast verlassen war, wurden in der Unterstadt neue Megara errichtet, von denen zumindest eines respektlos an die Burgmauern gelehnt war.[477] Andere sehr große Herrenhäuser entstanden weit weg von den Burgen an ungeschützten Plätzen, die zuvor gemieden wurden. Der Schluß liegt nahe, daß der Zusammenbruch des Systems einen größeren Teil der Gesellschaft

in die Lage versetzte, sich wenn schon nicht wie Könige, so doch wie Fürsten zu benehmen.
Homer stellt sein Land am Rande des Bürgerkriegs dar und gibt eine präzise Schilderung jener Umwälzungen, die zur Zeit die vorherrschende Erklärung für den Untergang der mykenischen Kultur liefern. Geächtete Mörder wie Theoklymenos von Argos (15.273) durchstreifen das Land. Die ganze Gesellschaft scheint auf den Kopf gestellt – Aristokraten, die *einzigen* Protagonisten der *Ilias*, werden als Verbrecher und Mörder dargestellt, während in der *Odyssee* Hirten und Schäfer als die treuesten Landsleute gelten. Der Held muß sich mit einem Schweinehirten (Eumaios) und einem Rinderhirten (Philoitios) zusammentun, um den Kampf gegen seine adligen Standesgenossen aufzunehmen. Homer unterstreicht diese Ungeheuerlichkeit dadurch, daß er sie als zwei Männer des Königs bezeichnet; Odysseus wendet sich an den Rinderhirten und den Sauhirten (21.86) mit den Worten: »Und ich erkenne, ihr beiden allein ersehntet mein Kommen von dem ganzen Gesinde [...]« (21.209)
Fast die Hälfte der *Odyssee* ist der behutsamen Vorbereitung der Rache gewidmet, die der Held an den Schurken nehmen will, weil sie die griechische Gastfreundschaft im allgemeinen und seine Abwesenheit im besonderen ausgenutzt haben. Schließlich metzelt Odysseus, zusammen mit seinem Sohn Telemachos und den beiden Hirten, alle Freier bis auf den letzten Mann nieder. Nur der Sänger und der Herold werden verschont, damit sie diese Ereignisse den nachfolgenden Generationen überliefern können.
Odysseus gesteht, daß sie »Ithakas Stützen, die beste junge Mannschaft der Stadt« (23.121) erschlagen haben. Derart dramatische Konflikte unter achaiischen Adligen haben auch in die griechischen Sagen Eingang gefunden, so zum Beispiel in »Sieben gegen Theben«, wo ein Angriff letztendlich zur völligen Vernichtung einer ganzen Stadt führt. Die archäologischen Erkenntnisse über diese Periode lassen auf eine eher selektive Eliminierung von Aristokraten schließen. Ein Ausbruch der Gewalt scheint das Ende des heroischen Zeitalters begleitet zu haben. Als sich die Asche der brennenden Paläste gelegt hatte, war der Adel mitsamt seiner elitären Kultur verschwunden.
Odysseus' Vergeltung hat die Lage noch weiter verschlimmert. Als

er schließlich wieder mit Penelope vereint ist, weist er darauf hin, daß die größten Schwierigkeiten noch bevorstehen. Eupeithes, der Vater des tonangebenden Freiers Antinoos, hat Odysseus als einen Feind der Kephallenen (24.425) angeprangert, und Odysseus begreift, was das bedeutet:

> Aber nun fürchte ich arg in meinem Sinne, daß alle Männer von Ithaka bald hier gegen uns ziehen und Botschaft überall hin in die Städte der Kephallenen versenden. (24.353)

Die Linear-B-Tafeln aus den letzten Tagen von Pylos enthalten Aufzeichnungen über Verteidigungsvorbereitungen gegen einen Angreifer. Keiner kann sagen, wer der Feind war, doch es steht fest, daß er die Stadt dem Erdboden gleichgemacht hat. Die gleiche Furcht vor einem drohenden Angriff ist Homers Worten zu entnehmen:

> Als er die Schwelle betrat, da sah er sie alle schon nahe, und gleich rief er Odysseus zu die gefiederten Worte: »Sie sind schon ganz nahe [...]« (24.493)

Odysseus und seine wenigen Anhänger nehmen den Kampf auf, dann findet das Gemetzel außerhalb des Palastes seine Fortsetzung. Die zweite Hälfte der *Odyssee* zeigt eine kontinuierliche Eskalation hin zum Bürgerkrieg, der gegen Ende des Buches immer unaufhaltsamer wird. Nur die abschließenden Sätze der *Odyssee* stellen einen Friedensschluß zwischen den Kontrahenten in Aussicht, doch da er in so krassem Gegensatz zur gesamten Entwicklung der Handlung steht, ist es ebensogut möglich, daß sich hier ein alexandrinischer Bibliothekar um ein Happy-End bemüht hat.[478]
Homer hat uns vielleicht die lang gesuchte Erklärung für das Ende der mykenischen Zivilisation geliefert. Vielleicht endet die *Odyssee* an dem Punkt, an dem die Lage völlig außer Kontrolle gerät, also kurz bevor die Argolis von schrecklichen Naturkatastrophen heimgesucht wird, die dem Volk zum Verhängnis wurden, das der ägyptische Priester *»als das schönste und beste Geschlecht unter den Menschen«* beschrieben hatte.

Wehgeschrei entbrennt, von Tränen benetzt sind die Wangen, und vom Blute bespritzt sind Wände und schöne Gebälke; und von Schatten ist voll das Vorhaus, füllt sich der Hof an, die zum Erebos ziehn ins Dunkel, aber die Sonne ist vom Himmel getilgt, und böse Finsternis aufsteigt. (20.353)

Die Rekonstruktion Troias

> Auch wenn Hisarlık weder Rohstoffe erzeugte noch Zentrum der ersten Metallherstellung war, so war es doch der Weltmarkt, wo Rohstoffe und fertige Erzeugnisse verladen und gehandelt wurden.[479]

> Troia war, ist und bleibt einzigartig; ein Jahrhundert archäologischer Forschung hat nichts Vergleichbares zutage bringen können. Mit der Vielfalt der Funde in Troia kann einfach keine andere Ausgrabungsstätte der Bronzezeit im östlichen Mittelmeerraum konkurrieren.[480]

Wenn man Odysseus' Erzählungen Glauben schenken kann, war die Seefahrt zur Bronzezeit so riskant wie russisches Roulette. Keine Schiffsbesatzung konnte damals davon ausgehen, daß sie die nächste Fahrt überleben würde, denn anscheinend beherrschten ihre Steuerleute die Schiffe kaum. Bis der Schiffbau im siebten Jahrhundert v. Chr. revolutionäre Neuerungen erfuhr, war es unmöglich, hart am Wind zu segeln. Die ursprüngliche Takelage, die aus einem Hauptmast mit einem einzigen, an einer Querstange befestigten quadratischen Segel, der Rahe, bestand, war für derartige Manöver nicht geeignet.[481] Daher war für die Seeleute der Bronzezeit nicht nur die Kraft des Windes, sondern auch dessen Richtung von entscheidender Bedeutung, und Segeln konnte man nur, wenn es hell war und in den Sommermonaten. Zwar hielten sich die Steuerleute in Küstennähe und legten nachts an, doch konnten all diese Vorsichtsmaßnahmen die Risiken nicht gänzlich ausschließen. Ein plötzlicher Wetterumschwung konnte die Nähe zum Ufer bedrohlich werden lassen, denn bei rauher See liefen die Schiffe Gefahr, an einem Riff oder an den Klippen zu zerschmettern. Selbst bei schönem Wetter war die am Ufer lagernde Besatzung ständig in Gefahr: Feindliche Überfälle lauerten überall. Zumindest an einigen ägäischen Küsten wurden Wachposten aufgestellt, was dafür spricht, daß unangemeldete Besucher eher mit einem feindseligen als herzlichen Empfang rechnen mußten.
All diese Hindernisse dürfen nicht außer acht gelassen werden, wenn man davon spricht, daß der »Fernhandel« die grundlegenden

Voraussetzungen für den achaiischen Wohlstand schuf. Dennoch wurden Waren zweifellos weitaus lieber über das Meer als über Land transportiert, da ihre Beförderung per Schiff sehr viel zeit- und kräftesparender war.[482] Somit war ein umfangreicher Fernhandel größtenteils von Seetransporten abhängig. Damit Waren jedoch ungestört über das Meer transportiert werden konnten, muß es geschützte Häfen gegeben haben, wo die Seeleute vor Stürmen Schutz suchen, wo sie ihre Trinkwasser- und Lebensmittelvorräte auffüllen, ihre beschädigte Ausrüstung reparieren und sich über Wetter- und Segelbedingungen informieren konnten.[483] In den letzten Jahren hat sich bei Archäologen zunehmend die Überzeugung durchgesetzt, daß Troia eine derartige Versorgungsstation für die Seefahrt war, vielleicht die wichtigste im Mittelmeerraum der Bronzezeit.[484] Einige führende Wissenschaftler, darunter Manfred Korfmann, der zur Zeit die Ausgrabungen in Ilion leitet, sind zum Schluß gelangt, daß es in der späten Bronzezeit möglich gewesen sein muß, den Bosporus zu durchfahren, um ins Schwarze Meer zu gelangen, und daß Troia dabei so etwas Ähnliches war wie heute »die letzte Tankstelle vor der Autobahn«.[485]

Troia hat offenbar geschützte Häfen zur Verfügung gestellt, wo Handelsschiffe vor Anker gehen konnten, um auf günstige Windbedingungen zu warten; es hat wohl außerdem für die Versorgung mit Trinkwasser und Vorräten gesorgt und vielleicht Lotsendienste für die Durchfahrt ins Schwarze Meer angeboten. Gleichzeitig war die Stadt aber auch eigenständiges Handelszentrum, das von Kaufleuten aus den Küstengebieten des östlichen Mittelmeers und des Schwarzen Meeres angesteuert wurde. Troia muß stark interessiert gewesen sein, die von der Stadt angebotenen Dienstleistungen auf den höchsten Stand zu bringen, denn je größer und besser ausgerüstet die Hafenbecken waren, desto höhere Gebühren konnten von fremden Kaufleuten eingefordert werden. Andererseits wird man Wert darauf gelegt haben, daß die Paläste gut geschützt waren und in ausreichender Entfernung zu den Hafenvierteln und Handelsbezirken lagen, denn die große Zahl von Fremden in der Stadt brachte eine gewisse Unsicherheit mit sich.

Ziel der folgenden Abschnitte ist es, die Landschaft um die Stadt Troia, angefangen von der Zeit ihrer ersten Besiedelung bis zum heutigen Tag, zu rekonstruieren. Es wird sich zeigen, wie die

Menschen ihre natürliche Umgebung in immer stärkerem Maße veränderten, bis sie schließlich, in der späten Bronzezeit, ihren Bedürfnissen weitgehend entsprach. Außerdem wird noch einmal die Topographie der Ebene von Troia untersucht, wie sie zur Zeit des Troianischen Krieges und dann zu Homers Lebzeiten ausgesehen hat, als Troias Größe zur Bedeutungslosigkeit herabgesunken war.

Entwicklung der Ebene von Troia

Die Ebene von Troia ist vermutlich häufiger als irgendein anderer Ort auf der Welt Gegenstand geographischer Studien gewesen. Trotzdem ist die Paläotopographie des Gebietes nach wie vor umstritten. All die zahlreichen vorausgegangenen Studien haben die vielen auffallenden Merkmale in der Ebene, die auf einen Eingriff der Menschen in die natürliche Umgebung schließen lassen, bis heute nicht richtig zu analysieren vermocht. Geographische Untersuchungen aus dem letzten Jahrhundert – vor allem von Forchhammer, Spratt, Schliemann und Virchow – haben uralte Wasserläufe, künstliche Kanäle, versperrte Flußbetten, Steinbrüche und Sandhaufen zutage gefördert. Diese Phänomene belegen die Einwirkung des Menschen auf die Umwelt und gehörten aller Wahrscheinlichkeit nach zu einem umfassenden System der Landschaftsgestaltung. Darüber hinaus haben sich die natürliche Landschaft und die Landnutzung der Menschen selbst mit der Zeit verändert, und jede einzelne Phase dieser Entwicklung muß der Bevölkerung, die sich die Landschaft zunutze machte, Vorteile gebracht haben. Die Tatsache, daß bislang niemand in der Lage gewesen ist, eine umfassende und zufriedenstellende Landschaftsrekonstruktion der Ebene von Troia vorzulegen, und zwar unter Berücksichtigung der zahlreichen Indizien für menschliche Eingriffe, deutet darauf hin, daß die Geschichte dieser Landschaft außerordentlich komplex ist.

Frühere Rekonstruktionen der Ebene von Troia lassen sich im allgemeinen in zwei Kategorien einteilen: jene, die davon ausgehen, daß sich eine tiefe Meeresbucht weit landeinwärts erstreckte, und jene, die die Theorie vertreten, daß die Ebene sich seit damals nicht sehr verändert hat und daß es nur an ihrer Nordseite eine kleinere Meeresbucht gab. Das zuletzt in Troia durchgeführte geoarchäologische Projekt kam zu dem Ergebnis, daß es in der Steinzeit tatsächlich eine bis zu dreizehn Kilometer tief ins Landesinnere reichende Bucht gegeben hat.[486] Diesem Modell zufolge verlief die Küste in der späten Bronzezeit noch sechs Kilometer weiter landeinwärts als heute.[487] Die Rekonstruktion basierte jedoch nur auf sechs Kernbohrungen, die in Abständen von bis zu sieben Kilometern vorgenommen wurden. Nur zwei dieser Bohrungen lagen demnach in der Schwemmlandebene direkt vor Troia; mit etwas Pech hätten diese sogar einen der vielen Kanäle in der Aue treffen können. Außerdem ließ sich aus den jeweiligen Schichten kein in die Bronzezeit datierbares Material gewinnen. Grundlage des gesamten Modells war überdies die Vermutung, daß der Meeresspiegel im Jahre 6000 vor unserer Zeitrechnung weltweit höher lag als heute, eine Prämisse, die jedoch nicht mehr haltbar ist. Daher kann die Möglichkeit, daß sich die ökologische Entwicklung ganz anders vollzogen hat als in dieser jüngsten Studie angenommen wird, nicht gänzlich ausgeschlossen werden. In der Tat spricht das Relief der Küstenebene nachdrücklich gegen eine jüngere, umfassende Regression. Bereits 1850 hat Forchhammer die überzeugende Behauptung aufgestellt:

> Wiederholt weisen wir die Ansichten von einer Veränderung des Flußbettes des Simoeis und von einer nachhomerischen Anschwemmung der unteren Ebene und dadurch bewirkten Ausfüllung eines vorgeblichen Hafens, der sich ehemals tief ins Land erstreckt hätte, als durchaus irrig zurück. Wie es unerklärlich wäre, daß die Anschwemmung an den Seiten der verlängerten Osmaks und an dem östlichen Ende des Strandes steile Ufer von 6 bis 10 Fuß Höhe aufbaute, zugleich aber die Lagunen unausgefüllt ließ und sie doch von dem Hellespont durch eine Sandbank trennte.[488]

Um eine wirklich überzeugende Rekonstruktion der Landschaftsentwicklung Troias vorzulegen, wären jahrzehntelange Gelände- und Laborarbeiten vonnöten; man müßte Kernbohrungen und

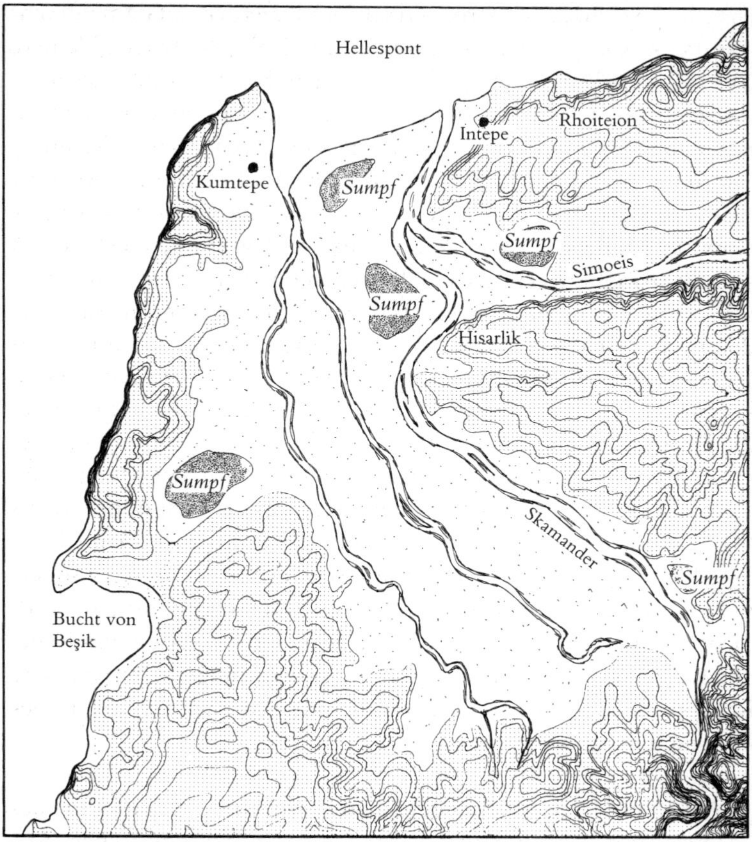

Eine hypothetische Rekonstruktion der Ebene von Troia in der Jungsteinzeit, als die Landschaft erstmals besiedelt wurde.

Profile in Ausgrabungen untersuchen, Satellitenbilder und Luftaufnahmen, topographische Karten und historische Berichte, Mikrofossilien und botanische Überreste, Bodenarten und Steinbrüche auswerten. Eine solche langfristig angelegte geoarchäologische Studie wird derzeit im Rahmen der neuen Ausgrabungen in Troia angestrebt.
Die folgende Rekonstruktion der troianischen Landschaft schließt sich der Meinung Forchhammers an, daß die Schwemmlandebene seit der ersten menschlichen Besiedelung keinen allzu großen Veränderungen unterworfen war. Die für dieses Modell herangezogenen Daten basieren hauptsächlich auf Landkarten aus dem neunzehnten Jahrhundert, SPOT- und Landsat-Satellitenbilder sowie Geländebeobachtungen.

Neolithikum und frühe Bronzezeit

Die früheste bekannte Niederlassung bei Kumtepe könnte gegründet worden sein, als der Skamander und der Simoeis noch an der Ostseite der Ebene in der Nähe von Intepe ins Meer mündeten, wo sie ein kleines Delta gebildet haben.[489] Rekonstruktionen der prähistorischen Landschaften in Griechenland haben gezeigt, daß die frühen menschlichen Ansiedlungen vorzugsweise in flachen Meeresbuchten angelegt wurden, und zwar dort, wo das Wasser am weitesten ins Landesinnere reichte.[490] Kumtepe könnte in einer solchen Bucht gelegen haben, die sich, von der heutigen Küste aus gesehen, drei Kilometer ins Landesinnere erstreckte.
Als sich um 3000 v. Chr. erstmals Menschen auf dem Hügel Hisarlık ansiedelten, muß ihr Wohnsitz von Flüssen umgeben gewesen sein. Die Schwemmlandebene lag mehrere Meter tiefer als heute, und sie war ganz sicher versumpft, wodurch sie für Menschen einen recht gefährlichen Lebensraum darstellte. Die Tatsache, daß man sich für Hisarlık statt für das dem Meer nähere Kumtepe entschied, könnte vom Wunsch der Menschen diktiert worden sein, dem bestellbaren Ackerland und vielleicht auch den kostbaren Quellen näher zu sein. Damit jedoch das ganze Potential der Landschaft um Hisarlık genutzt werden konnte, waren umfangreiche Veränderungen an der Landschaft erforderlich.

Mittlere und späte Bronzezeit

Die Landschaft stellte die Menschen von Troia vor eine ganze Anzahl von Problemen. Zunächst einmal lag ihr Wohnort recht weit von der Küste entfernt, ihnen fehlte ein natürlicher Hafen, und auch die Flüsse waren vermutlich nicht schiffbar. Außerdem stellten die Süßwassersümpfe eine permanente Malariagefahr dar. Virchows anthropologische Untersuchungen an fünfundvierzig Skeletten aus Troia ergaben, daß die meisten dieser Menschen in jungen Jahren an Malaria starben.[491] Die Troianer werden im übrigen versucht haben, den Anteil des bestellbaren Landes dadurch zu erhöhen, daß sie einen Teil der Marschen trockenlegten. Das erste große Vorhaben zur Landschaftsgestaltung galt vermutlich dem Bau eines besseren Hafenbeckens. Der optimale Standort dafür wäre nahe der einzigen natürlichen Bucht an der steilen ägäischen Küste gewesen, der Bucht von Beşik. Schon die Bucht selbst wurde als perfekter Hafen für Troia betrachtet[492], denn sie bot Schutz vor Wind und Strömungen, und an ihrem Strand gab es kostbares Trinkwasser. Aber diese vielversprechenden natürlichen Bedingungen ließen sich noch weiter verbessern. Irgendwann wurde nämlich ein künstlicher Kanal angelegt, der von der Bucht durch den Küstenkamm in die Troianische Ebene führte. Diese Anlage ist nie datiert worden, und es kann nicht von vornherein ausgeschlossen werden, daß sie aus der Bronzezeit stammt. Heute erstreckt sich ein großflächiger Sumpf um den im Landesinneren gelegenen Teil des Kanals. Vor ein paar tausend Jahren wurde dieses damalige Becken möglicherweise als äußerst geschützter und leicht zu verteidigender Hafen genutzt. Denkbar ist außerdem, daß man den Skamander durch den künstlichen Ausgang ins Meer umgeleitet und so das Hafenbecken und den Kanal mit Wasser gefüllt hat. Die Flußumleitung hätte gleichzeitig dazu geführt, daß die küstennahen Sümpfe am Hellespont austrockneten.

Diese erste bauliche Glanzleistung könnte so erfolgreich gewesen sein, daß die troianische Aristokratie den Bau weiterer solcher Anlagen anordnete. Was beim Skamander geklappt hatte, sollte auch beim Simois funktionieren. Das ursprüngliche Bett des Simoeis verlief um den Rhoiteion-Bergkamm in der äußersten nordöstlichen Ecke der Ebene; in seinem Bett fließt heute der Intepeh

Asmak. Die Troianer planten, den ganzen Fluß nach Süden umzuleiten, so daß er in der Beşik-Bucht an derselben Stelle ins Meer mündete wie der Skamander, was die gesamte Küstenebene von der weiteren Versorgung mit Flußwasser abschneiden sollte; als Folge würde sie austrocknen und bestellbaren Boden bieten statt Brutstätten für Mücken. Darüber hinaus könnte der umgeleitete Simois als ganzjähriger Wasserweg vom Palast zu den Häfen und der Küste benutzt werden. Also gruben die Troianer zwischen dem Standort des heutigen Dorfes Kalifatli und dem Hafenbecken, das landeinwärts von der Beşik-Bucht lag, einen relativ schmalen Kanal, gerade breit genug für ein einzelnes Boot.[493] Die noch verbleibende Strecke zwischen Kalifatli und dem früheren Dorf Koum Kioi bedurfte keinerlei Grabungsarbeiten, denn dort konnte der Simois über drei Kilometer ein ehemaliges Flußbett des Skamander, allerdings stromaufwärts, benutzen. Das war jedoch ein größeres Problem, denn der Simoeis floß bereits bei seinem Einlauf ins Tal zwischen dem Rhoiteion und Troia sehr langsam. Das einfachste Verfahren, um eine dauerhafte Verbindung zwischen der Burg und der Bucht von Beşik zu schaffen, war, den Kanal so tief auszuschachten, daß er sich größtenteils mit Meerwasser füllte.

Als nächstes mußte das ursprüngliche Bett des Simoeis, das zum Hellespont führte, blockiert werden. Um das zu erreichen, schütteten die Troianer bei Koum Kioi (Sanddorf) einen gewaltigen Berg von Sand auf – ein Material, das durch die Kanalaushebungen reichlich zur Verfügung stand. Anfang und Ende dieser Auffüllung des Simoeis-Bettes, durch die der Fluß gehindert wurde, nach Norden in Richtung Hellespont zu fließen, sind deutlich erkennbar, wie Schliemann bemerkt und sorgfältig beschrieb.[494] Er grub einen schmalen Graben in den Sandhaufen und entdeckte darunter den lehmigen Aueboden. Er folgerte daraus, daß die wuchtige und deutlich abgegrenzte Auffüllung bei Koum Kioi eine Düne gewesen sein müsse. Eine andere Erklärung wäre jedoch, daß es sich bei dem beträchtlichen Sandhaufen um eine künstliche Aufschüttung handelt.

Nachdem das Flußbett des Simoeis blockiert war, füllte der Fluß das alte Bett des Skamander unterhalb der Burg auf und floß dann weiter Richtung Südwesten zur Mündung in der Bucht von Beşik. In einer topographischen Karte von Acland[495] findet sich, bis auf die

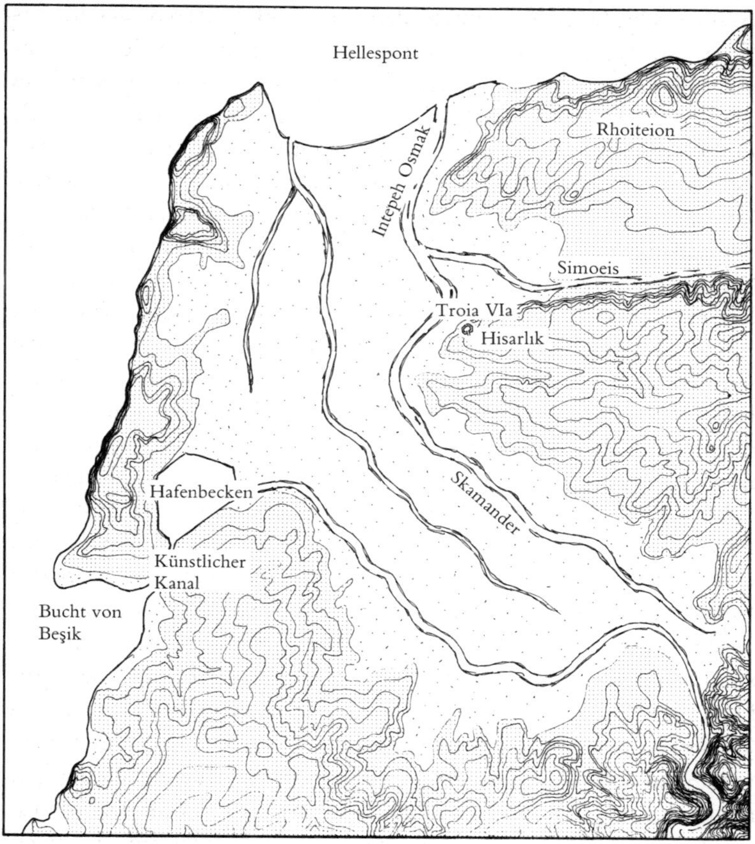

Um die Mitte der Bronzezeit hat man in Troia möglicherweise begonnen, die Landschaft durch das Ausheben künstlicher Kanäle zu verändern. Der erste Bau dieser Art könnte der Kanal von und zur Beşik-Bucht zusammen mit einem Hafenbecken auf der landeinwärts gelegenen Seite des Küstenkammes gewesen sein.

künstliche Aufschüttung bei Koum Kioi, annähernd das gleiche Bild der oben beschriebenen Rekonstruktion.
Es gibt sogar eine poetische Beschreibung des ungewöhnlichen (von Menschen gestalteten) Verlaufs des Simois. In ihrer bis heute erhaltenen Form wurde sie um 1185 n. Chr. von Joseph of Exeter, einem englischen Mönch, geschrieben. Sein *Frigii Daretis Ylias* (Troiaroman) ist allem Anschein nach die lateinische Version einer aus dem sechsten Jahrhundert n. Chr. stammenden freien Übersetzung eines anonym verfaßten griechischen Originalmanuskriptes aus dem ersten Jahrhundert n. Chr., in dem der Troianische Krieg aus der Perspektive eines Augenzeugen geschildert wird.[496] Vieles aus dem ursprünglichen Bericht des Dares ist bis heute erhalten geblieben, doch der untenstehende Teil ging offenbar verloren und ist daher nur aus der mittelalterlichen Version bekannt.[497] Die Verse des Joseph von Exeter liefern eine lebendige Beschreibung von der künstlichen Umleitung des Simoeis:

> Der Fluß Simoeis bewässert das Umland, während er aus einer anderen Welt heranfließt, um Troia zu sehen. Mit seiner langen Reise durch so viele Königreiche und Städte hätte er sich gern das Recht erworben, am Ende wie ein troianischer Fluß ins Meer hinauszufließen. Und während er in endlosem Erstaunen auf Troia blickt, verzögert er seinen schwankenden Lauf, hemmt seinen schon trägen Fluß und umringt so die ganze Stadt. Das Meer zürnt, weil er zögert, in seine Fluten zu rinnen, und es schäumt noch gewaltiger heran, zwingt den kleineren Fluß aus seiner Bahn, so daß es geradewegs zur Stadt gelangen kann. Man könnte meinen, sie stritten darum, wer noch näher gelangen könnte, so war das Treffen der beiden Ströme, so war das beständige Brüllen des gegenseitigen Kampfes.[498]

Die Troianer gruben weiter. Sie öffneten fünf Kilometer weiter nördlich einen zweiten künstlichen Wasserweg zur Ägäis. Auch dort wurde an der landeinwärts gelegenen Seite des Kammes ein großes Becken angelegt, das als zweiter Hafen diente, vielleicht, um die troianischen Galeeren von den fremden Handelsschiffen getrennt zu halten. Anschließend wurden die beiden Hauptbecken durch einen Kanal miteinander verbunden.

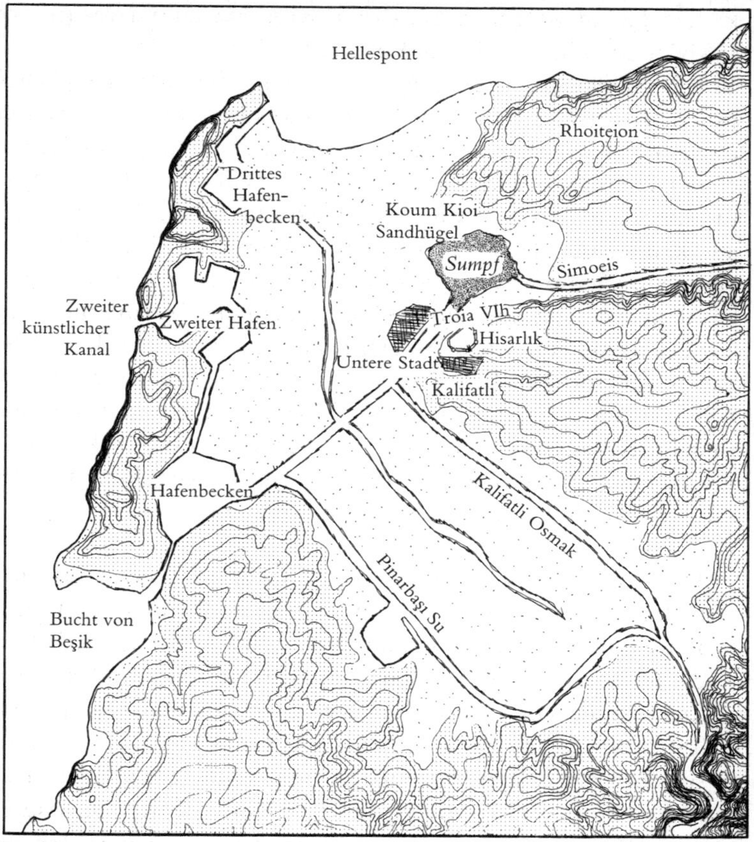

Denkbar ist, daß auf dem Höhepunkt von Troia IVh zahlreiche Hafenbecken, die jeweils durch Kanäle mit der Ägäis, dem Hellespont oder Binnenflüssen verbunden waren, auf der landeinwärts gelegenen Seite des Bergkamms lagen. Es ist ebenfalls denkbar, daß sich die Unterstadt von Troia VI, also die Wohnviertel der Plebejer, bis in die Schwemmlandebene selbst erstreckte. So hätte diesem hypothetischen Modell zufolge die Landschaft während des Troianischen Krieges ausgesehen. Demnach hätte das Lager der Griechen sowohl auf der nördlichen als auch auf der westlichen Seite von Troia stehen können, und zwar zwischen Rhoetium bis zur Beşik-Bucht; somit konnten sie den zweiten Hafen in der Nähe von Sigeum als »Kriegshafen« nutzen.

Falls diese Rekonstruktion stimmt, hätte man von einem sich nahenden Schiff in der späten Bronzezeit nicht den Eindruck gehabt, einen gut geschützten Hafen anzulaufen. »Gleich einem Schilde schien es [das Land] im dunstigen Meere zu liegen« (5.281), sagt Homer, und *»... das ganze Land [soll] sehr hoch gelegen und vom Meer steil aufgestiegen sein«* (118a), heißt es in der Atlantis-Erzählung. Ganz gleich ob diese Worte nun den Blick auf die Troas beschreiben oder nicht, sie sind jedenfalls für diese Gegend sehr zutreffend. Vom Meer aus waren nur die steilen und gefährlichen Klippen an der Küste und der Berg Ida im Hinterland zu sehen. Durch die starke Strömung vom Ausgang der Dardanellen wurde es noch schwieriger, sich der Bucht von Beşik zu nähern; nahe dem Ufer ließ die Strömung jedoch nach, und es kamen Wach- und Leuchttürme in Sicht, wenn auch noch immer kein Anhaltspunkt für einen geschützten Hafen. Statt dessen lag auf einer Landzunge ein kleiner Friedhof, wo einige wohlhabende Kaufleute, die ihr Leben auf See oder bei Hafenaufenthalten verloren hatten, bestattet waren.[499] Das herannahende Schiff wurde von der Wache aufgefordert, an einem Kai festzumachen, damit Herkunft und Ziel der Besatzung überprüft werden konnten. Wenn alles in Ordnung war, konnte das Schiff in einen engen Kanal einfahren, der zu einer Öffnung zwischen den Klippen führte, einem Tunnel, der so breit war, daß das Schiff gerade hindurchpaßte. Da der Durchgang gekrümmt verlief, war das andere Ende vom Eingang aus nicht zu sehen. Nach einer Durchfahrt von 500 Metern tauchte das Boot schließlich auf der landeinwärts gelegenen Seite des Küstenkammes in einer völlig anderen Umgebung wieder auf: Direkt hinter der Ausfahrt befand sich ein großes Hafenbecken, in dem Hunderte von Schiffen aus allen Ecken der damals bekannten Welt lagen. In der Ferne waren gesonderte Becken für Kriegsschiffe zu sehen, und diese Becken waren durch Kanäle miteinander verbunden. Von hier aus erstreckte sich in drei Richtungen eine weite Küstenebene. Und auf der gegenüberliegenden Seite der Ebene, ein paar Kilometer vom Hafen entfernt, lag die königliche Burg von Troia: Ilion, »wunderbar anzusehen«. Für einen Seemann, der in Troia ankam, muß der Anblick atemberaubend gewesen sein, wie ein Bild aus einem Märchen. In Anbetracht des majestätischen Anblicks und des radikalen Untergangs all dieser Pracht verwundert es nicht, daß

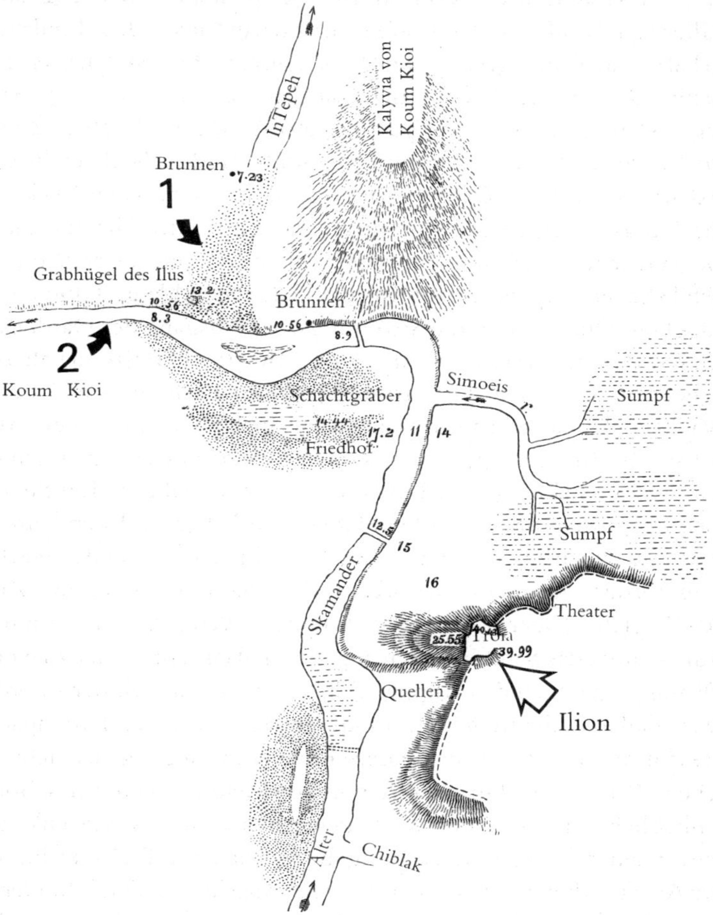

Nach Heinrich Schliemanns Ansicht floß der Skamander ursprünglich dort, wo später ein künstlicher Kanal unterhalb von Ilion angelegt wurde. Die Karte (Schliemann 1880, 82) zeigt, wie der Fluß einst am Fuße der Festung vorbeifloß und sich dann mit dem Simoeis unmittelbar nördlich von Ilion vereinigte. Ursprünglich floß der Simoeis um den Bergkamm im nördlichen Teil der Karte, und zwar im heutigen Flußbett des Intepeh. Schließlich jedoch wurde der Kanal mit Sand zugeschüttet (1) und der Fluß durch das ehemalige Bett des Skamander nach Süden umgeleitet. Später wurde auch die Sandaufschüttung durchbrochen und ein tiefer, enger Kanal ausgehoben (2), um den Simoeis erneut umzuleiten, diesmal in westlicher Richtung nach Sigeum.

Troia im alten Sagengut mehr Raum einnimmt als jeder andere Ort der alten Ägäis.

Als die baulichen Leistungen Troias ihren Höhepunkt erreicht hatten, gab es für die Seeschiffahrt kaum noch etwas zu verbessern, und so wandten die Troianer ihre Aufmerksamkeit dem Landesinneren zu, um die Qualität des Bodens in der Ebene zu steigern. Abgesehen vom Skamander durchquerten noch zwei Flüsse die Ebene: der Pınarbaşı Su im Westen und der Kalifatli Asmak im Osten. Um diese Flüsse schiffbar und soviel Land wie möglich urbar zu machen, begannen die Troianer die Gewässer zu kanalisieren, wobei sie das meiste Wasser in die Kanäle am Rand der Ebene lenkten, um zu verhindern, daß der Skamander ihre Felder überflutete. Forchhammer hat festgestellt, daß das alte Bett des Pınarbaşı Su tief eingeschnitten ist; es war sehr viel breiter, als notwendig gewesen wäre, und an manchen Stellen mit künstlichen Entwässerungskanälen verbunden, die im rechten Winkel dazu verliefen.[500] Ein drittes Hafenbecken, vielleicht für den Binnenhandel, könnte auf halber Höhe des Pınarbaşı Su ausgehoben worden sein.

Irgendwann wurde in der tiefer gelegenen Ebene der Simois-Damm bei Koum Kioi wieder durchbrochen und der Fluß erneut umgeleitet. Während er anfänglich nach Norden auf den Hellespont zu verlief und später nach Süden Richtung Hisarlık und die Beşik-Bucht geführt worden war, strebte der dritte Lauf des Simoeis geradewegs nach Westen auf den nördlichen Durchbruch zur Ägäis zu.[501] Der neue Graben war ungewöhnlich schmal und tief, so daß er möglicherweise nicht als schiffbarer Wasserweg gedacht war. Vielleicht gehörte er sogar zum mykenischen Verteidigungssystem, von dem bei Homer die Rede ist. Der Gedanke, einen Graben auszuheben und eine Mauer zu errichten, um die Troianer daran zu hindern, die griechischen Schiffe anzugreifen, scheint angesichts der in der Ebene zahlreichen künstlichen Gräben recht naheliegend gewesen zu sein.

Außenbezirke von Troia könnten im mittleren Bereich der Ebene zwischen der eigentlichen Festung und der Bucht von Beşik gelegen haben. Die Atlantis-Erzählung spricht davon, daß in diesem Bereich eine Pferderennbahn und Wohnhäuser für die Soldaten lagen. Dieser Teil der Stadt muß ebenso wie das ganze System der Landschaftsregulierung während des Krieges zusammengebro-

chen sein, während sich die Troianer in der Burg verschanzten. Vermutlich zerstörten die Griechen dann auch diese äußeren Viertel. Im Laufe der dreitausend Jahre seit der Zerstörung von Troia sind die vor den Burgmauern gelegenen Bereiche unter Schwemmland begraben worden. Trotzdem müßten mehrere Meter unter der heutigen Oberfläche noch Spuren davon zu finden sein.
Strabo behauptet, daß die Griechen im Troianischen Krieg einen Kriegshafen in der Nähe von Sigeum benutzten. Diese Beschreibung würde auf das nördliche Hafenbecken zutreffen.[502] Der Kanal im Süden und die Hafenanlagen an der Beşik-Bucht wurden möglicherweise im Zuge der ersten Zerstörungswelle unbrauchbar gemacht. Falls der Kanaltunnel zum Beispiel mit großen Felsplatten überdacht war, dann hätten diese Felsen, wären sie ins Wasser gefallen, den Wasserweg blockiert. Sollte diese Rekonstruktion richtig sein, dann hätte sich das griechische Lager um ganz Troia herum erstrecken können; von der nördlichen Küstenebene zwischen Rhoetium und Kumtepe bis hin zur landeinwärts gelegenen Seite der Beşik-Bucht. Gleichzeitig lag möglicherweise im Zentrum von Sigeum das Hauptquartier oder ein Kriegshafen.

Die Ära nach der Bronzezeit

Nach dem Fall Troias waren die Flüsse erneut den Naturgewalten überlassen: Von einer Gestaltung der Landschaft durch den Menschen konnte keine Rede mehr sein. Der Simoeis mag noch einige Zeit in seinem künstlichen Bett Richtung Westen geflossen sein, wahrscheinlich noch bis zur Zeit Homers. Da Homer vermutlich irgendwo an der westanatolischen Küste lebte und sich vielleicht sogar zumindest eine Zeitlang in Troia aufhielt und dort wirkte[503], ist es recht wahrscheinlich, daß er die Landschaft aus eigener Anschauung kannte. Hätte er zum Beispiel im achten Jahrhundert v. Chr. vom Küstenkamm bei Sigeum auf die Ebene herabgeblickt, wäre ihm wohl aufgefallen, daß sie durch Flußläufe in drei Bereiche unterteilt war[504]: die Simoeische Ebene im Norden, die Ilieische Ebene im Zentrum und die Skamandrische Ebene im Süden. Aus alten mündlichen Überlieferungen wußte Homer vom griechischen Verteidigungssystem aus Mauer und Graben, doch zu seiner Zeit war nichts mehr davon übrig. Daher muß ihm klar geworden sein, daß die Landschaft seit dem Krieg erhebliche Veränderungen erfahren hatte, und zwar hauptsächlich durch die Flüsse, die in der Zwischenzeit wieder in ihre alten natürlichen Betten zurückgekehrt waren:

Damals beschlossen bei sich Poseidon und Phoibos Apollon,
Auszutilgen die Mauer, der Flüsse Gewalt heranführend,
Wie sie herab vom Ida-Gebirge ins Meer sich ergießen; [...]
Und der Erdenerschüttrer selbst, in den Händen den Dreizack,
Ging voran und stieß von Grund auf heraus mit den Wogen
Alles an Stämmen und Steinen, was mühsam gefügt die Achäer.
An Hellespontos' starker Strömung machte er's eben
Und bedeckte wieder mit Sand das weite Gestade;
Als er die Mauer vertilgt, da lenkte zurück er die Flüsse
In ihren Lauf, wo auch sonst sie ihr schönes Wasser ergossen.
(XII. 17–33)

Als Homer die *Ilias* fertigstellte, war Troia nur noch eine unbedeutende Ansiedlung, in deren Umgebung vermutlich noch einige Überreste der alten Burgmauern aus dem Boden ragten. Darum herum mag es noch einige wenige bemerkenswerte Elemente gegeben haben: eine große Eiche, einen Feigenbaum, das »Grabmal des Ilos«, die Furt des Skamander bei Sigeum, eine Anhöhe oder einen kleinen Hügel in der Ebene und vielleicht ein oder zwei steinerne Waschbecken vor den Stadtmauern. Diese topographischen Merkmale benutzte Homer, um sein Epos und dessen Handlungsverlauf zu strukturieren[505], aber er legte ganz eindeutig mehr Wert auf Dialoge und Handlung als auf Geographie.
Die troianische Topographie war in der Zeit nach Homer möglicherweise mehrere Jahrhunderte lang stabil, wobei der Skamander weiterhin den nördlichen künstlichen Abfluß bei Sigeum benutzte. Der römische Gelehrte Plinius, der im ersten Jahrhundert n. Chr. mit dem Schiff um die Troas fuhr[506], beschrieb den »schiffbaren Skamander«, die Sigeum-Berge mit der Stadt gleichen Namens sowie den Hafen der Achaier, der von Xanthos und Simoeis gemeinsam gespeist wurde.[507] Ungefähr zur gleichen Zeit verfaßte

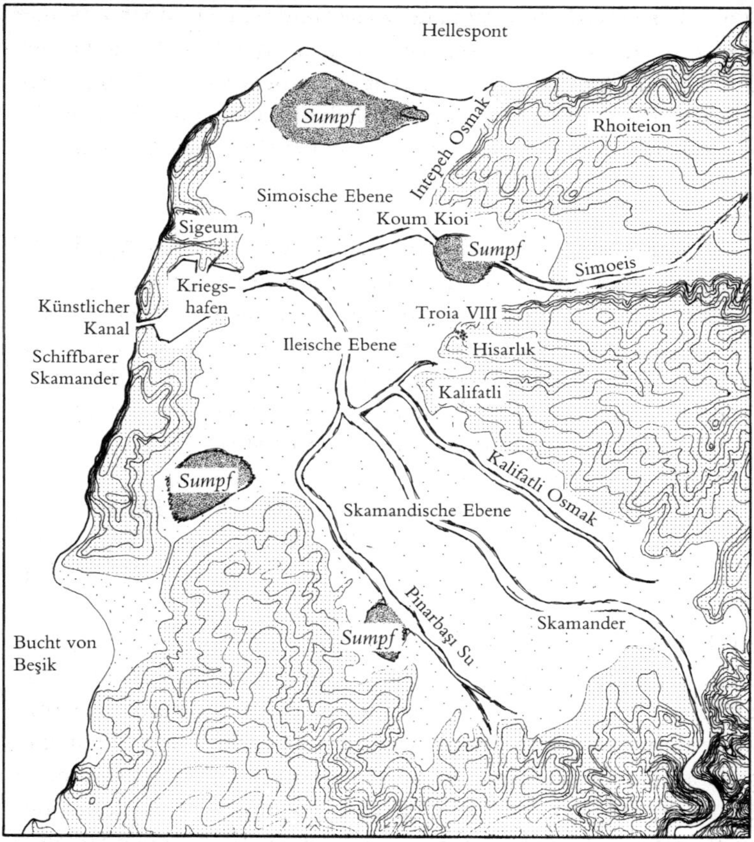

Von der Zeit, als Homer seine *Ilias* verfaßte, bis zum vierten Jahrhundert v. Chr. war der ehemalige »Kriegshafen« der Griechen vielleicht noch immer zugänglich; er hätte dann der blühenden Stadt Sigeum als Hafen dienen können. Zu der Zeit war der nach Sigeum führende künstliche Kanal längst mit Sedimenten aus dem Skamander aufgefüllt worden. Wenn Homer, vielleicht von den Anhöhen an der Küste, auf Troia blickte, muß er den Eindruck gewonnen haben, daß die Ebene in drei Teile gegliedert war: in die Simoische Ebene am Hellespont, die Ileische Ebene in der Mitte und die Skamandrische Ebene im Süden. Der Simoeis und der Skamander könnten sich vor Sigeum vereinigt haben, wie Strabo behauptet, und so einen »schiffbaren Skamander« gebildet haben, wie er bei Plinius erwähnt wird.

der griechische Geograph Strabo eine ähnliche Beschreibung; seine Arbeit fußt allerdings auf den Beobachtungen des Demetrios von Skepsis und nicht auf eigener Anschauung.

> Nach Rhoeteium kommt Sigeium, eine zerstörte Stadt, und der Kriegshafen der Achaier und das achiische Lager und das Stomalimne, wie man sagt, und die Abflüsse des Skamander; denn nachdem sich der Simoeis und der Skamander in der Ebene vereint haben, tragen sie große Mengen Schwemmlandes und Schlamm mit sich herab zur Küste, und sie bilden tote Flußarme, Lagunen und Sümpfe.[508]

Man hat an dieser Passage von Strabo kritisiert, daß in ihr weit herum verstreute Merkmale der Landschaft zusammengedrängt worden seien.[509] Die Beobachtungen wären jedoch plausibel, falls die Stadt Sigeum in der Nähe des nördlichen künstlichen Hafenbeckens errichtet wurde, ein Gedanke, der sich zuerst bei Brückner findet.[510] In diesem Fall hätte die Stadt Sigeum, die im dritten Jahrhundert v. Chr. geplündert und verlassen wurde[511], unmittelbar am Kriegshafen der Achaier und der Mündung des Skamander gelegen.

Anschließend gibt Strabo die Länge der Küstenlinie »in direkter Fahrt von Rhoetium nach Sigeium« mit sechzig Stadien an (etwa 11 Kilometer), während der »Hafen der Achaier wohl zwölf Stadien von Ilion entfernt liegt«. Eine Schiffsreise vom Küstenkamm bei Sigeum nach Rhoetium hätte tatsächlich eine Strecke von sechzig Stadien ausgemacht, während das künstliche Hafenbecken selbst nur ungefähr zwölf Stadien von Ilion entfernt lag. Nachdem Sigeum verlassen worden war, verschlammten auch das letzte von Menschenhand geschaffene Becken und der künstliche Abfluß, wodurch sowohl der Skamander als auch der Simois erneut in der ganzen Schwemmlandebene mäandrieren konnten. An diesem Punkt hat die Ebene von Troia wieder die Form angenommen, die sie vor den Eingriffen durch Menschenhand besaß.

Schlußfolgerungen

Das einzige, was all den unterschiedlichen Theorien gemeinsam ist, die inzwischen entwickelt wurden, ist der bemerkenswerte Mangel an Distanz, der von den Theoretikern an den Tag gelegt wird. Statt mit Platon zu beginnen, nehmen die meisten eine Hypothese als Ausgangspunkt und entwickeln ihre Gedankengänge mit einer Begeisterung, die häufig an Fanatismus grenzt.[512]

Die Extremisten unter den Gelehrten behaupten gewöhnlich, daß ihre Position so offensichtlich richtig ist, so eindeutig allen anderen überlegen, daß nur eine gewaltige Verschwörung bislang ihre allgemeine Anerkennung verhindert hat. Das Gefühl, vernachlässigt und abgelehnt zu werden, gibt dem Elan und der Entschlossenheit dieser Extremisten Nahrung, so daß ihre Arbeiten eindeutig einen paranoiden Charakter tragen.[513]

Fast ins Schwarze getroffen

Da man Atlantis bereits an fast jedem Ort der Welt vermutet hat, sollte es nicht verwundern, daß es auch nach Troia verlegt wurde. In der Tat erwähnen viele Bücher über Atlantis auch Troia, doch in der Regel nur, um darzulegen, daß ein mythologischer Ort über Nacht zur archäologischen Wahrheit werden kann. Die Ähnlichkeiten zwischen Troia und Atlantis sind in vielerlei Hinsicht so frappierend, daß die beiden Stätten von Atlantologen und traditionellen Forschern häufig in einem Atemzug genannt werden. So hat zum Beispiel Benjamin Howett, einer der einflußreicheren »Ungläubigen«, Atlantis mit der homerischen Troia-Erzählung verglichen – und mit der Artus-Sage.[514] Sein Buch erschien 1892, also lange nachdem die Existenz von Troia bewiesen worden war. Dušanić stellte fest, daß die Unvollständigkeit der Atlantis-Erzählung an die Unvollständigkeit der *Ilias* erinnere, in der die Zerstörung Troias zwar angedeutet, aber nicht erzählt wird.[515] Rhys Carpenter meinte, »so wie das homerische Troia aufgebläht wurde, bis es für den winzigen Hügel Hisarlık zu groß geriet, so wuchs Atlantis in Platons Gedanken zu einem Kontinent heran, der für das

Mittelmeer zu groß war«.[516] Nun wissen wir aber, daß das wirkliche Troia sich auch über den »winzigen Hügel Hisarlık« hinaus ausgedehnt haben kann und Atlantis vermutlich wesentlich kleiner war, als Platon es beschreibt.
Auf die Analogie zwischen dem Troianischen Krieg und dem Krieg in Atlantis ist schon früher hingewiesen worden, doch man betrachtete sie als »weit hergeholt«, da es sich beim Troianischen Krieg um eine lange Belagerung handelte und nicht um einen »kurzen Schlag« und da in seiner Folge nichts im Meer versank.[517] Diese Deutung berücksichtigt jedoch nicht, daß von Seuchen die Rede ist und die griechischen Verbündeten abtrünnig wurden, was darauf schließen läßt, daß während der Auseinandersetzung zwischen den Griechen und den Atlantern einige Zeit verstrich. Die engste Übereinstimmung zwischen der Rekonstruktion der Atlantis-Legende, wie sie hier vorgelegt wurde, und früheren Deutungen findet sich meiner Meinung nach im kleinen Buch *Atlantis Revisited* von Katherine Folliot.[518] Sie gelangte ebenfalls zu der Auffassung, die Geschichte beschreibe die mykenische Welt im dreizehnten Jahrhundert v. Chr.; ebenso erkannte sie die zahlreichen anatolischen Elemente in der Erzählung – doch dann suchte sie Atlantis in Andalusien.
In Zdeněk Kukals gründlicher wissenschaftlicher Abhandlung über die Legende findet sich eine Karte, auf der Troia als eine der vielen vermuteten Lokalisierungen von Atlantis erscheint. Er gibt jedoch keine Angaben über die Quellen[519], und ich konnte keinen weiteren Hinweis entdecken, daß Atlantis mit Troia identifiziert worden wäre.[520] Atlantologen behaupten bisweilen, daß Troia mit Atlantis in Verbindung stand, aber nicht, daß es Atlantis war. Dieser Gedanke könnte auf einem der wohl unrühmlichsten Fälle von Schwindel in der Atlantis-Forschung beruhen. 1912 schrieb Paul Schliemann, der von sich behauptete, der Enkel Heinrich Schliemanns zu sein – die Familiendokumente konnten allerdings die Existenz eines solchen Enkels nicht bestätigen[521] –, einen Artikel für *New York American* mit dem Titel »Wie ich Atlantis entdeckte, die Wiege der Zivilisation«. Paul Schliemann behauptet darin, sein Großvater habe einen Umschlag hinterlassen, der nur von einem Mitglied der Familie Schliemann geöffnet werden sollte, welches bereit und willens sei, sein Leben völlig den darin aufgeworfenen

Fragen zu widmen. Zu dem Umschlag habe auch eine uralte Vase mit einem Eulenkopf gehört. Nachdem Paul Schliemann den Schwur geleistet hatte, brach er das Siegel auf. Die darin enthaltenen Papiere wiesen ihn an, auch die Vase zu zerbrechen. In ihr entdeckte er einige quadratische Münzen aus einer Platin-Aluminium-Silber-Legierung sowie eine Metallplatte, die in phönizischer Sprache die Inschrift trug »Erlassen im Tempel der durchsichtigen Wände«. Unter den Papieren befand sich die Beschreibung einer großen in Troia gefundenen Bronzevase mit Münzen und anderen Gegenständen aus Metall, Knochen und Keramik. Die Vase wie auch einige der Gegenstände trugen die Inschrift »Von Kronos, König von Atlantis«. Voller Begeisterung über seine Entdeckung kündigte Paul Schliemann die Veröffentlichung eines Buches mit allen Einzelheiten an. Leider ist es nie erschienen, und keiner der Gegenstände ist je an die Öffentlichkeit gelangt.

Voraussetzungen für die Enträtselung

Die Parallelen zwischen Atlantis und Troia sind so offensichtlich – das eine ist der berühmteste legendäre Ort des Abendlandes, das andere die berühmteste archäologische Ausgrabung –, daß es seltsam anmutet, daß bisher niemand einen direkten Vergleich zwischen beiden angestellt hat. In Wirklichkeit jedoch mußte zunächst eine Reihe von Voraussetzungen erfüllt sein, um die Analogie zwischen Troia und Atlantis überhaupt herstellen zu können. Vor allem mußten die Kultur der Bronzezeit und die Lage von Troia entdeckt werden. Diese Informationen stehen seit rund hundert Jahren zur Verfügung, nämlich seit Schliemanns Ausgrabungen. Von dem Zeitpunkt an hätte man folgern können, daß Atlantis und sein Gegner in der bronzezeitlichen Ägäis zu suchen seien. Leider richtete K. T. Frost seine Aufmerksamkeit auf die damals laufenden Ausgrabungen des mittelbronzezeitlichen Palastes in Knossos auf Kreta und lenkte somit das Interesse der Forschung mehrere Jahrzehnte lang in die falsche Richtung. Nachdem die Diskussion um Atlantis durch Exzentriker und Schwärmer in ein schlechtes Licht geraten war, bedurfte es neuer, wissenschaftlicher Erkenntnisse,

um das ernsthafte Interesse am Thema wieder zu wecken. Sie wurden erst mit der neuen Disziplin der Geoarchäologie verfügbar, einer Forschungsrichtung, die sich mit der Rekonstruktion alter Landschaften beschäftigt, sowie durch die Entdeckung, daß am Ende der mykenischen Ära Erdbeben in der Argolis auftraten.
Als Charles MacLaren durch rein theoretische Untersuchungen (1822) zum Schluß kam, Troia habe es wirklich gegeben und es liege auf einem Berg namens Hisarlık, hatte dies keinerlei Auswirkungen. Fünfzig Jahre später jedoch stand die archäologische Welt wegen Schliemanns Ausgrabungen an dieser Stelle kopf. MacLarens Folgerungen wurden also später durch Schliemanns Arbeit bestätigt; zu seiner Zeit aber war er sich höchst unsicher, ob er sie überhaupt »der Öffentlichkeit vorlegen« sollte. Auch meine Überlegungen sind theoretischer Natur, ganz wie die von MacLaren, und einige der von mir angeführten Argumente sind – zumindest jetzt noch – anfechtbar.

Gegenargumente und Schwächen

1. *Wenn man Platons Erzählung wörtlich nimmt, dann widerspricht meine Theorie den wichtigsten Merkmalen von Atlantis, nämlich Datierung, Lage, Inselcharakter und Größe.*

Soweit ich weiß, gibt es keinen einzigen altertümlichen Text, dessen Informationen, einschließlich absoluter Maßangaben, ohne Anpassungen und Interpretationen in die heutige Terminologie übertragen werden können. Zu den wichtigsten Aufgaben der Geschichtswissenschaften zählen das Herausarbeiten solcher Interpretationen, das Erstellen eines historischen Rahmens und die Quellenkritik. Wenn man jedes Detail in alten Texten als korrekt betrachtet, dann wäre Alte Geschichte als Disziplin überflüssig. Daher müßte die wörtliche Auslegung eines altgriechischen Textes eigentlich immer stärker in Frage gestellt werden als eine Deutung, die nur den Kern einer historischen Wahrheit in diesem Text zu entdecken versucht. Darüber hinaus bleibt festzuhalten, daß, obwohl die wörtliche Beschreibung von Atlantis im Hinblick auf Datierung, Lage, Größe und Inselcharakter nicht auf Troia zutrifft, viele andere Elemente passen, zumindest soweit dies beim jetzigen, noch unvollkommenen Kenntnisstand zu beurteilen ist.

2. *Der griechische Gegner von Atlantis soll aus Attika gekommen sein, was auf eine Entstehung der Geschichte im klassischen Griechenland hinweisen würde. Die Argolis, das Zentrum der politischen Macht im Griechenland der späten Bronzezeit, wird an keiner Stelle erwähnt. Außerdem scheint der erste Angriff von Atlantis ausgegangen zu sein, während man im allgemeinen annimmt, daß der Troianische Krieg mit einem griechischen Überfall seinen Anfang nahm.*

Wenn man davon ausgeht, daß die Legende, mehrere Jahrhunderte bevor sie erzählt wurde, in Ägypten entstand, wird der erste Punkt, also die Verwechslung von Attika und der Argolis, unwesentlich. Von Ägypten aus betrachtet waren diese beiden benachbarten Gebiete im Altertum praktisch nicht zu unterscheiden. Der zweite Punkt, nämlich die verbreitete Annahme, daß die Achaier die ersten Angriffe unternahmen, die schließlich zum Troianischen Krieg führten, beruht ausschließlich auf den durch Homer vermittelten Eindrücken, denn es gibt keine anderen Nachweise für den Krieg. Homer hat aber die Ereignisse, die zum Troianischen Krieg führten, nicht im einzelnen beschrieben.
Die noch verbleibenden Schwächen meiner Argumentation sind keine wirklichen Gegenargumente, denn sie sprechen nicht gegen eine Identifikation Troias mit Atlantis. Dennoch ist meine Hypothese in mancher Hinsicht noch nicht genügend durch unbestreitbare wissenschaftliche Nachweise erhärtet worden.

3. *Das angebliche Erdbeben, das um 1200 v. Chr. Tiryns zerstörte, wird von manchen angezweifelt. Nicht alle Archäologen gehen davon aus, daß es genügend Belege für diese Erdbeben-Theorie gibt.*

Leider gibt es bis heute kein eindeutiges Verfahren, um vorgeschichtliche Erdbeben nachzuweisen. Der einzige verläßliche Weg, um Erdbeben in früheren Zeiten festzustellen und zu datieren, führt über historische Beschreibungen. Doch archäologische Interpretationen können nicht immer warten, bis die entsprechenden Methoden gefunden sind.

4. *Selbst wenn es bei Tiryns ein Erdbeben gegeben hat, muß sich die Flut nicht unbedingt zeitgleich ereignet haben. Weder die archäologischen noch die geologischen Datierungsverfahren reichen aus, um die Behauptung von einem gleichzeitigen Auftreten beider Ereignisse belegen zu können.*

Selbst wenn die Flut von Tiryns weder mit einem Erdbeben noch mit dem Übergang von SH IIIB zu IIIC zusammenfällt, bleiben die bemerkenswerten Parallelen zwischen Atlantis und Troia weiter bestehen.

5. *Es gibt keinen Nachweis für eine größere SH-IIIB-Stadt in Tiryns, die von einer plötzlichen Überschwemmung zerstört und begraben wurde. Die Bohrungen, die nur zehn Zentimeter Durchmesser haben, sind höchstens Nadelstiche in ein Gebiet, für das jahrzehntelange Ausgrabungen erforderlich wären, um den wahren archäologischen Gehalt zu bestimmen.*

Der derzeit bekannte Umfang der SH-IIIB-Stadt deckt sich jedoch vollkommen mit den durch die Überschwemmung verursachten Ablagerungen. Daher ist es mehr als wahrscheinlich, daß die Bauten sich zumindest an manchen Stellen unterhalb der Überschwemmungsablagerungen fortsetzen.

6. *Meine Rekonstruktion der Küstenebene von Troia, die durch die Atlantis-Legende und durch Geländebeobachtungen angeregt wurde, widerspricht der jüngsten geoarchäologischen Rekonstruktion der Gegend.*

Eine gern von Wissenschaftlern zitierte Redewendung besagt: »Wirklich neue Theorien kann man nur entwickeln, bevor zu viele Tatsachen bekannt sind.« Auch die jüngste Rekonstruktion der troianischen Landschaft ist nur eine von vielen – und auch sie steht im Widerspruch zu vielen durchaus sachkundigen Beobachtungen, die in der Vergangenheit angestellt wurden, was auch der Grund dafür ist, daß sie im allgemeinen eher skeptisch aufgenommen wurde.

7. *Bei meiner Interpretation der Platon-Texte erkenne ich viele seiner Behauptungen bereitwillig als richtig an; andere dagegen lehne ich willkürlich ab. In ähnlicher Weise beziehe ich mich häufig auf Frost, Carpenter, Luce, Bernal und viele andere Autoren, obwohl meine Schlußfolgerungen sich radikal von den ihren unterscheiden.*

Ich habe bereits gesagt, daß die Enträtselung der Atlantis-Erzählung mit einem komplizierten Puzzlespiel zu vergleichen ist: manche Stücke gehören dazu, manche nicht und wieder andere sind verändert worden. Ich habe die vielen hundert Einzelargumente, die von erfahrenen Archäologen gewonnen wurden, als einzelne Puzzleteile behandelt, die sinnvoll zu einem neuen Ganzen zusammengefügt werden können.

8. *Insbesondere die Analogie zwischen Scheria und Atlantis ist äußerst strittig. Die Phäaken der* Odyssee *werden fast ausschließlich als Seevolk beschrieben, während den Troianern in der* Ilias *dieses Attribut an keiner Stelle zugeordnet wird. Darüber hinaus lassen sich die archäologischen Funde der SH-IIIC-Periode gesammelt hat, in vielerlei Weise interpretieren.*

Völlig richtig! Trotzdem zeigt die Analogie zwischen Troia und Scheria sowie zwischen der *Odyssee* und der SH-IIIC-Periode zumindest, daß selbst in einem Wissenschaftszweig, der zunehmend durch die Über-Produktivität seiner Protagonisten gefährdet wird, wirklich innovative und erfrischend originelle Ideen möglich sind. Ich habe dieses Buch nicht geschrieben, um alte Dogmen durch neue zu ersetzen, sondern um die Leser dazu anzuregen, konventionelle Lehrmeinungen einmal respektlos beiseite zu lassen und neue Gedankengänge zu verfolgen. Selbst wenn man das Atlantis-Rätsel nun als gelöst betrachten sollte, ergeben sich in der Folge neue und ungeklärte Probleme. Der Versuch, zukünftige Fragen mit einem Denkansatz zu lösen, der nur in »richtig« oder »falsch« einteilt, oder einer kategorischen »Schwarzweiß-Argumentation« folgt, verhindert nicht nur den Fortschritt in der Wissenschaft, sondern, was noch schlimmer ist, er nimmt uns den Spaß am Forschen.

Katsingri

Einer der Orte, an denen man in Griechenland den Sonnenuntergang am schönsten genießen kann, sind die Berggipfel an der Ostflanke der argivischen Ebene. Archäologen, die in der Argolis arbeiten, wissen das natürlich. Daher steigen wir von Zeit zu Zeit ins Auto und fahren durch das Dorf Agios Adrianos, das früher Katsingri genannt wurde, und noch weiter eine Straße hinauf, die zu einem Gipfel namens Profitis Ilias führt. Manchmal begleiten mich auf dem Weg dorthin auch renommierte Prähistoriker.

Beim letzten Mal war der Weg blockiert, weil ein Bauer und eine Bäuerin Tabakblätter einsammelten, die in der Sonne trockneten. Die beiden hatten sich die Arbeit offensichtlich so eingeteilt, daß sie damit bis zum Einbruch der Dämmerung fertig waren. An das Leben in Griechenland gewöhnt, beobachteten wir sie eine Weile, doch dann beschlossen wir, ihnen bei der Arbeit zu helfen, allerdings nicht ganz uneigennützig, sondern auch, weil wir unseren Sonnenuntergang nicht verpassen wollten. Wir stiegen aus, riefen ihnen ein paar Worte auf Griechisch zu, und trugen dann die langen Holzstäbe mit den Tabakblättern rasch, aber sorgfältig zur Ladefläche ihres Kleinlasters. Die Rufe wurden lauter, als die Arbeit fertig war. »Kaló taxídi« (Gute Fahrt) und »Sto kaló« (Alles Gute) riefen die beiden, ohne auch nur zu fragen, wer wir waren und wohin wir wollten. Sie wußten es ohnehin.

Minuten später kamen wir zu dem kleinen Plateau knapp unterhalb des Gipfels, wo man parken und wenden kann. Wenige Schritte höher, oben auf dem Gipfel, steht eine weiße Kapelle. Sie war nicht geöffnet, doch einer von uns wußte, wo der Schlüssel zu finden war. Aber wir gingen nicht hinein; es war viel reizvoller, draußen zu sitzen, sich gegen die weißgetünchte Wand zu lehnen und auf die Silhouette der Berge von Arkadien in der untergehenden Sonne zu blicken. Ich hatte eine Flasche Retsina und etwas Wasser mitgenommen, ein anderer einen Teller mit leckeren Häppchen, die ein einheimischer *Kafeníon*-Besitzer für unseren kleinen Ausflug zubereitet hatte. Meine literarischen Fähigkeiten reichen wohl nicht aus, um die Atmosphäre vollkommener Ruhe zu vermitteln, die uns überkam, während wir diesen Blick zusammen mit dem harzigen Geschmack des Weines und dem friedlichen Zirpen der Zikaden

genossen. Aber ich weiß, daß es einer jener unbeschreiblichen Augenblicke war, um deretwillen wir uns der griechischen Archäologie verschrieben haben.
Unter uns lag das Tal, in dem sich in den letzten paar tausend Jahren das Schicksal Griechenlands mehr als einmal entschieden hatte, das Tal, in dem die erste Zivilisation auf dem europäischen Kontinent entstanden war. Da lag Tiryns in der flachen Ebene nahe der Küste, zur Rechten befanden sich Midea und Mykene, und am Fuß der gegenüberliegenden Berge ruhte Argos. Es konnte nicht ausbleiben, daß wir daran dachten, wie dieser Blick wohl vor über dreitausend Jahren ausgesehen haben mochte. Mit Sicherheit waren auch die alten Achaier hier oben gewesen; dies ist durch einige Gebäudereste sogar dokumentiert.
Einer von uns bemerkte schließlich halb zu sich selbst und halb an mich gerichtet:
»Vielleicht haben sie gar nicht das ganze Land landwirtschaftlich genutzt, möglicherweise haben sie da unten auch Wagenrennen veranstaltet.«
»Vielleicht«, dachte ich. Doch ich war mehr vom Anblick des mykenischen Damms direkt unter uns fasziniert. Während ich diese bauliche Glanzleistung aus der Vogelperspektive betrachtete, sagte ich:
»Sie müssen erstaunlich viel von Landschaftsgestaltung verstanden haben, sonst hätten sie ihn nicht genau dorthin gesetzt. Etwas weiter flußaufwärts, und der Kanal zum nächsten Flußbett hätte um zwei Drittel kürzer sein können. Und trotzdem haben sie den langen Graben ausgehoben, nur um durch die Umleitung ein paar Zuläufe mehr einzuschließen. Sie müssen Karten gehabt haben!«
»O nein«, sagte ein weiterer Mykene-Spezialist. »Sie hatten keine Karten.«
Als die Sonne, der Retsina und die Häppchen nach einer Weile verschwunden waren und wir unser Gespräch von lokalen auf globale Themen ausgedehnt hatten, fragte ich:
»Und was ist mit dem Troianischen Krieg? Kann es wirklich sein, daß zwei Ereignisse von der Bedeutung des Troianischen Krieges und des mykenischen Untergangs nahezu gleichzeitig erfolgten und doch völlig unabhängig voneinander waren?«
»Homer kannst du vergessen«, sagte ein anderer.

»Und wenn die ganze politische Struktur zusammenbrach, weil die führenden Adligen ihre Reiche verließen, um in diesem langen Krieg zu kämpfen?«
Schweigen.
»Vielleicht sollte ich mal was darüber schreiben«, sagte ich.
»Lieber nicht!«

Anmerkungen

1 Cherniss 1947, 252
2 Lee 1965, 156
3 Bernal 1987, 6
4 Carpenter 1966, 18
5 Kuniholm 1990, 653
6 Baillie & Munro 1988, 345; Baillie 1988a, 72
7 Neumann & Parpola 1987
8 Pang *et al.* 1988
9 Baillie 1988b, 155
10 Es wäre verfehlt, die Atlantis-Geschichte als Mythos zu bezeichnen, denn das würde *übernatürliche* Wesen, Vorfahren oder Helden voraussetzen. Es ist angebrachter, sie als Legende (»eine nicht belegte volkstümliche Geschichte, die aus früherer Zeit überliefert ist«) oder Bericht (»eine Erzählung oder Niederschrift von Ereignissen«) zu bezeichnen. Platon selbst betrachtete diese Geschichte niemals als *mythos*, sondern stets als *logos* (20d, 21a, 21d, 26e, 27b; 108c).
11 Platon war nicht geneigt, alte Mythen als Wahrheit anzuerkennen. Ihm war klar, daß das Fehlen genauer historischer Kenntnisse naturgemäß dazu führt, daß alte Geschichten falsch sein müssen (*Politeia* 382d). Dennoch ließen sich Fehlinterpretationen durch »Anpassung an die Wahrheit« (Gill 1980, xiv) in »nützliche« Informationen umwandeln.
12 Bernal 1987, 3
13 Rosenmeyer 1956, 172; bezieht sich auf die merkwürdige Plazierung der Atlantis-Geschichte in *Timaios*.
14 Muck 1976, 10
15 Kukal 1984, 1
16 Luce 1969, 43
17 Lee 1965, 15
18 Becher 1986, 7
19 Muck 1976, 37
20 Pischel 1982, 99
21 de Camp 1970
22 Lewis Spence, zitiert in Lee 1965, 157
23 Muck 1976, 112
24 Velikowsky 1950
25 Forsyth 1980, 70
26 Ramage 1978, 30; Muck 1976, 53
27 Muck 1976, 53
28 Frost 1909
29 Frost 1913; Balch 1917. Frost gibt an, daß sein Brief in der »Times« am 19. Januar 1909 erschienen sei, doch er irrt; es war einen Monat später, am 19. Februar.
30 Frost 1913, 192
31 Galanopoulus & Bacon 1970; Luce 1969; Mavor 1969; siehe auch die Besprechung bei Vitaliano 1971
32 Bernal 1987, 107; Bernal 1991, 304; Pellegrino 1991
33 Ramage 1978, 41

34 Archer-Hind 1888, 78
35 Taylor 1928, vii
36 Taylor 1928, vii
37 Lee 1965, 158
38 Cornford 1937, 18
39 Z. B. Robin 1913; Termier 1916; Schuchert 1917; Schuller 1917; Hennig 1925; 1927; Borchardt 1927a; 1927b; Schulten 1927; Herter 1928; Stella 1932; Heidel 1933; Gidon 1934; Bramwell 1937
40 Taylor 1928, 56; Frutiger 1930, 248; Herter 1944, 238; Giovanni 1985
41 Aristoteles, *Meteorologika* A.8.343; B.8.368; Pausanias 7.24
42 Taylor 1928, 51; Pallottino 1952, 231; Skemp 1952, 85
43 Rudberg 1917; Wilamowitz-Moellendorff 1948, 471; Corbato 1953, 235
44 Vidal-Naquet 1964; Dušanić 1982
45 Dušanić 1982, 29
46 Bury 1929, 4
47 Gill 1977, 292
48 Welliver 1977; Fredericks 1978, 92; Gill 1980
49 Gill 1977, 298
50 Hennig 1925, 8, weist darauf hin, daß Atlantis wohl das einzige fiktionale Land in der Literatur ist, dessen Beschreibung mit authentischen geographischen Orten verknüpft ist.
51 Gill 1977, 287 & 292
52 Gill 1980, xxii: »Bemerkenswert ist – für eine Erzählung von Platon –, daß der Bericht offenbar keinerlei Symbolik enthält und rein deskriptiver Natur zu sein scheint.«
53 Taylor 1928, 53
54 Herodot, *Histories apodexis* 2.143
55 Wilamowitz-Moellendorf 1948, Bd. 1: 242-5; Bidez 1945, 21
56 Brandenstein 1951, 46-9
57 Ramage 1978, 13
58 Ramage 1978, 13
59 siehe Ramage 1978, 85. Der Name Atlantis ist sogar aus der Zeit vor Platon belegt. So veröffentlichte beispielsweise Hellanicos von Lesbos, ein Gelehrter aus dem fünften Jahrhundert v. Chr., der sich mit Mythologie, Chronologie, lokaler Geschichte und Ethnologie beschäftigte, ein Werk mit dem Titel *Atlantis*. Es ist zwar verlorengegangen, findet aber noch vielfach Erwähnung (Jacoby 1923, 109f, 139; Fragmente 5, 134, 135; Jacoby 1954, 2).
60 Diodorus Siculus 3.56-61 schildert recht ausführlich einen Stamm mit dem Namen Atlanter; er beschreibt sie als höchst zivilisierte Menschen, die große Städte bauten und in einem fruchtbaren Gebiet am Meer lebten.
61 Taylor 1928, 23; Rosenmeyer 1949, 405; Davies 1971, 332; Luce 1978, 76
62 Lee 1965, 149
63 Forsyth 1980, 31
64 Forsyth 1980, 33
65 Forsyth 1980, 32
66 Diodorus Siculus 15.7
67 Kukal 1984,5; Ramage 1978
68 Strabo, *Geography* 13.1.36

69 Theophrast, *Lehren der Naturphilosophen*, Fragment 12; Luce 1978, 51
70 Strabo, *Geographika* 2.102; de Camp 1970
71 Pindar, *Päanen* 4.27-44
72 Proclus, *In Timaeum* 61a (Diehl 1965, Bd. I: 197)
73 Proclus, *In Timaeum* 24D
74 Proclus, *In Rempublicam* I.18.17
75 Taylor 1928, 45
76 Taylor 1928, 17
77 Burnet 1914, 338 und 351; Taylor 1928, 23; Luce 1978, 76
78 Taylor 1928, 23; Cornford 1937,1
79 Bury 1929, 3
80 Taylor 1928, 23
81 Taylor 1928, 14
82 Archer-Hind 1888, 63
83 Forsyth 1980, 42
84 de Camp 1970, 208
85 Taylor 1928, 15
86 Taylor 1928, 23; Luce 1978, 77
87 Barker 1918, 268; Cornford 1937, 1; Hackforth 1944, 7
88 108a: »Denn es ist klar: wenn er [Hermokrates] ein wenig später ebenfalls reden muß, so wird er dasselbe Anliegen stellen wie ihr.« 108c: »Mein lieber Hermokrates, weil du erst nachher an die Reihe kommst und noch einen anderen vor dir hast, zeigst du noch so großen Mut.«
89 nach: Platon, *Sämtliche Werke* 5, Rowohlt, Hamburg 1989
90 Frank 1923; Lee 1965, 24
91 Bury 1929, 5
92 Taylor 1928, 11
93 Archer-Hind 1888, 18; Taylor 1928, ix und 9; Lloyd 1968, 84
94 Lloyd 1968, 81
95 Taylor 1928, ix; Lloyd 1968, 89
96 Bury 1929, 13
97 Taylor 1928, 10; Bury 1929, 15
98 Eucken 1983, 188, 193 und 207
99 Proclus, *In Timaeum* 24 A/B
100 Lee 1965, 147
101 Taylor 1928, 11 und 19
102 Taylor 1928, 51; Bury 1929, 4
103 Cornford 1937, 8
104 Gill 1980, xvii, beschreibt Platons Stil in *Timaios* als »sehr historisch« und der Geschichtsschreibung von Herodot und Thukydides ähnlich.
105 Lee 1865, 149
106 Cornford 1937
107 Luce 1978, 73
108 Cornford 1937, 1
109 Archer-Hind 1988, Taylor 1928; Cornford 1937; Lloyd 1968
110 Zangger 1992
111 Valladas *et al.* 1987; 1988
112 Runnels 1988

113 van Andel & Runnels 1987
114 Shackleton & van Andel 1986
115 Jacobsen 1976; Hansen 1980
116 Cherry 1981, 45; Perlès 1987
117 Payne 1975
118 Jacobsen 1976
119 Angel 1972
120 Angel 1972
121 Angel 1972
122 Halstead 1981, 192
123 Ammerman & Cavalli-Sforza 1984, 47; Halstead 1989, 70
124 Runnels 1983
125 Halstead 1989, 70
126 Halstead 1989, 70
127 Angel 1972
128 Zangger 1991a
129 Pullen 1992
130 Zangger 1991a
131 Muhly 1988, 10
132 Chadwick 1976, 139
133 Pernicka *et al.* 1990
134 Strabo, *Geographika* 13.1.23; Wagner *et al.* 1985,77; Wagner *et al.* 1989, 299
135 Stos-Gale *et al.* 1984, 27; Seeliger *et al.* 1985, 597; Wagner *et al.* 1989, 304; Pernicka *et al.* 1990
136 Knapp 1986; 1988
137 Muhly *et al.* 1991
138 Konsola 1984
139 Halstead 1989, 77
140 Zangger 1992
141 Konsola 1984; Hägg & Konsola 1986
142 Marinatos 1986, 14
143 Chadwick 1976, 5
144 Aitken 1988; Manning 1988; Baillie & Munro 1988; Dietz 1991, 316
145 Kilian 1988
146 Sandars 1978, 65
147 Demakopoulou 1988, 25
148 Hammond 1986, 46
149 Bass *et al.* 1989
150 Taylor 1983, 31
151 Chadwick 1976, 141
152 Wells, Runnels & Zangger 1990
153 Demakopoulou 1988, 37
154 Sandars 1978, 65
155 Siebler 1990, 101
156 Easton 1990, 443
157 Siebler 1990, 106
158 Mee 1984: IIIB1 statt SH IIIA2/B
159 Rapp 1982, 55

160 Easton 1985; 1990, 443; Siebler 1990, 182
161 Mee 1978; SH IIIB2-Keramik ist ganz allgemein selten außerhalb der Peloponnes und Zentralgriechenlands zu finden (siehe Sherratt 1980).
162 Blegen *et al.* 1958, 12; Blegen 1975, 162; *contra* Finley 1974, 5
163 Taylor 1983, 160; Mellaart 1984, 66; siehe auch Luce 1975, 182
164 Chadwick 1976, 141
165 Carpenter 1966; Lamb 1967; Bryson *et al.* 1974; Lamb 1982, 197; *contra* Shrimpton 1987
166 Shear 1987, 154
167 Kilian 1982, 193
168 Podzuweit 1982, 68 und 70
169 Vergleichbare mykenische Anlagen sind an verschiedenen Orten in Griechenland gefunden worden, siehe auch Knauss 1989.
170 Sandars 1978, 10; James 1991
171 Thukydides 1.12; Platon, *Nomoi* 3.682
172 Desborough 1975, 669
173 Starr 1962, 79
174 Thukydides 1.6.3
175 Herodot, *Histories* 1.28
176 Aristoteles, Diodorus Siculus, Plutarch, Diogenes Laertios
177 Herodot, *Histories* 2.179; Hammond 1986, 125
178 Luce 1978, 60
179 Diogenes Laertios 1.50
180 Plutarch, *Das Leben des Solon* 31
181 Plutarch, *Das Leben des Solon* 26.1; Diehl, *Anthologica Lyrica Graeca*, Fragment 6
182 Luce 1978, 60
183 Taylor 1928, 52
184 Knapp 1988, 212: »Gleich was den Königreichen in der Bronzezeit widerfuhr, die Mehrheit der Menschen – Bauern und Arbeiter – lebten weiter.«
185 Kemp 1989, 8 und 20
186 Knapp 1988, 30
187 Ein weiterer Hinweis steckt möglicherweise in dem Ausdruck, daß »das Wasser sich *über die Felder* ergießt«, denn die durch landwirtschaftlichen Raubbau ausgelöste Bodenerosion gilt heute als wichtigste Folge der prähistorischen Nutzbarmachung des Landes (van Andel, Zangger & Demitrack 1990)
188 Luce 1969, 193; Sandars 1978, 105
189 Millard 1984, 1
190 Luce 1969, 194
191 Sandars 1978, 47
192 Pischel 1982, 51
193 Knapp 1988, 14
194 Knapp 1988, 53
195 Taylour 1983, 33
196 Carpenter 1966, 31
197 Chadwick 1976, 182
198 Die in der ägyptischen Erzählung erwähnte Flutkatastrophe hat möglicherweise auch Eingang in die griechische Mythologie gefunden, die berichtet, daß Poseidon die Argolis überschwemmte, nachdem er von Hera besiegt worden war.

199 Platon, Sämtliche Werke 5, Rowohlt, Hamburg 1959
200 Lee 1965, 36
201 Hammond 1986, 68
202 Chadwick 1976, 180
203 Taylour 1983, 135
204 Chadwick 1976, 49
205 Chadwick 1976, 180; Snodgrass 1987, 170
206 Luce 1975, 36
207 Ramage 1978, 19; *contra* Settegast 1990
208 Gidon 1934; Spanuth 1979, 32; Galanopulos & Bacon
209 Diodorus Siculus 1.26
210 Parker 1950, v und 56; Rice 1990, xvi
211 Spanuth 1979, 22: 1252–1175 BC
212 Herodot, *Histories* 2.142–145
213 Folliot 1984, 48
214 Folliot 1984, 48
215 Chadwick 1976, 103: 25.86 oder 37.80 kg
216 In einer nicht von Homer stammenden Erzählung über den Troianischen Krieg (Diktys von Knossos 6.4) berichtet Menelaos, daß er bei seinem Aufenthalt in Ägypten für seinen Lotsen Canopos, der von Schlangen getötet worden war, ein prachtvolles Grab gebaut habe.
217 Demakopoulou 1988, 62
218 Chadwick 1976, 73
219 Taylour 1983, 131
220 Chadwick 1976, 136; Taylour 1983, 132; Knapp 1988, 210
221 Luce 1975, 110
222 Herodot, *Histories* 2, 164
223 Knauss 1989; 1990
224 Nilsson 1932
225 Odysseus räumt zwar ein, daß die Achaier häufig genug an Plünderungen und Kämpfen beteiligt waren (14.222–233), doch angesichts der Aufmerksamkeit, die antike griechische Schriftsteller dem Troianischen Krieg entgegenbrachten, ist anzunehmen, daß dieser Konflikt das herausragendste militärische Ereignis jener Zeit war.
226 Barnett 1975, 359
227 Pritchard 1969, 262; Gardiner 1971, 284; Barnett 1975, 1978, 119; Millard 1984,7
228 Sandars 1978, 124
229 Carpenter 1966
230 Borchardt 1927a, 19
231 Stubbings 1975, 343
232 Sommer 1932, 270; Starke 1981; Easton 1985, 192
233 Luce 1975, 63
234 Jones 1924, 44, 109; Vercoutter 1954; Edel 1966; Luce 1975, 63; Haider 1988, 56
235 Hennig 1927, 80
236 Strabo, *Geographika* 3.5.170
237 Hennig 1927, 85
238 Servius über Vergils *Aeneis* 11.262

239 Babcock 1917, 391; Hennig 1927, 85; Heidel 1933, 205
240 Ehrenberg 1973, 18
241 Heidel 1933, 203
242 Ehrenberg 1973, 182
243 Haider 1988, 147
244 Brandenstein 1951, 75–7
245 Herodot, *Histories* 1, 202
246 Kukal 1984, 188
247 Brandenstein 1951, 70
248 Luce 1975, 63
249 Becher 1986, 13
250 Aristoteles, *Meteorologika* 2.1.354a
251 Pischel 1982, 114
252 Korfmann 1988, 52; Koromila 1991, 32
253 Luce 1969, 169
254 Pischel 1982, 18 und 29
255 Pischel 1982, 32
256 Spanuth 1979, 21
257 Labaree 1957
258 Carpenter 1948
259 Koromila 1991, 32
260 Luce 1969, 49
261 siehe auch Robert 1917
262 Bryant 1799a; 1799b
263 Bryant 1776, Bd. 3: 437
264 Millard 1984, 2
265 Gell 1804, 119
266 Demakopoulou (Hrsg.) 1988, 25. Graves 1960, 265, geht davon aus, daß Troia eine föderative Regierungsform besaß, was seiner Ansicht nach »für die Bronzezeit eine normale Einrichtung« war.
267 Barnett 1975, 360; Haider 1988, 49
268 Hammond 1986, 52
269 Korfmann 1986a, 13
270 Finley 1974
271 Archer-Hind 1888, 80
272 Starr 1962, 110
273 Platon, *Nomoi* 3
274 Wilamowitz-Moellendorf 1919, Bd. 1: 597; Arrigoni 1967, 267; 1969
275 Shackley 1979; 429; Butzer 1982
276 Kukal 1984, 19
277 Kukal 1984, 19
278 Platt 1890, 136
279 Pope & van Andel 1984
280 Rothmaler 1943; Beuermann 1956
281 Angel 1972, 90
282 Kukal 1984, 22
283 Lohmann 1983; 1985; 1987
284 Wells, Runnels & Zangger 1990
285 Chadwick 1976, 66

286 Luce 1975, 184
287 Luce 1975, 168
288 Chadwick 1976, 96
289 Schliemann 1880, 167
290 Forchhammer 1850, 1
291 Der Begriff »mäandrieren« leitet sich von dem alten Flußnahmen »Maänder« ab, der heute auf Türkisch »Menderes« heißt. Diese Bezeichnung ist auch im Namen von Troias wichtigstem Fluß, dem »Skamandros« enthalten.
292 Nur wenige Wissenschaftler haben diese Übereinstimmung festgestellt, so z. B. Herter 1928, 42; Schulten 1939, 343
293 Forchhammer 1850, 15
294 Strabo, *Geographika* 13.1.2; 13.1.7
295 Schliemann 1880, 132
296 Podzuweit 1982, 65
297 Brandenstein 1951, 73; Schubart 1982, 227; Niemeyer 1989
298 Hammond 1986, 63 ist der Ansicht, daß sich der Wohlstand von Troia VIIa aus dem Einflußbereich des Priamos und seiner Verbündeten erklärt, der sich vom Axios im Westen bis zur Propontis im Osten, vom Berg Ida im Süden bis nach Thrakien im Norden erstreckt.
299 Hammond 1986, 53
300 Combellack 1968, 472
301 Combellack 1968, 358
302 Hammond 1986, 53
303 Brückner 1925, 230; Korfmann 1988, 48; Easton 1990, 440
304 Braudel 1972, 110
305 Hammond 1986, 53
306 Blegen *et al.* 1953, 15; Podzuweit 1982, 65
307 Blegen 1963, 37
308 Saherwala 1985, 34
309 Lee 1965, 138
310 Wagner *et al.* 1989, 299
311 Muhly *et al.* 1991
312 Frankfort 1927, 148
313 Gell 1804, 120
314 Strabo, *Geographika* 13.1.23; Zengel 1990, 54
315 Borchardt 1927b, 281; Kukal 1984, 31
316 Strabo, *Geographika* 13.1.56
317 Hesiod, *Der Schild des Herakles* 122
318 Leaf 1923, 285
319 Cook 1973, 264 n.5
320 In der antiken Literatur z. B. von Pausanias 5.12 und Plinius 23.23 beschrieben.
321 Neuburger 1919, 20 Netolitzky 1926, 51
322 Neumann 1902; Borchardt 1927b, 281
323 Herodot, *Histories* 5.49 beschreibt Phrygien (westl. Inneranatolien) als das fruchtbarste Weideland.
324 siehe auch Pischel 1982, 128; Zengel 1990, 54
325 Blegen *et al.* 1953, 17: »Bei den von der Cincinnati-Expedition untersuchten Überresten wurde nichts gefunden, was der Schlußfolgerung widerspräche,

daß die Sechste Besiedlung [d. h. Troia VI] eine lange Blüte- und Friedenszeit erlebt hat.« Latacz 1986, 102: »Zwischen Troia I und VI wurde das befestigte Gebiet kontinuierlich ausgeweitet, bis es eine Größe von annähernd 20000 Quadratmetern erreichte. Diese Vergrößerung der Burg trotz wiederholter Zerstörungen durch Feuersbrünste und Erdbeben deutet darauf hin, daß Wohlstand und Bevölkerungszahl stetig anwuchsen. Man kann daher annehmen, daß der wirtschaftliche Erfolg und die politische Macht von der frühen Bronzezeit an zunahmen.«

326 Schliemann 1880

327 Blegen 1963, 121

328 Cook 1973, 14

329 Korfmann 1986, 11

330 Forchhammer 1850, 20

331 Schliemann 1880, 98

332 Mauduit 1840, 132 und 215

333 siehe auch Cook 1973, 146

334 Schliemann 1880, 98. Spätere geologische Untersuchungen haben ergeben, daß die Sedimente in der Beşik-Bucht vom Skamander stammen (Mey 1926, 19).

335 Plinius, *Naturgeschichte* 5.30: ›*amnis navigabilis*‹

336 Z. B. Gell 1804

337 Cook 1973, 167 n. 1

338 Kukal 1984, 27

339 Knauss 1989; 1990

340 Schliemann 1880, 99

341 Forchhammer 1850. Cook 1973, 166, hält Forchhammers Größenangaben für übertrieben – ich bin anderer Meinung.

342 Bereits im *Timaios* hieß es, »Denn alles, was innerhalb der erwähnten Mündung liegt, erscheint wie eine Hafenbucht mit einer engen Einfahrt [...]« (25a).

343 Brückner 1925

344 Solche von konzentrischen Kreisen umgebenen Burgen werden im Englischen häufig als ›troy towns‹ und im Deutschen als *Troiaburgen* bezeichnet; einer alten Überlieferung nach wird in ihnen eine Jungfrau gefangengehalten.

345 Luce 1975, 177

346 Schliemann 1875, 13 und 109

347 Leaf 1912, 54

348 Schliemann 1875 (dt. 1990, 90)

349 Wood 1985, 89

350 Blegen 1963, 13

351 Blegen 1963, 122

352 Hesiod, *Theogonia/Göttergeburt* 726

353 Hesiod, *Theogonia/Göttergeburt* 734

354 Hesiod, *Werke und Tage* 150

355 Herodot, *Histories* 1, 98

356 Herodot, *Histories* 1, 180

357 Schliemann 1875 (dt. 1990, 4)

358 Zengel 1990, 74

359 Blegen *et al.* 1953, 10

360 Strabo, *Geographika* 8.353

361 Plinius, *Naturgeschichte* 36.26; Gill 1980, 64
362 Blegen 1963, 149
363 Blegen *et al.* 1953, 6
364 Blegen 1963, 13
365 Schliemann 1875, 32
366 Gell 1804, 121
367 Schliemann 1880, 81
368 Schliemann 1880, 88
369 Kraft, Kayan & Erol 1980; 1982
370 Forchhammer 1850, 9
371 Zangger 1991a, 1991b, 1992
372 Combellack 1968, 128
373 Schliemann 1880, 153
374 Blegen 1963, 13 und 17
375 Folliot 1984, 83
376 Combellack 1968, 102
377 Folliot folgert, »die Anatolier lehrten, Pferde zu lieben und zu achten«.
378 Hammond 1986, 53
379 Apollonios von Rhodos, *Argonautika*; Labaree 1957; Severin 1986; Koromila 1991; *contra* Carpenter 1948
380 Severin 1986, 38; Korfmann 1988
381 *Black Sea Pilot* 1908; Leaf 1912, 358
382 Korfmann 1986a
383 Schliemann 1875 (dt. 1990, 79)
384 Schliemann 1875 (dt. 1990, 116)
385 Neumann 1986, 357
386 Blegen 1963, 39
387 Schliemann 1880, 78 zitiert Eustathios *Ad Il.* 20.74
388 Luce 1975, 172
389 z. B. Napier 1840; Forchhammer 1850
390 Forchhammer 1850, 14
391 Schliemann 1880, 97
392 Gell 1804, 118
393 Schliemann 1881, 94
394 Schliemann 1881, 99
395 Forchhammer 1850, 20
396 Forchhammer 1850, 14
397 Korfmann 1986a, 9
398 Blegen 1963, 138: »Sie widmeten dem einzelnen Detail durchaus größte Aufmerksamkeit, aber sie besaßen gleichzeitig die Vorstellungskraft und die Fähigkeiten, ein Vorhaben von bleibender Größe durchzuführen.«
399 Snodgrass 1987, 201
400 Schliemann 1875, 369; Zengel 1990: 53
401 Latacz 1986, 102
402 Hammond 1986, 26
403 Folliot 1984, 82
404 Folliot 1984, 78
405 Chadwick 1976, 185; Wenke 1980, 459

406 Blegen *et al.* 1953, 249–54
407 Blegen *et al.* 1953, 253; Blegen 1963, 139
408 In Atlantis hingegen soll die wichtigste Säule in der Mitte des Tempels gestanden haben.
409 Gill 1977, 299; 1979, 153
410 Cornford 1937, 1
411 Ledger 1989, 197
412 Diogenes Laertios 3.37
413 Platon, *Politeia* 10.595a–608b
414 Platon, *Politeia* 3.390c; Clarke 1981, 9
415 zitiert bei Rubens & Taplin 1989, 113
416 Kerferd 1961, 31: Platon befestigt sein Netz in den *Nomoi* an mehr Haken als sonst üblich, und diese Haken bestehen aus bekannten historischen Ereignissen.
417 Platon, *Nomoi* 3.682
418 Platon, *Nomoi* 3.677
419 Luce 1978, 50
420 Skemp 1952, 85: »In den *Nomoi* 3 schließlich verlagert Platon die Behauptung, daß die Erde in regelmäßigen Abständen von Überschwemmungen heimgesucht wird, aus dem Bereich der Fiktion in den der Tatsachen.«
421 Platon, *Nomoi* 3.682
422 Platon, *Nomoi* 3.678
423 Platon, *Nomoi* 3.682
424 Bernal 1990, 132
425 Schliemann 1891, 13
426 Stoll 1989, 337
427 Siebler 1990, 100; Traill 1990, 84
428 Rieu 1950, xv
429 Rubens & Taplin 1989
430 Butler 1967
431 Latacz 1989, 90
432 Clarke 1981, 12 zählt noch weitere merkwürdige Ideen auf.
433 Sherratt 1990, 807
434 de Camp 1970, 214
435 Rieu 1950, ix
436 Bradford 1963; Lessing 1965; Obregón 1971; Pillot 1972
437 Von der Mühll 1940, 698; Latacz 1989, 193
438 Shewan 1918; 1919
439 Butler 1967; Pocock 1957
440 Obregón 1971
441 Leaf 1915, 183
442 Wolf & Wolf 1968; 1990, 84
443 Forsyth 1980, 111
444 Hammond 1986, 68
445 Apollonios von Rhodos, *Argonautika*
446 Z. B. Gill 1980, 64
447 Spanuth 1979, 217
448 Siehe die Erörterung in Kluge 1911; Frost 1913; Hennig 1925; 1927; Borchardt 1927a; Schulten 1927; Spanuth 1956; 1965; 1979; de Camp 1970

449 Vidal-Naquet 1964, 426; Gill 1980, xiii
450 Forsyth 1980, 111
451 Stanford 1968, 9; Griffin 1987, 4
452 Hölscher 1988, 44, vermerkt, Telemachos' Reise habe keinen mythologischen Hintergrund und könnte daher als eine Erfindung Homers betrachtet werden. Vielleicht sollte diese Reise eine ausführlichere Darstellung der Situation in Griechenland ermöglichen.
453 Griffin 1987, 47
454 de Camp 1970, 197 wies außerdem darauf hin, daß *Schedia* »Floß« bedeutet.
455 Forsyth 1980, 111
456 Clarke 1981, 261
457 Severin 1986, 217
458 Tracy 1990, 37, 46f
459 Severin 1987, 222
460 Carpenter 1948, 2, führt an, daß Segel für die Durchfahrt zum Schwarzen Meer nutzlos sind. In der Bronzezeit hätten sich die Seeleute einzig und allein auf ihre Rudergeschwindigkeit verlassen müssen; die Durchfahrt gelang nur, wenn sie mehr als vier Knoten Fahrt machen konnten.
461 Graves 1960, 217: Die *Argo*, die den Bosporus hinauffahren mußte, wurde auch von fünfzig Rudern angetrieben.
462 Severin 1986
463 Blegen *et al.* 1953 17; Podzuweit 1982, 65
464 Rose 1969, 405
465 Latacz 1986, 101
466 Griffin 1987, 67
467 Im dritten Gesang der *Ilias* wird beschrieben, wie Paris Menelaos zum Zweikampf herausforderte, um damit den Troianischen Krieg zu verhindern.
468 Tracy 1990. Kirk 1970, 174, betrachtet diese Passage als eine »komplexe ionische Weiterentwicklung, die zur letzten Phase der echten mündlichen Überlieferung gehört«.
469 Der gesamte Konflikt, der zum Troianischen Krieg führte, ist mit »zwei zankenden Bauern« verglichen worden, die darüber streiten, wem ein Stück Land gehört. Siehe Morris 1986, 102; MacDowell 1978, 11
470 Luce 1969, 229
471 Rüter 1969, 245; Rubens & Taplin 1989, 125
472 Tracy 1990, 87
473 Rieu 1950, xviii, räumt ein, daß selbst »die Ilias nicht geschrieben wurde, um den Krieg zu verherrlichen (Faszination wird ihm allerdings zugestanden), sondern um seine tragische Sinnlosigkeit zu unterstreichen«.
474 Griffin 1987, 69
475 Nagy 1977; Redfield 1975
476 Mellaart 1984, 63; Mee 1984
477 Gercke & Hiesel 1971, 15
478 Griffin 1987, 76 und Siebler 1990, 90 berichten, wie das Ende der *Odyssee* in Alexandria verändert wurde.
479 Frankfort 1927, 148
480 Muhly & Pernicka 1990
481 Carpenter 1948, 1
482 Raban 1981, 40

483 Koromila 1991, 32
484 Carpenter 1948, 6
485 Korfmann 1986; 1988, 48; Latacz 1986, 111; Siebler 1990, 203
486 Kraft, Kayan & Erol 1980; 1982
487 Ps.-Skylax beschreibt dagegen in *Periplus* (4. Jh. v. Chr.), daß Ilion fünfundzwanzig Stadien vom Meer entfernt lag, was der heutigen Entfernung zwischen dem Meer und dem Ausgrabungsort entspricht. Angenommen die Abmessungen stimmen, wie hätte sich dann die Küstenlinie innerhalb weniger Jahrhunderte so sehr verändern können? Siehe Cook 1973, 182
488 Forchhammer 1850, 28
489 MacLaren 1863, 46
490 Zangger 1991a
491 Zengel 1990, 53
492 Latacz 1986, 105
493 Noch heute befindet sich entlang dieses Verlaufs eine ausgedehnte Sandaufschüttung.
494 Schliemann 1880, 83
495 Acland 1849
496 Clarke 1981, 33
497 Frazer 1966
498 Joseph von Exeter, *Vom Trojanischen Krieg* I: 524–36
499 Latacz 1986, 109; Korfmann 1988, 49
500 Forchhammer 1850, 14
501 Cook 1973, 179–86; 1984, 167
502 Strabo, *Geographika* 13.1.31 und 36
503 Siebler 1990, 83, erwähnt Lesky, Pöhlmann, Hölscher
504 Thornton 1984, 154: »Es ist offensichtlich, daß der Xanthos in Teilen seines Verlaufs die Ebene im ungefähren rechten Winkel zu einer Geraden durchschneidet, die Troia und die achaiischen Schiffe miteinander verbindet.«
505 Thornton 1984, 150
506 Plinius, *Naturgeschichte* 5.30
507 Forchhammer 1850, 26
508 Strabo, *Geographika* 13.1.31
509 Cook 1984, 167
510 Brückner 1925, 245
511 Cook 1973, 180
512 Ramage 1978, 42
513 Muhly 1990, 83
514 Jowett 1892, Bd. 3: 429–33
515 Dušanić
516 Carpenter 1966, 30
517 Kukal 1984, 41
518 Folliot 1984
519 Kukal 1984, 3
520 Kukal 1984, 13, erwähnt auch einen Artikel mit dem Titel »Troja und Atlantis«, der in der wenig bekannten Zeitschrift *»Atlantean Research«* erschien – ich habe weder den Artikel, noch die Zeitschrift gefunden.
521 Reinach 1912, 429; Forsyth 1980, 6

Bibliographie

Acland, Henry W. (1849): *The Plain of Troy – illustrated by a panoramic drawing and a map,* James Wyatt and Son, Oxford, 1–48.

Aitken, M. J. (1988): The Minoan Eruption of Thera, Santorini: A Reassessment of the Radiocarbon Dates' in *New Aspects of Archaeological Science in Greece,* Richard Jones & H.W. Catling (Hg.), Athens, 19–24.

Ammermann, Albert J. & L. L. Cavalli-Sforza (1984): *The Neolithic Transition and the Genetics of Populations in Europe,* Princeton University Press, Princeton, 1–176.

Angel, J. Lawrence (1972): ›Ecology and Population in the Eastern Mediterranean‹, *World Archaeology 4,* 88–105.

Archer-Hind, R.D. (1888): *The Timaeus of Plato,* Macmillan & Co., London, 1–358.

Arrigoni, Emilio (1967): ›Elementi per una ricostruzione del paesaggio in Attica nell'epoca Classica‹, *Nuova Rivista Storica,* 267–96.

Arrigoni, Emilio (1969): ›Elementi per una ricostruzione del paesaggio in Attica nell'epoca Classica‹, *Nuova Rivista Storica* 53, 265–322.

Babcock, William H. (1917): ›Atlantis & Antilla‹, *The Geographical Review* 3 (5), 392–5.

Baillie, Michael G. L. (1988a): ›Irish oaks record volcanic dust veils drama!‹, *Archaeology Ireland* 2 (2), 71–4.

Baillie, Michael G. L. (1988b): ›Marker dates – turning prehistory into history‹, *Archaeology Ireland* 2 (4), 154–5.

Baillie, Michael G. L. & M. A. R. Munro (1988): ›Irish tree rings, Santorini and volcanic dust veils‹, *Nature* 332 (6162), 344–6.

Balch, Edwin Swift (1971): ›Atlantis or Minoan Crete‹, *The Geographical Review* 3 (5), 388–392.

Barker, Ernest (1918): *Greek Political Theory, Plato and his Predecessors,* Methuen & Co., London, 1–403.

Barnett, R. D. (1975): *The Sea Peoples, Bd. II, Teil 2, Cambridge Ancient History,* Cambridge University Press, 359–78.

Bass, George F., Cemal Pulak, Dominique Collon & James Weinstein (1989): ›The Bronze Age Shipwreck at Ulu Burun: 1986 Campaign‹, *American Journal of Archaeology* 3, 1–29.

Becher, Martin Roda (Hg.) (1986): *Geschichten von Atlantis,* Sammlung Luchterhand, Darmstadt, 1–271.

Bernal, Martin (1987): *Black Athena. The Afroasiatic Roots of Classical Civilization. Bd. I: The fabrication of Ancient Greece 1785–1985,* Rutgers University Press, New Brunswick, 1–575.

Bernal, Martin (1990): ›Responses to Critical Reviews of Black Athena: The Afroasiatic Roots of Classical Civilization. Bd. I: The Fabrication of Ancient Greece 1785–1985‹, *Journal of Mediterranean Archaeology* 3 (1), 111–37.

Bernal, Martin (1991): *Black Athena, The Afroasiatic Roots of Classical Civilization.* Bd. II: *The Archaeological and Documentary Evidence,* Free Association Books, London, 1–736.

Beuermann, Arnold (1956): ›Die Waldverhältnisse im Peloponnes unter besonderer Berücksichtigung der Entwaldung und der Aufforstung‹, *Erdkunde* 10, 122–36.

Bidez, J. (1945): *Eos, ou Platon et l'Orient,* M. Hayez, Brussels, 1–190, und 1–51.

Blegen, Carl W., John L. Caskey & Marion Rawson (1953): *Troy III: The Sixth Settlement,* 2 Bde., Princeton University Press, Princeton, 1–418.

Blegen, Carl. W. *et al.* (1958): *Troy: Excavations conducted by the University of Cincinnati 1932–1938,* Bd. IV: *Settlement VIIa, VIIb and VIII,* Princeton University Press, Princeton.

Blegen, Carl W. (1963): *Troy and the Trojans,* Thames and Hudson, London, 1–240.

Blegen, Carl W. (1975): *Troy VII,* Bd. II, Teil 2, *Cambridge Ancient History,* Cambridge University Press, 161–4.

Borchardt, Paul (1927a): ›Platos Insel Atlantis‹, *Petermann Mitteilungen* 73, 19–31.

Borchardt, Paul (1927b): ›Nordafrika und die Metallreichtümer von Atlantis‹, *Petermann Mitteilungen* 73, 280–2.

Bradford, Ernie (1963): *Ulysses Found,* Hodder & Stoughton, London, 1–238.

Bramwell, James (1937): *Lost Atlantis,* Cobden–Sanderson.

Brandenstein, Wilhelm (1951): *Atlantis; Größe und Untergang eines geheimnisvollen Inselreiches. Arbeiten aus dem Institut für allgemeine und vergleichende Sprachwissenschaft,* Gerold Verlag, Wien, 1–105.

Braudel, Fernand (1972): *The Mediterranean and the Mediterranean World in the Age of Philip II,* Bd. 1, Collins, London, 1–642.

Brückner, Alfred (1925): ›Forschungsaufgaben in der Troas‹, *Archäologischer Anzeiger* 40, 230–48.

Bryant, Jakob (1776): *A New System, or, An Analysis of Ancient Mythology: Wherein an Attempt is made to divest Tradition of Fable; and to reduce the Truth to its Original Purity,* T. Payne, P. Elmsly, B. White & J. Walter, London, 1–601.

Bryant, Jacob (1799a): *Some Observations Upon the Vindication of Homer and of the Ancient Poets who have Recorded the Siege and Fall of Troy,* M. Pote & E. Williams, Eton, 1–96.

Bryant, Jacob (1799b): *A Dissertation Concerning the War of Troy and the Expedition of the Grecians as Described by Homer,* S. Hamilton for T. Payne *et al.* London, 1–162.

Bryson, R. A., H. H. Lamb & D. L. Donley (1974): ›Drought and the decline of Mycenae‹, *Antiquity* 47, 46–50.

Burnet, John (1914): *Greek Philosophy,* Macmillan, London, 1–360.

Bury, R.G. (1929): *Plato,* Bd. 9, The Loeb Classical Library, Harvard University Press, Cambridge, Mass., 1–636.

Butler, Samuel (1897): *The Authoress of the Odyssey,* Neuauflage, University of Chicago Press, Chicago (1967), 1–275.

Butzer, Karl W. (1982): *Archaeology as human ecology: method and theory for a contextual approach,* Cambridge University Press, 1–364.

Carpenter, Rhys (1948): ›The Greek Penetration of the Black Sea‹, *American Journal of Archaeology* 52, 1–10.

Carpenter, Rhys (1966): *Discontinuity in Greek Civilization,* Cambridge University Press, 1–80.

Chadwick, John (1976): *The Mycenaean World,* Cambridge University Press, 1–201.

Cherniss, Harold (1947): ›Some War-Time Publications Concerning Plato‹, *American Journal of Philology* 68 (270), 225–65.

Cherry, John F. (1981): ›Pattern and process in the earliest colonisation of the Mediterranean islands‹, *Proceedings of the Prehistoric Society* 47, 41–68.

Clarke, Howard W. (1981): *Homer's Readers,* University of Delaware Press, New York, 1–327.

Combellack, Frederick M. (Hg.) (1968): *Quintus of Smyrna: The War at Troy – What Homer Didn't Tell,* University of Oklahoma Press, 1–279.
Cook, J.M. (1973): *The Troad – An Archaeological and Topographical Study,* Oxford, Clarendon Press, 1–443.
Cook, J.M. (1984): ›The Topography of the Plain of Troy‹, in *The Trojan War – Its Historicity and Context,* Lin Foxhall & John K. Davies (Hg.), Bristol Classical Press, Bristol, 163–72.
Corbato, Carlo (1953): ›In Margine Alla Questione Atlantidea Platone e Cartagine‹, *Archaeologia Classica* 5, 232–7.
Cornford, Francis Macdonald (1937): *Plato's Cosmology,* Kegan Paul, London, 1–376.
Davies, J. K. (1971): *Athenian Propertied Families 600–300 BC,* Clarendon Press, Oxford.
De Camp, L. Sprague (1970): *Lost Continents,* Dover Publications, New York, 1–348.
Demakopoulou, Katie (Hg.) (1988): *Das mykenische Hellas; Heimat der Helden Homers,* Dietrich Reimer Verlag, Berlin, 1–277.
Desborough, V. R. D'A. (1975): *The End of Mycenaean Civilization and the Dark Age,* Bd. 2, Teil 2, *Cambridge Ancient History,* Cambridge University Press, 658–77.
Diehl, Ernst (1965): *Procli Diadochi in Platonis Timaeum Commentaria,* 3 Bde., ersch. 1903, Neuauflage, Hakkert, Amsterdam.
Dietz, Søren (1991): *The Argolid at the Transition to the Mycenaean Age,* Dänisches Nationalmuseum, Kopenhagen, 1–336.
Dŭsanić, Slobodan (1982): ›Plato's Atlantis‹, *L'Antiquité Classique* 51, 25–52.
Easton, Donald (1985): ›Has the Trojan War been found?‹ *Antiquity* 59, 188–96.
Easton, Donald (1990): ›Reconstructing Schliemann's Troy‹, in *Heinrich Schliemann nach hundert Jahren,* William M. Calder III & Justus Cobet (Hg.), Vittorio Klostermann, Frankfurt am Main, 431–47.
Edel, Elmar (1966): *Die Ortsnamenliste aus dem Totentempel Amenophis III,* Bonner Biblische Beiträge 25, Peter Haustein Verlag, 1–101.
Ehrenberg, Victor (1973): *From Solon to Socrates,* Methuen, London und New York, 1–505.
Eucken, Christoph (1983): *Isokrates. Seine Positionen in der Auseinandersetzung mit den zeitgenössischen Philosophen,* Walter de Gruyter, Berlin, New York, 1–304.
Finley, Moses I. (1974): *Schliemann's Troy – One Hundred Years After,* Oxford University Press, London, 1–22.
Folliot, Katherine A. (1984): *Atlantis Revisited,* Professional Books Ltd., Abingdon, Oxon., 1–129.
Forchhammer, Peter Wilhelm (1850): *Beschreibung der Ebene von Troja,* Heinrich Ludwig Brönner, Frankfurt am Main, 1–28.
Forsyth, Phyllis Young (1980): *Atlantis – The Making of Myth,* McGill-Queen's University Press, Montreal & Croom Helm, London, 1–209.
Frank, Erich (1923): *Plato und die sogenannten Pythagoreer,* Max Niemeyer, Halle, 1–203.
Frankfort, Henri (1927): ›Studies in Early Pottery of the Near East. II. Asia, Europe and the Aegean and their Earliest Interrelations‹, *Royal Anthropological Institute London, Occasional Papers* 8, 1–203.

Frazer, R. M. (1966): *The Trojan War: The Chronicles of Dictys of Crete and Dares the Phrygian,* Indiana University Press, Bloomington, 1-185.
Fredericks, S. Casey (1978): ›Plato's Atlantis: A Mythologist Looks at Myth‹, in *Atlantis – Fact or Fiction,* Edwin S. Ramage (Hg.), Indiana University Press, Bloomington und London, 81–99.
Frost, K. T. (1909): ›The Lost Continent‹, *The Times,* London, 19. Februar 1909, 10.
Frost, K. T. (1913): ›The *Critias* and Minoan Crete‹, *Journal of Hellenic Studies* 33, 189–206.
Frutiger, P. (1930): *Les mythes de Platon,* Paris.
Galanopoulos, A. & Edward Beacon (1970): *Atlantis: The Truth Behind the Legend,* Nelson, London, 1–216.
Gardiner, A.H. (1971): *Egypt of Pharaohs,* Oxford, Clarendon Press.
Gercke, Peter & Gerhard Hiesel (1971): ›Grabungen in der Unterstadt von Tiryns von 1889 bis 1929‹, *Tiryns* V, Verlag Philipp von Zabern, Mainz, 1–19.
Gell, William (1804): *The Topography of Troy and its Vicinity,* London, 1–124.
Gidon, F. (1934): ›Les submersions atlantiques (irlando-armoricaines) de l'âge du bronze et la question de l'Atlantide‹ *Mémoires de l'Académie des Sciences, Arts et Belles Lettres de Caen* 8, Caen, 91–114.
Gill, Christopher (1977): ›Genre of the Atlantis Story‹, *Classical Philology* 72, 287–304.
Gill, Christopher (1979): ›Plato's Atlantis Story and the Birth of Fiction‹, *Philosophy and Literature* 3, 64–78.
Gill, Christopher (1980): *Plato; The Atlantis story: Timaeus 17–27,* Bristol Classical Press, Bristol, 1–95.
Giovannini, Adalberto (1985): ›Peut-on démythifier l'Atlantide?‹ *Museum Helveticum* 92, 151–6.
Graves, Robert (1960): *The Greek Myths,* Bd. 2, Penguin, London, 1–412.
Griffin, Jasper (1987): *The Odyssey,* Cambridge University Press, 1–107.
Hackforth, R. (1944): ›The Story of Atlantis: Its Purpose and its Moral‹, *Classical Review* 58, 7–9.
Hägg, Robin & Dora Konsola (Hg.) (1986): *Early Helladic Architecture and urbanization,* Studies in Mediterranean Archaeology 56, Paul Åströms Fölag, Gøteborg, 1–102.
Haider, Peter W. (1988): *Griechenland – Nordafrika: Ihre Beziehungen zwischen 1500 und 600 v. Chr.,* Wissenschaftliche Buchgesellschaft, Darmstadt, 1–262.
Halstead, Paul (1981): ›Counting Sheep in Neolithic and Bronce Age Greece‹, in *Pattern of the Past: Studies in Honour of David Clarke,* Ian Hodder, G. Isaac & N. Hammond (Hg.), Cambridge University Press, 307–39.
Halstead, Paul (1989): ›The economy has a normal surplus: economic stability and social change among early farming communities of Thessaly, Greece‹, in *Bad Year Economics: Cultural Responses to Risk and Uncertainty,* Paul Halstead & J. O'Shea (Hg.), Cambridge University Press, 68–80.
Hammond, N.G.L. (1986): *A History of Greece to 322 BC,* Clarendon Press, Oxford, 1–691.
Hansen, Julie M., (1980): ›The Paleoethnobotany of Franchthi Cave, Greece‹, unveröffentl. Dissertation, Indiana University, Bloomington.
Heidel, W. A. (1933): ›A Suggestion Concerning Plato's Atlantis‹, *Proceedings of the American Academy of Arts and Sciences* 68, 189–228.

Hennig, Richard (1925): ›Das Rätsel der Atlantis‹, *Meereskunde* 14 (5), 1–29.
Hennig, Richard (1927): ›Zum Verständnis des Begriff »Säulen« in der antiken Geographie‹, *Petermann Mitteilungen* 73, 80–7.
Herter, Hans (1928): ›Platons Atlantis‹, *Bonner Jahrbücher* 133, 28–47.
Herter, Hans (1944): ›Altes und Neues zu Platons Atlantis‹, *Rheinisches Museum für Philologie* 92, 236–65.
Hobson, Christine (1990): *Exploring the World of the Pharaoh,* Thames and Hudson, London, 1–192.
Hölscher, Uvo (1988): *Die Odyssee; Epos zwischen Märchen und Roman,* C. H. Beck, München, 1–360.
Jacobsen, Thomas W. (1976): ›17,000 years of Greek prehistory‹, *Scientific American* 234, 76–87.
Jacoby, Felix (1923): *Die Fragmente der griechischen Historiker,* Erster Teil, Weidmannsche Buchhandlung, Berlin, 1–534.
Jacoby, Felix (1954): *Die Fragmente der griechischen Historiker,* Dritter Teil, E. J. Brill, Leiden, 1–661.
Jones, M. E. Monckton (1924): *Ancient Egypt from the Records,* Methuen, London, 1–244.
Jowett, Benjamin (1892): *The Dialogues of Plato,* 3. Aufl., 4 Bde., Oxford University Press.
Kemp, Barry (1989): *Ancient Egypt: Anatomy of a Civilization,* Routledge, London und New York, 1–356.
Kerferd, G. B. (1961): ›Plato as an Historian – Review of R. Weil, *L'Archéologie de Platon*‹, *Classical Review* 11, 30–1.
Kilian, Klaus (1982): ›Zum Ende der mykenischen Periode in der Argolis‹, *Jahrbuch des Römisch-Germanischen Zentralmuseums* 27, 166–95.
Kilian, Klaus (1988): ›Die mykenische Architektur‹, in *Das mykenische Hellas; Heimat der Helden Homers,* Katie Demakopoulou (Hg.), Dietrich Reimer Verlag, Berlin, 30–4.
Kirk, G.S. (1970): *Myth: Its Meaning and Functions in Ancient and Other Cultures,* Cambridge University Press, 1–299.
Kluge, F. (1911): *De Platonis Critia.* unveröffentl. Dissertation, Halle.
Knapp, A. Bernard (1986): ›Production, Exchange and Socio-Political Complexity on Bronze Age Cyprus‹, *Oxford Journal of Archaeology* 5 (1), 35–60.
Knapp, A. Bernard (1988): *The History and Culture of Ancient Western Asia and Egypt,* The Dorsey Press, Chicago, 1–284.
Knauss, Jost (1989): ›Mykenische Wasserbauten in Arkadien, Böotien und Thessalien – mutmaßliche Zielsetzung und rekonstruierbare Wirkungsweise‹, *Kongreßband Wasser*, Berlin, 31–70.
Knauss, Jost (1990): *Kopais* 3. Frank GmbH, München, 1–288.
Konsola, D. (1984): *Η Πρωιμη Αστικοποιηση Στους Πρωτοελλαδικους Οικισμους,* Athen.
Korfmann, Manfred (1986a): ›Troy: Topography and Navigation‹, in *Troy and the Trojans,* Machteld Mellink (Hg.), Bryn Mawr College, Bryn Mawr, 1–28.
Korfmann, Manfred (1986b): ›Beşik-Tepe. Vorbericht über die Grabungen von 1984‹, *Archäologischer Anzeiger* 3, 303–29.
Korfmann, Manfred (1988): ›Ausgrabungen an der Bucht von Troia‹, *Tübinger Blätter,* 47–52.

Koromila, Marianne (1991): *The Greeks in the Black Sea; From the Bronze Age to the Early Twentieth Century*, Panorama, Athen, 1–301.

Kraft, John C., Ilhan Kayan & Oğuz Erol (1980): ›Geomorphic reconstructions in the environs of ancient Troy‹, *Science* 209 (4458), 776–82.

Kraft, John C., Ilhan Kayan & Oğuz Erol (1982): ›Geology and paleogeographic reconstructions of the vicinity of Troy‹, in *Troy – The Archaeological Geology*, George Rapp & John Gifford (Hg.), Princeton University Press, Princeton, 11–41.

Kukal, Zdeněk (1984): *Atlantis in the Light of Modern Research*, Tschechoslowakische Akademie der Wissenschaften, Prag, 1–224.

Kuniholm, P. I. (1990): ›Archaeological evidence and non-evidence for climatic change‹, *Philosophical Transactions of the Royal Society of London* A 330, 645–55.

Labaree, Benjamin W. (1957): ›How the Greeks Sailed into the Black Sea‹, *American Journal of Archaeology* 61, 29–33.

Lamb, H. H. (1967): ›Review of Rhys Carpenter's *Discontinuity in Greek Civilisation*‹ *Antiquity* 41, 233–4.

Lamb, H. H. (1977): *Climatic History and the Future*, Princeton University Press, Princeton, 1–835.

Latacz, Joachim (1986): ›News from Troy‹, *Berytus* 34, 97–127.

Latacz, Joachim (1989): *Homer; Der erste Dichter des Abendlandes*, Artemis Verlag, München, 1–211.

Leaf, Walter (1912): *Troy. A Study in Homeric Geography*, Macmillan and Co. Ltd. London, 1–402.

Leaf, Walter (1915): *Homer and History*, Macmillan, London, 1–375.

Leaf, Walter (Hg.) (1923): *Strabo on the Troad* Buch 13, Kap. 1, mit Übersetzung und Kommentar, Cambridge University Press, 1–352.

Ledger, Gerard R. (1989): *Re-counting Plato; A Computer Analysis of Plato's Style*, Clarendon Press, Oxford, 1–254.

Lee, Desmond (1965): *Plato: Timaeus and Critias*, Penguin Books, London, 1–167.

Lessing, Erich (1988): *Die Odyssee. Homers Epos in Bildern*, Herder, Freiburg, 1–248.

Lohmann, Hans (1983): ›Atene – eine attische Landgemeinde klassischer Zeit‹, *Hellenika Jahrbuch*, Bochum, 98–117.

Lohmann, Hans (1985): ›Landleben im klassischen Attika – Ergebnisse einer archäologischen Landesaufnahme des Demos Atene‹, *Jahrbuch der Ruhr-Universität Bochum*, 71–96.

Lohmann, Hans (1987): ›Zur Prosopographie und Demographie der attischen Landgemeinde Atene‹, *Geographica Historica, Stuttgarter Kolloquium zur Geographie des Altertums* 5.

Lloyd, Geoffrey Ernest Richard (1968): ›Plato as a Natural Scientist‹, *Journal of Hellenic Studies* 88, 78–92.

Luce, John Victor (1969): *Atlantis – Legende und Wirklichkeit*, Gustav Lübbe Verlag, Bergisch Gladbach, 1–336.

Luce, John Victor (1975): *Archäologie auf den Spuren Homers*, Bastei Lübbe Verlag, Bergisch Gladbach, 1–283.

Luce, John Victor (1978): ›The Sources and Literary Form of Plato's Atlantis Narrative‹, in *Atlantis – Fact or Fiction*, Edwin S. Ramage (Hg.), Indiana University Press, Bloomington und London, 49–78.

MacDowell, Douglas M. (1978): *The Law in Classical Athens,* Thames and Hudson, London, 1–280.
MacLaren, Charles (1822): *A Dissertation on the Topography of the Plain of Troy – including an examination of the opinion of Demetrius, Chevalier, Dr. Clarke and Major Rennell,* Edinburgh, 1–270.
MacLaren, Charles (1863): *The Plain of Troy described: and the identity of the Ilium of Homer with the New Ilium of Strato proved,* Adam and Charles Black, Edinburgh.
Manning, Stuart (1988): ›The Bronze Age Eruption of Thera: Absolute Dating, Aegean Chronology and Mediterranean Cultural Interrelations‹, *Journal of Mediterranean Archaeology* 1 (1), 17–82.
Marinatos, Spyridon (1986): *Kreta, Thera und das mykenische Hellas,* Hirmer Verlag München, 1–184.
Mauduit, A. F. (1840): *Découvertes dans la Troade,* Didot Freres, Paris, Roland und London, 1–265.
Mavor, James W. (1969): *Voyage to Atlantis,* Souvenir Press, London, 1–320.
Mee, Christopher B. (1978): ›Aegean trade and settlement in Anatolia in the Second Millennium BC‹, *Anatolian Studies* 28, 121–55.
Mee, Christopher B. (1984): ›The Mycenaeans and Troy‹, in *The Trojan War – Its Historicity and Context,* Lin Foxhall & John K. Davies (Hg.), Bristol Classical Press, Bristol, 45–56.
Mellaart, James (1984): ›Troy VIIa in Anatolian Perspective‹, in *The Trojan War – Its Historicity and Context,* Lin Foxhall & John K. Davies (Hg.), Bristol Classical Press, Bristol, 63–82.
Mey, Oscar (1926): *Das Schlachtfeld vor Troja; eine Untersuchung,* Verlag Walter de Gruyter, Berlin und Leipzig, 1–37.
Millard, A. R. (1984): ›Events at the end of the Late Bronze Age in the Near East‹, in *The Trojan War – Its Historicity and Context,* Lin Foxhall & John K. Davies (Hg.), Bristol Classical Press, Bristol, 1–15.
Morris, Ian (1986): ›The Use and Abuse of Homer‹, *Classical Antiquity* 5, 81–138.
Muck, Otto (1976): *Alles über Atlantis,* Knaur, München, 1–320.
Muhly, James D. (1988): ›The Beginnings of Metallurgy in the Old World‹, in *The Beginning of the Use of Metals and Alloys,* Robert Maddin (Hg.) MIT Press, Cambridge, Mass., 2–20.
Muhly, James D. (1990): ›Black Athena versus Traditional Scholarship‹, *Journal of Mediterranean Archaeology,* 3 (1), 83–110.
Muhly, James D. & Ernst Pernicka (1990): Mündlicher Vortrag auf der Schliemann-Konferenz Berlin, Dezember 1990.
Muhly, James D., F. Begemann, Ö. Öztunali, E. Pernicka, S. Schmitt-Strecker & G. A. Wagner (1991): ›The Bronze Metallurgy of Anatolia and the Question of Local Tin Sources‹, *Archaeometry* '90, Ernst Pernicka & Günther Wagner, (Hg.), Birkhäuser, Basel, 209–20.
Nagy, Gregory (1977): *The Best of the Achaeans: concepts of the hero in archaic Greek pottery,* Johns Hopkins University Press, Baltimore, 1–392.
Napier, E. (1840): ›Remarks on Ancient Troy and the Modern Troad‹, *United Service Journal* 2, 289–310.
Netolitzky, Fritz (1926): ›Das Atlantisproblem‹, *Wiener Prähistorische Zeitschrift* 13, 43–55.
Neuburger, Albert (1919): *Die Technik des Altertums,* R. Voigtländer Verlag, Leipzig.

Neumann, B. (1902): ›Messing‹, *Zeitschrift für Angewandte Chemie* 15, 511–16.

Neumann, Jehuda (1986): ›Wind and Current Conditions in the Region of the »Windy Ilios« (Troy)‹, *Archäologischer Anzeiger*, 345–63.

Neumann, J. & Parpola, S. (1987): ›Climatic change and the eleventh-tenth-century eclipse of Assyria and Babylonia‹, *Journal of Near Eastern Studies* 46 (3), 161–82.

Niemeyer, Hans-Georg (1989): *Das frühe Kathargo und die phönizische Expansion im Mittelmeerraum*, Vandenhoeck & Ruprecht, Göttingen, 1–34.

Nilsson, Martin Persson (1932): *The Mycenaean Origin of Greek Mythology*, Neuauflage 1972, Cambridge University Press, 1–258.

Obregón, Mauricio (1971): *Ulysses Airborne*, Harper & Row, New York, 1–188.

Pallottino, Massimo (1952): ›Atlantide‹, *Archaeologia Classica* 4, 228–40.

Pang, Kevin, S. K. Srivasta & H.-h. Chou (1988): ›Climatic impacts of past volcanic eruptions: inferences from ice core, tree ring and historical data‹, 1988 Herbstkonferenz der American Geophysical Union.

Parker, Richard A. (1950): *Calendars of ancient Egypt*, Studies in Ancient Oriental Civilization, The University of Chicago Press 26, 1–83.

Payne, Sebastian (1975): ›Faunal change at Franchthi cave from 20,000 to 3,000 BC‹, in *Archaeozoological Studies*, A.T. Clason (Hg.), Academic Press, New York, 120–31.

Pellegrino, Charles (1991): *Uncarthing Atlantis*, Random House, New York, 1–325.

Perlès, C. (1987): *Les industries lithiques taillées de Franchthi*, Bd. I: *Présentation générale et Industries Paléolithiques*, Indiana University Press, Bloomington.

Pernicka, Ernst; F. Begemann, S. Schmitt-Strecker, & A. P. Grimanis (1990): ›On the composition and provenance of metal artefacts from Poliochni on Lemnos‹, *Oxford Journal of Archaeology* 9 (3), 263–98.

Pillot, Gilbert (1972): *The Secret Code of the Odyssey; Did the Greeks Sail the Atlantic?*, Abelard-Schumann, London, 1–208.

Pischel, Barbara (1982): ›Die atlantische Lehre – Übersetzung und Interpretation der Platon-Texte‹, *Europäische Hochschulschriften*, Reihe 19, Abt. A23, 1–303.

Platt, Arthur (1890): ›Plato and Geology‹, *The Journal of Philology* 18, 134–9.

Pocock, L.G. (1957): *The Sicilian Origin of the Odyssey*, New Zealand University Press, Wellington.

Podzuweit, Christian (1982): ›Die mykenische Welt und Troja‹, in *Südosteuropa zwischen 1600 und 1000 v. Chr.*, Bernhard Hänsel (Hg.), 65–88.

Pope, Kevin O. & Tjeerd H. van Andel (1984): ›Late Quaternary alluviation and soil formation in the southern Argolid: Its history, causes and archaeological implications‹, *Journal of Archaeological Science* 11, 281–306.

Pritchard, J. B. (Hg.) (1969): *Ancient Near Eastern Texts Relating to the Old Testament*, Princeton University Press, Princeton.

Pullen, Daniel (1992): ›Ox and Plow in the Early Bronze Age. Aegean‹, *American Journal of Archaeology* (i. Dr.).

Raban, Avner (1981): ›Die antiken Häfen des Mittelmeeres‹, in *Strandverschiebungen*, Sonderheft in Ruperto Carola, Heidelberg, 39–83.

Ramage, Edwin S. (Hg.) (1978): *Atlantis – Fact or Fiction?*, Indiana University Press, Bloomington und London, 1–210.

Rapp, George (1982): ›Earthquakes in the Troad‹, in *Troy – The Archaeological Geology*, George Rapp & John Gifford (Hg.), Princeton University Press, Princeton, 43–58.

Redfield, James (1975): *Nature and Culture in the ›Iliad‹*, The University of Chicago Press, Chicago, 1–287.
Reinach, Salomon (1912): ›Une mystification‹, *Revue Archéologique* 20, 429.
Rice, Michael (1990): *Egypt's Making; The Origins of Ancient Egypt 5000–2000 BC*, Guild Publishing, London, 1–322.
Rieu, E.V. (Übers.) (1946): *Homer – The Odyssey*, Penguin Books, London, 1–365.
Rieu, E.V. (Übers.) (1950): *Homer – The Iliad*, Penguin Books, London, 1–469.
Robert, Carl (1917): ›Eine epische Atlantias‹, *Hermes* 52: 477–9.
Robin, L. (1913): ›Platon et la science sociale‹, *Revue de metaphysique et de morale* 21, 219–21.
Rose, Gilbert P. (1969): ›The Unfriendly Phaeacians‹, *Transactions of the American Philological Association* 100, 387–406.
Rosenmeyer, Thomas G. (1949): ›The family of Critias‹, *American Journal of Philology* 70, 404–10.
Rosenmeyer, Thomas G. (1956): ›Plato's Atlantis Myth: Timaeus or Critias?‹ *The Phoenix* 10, 163–72.
Rothmaler, Werner (1943): ›Die Waldverhältnisse im Peloponnes‹, *Intersylva – Zeitschrift der Internationalen Forstwirtschaft* 3, 329–43.
Rubens, Beaty & Oliver Taplin (1989): *An Odyssey round Odysseus*, BBC Books, London, 1–176.
Rudberg, Gunnar (1917): ›Atlantis och Syrankusai‹, *Eranos* 17, 1–80.
Runnels, Curtis (1983): ›Lithic Artifacts from Surface Sites in the Mediterranean Area‹, *British Archaeological Reports – International Series* 155, 143–8.
Runnels, Curtis (1988): ›A Prehistoric Survey of Thessaly: New Light on the Greek Middle Paleolithic‹, *Journal of Field Archaeology* 15 (3), 277–90.
Rüter, Klaus (1969): *Odyseeinterpretationen*, Vandenhoeck & Ruprecht, Göttingen, 1–264.
Saherwala, G. (1985): ›Die Ausgrabungen auf Hissarlik-Troja‹, in *Troja – Heinrich Schliemann's Ausgrabungen und Funde*, Griechisches Ministerium für Kultur und Wissenschaften, Athen, 22–39.
Sandars, Nancy (1978): *The Sea Peoples*, Thames and Hudson, London, 1–224.
Schliemann, Henry (1875): *Troy and its remains*, John Murray, London, 1–392.
Schliemann, Henry (1881): *Ilios. Stadt und Land der Trojaner*, F. A. Brockhaus, Leipzig, 1–800.
Schliemann, Heinrich (1891): *Selbstbiographie*, Ernst Meyer (Hg.), F.A. Brockhaus, Wiesbaden, 12. Auflage 1979, 1–144.
Schubart, Hermanfrid (1982): ›Phönizische Niederlassungen an der Iberischen Südküste‹, in *Die Phönizier im Westen*, Hans Georg Niemeyer (Hg.), Verlag Philipp von Zabern, Mainz, 207–234.
Schuchert, Charles (1917): ›Atlantis, the »lost« continent‹, *The Geographical Review* 3(1), 64–6.
Schuller, Rudolph (1917): ›Atlantis, the »lost« continent‹, *The Geographical Review* 3 (1), 61–4.
Schulten, Adolf (1927): ›Tartessos and Atlantis‹, *Petermann Mitteilungen* 73, 284–8.
Schulten, Adolf (1939): ›Atlantis‹, *Rheinisches Museum für Philologie* 88, 326–46.
Seeliger, T. C., E. Pernicka, G.A. Wagner, F. Begemann, S. Schmitt-Strecker, C. Eibner, Ö. Öztunali & I. Baranyi (1985): ›Archäometallurgische Untersuchungen

in Nord- und Ostanatolien‹, *Jahrbuch des Römisch-Germanischen Zentralmuseums* 32, 597–659.

Settegast, Mary (1990): *Plato Prehistorian,* Lindisfarne Press, Hudson, New York, 1–334.

Severin, Tim (1986): *The Jason Voyage,* Arrow Books, London, 1–263.

Shackleton, Judith C. & Tjeerd H. van Andel (1986): ›Prehistoric Shore Environments, Shellfish, Availability, and Shellfish Gathering at Franchthi, Greece‹, *Geoarchaeology* 1 (2), 127–43.

Shackley, Myra L. (1979): ›Geoarchaeology – Polemic on a Progressive Relationship‹, *Die Naturwissenschaften* 9, 429–32.

Shear, Ione Mylonas (1987): *The Panagia Houses at Mycenae,* The University Museum, Philadelphia, Monograph 68, 1–171.

Sherratt, E.S. (1990): ›»Reading the texts«: archaeology and the Homeric question‹, *Antiquity* 64, 807–24.

Shewan, A. (1918): ›Scherie-Corcyra‹, *Classical Philology* 13 (4), 321–34.

Shewan, A. (1919): ›Scherie-Corcyra‹, *Classical Philology* 14 (2), 97–107.

Shrimpton, Gordon (1987): ›Regional Drought and the Economic Decline of Mycenae‹ *Classical Views* 6, 137–176.

Siebler, Michael (1990): *Troia-Homer-Schliemann,* Verlag Philipp von Zabern, Mainz, 1–248.

Skemp, J. B. (1952): *Plato's Statesman,* Routledge & Kegan Paul, London, 1–244.

Snodgrass, Anthony (1987): *An Archaeology of Greece; The present state and future scope of a discipline,* University of California Press, Berkeley und London, 1–218.

Sommer, Ferdinand (1932): *Die Ahhijava-Urkunden,* Abhandlungen der Bayerischen Akademie der Wissenschaften, Philosophisch-historische Abteilung, München.

Spanuth, Jürgen (1956): *Atlantis – The mystery unravelled,* Arco Publishers, London, 1–207.

Spanuth, Jürgen (1965): *Atlantis; Heimat, Reich und Schicksal der Germanen,* Grabert Verlag, Tübingen, 1–676.

Spanuth, Jürgen (1979): *Atlantis of the North,* Sidgwick & Jackson, London, 1–302.

Stanford, W. B. (1968): *The Ulysses Theme; A Study in the Adaptability of a Traditional Hero,* Basil Blackwell, Oxford, 1–339.

Starke, Frank (1981): ›Die Keilschrift-luwischen Wörter für »Insel« und »Lampe«‹, *Zeitschrift für Vergleichende Sprachforschung* 95, 141–57.

Starr, Chester (1962): *The Origins of Greek Civilization: 1100–650 BC,* Jonathan Cape, London, 1–385.

Stella, L.A. (1932): ›L'Atlantide di Platone e la preistoria egea‹, *Rendiconti del Institutio Lombardo Academia di Scienze e Lettere* 65, 988–90.

Stoll, Heinrich Alexander (Hg.) (1989): *Auf den Spuren der Antike; Heinrich Schliemanns Berichte über seine Entdeckungen in der griechischen Welt,* Verlag der Nationen, Berlin, 1–511.

Stos-Gale, Z. A., N. H. Gale & G. R. Gilmore (1984): ›Early Bronze Age Trojan metal sources and Anatolians in the Cyclades‹, *Oxford Journal of Archaeology* 3, 23–37.

Stubbings, Frank H. (1975): *The Recession of Mycenaean Civilization,* Bd. 2, Teil 2, *Cambridge Ancient History,* Cambridge University Press, 338–58.

Taylor, A. E. (1928): *A Commentary on Plato's Timaeus,* Oxford Clarendon Press, 1–700
Taylour, Lord William (1983): *The Myceaneans,* Thames and Hudson, London, 1–180.
Thornton, Agathe (1984): *Homer's Iliad: its Composition and the Motif of Supplication,* Vandehoeck & Ruprecht, Göttingen, 1–182.
Tracy, Stephen V. (1990): *The Story of the Odyssey,* Princeton University Press, Princeton, 1–160.
Valladas, H., J. L. Joron, G. Valladas, B. Arensburg, O. Bar-Yosef, A. Belfer-Cohen, P. Goldberg, H. Laville, L. Meignen, Y. Rak, E. Tchernov, A. M. Tillier & B. Vandermesch (1987): ›Thermoluminescence Dates for the Neanderthal Burial Site at Kebara in Israel‹, *Nature* 330, 159–60.
Valladas, H., J. L. Reyss, J. L. Joron, G. Valladas, O. Bar-Yosef & B. Vandermesch (1988): ›Thermoluminescence Dating of Mousterian »Proto-Cro-Magnon« Remains from Israel and the Origins of Modern Man‹, *Nature* 331, 614–16.
van Andel, Tjeerd H. & Curtis Runnels (1987): *Beyond the Acropolis – A Rural Greek Past,* Stanford University Press, Stanford, 1–212.
van Andel, Tjeerd H., Eberhard Zangger & Anne Demitrack (1990): ›Land Use and Soil Erosion in Prehistoric and Historic Greece‹, *Journal of Field Archaeology* 17, 379–96.
Velikowsky, Immanuel (1950): *Als die Sonne stillstand,* Stuttgart.
Vercoutter, Jean (1954): *Essai sur les relations Egyptiens et Préhellènes,* L'Orient ancien illustré 6, Paris.
Vidal-Naquet, Pierre (1964): ›Athénes et l'Atlantide‹, *Revue Etudes Grècques* 77, 420–44.
Vitaliano, Dorothy B. (1971): ›Atlantis: A Review Essay‹, *Journal of the Folklore Institute* 8 (1), 66–76.
Von der Mühll, P. (1940): *Odyssee,* Realencyclopädie für die classischen Altertumswissenschaften, Suppl. Band 7, Stuttgart und München, 696–768.
Wagner, Günter A., Ernst Pernicka, T.C. Seeliger. Ö. Öztunali, I. Baranyi, F. Begemann & S. Schmitt-Strecker (1985): ›Geologische Untersuchungen zur frühen Metallurgie in NW-Anatolien‹, *Bulletin of the Mineral Research and Exploration Institute of Turkey* 101/102, 45–81.
Wagner, Günther A.; Önder Öztunali & Clemens Eibner (1989): ›Early Copper in Anatolia‹, *Der Anschnitt,* Beiheft 7, 299–304.
Weiss, Barry (1982): ›The decline of Late Bronze Age civilization as a possible response to climatic change‹, *Climatic Change* 44, 173–198.
Welliver, Warman (1977): *Character, Plot and Thought in Plato's Timaeus-Critias,* Philosophia Antiqua 32, E. J. Brill, Leiden, 1–6.
Wells, Berit, Curtis Runnels & Eberhard Zangger (1990): ›The Berbati-Limnes Archaeological Survey – The 1988 Seasons‹, *Opuscula Atheniensa* 18 (15), 207–38.
Wenke, Robert J. (1980): *Patterns in Prehistory,* Oxford University Press, New York, 1–724.
Wilamowitz-Moellendorff, Ulrich von (1919): *Platon,* 2 Bde., Neuauflage 1948, Weidemannsche Buchhandlung, Berlin, 1–767.
Wolf, Hans-Helmut & Armin Wolf (1968): *Der Weg des Odysseus,* Wasmuth, Tübingen, 1–244.

Wolf, Armin & Hans-Helmut Wolf (1990): *Die wirkliche Reise des Odysseus,* Langen Müller, München.
Wood, Michael (1985): *In Search of the Trojan War,* BBC Books, London, 1–272.
Zangger, Eberhard (1991a): ›Tirnys Unterstadt‹, *Archaeometry '90,* Ernst Pernicka & Günther Wagner (Hg.), Birkhäuser, Basel, 831–40.
Zangger, Eberhard (1991b): ›Prehistoric Coastal Environments in Greece: The Vanished Landscapes of Dimini Bay and Lake Lerna‹, *Journal of Field Archaeology* 18 (1), 1–15.
Zangger, Eberhard (1992): *Geoarchaeology of the Argolid,* German Archaeological Institute in Athens (i. Dr.).
Zengel, Eva (1990): ›Troy‹ in *Troy, Mycenae, Tiryns, Orchomenos – Heinrich Schliemann: The 100th Anniversary of his Death,* Katie Demakopoulou (Hg.), Griechisches Ministerium für Kultur und Wissenschaften, Athen, 51–77.